亲爱的读者朋友，您好！

感谢您一直陪伴我，从2012年的第一本书开始，走到了2020年的第四本书的问世。

我把我一生的职场奋斗的结果，奉献和融进了我的四本书中，希望它能助您解决企业经营管理难题。

借此，送上我一直激励自己的座右铭，以答谢您的厚爱。

心若有忘，何愁不及！

高敏月
2020年10月29日

研发

成熟

沉淀

基础

图1 学习进阶图

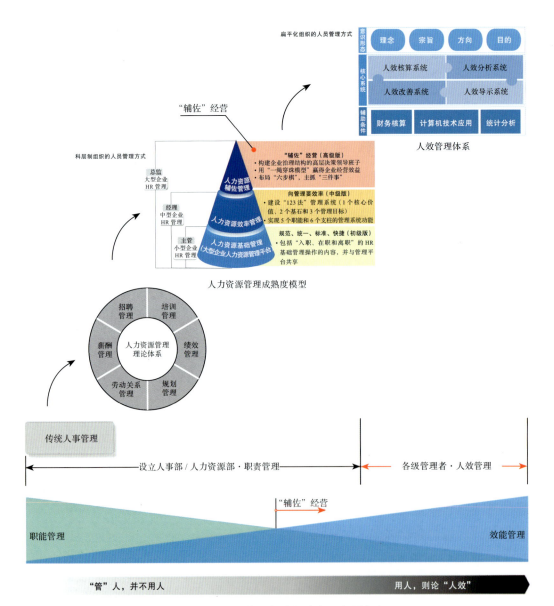

图 2 企业人员管理方式的演变和发展方向

应秋月HR管理丛书

人效管理体系

应秋月 ◎著

机械工业出版社
China Machine Press

图书在版编目（CIP）数据

人效管理体系 / 应秋月著 . -- 北京：机械工业出版社，2021.2（2024.4重印）
ISBN 978-7-111-67407-8

Ⅰ. ①人… Ⅱ. ①应… Ⅲ. ①企业管理 - 人事管理 Ⅳ. ① F272.92

中国版本图书馆 CIP 数据核字（2021）第 021125 号

这是一本经企业实战验证有效的人效管理体系的"作业指导书"。本书从企业经营的目的出发，以企业的财务数据为基础，详细阐述了人效管理体系的理念及其"人效核算系统、人效分析系统、人效导示系统、人效改善系统"四大核心系统的构建思路、步骤和方法，分享了企业应用人效管理体系的经验。人效管理体系是通过分析和解决企业经营管理中的"人效"问题，来达到提高企业经营效益的目的，是企业进行人员管理的新方法和新工具。

本书适合企业老板和各级管理者查阅使用。

人效管理体系

出版发行：机械工业出版社（北京市西城区百万庄大街 22 号 邮政编码：100037）				
责任编辑：岳晓月			责任校对：殷 虹	
印　　刷：固安县铭成印刷有限公司			版　　次：2024 年 4 月第 1 版第 4 次印刷	
开　　本：170mm×240mm　1/16			印　　张：31.5　　插　　页：1	
书　　号：ISBN 978-7-111-67407-8			定　　价：99.00 元	

客服电话：（010）88361066　68326294

版权所有·侵权必究
封底无防伪标均为盗版

"人效管理体系"简介

企业经营，一方面是追求经营收入最大化，另一方面是控制运营成本最小化，这两方面都是靠"人"来运作的。

在人员管理上，现有的管理方法也在不断发展。但是，企业的人员管理一直处于"重管理、轻经营"的惯性思维，或者说是在管理专业领域内"孤芳自赏"，与企业经营脱节，并且越来越复杂，脱离程度越来越严重。如何有效进行人员管理？如何提升企业经营的人效？人员管理的方法无论是先进还是落后，最终用经营效益来评价的方法又是什么？这一系列问题，自然而然地摆在了企业经营者和管理者面前。在这样的背景下，"人效管理体系"被提出，经过探索和实践，最终在企业实施中获得成功。

人效管理体系是一种"不断追求人效最优"的管理新逻辑和新模式，它不是简单地用降低员工薪酬的方式来达成，而是集理念、宗旨、方向、目的、流程、结构、内容、检查、评估和总结于一体。

1. 人效管理体系的作用

如果说经营是"人"字的一撇，管理则是"人"字的一捺，它们组成了企业原有经营和管理的"人字形"结构。那么，再加上人效管理体系这一横，就组成了一个稳定的三角形结构。

这个三角形结构既满足了企业经营管理中对人员管理的需求，又弥补了过去人员管理与经营脱节的缺陷，形成了牢固的经营、管理和人效的"铁三角"结构，如图I-1所示。

要将这种经营管理的结构性理念，贯穿于从高层决策者到中层管理者再到底层员工的思想意识，它可以扩大企业人员管理的视角范围，保证经营效益目标的实现。

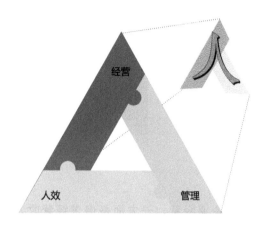

图I-1　经营、管理和人效的"铁三角"结构

2. 人效管理体系模型的全貌

人效管理体系模型的全貌如图I-2所示。

图I-2　人效管理体系模型的全貌

3. 人效管理体系的循环与精进模型

人效管理体系的循环与精进模型如图I-3所示。

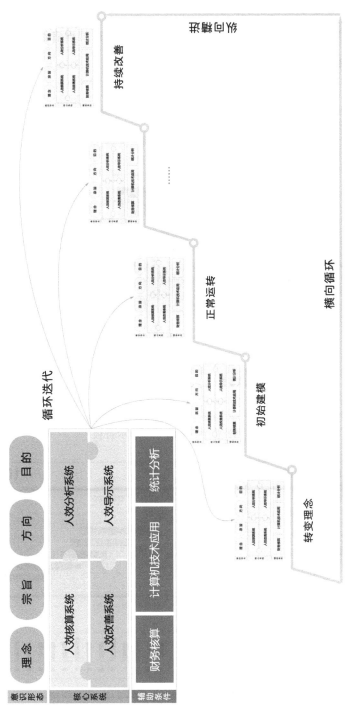

图 I-3　人效管理体系的循环与精进模型

4. 人效管理体系的导示系统

人效管理体系的导示系统分别与管理者终端、项目管理者终端和决策者终端同步分享导示内容，如图 I-4～图 I-6 所示。

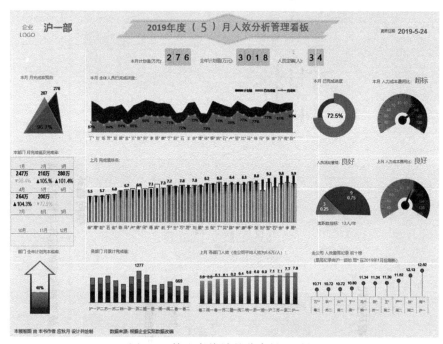

图 I-4　管理者终端的分享导示看板

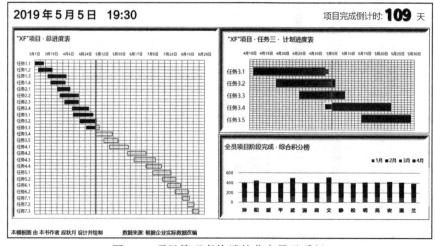

图 I-5　项目管理者终端的分享导示看板

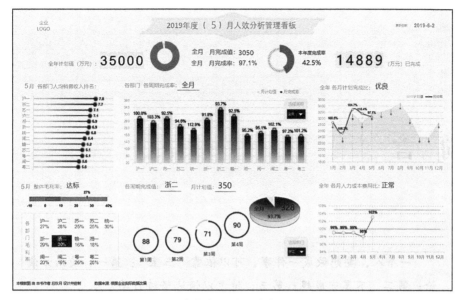

图 I-6 决策者终端的分享导示看板

5. 人效管理体系的应用地位

人效管理体系的应用地位如图 I-7 所示。

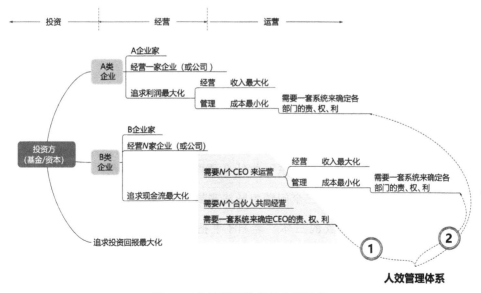

图 I-7 人效管理体系的应用地位

前　言

> 一个人，要想做成一件事，可以依靠"三宝"：第一，使用方法论；第二，不墨守成规；第三，持之以恒地坚持行动。
>
> ——应秋月

假设一家已经有10年历史的实体企业，主营业务一直沿用已有的模式经营，没有发生过变化。近几年来，它不断扩张经营门店，销售收入翻倍地增长。你一定会认为这家企业发展得不错。但是，当看到它的毛利率在下降时，你还认为这家企业发展得不错吗？你是不是也想知道，是什么导致这家快速发展企业的毛利率降低了？

本书所讲的"人效管理体系"不但帮这家企业找到了毛利率下降的根源，还让企业的经营管理开始更多地关注和应用人效管理体系。

那么，什么是人效管理体系？为什么要做人效管理体系？如何构建人效管理体系？本书就是以这三个问题为脉络来展开的。

2017年年末，当我的三本"老HR手把手教你搞定HR管理"系列书出版后，读者（其中包括企业老板）与我交流最多的话题，是如何解决企业人员管理难题。企业设立了人力资源部（简称"人资部"），也使用了很多方法，比如目标管理、关键绩效指标（KPI）、平衡计分卡、目标与关键成果（OKR）、U 型理论、组织发展等，但是这些方法在企业经营管理过程中收效甚微。一方面，人资部作为非用人部门在热火朝天地"管理"，效果犹如隔靴搔痒，企业经营效益并没有因为先进的管理方法而有所改善；另一方面，实际用人部门却不"管理"人，遇到人的问题就"伸手"或"推向"人资部。曾经也有人提出了"撤销企业 HR 部门，去 HR 化"。我认为，他们说"撤销或者去掉"，是想告诉大家要放弃"无效管理的方法"，其出发点是对的。但是，我们更应该去探索和研究，用什么方法能让企业的人员管理有效。

如何让企业的人员管理做得既简单又高效，并且与企业的日常经营活动在同一个频率上，从而成为切实推动企业运营的有效方法？带着这个课题，我进行了近三年的探索并进入企业做实战研究，最终总结出了"人效管理体系"。在这个过程中，我发现了企业人员管理方式的演变和发展方向，如彩色插页中的图 2 所示。我们应该回归到"用人，则论'人效'"的方向和轨道上来，这样就能解决企业当前遇到的人员管理难题。

我们每个人都有一种能力，即"知识转化能力"，也就是我们经常说的"活学活用"。如何让自己的"知识转化能力"比其他人更强呢？我常用的工具是"三问方法论"，如图 0-1 所示。

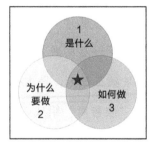

图 0-1　三问方法论

每当我决定做一件事之前，我都会按三问方法论，先做准备工作，然后制订计划方案，最后是实施。按照这个方法论，我基本上都能把事情做成功，即便在自己从未做过也没有任何经验可以借鉴的情况下，我也能成功。

该三问方法论，我在早些年的社会培训公开课上和大家分享过，也在我的本系列其他三本书中讲过。对于人效管理体系的探索和实践，我同样用了三问方法论,并且对它进行了更丰富的演绎,可参阅本书第11章"体系整体构建方法论"。

本书是依照"三问方法论"的框架逻辑来写的,结构如图0-2所示。

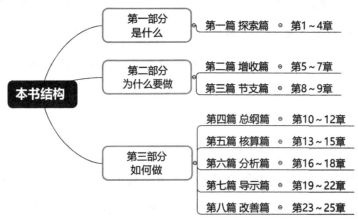

图0-2 本书结构

第一部分"探索篇"包括第1～4章,主要阐述"什么是人效管理体系",讲述人效管理体系的探索过程和结果。

第二部分,由"增收篇"和"节支篇"组成,包括第5～9章,主要阐述"为什么要做人效管理体系",讲述应用人效管理体系的作用和目的。

第三部分,是本书的重点,由"总纲篇""核算篇""分析篇""导示篇"和"改善篇"组成,包括第10～25章,主要阐述"如何构建人效管理体系",详细讲解了人效管理体系的四个系统,即人效核算系统、人效分析系统、人效导示系统和人效改善系统,以及每个系统的模型、内容、构建步骤和方法。

我的想法是,把本书写成人效管理体系的"作业指导书",尽可能把我知道的和我已经做成功的实战经验,通过本书展示给大家。为了避免和减少书面交流可能存在的"词不达意"的缺陷,我采用图的方式来讲解构建人效管理体系的每一个步骤,因此,本书穿插了470多张图。这些图我是用三个软件完成的：

（1）Office 软件（365 版），能使用 VBA 编程、开发工具、制作各类图表等。

（2）SPSS 软件（25.0 版），能做数据统计分析、求解相关性方程和分析结论等。

（3）Edraw Max 软件（亿图图示软件），能制作思维导图、仪表盘和逻辑图等。

本书中所有的逻辑图、模型图、Excel 图表和求解方程式，都是基于这三个计算机软件的付费正版来讲解的。所以，在对照本书中的每一个步骤练习时，只要软件版本一致，就能制作出一模一样的图表或系统。这里需要注意不同版本的差异性以及付费版与免费版的不同功能。

人效管理体系中每一个系统的内容，都是我在企业经营活动实践中验证有效后总结和提炼出来的。书中每一张逻辑图、模型图以及每一张制作步骤的截图，都是我在写作本书时重新制作的，而不是对以往工作文件的"复制"。所以，即便读者只是一名业务管理者，或者是对企业人力资源管理理论体系完全陌生的管理者，也没关系，当掌握了人效管理体系的系统方法并能有效加以利用后，本部门的人员管理问题就能迎刃而解。同理，企业就能解决"用人，则论'人效'"的人员管理难题。

我可以非常肯定地说，未来企业人员管理的责任，将通过"人效管理"的理念，落到每一位"用人部门管理者"的身上，而简化和优化人资部的管理职能是一种趋势。

企业在应用人效管理体系的过程中，要注意我在本书中提示的一些关键问题。比如，任何一种管理方法本身都是需要管理成本的，而最大的管理成本是管理者思想认识上的统一。也就是说，对于人效管理体系，各级管理者和全体员工都要有深刻的理解，这样才能发挥其最大功效。

企业经营管理的关键在于企业的各级管理者,所以,我希望本书能够让企业各级管理者都关注"人效管理"问题。各级管理者都应该把自己锻炼成集财务管理、人员管理、数据管理和人效管理于一身的"多面手",这才是企业"求之不得"的人才。多元化人才,特别受企业欢迎。

路,是人走出来的。人效管理体系是从企业经营管理的实践中摸索出来的管理新思路和新方法。一个人要想做成一件事,或是想在某一领域有所建树,可以依靠"三宝":第一,使用方法论;第二,不墨守成规;第三,持之以恒地坚持行动。

我已经与大家分享了本书的方法论及其核心内容"人效管理体系",剩下的就是,我们一起把企业经营管理的事做成功。

应秋月
2020 年·中秋起笔

目　录

"人效管理体系"简介
前　言

第一部分　什么是"人效管理体系"

□第一篇　探索篇

第1章　基本概念及"人效管理体系"概述　/3

1.1　基本概念　// 3
1.2　"人效管理体系"概述　// 7
1.3　基本条件　// 10
1.4　应用地位　// 14
1.5　注意事项　// 16

第2章　揭示毛利下滑的真相　/18

2.1　开端良好｜年度目标共同制定　// 18
2.2　事与愿违｜财务数据反映问题　// 21

2.3 上下疑惑｜一直沿用行业惯例 // 23

2.4 揭示真相｜数据分析一目了然 // 25

2.5 初战告捷｜理解之后重整旗鼓 // 32

第3章 构建上下同欲的思想 / 35

3.1 框架内容｜人效管理体系的基本生态 // 35

3.2 经营思维｜预算系统统一每个人的思想 // 37

3.3 数据说话｜分析系统统一每个人的语言 // 38

3.4 调整改善｜导示系统统一每个人的行动 // 39

第4章 来自追求效益的本质 / 41

4.1 经营本质｜毛利等于总收入减总成本 // 42

4.2 经营目标｜大小企业都可用人效分析 // 48

4.3 管理变革｜人效管理将人员管理简化 // 49

第一部分小结 // 54

第二部分 为什么要做"人效管理体系"

□第二篇 增收篇

第5章 人效管理体系的目的与作用 / 57

5.1 人效管理体系的目的 // 57

5.2 人效管理体系的作用 // 60

第6章 形成经营管理的"中轴线" / 62

6.1 经营模式｜三要素的经营新模式 // 62

6.2 新开扩张｜门店效益的预算决算 // 65

6.3 客户关系｜价值需求的分层满足 // 67

6.4 营销方案｜定价权限的下沉风格 // 68

6.5 销售执行｜目标客户的分级服务 // 70

6.6　运营运转｜零边际成本的新尝试　// 72

　第 7 章　统一管理的"语言系"　/ 74

　　7.1　纵横沟通｜复杂问题的核算决策　// 74
　　7.2　分工合作｜即时沟通的快速解决　// 76
　　7.3　人员编制｜预期效益的定编定员　// 77
　　7.4　升降调整｜贡献评估的客观公正　// 78
　　7.5　新员工管理｜"羊群效应"的正面引导　// 81
　　7.6　激励管理｜比较优势的论功行赏　// 83
　　7.7　经营文化｜职业习惯的路径依赖　// 85

□第三篇　节支篇

　第 8 章　重视路径及颗粒细分　/ 89

　　8.1　重视路径　// 89
　　8.2　颗粒细分　// 90

　第 9 章　架起全员共享"数据网"　/ 93

　　9.1　数据网络｜数据信息化的快速交互　// 93
　　9.2　组织结构｜扁平化与系统化相结合　// 96
　　9.3　终端颗粒｜数据细分、透明和同步　// 98
　第二部分小结　// 106

第三部分　如何构建"人效管理体系"

□第四篇　总纲篇

　第 10 章　知识体系及行动体系　/ 109

　　10.1　知识体系　// 109

10.2 行动体系 // 111

第 11 章 体系整体构建方法论 / 113

11.1 方法论述｜开局前的思考和准备 // 113

11.2 组建团队｜项目成员组建及准备 // 114

11.3 明确思路｜项目总体思路及路径 // 116

11.4 搭建框架｜项目总体规划及安排 // 119

11.5 进阶层级｜项目总体设计及配置 // 124

第 12 章 现状问题的盘点诊断 / 131

12.1 企业现状｜普查调研和盘点模板 // 131

12.2 人效管理｜寻找路径和问题聚焦 // 142

第五篇 核算篇

第 13 章 核算系统模型的构建 / 146

13.1 基本模型｜基于经营效益和管理需求 // 146

13.2 核算周期｜基于经营周期的应用需求 // 156

第 14 章 目标计划制订的方法 / 158

14.1 公式推导｜基于经营核算的财务公式 // 160

14.2 软件求解｜基于统计回归分析法求解 // 163

第 15 章 人效管理核算的方法 / 179

15.1 预算计划｜基于过程管控的预知需求 // 179

15.2 结果决算｜基于综合评估的应用需求 // 204

第六篇　分析篇

第 16 章　统计分析方法的应用　/ 208
16.1　描述统计法的应用　// 209
16.2　推断统计法的应用　// 242

第 17 章　分析系统模型的构建　/ 246
17.1　模型内容丨基于人效管理目的的导向　// 246
17.2　分析用途丨基于时间周期的不同阶段　// 247
17.3　操作模型丨基于追求最优的求证目的　// 248
17.4　定义作用丨基于分析目的和判断依据　// 252

第 18 章　现状原因分析的方法　/ 254
18.1　现状分析丨基于现状与目标的对比　// 254
18.2　原因分析丨基于问题与根源的寻找　// 260
18.3　模板制作丨基于分析与报告的需求　// 266

第七篇　导示篇

第 19 章　导示系统模型的构建　/ 276
19.1　基本模型丨基于不同对象分享的需求　// 276
19.2　分享周期丨基于不同周期应用的需求　// 283

第 20 章　员工终端的分享导示　/ 288
20.1　过程导示丨基于进度提示和达标预警　// 289
20.2　结果分享丨基于分析报告和改善建议　// 297
20.3　新人导示丨基于明示方向和消除陌生　// 315
20.4　动态分享丨基于经营数据的动态变化　// 324

第21章 管理终端的分享导示 / 330

21.1 商务理念｜基于分析和展示的动态化 // 331

21.2 标题内容｜基于自动生成和简约表达 // 332

21.3 计划指标｜基于目标和指标的清晰化 // 336

21.4 全年导示｜基于年度和月度的关联性 // 339

21.5 对比导示｜基于过程和结果的实时化 // 350

21.6 环比导示｜基于提示预警的参照驱动 // 368

21.7 全局导示｜基于标杆激励的自我驱动 // 373

21.8 管理看板｜基于全局展示和预警分析 // 380

21.9 项目管理看板｜基于任务完成进度的跟踪 // 380

第22章 决策终端的分享导示 / 398

22.1 动态交互｜基于经营决策的自行查询 // 398

22.2 关注收入｜基于现状数据的决策需求 // 420

22.3 关注成本｜基于发生数据的决策需求 // 434

22.4 决策看板｜基于分析展示和前瞻决策 // 445

第八篇 改善篇

第23章 改善系统模型的构建 / 448

23.1 基本模型｜基于经营改善和改进需求 // 448

23.2 追溯治本｜基于盘点和诊断的全局观 // 450

23.3 着眼未来｜基于外部和未来的世界观 // 453

第24章 人效管理改善之对策 / 456

24.1 战略改善｜经济大趋势决定企业战略 // 457

24.2 流程改善｜以盈利能力主导业务流程 // 458

24.3　组织改善┃创造条件实现组织扁平化　// 460

24.4　用人改善┃不拘泥格式和常翻新方法　// 462

24.5　转型改善┃运营模式和管理条件优化　// 470

第 25 章　改善方案画布的应用　/ 472

25.1　员工个人┃引导其做自我修复的改善　// 472

25.2　管理团队┃周期性地提前防御为主导　// 475

第三部分小结　// 479

号外篇　/ 480

后记　/ 482

第一部分

什么是"人效管理体系"

大到一个国家,
小到一家企业,
总量大,不算强大。
人均大,才算真正的强大。
这是"人效管理体系"的核心思想。

四个系统:
人效核算系统;
人效分析系统;
人效导示系统;
人效改善系统;
这构成了"人效管理体系"的核心框架。

第一篇

探索篇

人曰：欲为大树，不与草争。

我说：心若有志，何愁不及。

本篇位置：

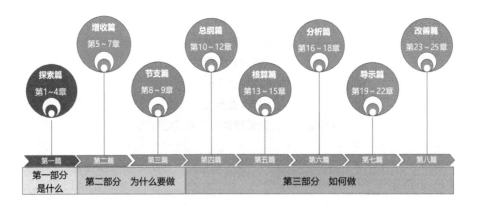

第1章

基本概念及"人效管理体系"概述

人效管理体系的基本概念，是构建和运维人效管理体系的基础，也是统一企业全体人员思想认识的基础。

人效管理体系的基本条件，是构建和运维人效管理体系的必备，也是人效管理体系有效运行的保障。

本章的基本概念都是笔者在企业的实践中总结出来的，并非理论的"搬运"。在企业经营和管理实践中，不需要"纸上谈兵"，能够实实在在地有效推动企业经营管理的东西才是有用的。

1.1 基本概念

"人员管理"的概念

从企业经营需要利用资源这个视角去看待企业中的"人员"，将其认定为"人力资源"，以示与其他物力资源和财力资源相区别。在意识形态上，这就容易形成"职能"上的职责的划分，即容易产生"人员由人资部管理"的"无形的墙"。久而久之，就会出现"管理"人的部门不用人，用人的部门却不"管理"人的现象。

我们要从社会大环境中与人相处、合作、共赢的视角去看待"人员"。比如，供应链管理、客户关系管理、共享经济模式管理等，把对方（人员）看作自己经济体的人员。

未来，"人"会以独立自主的生态模式生活在社会中，用多元化的劳动（工作）方式，与不同的企业、不同的组织和不同的"人"发生关系（还可以同时发生关系）。这说明"人"具有充分利用"自主"劳动力（包括脑力）的特性。从这一角度而言，"人员管理"的概念范围更广。

从这样的理念出发，"人员管理"的管理者就是用人部门（或用人组织、合作机构等）的管理者。这种对于"人"的概念的回归，是社会发展的一种趋势，如彩色插页中的图2所示。只要我们将对"人"的认知上升到世界观层面，在与"人"相处、合作和共赢的问题上，就会非常主动地使用"合作"的理念。越是采用尊重对方（人）的方式，越不是纯粹地"利用资源"，越能与"人"合作成功。

在本书中出现的"人力资源"一词，也基于目前普遍理解的概念。但是，笔者更倾向于用"人员"的大概念去理解。

"人效"的概念

人效，是在企业经营管理过程中，对于使用"人员"后所产生的"正面效率"高低的一种衡量。

下面用具体数据加以说明。比如，有甲、乙两个团队，通过它们人数与工作结果的数据对比，可以判断出哪一个团队的人效更高一些，如表1-1所示。

表1-1 两个团队的人效分析

比较项	甲团队	乙团队
总人数（人）	20	26
销售收入（万元）	160	200
人均销售收入（万元/人）	8	7.7

从表1-1可以看出，甲团队的人均销售收入高于乙团队。在相同条件（例如相同的产品销售价格体系、相同的地区环境和相同的人员薪资政策

等）下逐一对比两个团队，更能说明甲团队的人效高。

"人耗"的概念

人耗，是在企业经营管理过程中，对于使用"人员"后所产生的"负面效率"高低的一种衡量。它与人效正好相反，并且在大多数情况下不易被觉察，是隐性的。

人耗这个概念需要厘清的是"人"，不比其他的物力资源和财力资源，人能够创造世界，也能够破坏和毁灭世界，只是绝大多数人趋于"理性"地和平共处。

在企业经营管理中，对于使用"人员"，我们要有"越精简越好"的理念，树立"能使用一人的，绝不使用两人"的用人观（纯粹的商业思维）。

由于人员的增加会出现沟通成本增加，时间成本增加，各项经营管理的政令传达缓慢，执行力下降等情况，故而面对这些"负面效率"，企业必须采取措施，弱化它们。所有对于"人员"的投入都是一种成本消耗，因此要尽量避免人员冗余。

这就引出了企业经营需要确定"用多少人干活能干成功"的问题，也就是人效概念下的人员定编问题。

"人效管理"的概念

人效管理是"人效"与"管理"两个概念的组合，是指在企业经营管理过程中，对人效进行计划、组织、领导、检查和纠错的管理，并且是有效管理。人效管理的概念也是随着时代的进步而发展的。

笔者对于企业人员管理方式的演变有以下看法，如图1-1所示。

科学技术的进步把我们带入了"互联网+"时代和人工智能时代。因此，人效的概念也需要做相应的更新。机械化时代，强调以"岗"为中心，进行人员的配置，进行大规模的机械化作业。到了智能化时代，强调以"人"为中心，以人的智慧将计算机技术应用到特定领域，来替代人工作业，从而提升人效。因此，人效管理的重心也开始发生变化。

当然，在人工智能尚未全面普及的现阶段，我们需要明白，目前我们的"基础管理部分"还是不能丢弃的，并且很多人工智能的设计原理和数据模型的构建也来自于此。

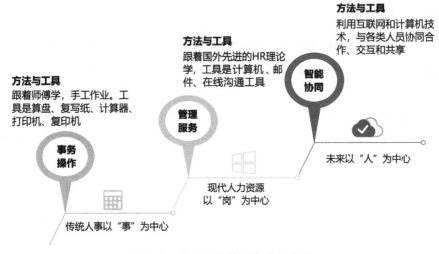

图 1-1　企业人员管理方式的演变

"体系"的概念

体系，简单地讲，是一组或多组"系统"的逻辑和模式；具体地讲，是集理念、宗旨、方向、目的、流程、结构、内容、检查、评估和总结于一体的一种逻辑和模式。

"业务系统"的概念

企业的经营和管理包括许多业务活动，每一项业务活动的对象不同，涉及组织结构、流程、端到端的起始和结束等的业务系统也不同。业务系统的概念，如图 1-2 所示。

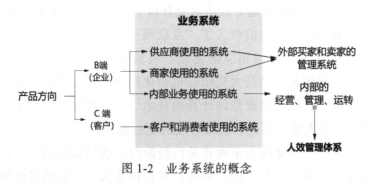

图 1-2　业务系统的概念

由图 1-2 可知，与企业经营和管理有关的系统可以统称为业务系统。系统的对象不同，内容就不同。这方面的内容在此不具体展开，本书所构建的人效管理体系，是支持企业内部经营、管理和运转的系统，所以它也属于企业业务系统。

同样是业务系统，但是不同的业务系统在数据信息方面有很大的不同。比较常见的业务系统包括：

（1）企业资源计划（enterprise resource planning，ERP）系统；

（2）客户关系管理（customer relationship management，CRM）系统；

（3）供应链管理（supply chain management，SCM）系统；

（4）仓储管理（warehouse management system，WMS）系统；

（5）物流运输管理（transportation management system，TMS）系统；

（6）办公自动化（office automation，OA）系统；

（7）人力资源管理（human resource management，HRM）系统。

简单地从计算机软件应用的角度，这些软件系统可以分为两类：第一类，能够实时产生业务数据的系统；第二类，对数据进行加工、处理、探查、挖掘和展示的系统。

相对而言，第 1～5 项业务系统属于第一类系统，第 6 项和第 7 项业务系统属于第二类系统。本书所讲的人效管理体系，也属于第二类系统。

1.2 "人效管理体系"概述

人效管理体系的内容

人效管理体系，是"人效""管理"和"体系"三个概念的组合，它是指集理念、宗旨、方向、目的、流程、结构、内容、检查、评估和总结于一体的一种逻辑和模式。

本书详细讲述了这种逻辑和模式，用这种逻辑和模式去帮助企业，通过运行"人效管理体系"来提高企业经营的人效，最终实现企业的效益目标。

人效管理体系模型的全貌，如图 I-2 所示。它包括三大板块：第一个板块是意识形态；第二个板块是核心系统；第三个板块是辅助条件。

第一个板块中的四个概念所包含的内容分别是：

（1）人效管理体系的运作理念是，"企业总销售收入高，不算强大；人均销售收入高，才算真正的强大"。

（2）人效管理体系的运作宗旨是，"人人懂'人效'，才是解决人员管理难题的有效办法"。

（3）人效管理体系的运作方向是，"持续追求人均销售收入最大化、人力使用效率最大化"。

（4）人效管理体系的运作目的是，"用最低成本的人力，达成最终的经营目标"。

这四个概念是人效管理体系构建和运行的隐性部分，也是企业从上到下全体成员需要统一思想认识的部分，它决定并主导了人效管理体系的运作过程和结果。

第二个板块中的四个系统所包含的内容分别是：

（1）人效核算系统，包括企业经营目标计划的制订、细分、预算、决算和评估。

（2）人效分析系统，包括企业经营过程和结果的人效现状分析、原因分析和结果评估。

（3）人效导示系统，包括人效分析报告的员工终端、管理者终端和决策者终端共享的人效数据可视化看板。

（4）人效改善系统，包括人效管理问题的改善方案和改善管理工具。

这四个系统构成了人效管理体系的显性部分，是运作和执行部分。它紧跟企业经营管理各个环节和各个时间周期（每月、每年），结果循环运转，并循序渐进地纵向精进，如图I-3所示。

第三个板块中的三个方面所包含的内容分别是：

（1）财务核算，主要是对常规财务管理流程数据和财务报告数据的利用。

（2）计算机技术应用，是人效管理体系高速度和高精度运作的首要条件。企业经营管理的数据信息自动化，依靠的是计算机技术。比如，对人效导示系统的自动化版、半自动化版和手工操作版三种运作模式进行比较会发现，只有自动化版能够做到"无人化"。所以，计算机技术在提升人效方面成果显著。

(3)统计分析,是人效分析系统的理论基础,并且会根据企业经营中的实际应用情况而有所变化。

从人效管理体系运作的这三个辅助条件来看,企业的经济实力越强,在计算机技术应用上投入越多,企业经营的人效就越高。

从上述人效管理体系的全貌可以看出,它是一个企业经营管理整体联动运维的体系,而不是就人效论人效,只是一组组数据表述。

人效管理体系的价值

人效管理体系的价值如图1-3所示。

图1-3 人效管理体系的价值

从某种程度上讲,企业经营管理中的人效管理问题还没有得到很好的解决,这是因为还没有形成"体系"。如果企业的人效管理体系比较薄弱,就会产生许多人效低下的负面现象,如表1-2所示。

表 1-2 人效管理体系薄弱产生的负面现象

序号	分类	项目	人效低下的负面现象
1	经营类	客户关系管理	采用"人盯人"的方式,无客户关系管理系统
2		组织结构	层级多且重叠
3		业务流程	流程环节设置繁多
4		经营数据管理	数据信息手工传递,传递速度缓慢且滞后;无信息自动化系统
5		指挥决策	集权,不授权;层层指挥,层层汇报
6			一线无决策权,经常处于等待政令下达的状态
7	管理类	人员管理	手工作业,无自动化系统,人员问题处理滞后
8			宁可招月薪 4 000 元的多个人,也不招月薪 8 000 元的一个人
9			人员流动率超过 50%
10			绩效管理流于形式
11			人员管理停留在人资部,企业各部门没有做到有机协同
12			一线部门与二线部门的人员数量配比失衡
13			还在以"岗"为中心管理员工的绩效
14		财务管理	无"经营"意识,不关注企业整体效益,只关注单一项目
15		会议管理	会议频次高且重复,很少能解决问题
16		事故管理	应急缓慢;解决方案无总结、无保存、无分享
17		各职能专业管理	手工作业,技能单一;无标准系统,无差错防范系统

人效低下的负面现象之所以产生,其原因有很多,笔者想,关键一点还是企业内部人员对"人效管理"的意识较为薄弱,或者说,没有形成一个用以指导企业内部人员思考、决策和行动的完整体系。

其实,对表 1-2 所列的这些问题,用简单的"五问"就能找到降低人力成本的办法。

一问:组织结构扁平化了吗?

二问:无效益管理废除了吗?

三问:经营数据自动化了吗?

四问:授权、信任、合作了吗?

五问:人员流动率降低了吗?

用这"五问"找到的解决方案去实施改革,去构建和运维人效管理体系,人力成本至少可以降低 50%。当然,构建和运维人效管理体系也是需要具备基本条件的。

1.3 基本条件

构建和运维人效管理体系,需要具备两个基本条件:一个是组织条件,另一个是个人条件。

在讲这两个基本条件之前，还要说一个前提条件，那就是企业愿意放弃一直沿用的"人海战术"，愿意投入一定的成本替代或淘汰纯体力劳动，由使用廉价劳动力转向使用知识型人才和多元复合型人才。因为，知识型人才和多元复合型人才所创造的劳动成果，能够使企业投入的边际成本趋于零。

组织条件

1. 组建构建和运维人效管理体系的管理团队

人效管理体系的构建和运维由两个团队完成：构建团队和运维团队。对于构建团队，企业可以聘请专家进驻企业，组成"专家＋人资部负责人＋财务部负责人＋IT部负责人"的项目团队；自身人才济济的企业也可以从各部门抽调人员，组成"人资部负责人＋财务部负责人＋IT部负责人"的项目团队。运维团队，则是构建团队完成构建之后，由原构建团队成员留在企业内部的人员组成。

2. 构建信息自动化系统

人效管理体系由四大系统组成，其中一个是人效导示系统。构建该系统时，企业应该尽可能建立信息自动化系统，因为手工作业的数据处理模式有非常多的缺陷：第一，层层传递导致速度缓慢；第二，传递过程容易出错；第三，组织结构无法扁平化；第四，人效低。

企业要利用信息自动化系统提高人效有多种方法：

第一，去除那些"简单、重复、无价值产生"的从事各类基础数据传递作业的操作人员，即优先使用"智能设备"来代替人力，这是一种非常值得"投入"的经营管理模式。

第二，用信息自动化系统提升各项经营数据的传送速度和频次。

第三，用信息自动化系统的经营数据去引导各级管理者的决策及其执行。

第四，用信息自动化系统的经营数据进行授权，降低开会频次。

第五，用信息自动化系统的经营数据开展有效且简单的绩效管理。

第六，用信息自动化系统的经营数据优化业务流程和组织结构。

3. 必要软件的使用和自动化系统的开发

企业需要具备必要的付费软件，包括 Office 办公软件、SPSS 分析软件和逻辑制图软件等。

对于自动化系统，企业自主开发或者外包给专业软件供应商开发都是可以的。

4. 人效管理体系的构建和运维需要整体联动

人效管理体系是企业经营管理的整体联动体系。构建人效管理体系以及构建后的日常运维，需要决策层、业务层和职能层来协同完成，如图 1-4 所示。

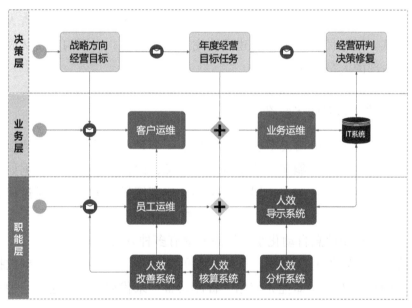

图 1-4　人效管理体系的组织协同框架

5. 财务数据能公开

人效管理体系中的人效核算系统的原始数据来自企业经营财务数据的采集和评估，这就需要使用财务数据。如果企业的财务数据不能公开（核心机密部分除外），就建不成人效管理体系的第一个系统——人效核算系统。日常运维人效管理体系，也需要财务数据的公开和使用。

上述五个条件是构建和运维人效管理体系的组织条件。假如企业不具备这些条件，那么人效达到极限时，想再提升就比较困难了。这就好比武器装备不够强大，单纯依靠人的体力，很多事情是做不成的。

企业具备组织条件之后，还要解决个人条件问题，企业的用人观也需要有所改变。

个人条件

企业在构建和运维人效管理体系时，对构建人员和运维人员的要求是比较高的。因为基于计算机应用的人效管理体系中的系统开发，首先需要"经营管理数据建模"，所以构建人员和运维人员必须具备以下四个条件。

1. 熟悉企业价值链的本质

人效管理体系建立在经营管理的数据建模的基础上，因此构建人员和运维人员若不熟悉企业价值链的本质，构建出来的人效管理体系模型就容易是"纸上谈兵"，与企业经营的实际"脱节"。这是非常关键和重要的条件。

2. 熟练使用有关计算机软件

如果企业没有经济实力做自动化系统，或者企业不想做自动化系统，那么要求管理者应能够比较熟练地独立使用计算机软件。比如：

第一，在使用 Office 软件方面，需要掌握 Excel 常用的多种函数的应用、透视表的应用和 VBA 的应用，此外，用 Excel 制作的可视化图表要符合商业图表可视化的规范，PPT 要符合商业 PPT 可视化的规范。

第二，在使用 SPSS 软件（或其他数据分析软件）方面，要能进行数据的处理、分析，以及相关性方程式的求证、判断和应用。

3. 熟悉财务管理知识

各级管理者若不懂财务管理知识，就很难有强烈的成本意识。在构建和运维人效管理体系时，管理者若不懂财务管理知识就难以成功。

其实，企业要求所有管理者熟悉财务管理知识，这本身就是提高人效的一种途径。如果各级管理者都会使用财务管理知识，那么在经营管理过程中他们就能深刻领会政令，迅速理解政令，高效执行政令。

4. 熟悉企业用人管理的有关知识

如彩色插页中的图 2 所示，随着人效管理体系的构建和应用，企业的人员管理模式从原来的"职能管理"转向"效能管理"。那么，企业原有的人资部将精简和优化，而用人的效能管理将被强化并"下沉"到各级管理者身上。因此，个人在这方面的认知和熟悉程度是非常重要的。

1.4 应用地位

人效管理体系的应用地位可以说是很高的，每个行业中大大小小的企业都有应用。总体而言，它的应用地位如图 I-7 所示，我们可以从下面几个方面去思考。

经营企业和企业经营的差异性

其一，对于投资方（基金/资本公司）而言，它们是纯粹的投资。投资方只关注这个企业值不值钱：值钱的，投资；不值钱的，则不投资。至于企业家经营的是一家企业还是 N 家企业，则不是投资方关注的重点。这么说来，基金/资本公司不经营企业，也不做企业经营。

其二，对于经营一家企业（或公司）的企业家（或企业老板）而言，他是"经营+运营"。他关注两件事：营销和管理。营销是为了实现收入最大化，管理是为了实现成本最小化。如何让各部门都有这种"收入最大化，成本最小化"的经营管理习惯，他需要一套运营系统和管理系统来辅助。

其三，对于经营 N 家企业（或公司）的企业家而言，他关注的是企业如何规模化：开多少家公司；跨多少个行业；跨多少个地区（或国家）；找多少个合伙人；找多少个职业经理人（CEO），分多少股权给他们，等等。他不关注 CEO 采用什么方式，也不会插手具体的企业经营管理事务。所以，企业家在找人的同时，也需要有一套运营系统和管理系统。

其四，对于 CEO 而言，他们是纯粹的运营。干得好与不好，还是要做两件事：营销和管理。他们通过一套运营系统和管理系统来实施自己的经营管理模式。

我们弄清楚这些概念之后，就顺理成章地知道人效管理体系的应用地位了——它用于帮助企业经营者（老板或 CEO）实现企业的效益目标，如图 I-7 所示的①②的位置。这就解释了人效管理体系为何不为投资方（基金／资本公司）所用。

所以，人效管理体系既应用于企业经营者的经营管理，也应用于对企业经营效益有更高追求的企业。

企业效益高低的影响

过去，我们所处的社会，相对而言信息是比较封闭和不对称的。常常会有一家企业（或公司）资源独家拥有（即垄断）、市场独家占领等情况出现，也因信息不对称，使先知先觉的企业（或公司）经营者（或老板）的效益处于"暴利"状态，生意很好做。

如今，随着互联网技术越来越成熟，信息变得十分透明且唾手可得。每家企业（或公司）都在想办法进行"去中间商、低成本"的经营，于是出现了企业（或公司）的效益处于"微利"甚至"无利"的状态，生意很不好做或是极其不好做。此时，企业（或公司）一定是要先解决营销问题，而不是管理问题。

如何在微利状态下解决收入最大化问题？我们看到，有一部分企业家已经做得很成功，开始采用"模式"来经营企业，即实施连锁经营（或利用互联网平台做渠道），用自己的模式来组织若干个公司（或门店），以达到收入最大化的目的。

企业家在采用这种模式经营企业时，需要有合伙人、CEO 和系统。这个系统里，既包括经营系统，又包括管理系统，用系统来统一经营和管理。如果没有系统，且企业家的股份又占比很低时，要想对企业拥有绝对的控制权就不太可能。这时人效管理体系就成了连接企业家和各个公司的手段和工具。

再如，一家新成立的企业（或公司）或者已成立几年的企业，其经营者（或老板）想的是，市场根基还没有站稳，重心自然偏向于营销，考虑的是如何实现"收入最大化"。他会满脑子想"客户""产品"，而不会想"管理"。那么，与他讲人效管理体系能够帮助他提升经营效益，几乎是讲不通的。

通过上述几个思考路径,就能得知在特定的企业中,人效管理体系的应用地位。也就是说,企业"掌控者"(或基金/资本公司、企业家、个体老板),企业效益处于什么水平(暴利、微利或无利),经营企业采用什么模式(连锁自营还是以平台做渠道),这些都是人效管理应用地位的决定因素。

由此可知,要用好人效管理体系,发挥其提升人效的强大作用,一定要知道它的应用地位如何。

在此说说我的观点:人效管理体系越早进入企业越好,企业经营者用人效管理体系指导经营管理的意识越早越好。

1.5 注意事项

构建和运维人效管理体系,目的是通过提升企业经营的人效来提高企业效益。因此,人效管理体系有一个基本目的,就是追求"在同等条件下,用最少的人力干最多的事情"的管理效率。

构建和运维人效管理体系以提升人效的方法,一般而言有两种:一种不需要增加进阶条件就能实现;另一种在人效提升出现瓶颈时,需要增加进阶条件才能有所突破,如图1-5所示。

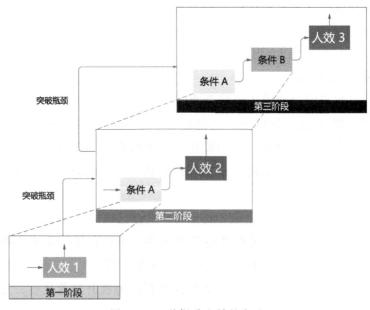

图1-5 一种提升人效的方法

所以，我们在构建和运维人效管理体系时，对一些注意事项要有一定的认识。

特定环境条件

人效管理体系中的人效分析系统，需要放在企业内部的一个特定环境条件下使用。比如，图 1-1 中就有三种特定环境：以"事"为中心的环境、以"岗"为中心的环境、以"人"为中心的环境。这三种环境条件不同，人效不同；第一个阶段是"手工作业"；第二个阶段是"工业机械化作业"；第三个阶段是"计算机智能作业"。对三个阶段进行宏观比较，说后面一个阶段比前一个阶段的人效数值高，是可以的。但是，具体到评估某一个阶段某一个组织（团队或机构）的人效时，就要先梳理数据背后的特定环境条件，之后再进行数据的比较，这一点需要注意。

相对与绝对条件

运用人效管理体系中的人效分析系统，还需要有一个在特定环境条件下的"相对条件"。这是指在进行企业的某一个团队、某一个人的人效数据对比时，需要拿出具体的"同等条件参数"进行相对比较，而不能直接"绝对化"地比较。

比如，图 1-1 中三个阶段的人效数据各不相同，而且后一个阶段比前一个阶段的工作效率要高，这是毫无疑问的。但是，如果直接说第一阶段的人没有第二阶段的人效率高，即使是在同一企业、同一时段，但如果两者中恰好一个是传统手工作业，另一个是用计算机作业，那么这么直接比较也可以说是"绝对化"了。

进阶条件

企业在进行人效管理体系的构建和运维时，需要区分特定条件下的人效是否已经达到"最优"，即需要评估人效提升是否已经到了"再无潜力可挖"的程度。如果不是，企业不需要增加进阶条件；如果是，企业则需要考虑增加进阶条件以突破提升的瓶颈。这个进阶条件就是配置不同的科技工具（就像工业时代的机械化、自动化，未来的智能化），只有这样人效才能得到提升。

企业在构建和运维人效管理体系的过程中需要注意特定环境条件、相对与绝对条件、进阶条件，以免设立"不切实际的目标"，得不偿失。

第 2 章

揭示毛利下滑的真相

我们知道了人效管理体系的基本概念和基本条件之后,还要知道它的具体内容。

笔者先从企业一般存在什么样的人效管理问题谈起。为了本书各章节内容的衔接和连贯,我把案例企业命名为"WAI企业"。WAI企业属于哪个行业,规模如何,处于哪个地区,都"无关紧要"。重要的是从中学会"人效管理"的理念,看到WAI企业案例数据背后所发生的"故事"。本书其他章节还列举了其他企业的数据,以对人效管理体系的具体内容进行比较详细的展示。

通过对这些企业实战案例的讲解,相信大家会将注意力集中到人效管理体系的理念、内容和方法本身,从而举一反三,在自己企业里构建和运维人效管理体系。

2.1 开端良好 | 年度目标共同制定

年初头几天,每天下班后的傍晚至深夜,WAI企业总经理的办公室总是灯光通明,总经理与几位企业高管,包括财务部、人资部的高管,一边吃着外卖喝着茶,一边共同畅想企业未来五年的战略规划,最重要的是,参考上财年的经营效益,共同商议制定新财年的企业经营目标。

看到未来三年的战略规划——振奋人心

WAI 企业总经理信心满满地说,"未来三年,每年门店数翻番,总销售收入翻番",确立了 WAI 企业未来战略规划的基调(见图 2-1 和图 2-2)。与会人员听后个个信心百倍,他们在看到企业未来的同时,也看到了自己的未来,畅想着,讨论着,思考着。围绕这个战略规划,两大建设主线应运而生:一条是企业发展线,另一条是人才发展线。

WAI 企业成立已近 10 年,它从一家小门店,发展到了如今有 10 家自营连锁门店的规模。未来三年的发展速度要大大快于前 10 年的发展速度,如图 2-1 所示。

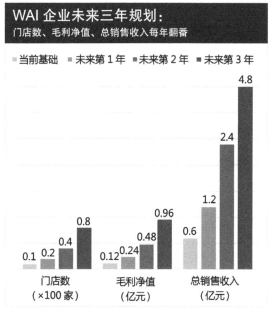

图 2-1　未来三年的规划

资料来源:WAI 企业。

为此,WAI 企业总经理基于对本企业所处行业的发展进行预测,以及对本企业经营经验的积累,对实现这个战略规划还是非常有把握的,分析如下。

第一，企业所处行业，是能够提升广大民众身心健康和生活品质的行业。只要有人存在，这个行业就不会因为时代的变化而消失。

第二，门店扩张的方法有三种且都已经成熟：一是"以店养店"，即现有每家门店一年创造的利润，能装修一家新开门店；二是"并购门店"，即并购社会上的一部分优良门店；三是"渗透托管"，即以自有的成熟的经营管理能力，接管社会上的一部分门店进行经营管理。

第三，本企业已经积累了从门店选址到装修、从开业到日常运营的一条龙经营管理的实战经验。

第四，10年来，高管不离不弃追随至今，还不断吸引业内优秀企业的高管投奔而来。中层管理干部也比较稳固，形成了一股业务拓展能力比较强的骨干力量。梳理完这些，再看看规划蓝图，每个高管的眼睛都在发亮。当然，他们也感受到了压力，开始思考如何一步步做的问题。

对新财年经营目标的实现信心满满

在未来三年规划的指导下，新财年的经营目标是在上一财年的基础上实现门店数和总销售收入翻番，如图2-2所示。

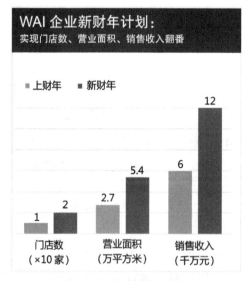

图2-2 新财年经营目标

资料来源：WAI企业。

目标确定后，剩下的就是"干"了。如何干？对此高管们也进行了对比分析，认为新财年企业有很多优势：

（1）门店数量可以增加一倍。

（2）总营业面积可以扩大一倍，并且优质门店数占比增大。

（3）新增门店的地理位置所涵盖的客户资源比较优越（即消费购买力比较高）。

（4）城市需求的空白地还有很多。

（5）按照城市总人口占比数据来分析，客户的需求量较大，企业的发展空间也较大。

（6）各门店三大业务部门的运作水平都比较高。其中几个门店的运作实力比较强，已经成为本企业的标杆门店，这对新开门店是非常有利的。

总之，对于实现新财年门店数、总销售收入翻番的目标，大家都信心满满，认为"应该没有问题"。

2.2 事与愿违｜财务数据反映问题

六个月的时间很快就过去了，WAI企业各级管理者都比较愉悦，因为他们知道上半年的总销售收入目标完成了，也就意味着，上半年的季度奖金可以拿到手了。

在经营例会上，财务部经理在做半年度财务分析报告说明时，各级管理者也没特别在意，因为年度目标计划下达时，与往年一样，没有要求他们承担经营效益的责任。不过，当他们看到财务分析报告时，以为财务部的同事把数据弄错了（之前确实也发生过"成本数据"弄错的事）。当财务部把成本明细一一说明，确认没错后，他们有些不相信摆在他们面前的这份财务分析报告（见图2-3和图2-4），认为不会这么糟糕。

从图2-3可以看出，毛利率在上半年的六个月中逐月下滑。6月的毛利率比1月25%的一半还低。对于这个结果，高管不相信，门店经理也不相信，WAI企业总经理更是不相信，所有管理者第一次被毛利率数据给"弄懵了"。

以往每个月的月中和月末，每个门店经理都关注一个数据——门店的销售收入，看它是否达成目标。在他们的心里，只要销售收入目标完成了，自己的工作就算做好了。从图2-3看，除了受1月和2月春节放假影响，其他几个月的销售收入一直很稳定，用门店经理的话来说，是铆足了劲儿做出来的。个别门店还完成了目标的120%。所以，在没看到财务数据分析报告之前，大家都认为任务完成得很好。

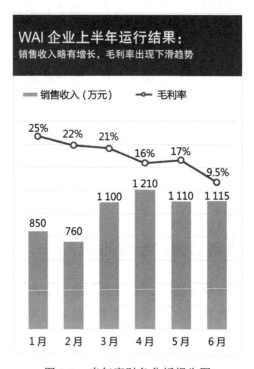

图2-3 半年度财务分析报告图

资料来源：WAI企业。

从WAI企业每月总销售收入的完成值来看，能够百分百完成月度目标计划就是好的，因为与同行比较，WAI企业的门店在同一规模的门店中已经算是名列前茅了。

从图2-4可以看出的，企业整体人均销售收入在上半年的六个月中也逐月下滑。

一时间，会议里的空气好像凝固了。几个非常重要的问题被提出：企业高管和门店经理要不要对企业和门店的毛利率负责？要不要在完成销售收入目标计划的同时，用人均销售收入完成值来衡量管理成效？与会的每一个人面无表情，不知所措。业务部门与职能部门也展开了"各持己见"

的讨论，谁也说服不了谁。

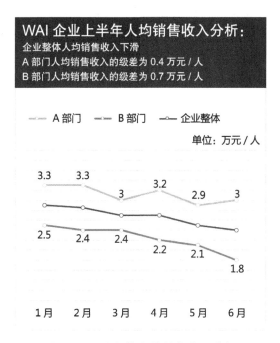

图 2-4　企业整体人均销售收入分析

资料来源：WAI 企业。

2.3　上下疑惑｜一直沿用行业惯例

最终，大家冷静下来，仔细回忆了上半年的工作，梳理每一步是怎么走过来的。

（1）年初按照行业惯例给每个门店下达目标任务，这也是本企业10年来的一贯做法，没有改变业务思路，没有调整业务线的高管，也没有改变组织结构。可以说，人还是那些人，业务还是那些业务，门店还是那些门店（除了新开门店），管理责任还是单一地完成销售收入目标就行，对于用多少人和多少成本完成，没有要求。

（2）每个门店、每个月销售收入目标的制定，和往年一样，将企业的年度总目标细分到12个月，再细分到各个门店，并且根据门店的实际情况进行调整。下达目标任务时，依据门店的历史数据，凭经验，将好的门店的任务额调高，将差的门店的任务额调低。

（3）把每个门店的计划值相加，若得到的总销售收入高于企业设定的目标的110%，则通过；若低于110%，就再调整，对好的门店追加任务额。

（4）全年有两个假期（春节和国庆）会对销售造成季节性影响，在下达门店销售收入计划任务时，会调低计划值。在其他月份调高计划值，使得年度总销售收入目标不受影响。

（5）市场营销方案与往常一样，没有新增促销方案，市场费用的控制也基本保持在往年的水平上。

（6）销售方案是企业近两年来最好的方案，也是行业内比较好的方案，能给企业带来稳定的销售收入。与去年一样，上半年沿用了这个销售方案。

（7）三条业务线的经理人员也稳定，除了新开门店的经理有变动外，其余门店的经理基本上没有变化。他们在做业务的时候，应该说是熟门熟路的，不存在门店生疏、市场客户生疏、员工生疏、业务生疏和管理生疏等问题。

（8）福利待遇也与往年一样，大家也都接受。

（9）门店运营成本的项目也与往年一样，没有变化，也没有特别大的支出。

（10）员工的人事管理，如招聘、培训、入职和离职等事务性操作也没有大的改动。

上述一系列可能出现问题的有关因素，大家几乎找了个遍，但得出的结论是：

（1）一直沿用以往的、本行业的惯例做法经营和管理各个门店，只要销售收入目标达成了，就应该是没问题的。

（2）福利待遇设计按照本行业的惯例做法，按销售收入目标的达成情况拿提成和奖金，所以也是没问题的。

总之，大家都非常迷茫和疑惑，不知道哪里出了问题。

一部分人认为，自己干了十几年，从来没有听说过这个行业的高管和门店经理要对企业和门店的毛利率负责。他们也问，如果要负责，怎么负责？

2.4 揭示真相 | 数据分析一目了然

就在大家找不到问题的根源时,笔者把"人效管理体系"的概念引入了WAI企业。图2-4所示的就是企业上半年人效数据的分析报告,揭示了WAI企业毛利率下滑的真相。也就是说,同一家企业在同等条件下完成销售收入目标,好与不好就在于用人成本的高低。

完整的人效分析内容非常多,后面章节有详细讲解。在此,先简单地列表分析,如表2-1所示。

表2-1 人效分析报告种类

周期＼对象	企业整体	业务链（产品线）	部门（门店）	团队（班组）	员工
天	1. 销售收入目标达成分析报告 2. 人均销售收入分析报告 3. 毛利率目标达成分析报告 4. 人均毛利净值分析报告 5. 人力成本占总成本比例分析报告 6. 人力成本占总销售收入比率分析报告 7. 人员平均工资水平分析报告 8. 前后线人员配比分析报告 9. 人员流动情况分析报告 10. 新员工占比分析报告				
周					
旬					
月					
季					
半年					
全年					
环比、同比、横向比、纵向比、历史比					

表2-1中的人效分析报告种类,大致分为三个维度的分析：分析对象、分析周期和对比周期。每个分析对象、分析周期和比对周期的方法可任意组合,可想而知,可以有很多种报告,这还没有包括企业经营过程中新要求的报告。撰写各种报告,目的是寻找数据背后人效管理问题的影响因素。

由此可见,人效分析工作是一项工作量比较大的工作,如果不借助计算机软件,或者不采用"自动化系统"而采用手工计算,其运算速度和运算质量与计算机和自动化系统相比是不可同日而语的。

通过表2-1可以看到,人效分析要用到财务数据,这就有可能涉及企业的商业秘密。为了便于读者理解,在保守企业秘密的前提下,笔者只摘录一部分数据进行分享和说明。

人均销售收入分析报告

1. 企业整体的人均销售收入分析报告

每月两大业务链部门（A 部门和 B 部门）和企业整体的人均销售收入分析报告如图 2-4 所示。

由图 2-4 可知，1～6 月，企业整体每月的人均销售收入呈下降趋势。其中，A 部门的下降幅度略微小一些，B 部门的下降幅度比较大。还有，尽管下达销售收入任务时并没有强调人均销售收入，但是根据以往销售收入达成的经验值，在组织和人员定编时给出了预测目标值。A 部门和 B 部门都没有实现预测目标值，其中 B 部门的差距较大，如图 2-5 所示。

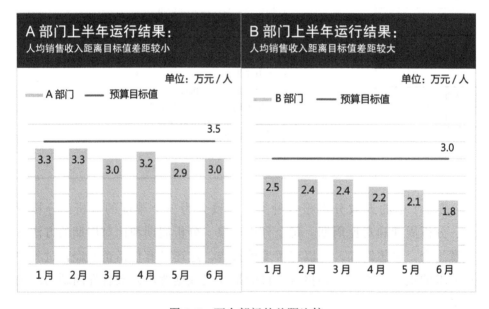

图 2-5 两个部门的差距比较

资料来源：WAI 企业。

2. 销售人员的销售收入分析报告

查看 A 部门的每月销售人员的销售收入，并对其进行分析。每个月的情况大致相同，为节约本章的篇幅，仅取其中一个月的数据来说明，如图 2-6 所示。

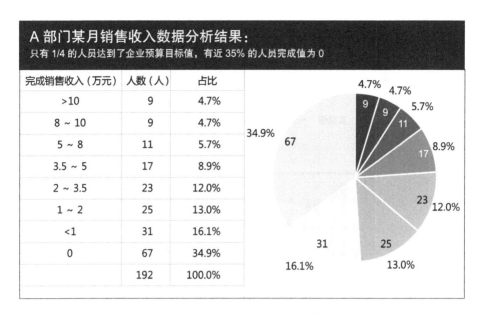

图 2-6　A 部门人员完成值的分析

资料来源：WAI 企业。

图 2-6 所示的 A 部门共有 192 名销售人员，其中 125 名有销售收入，还有 67 名是新入职的销售人员，本月没有销售收入，占比近 35%。销售收入最高的为 22 万元，最低的为 0 元。

从图 2-6 还可以看到，只有 46 名销售人员达到了企业希望达到的人均销售收入目标值，也就是说，达标的人数占比只有 24%，整个 A 部门有约 3/4 的销售人员销售收入低于企业目标值。

同时，对 B 部门销售人员的销售收入进行了分析，情况和 A 部相仿，也有 1/3 的新员工，也是 3/4 的销售人员低于企业预测目标值。

从数据分析中还发现，上半年，基本上每个月都有约 1/3 是新员工，这也说明企业存在员工流动率高这一特点，下面会对人员流动的数据进行详细分析。

3. 各门店的人均销售收入分析报告

查看上半年各门店的人均销售收入情况，并进行数据分析。其中，A 部门和 B 部门的分析结果是，两个部门大致相同。图 2-7 是 B 部门的 10 家门店 6 个月人均销售收入的数据分析报告。

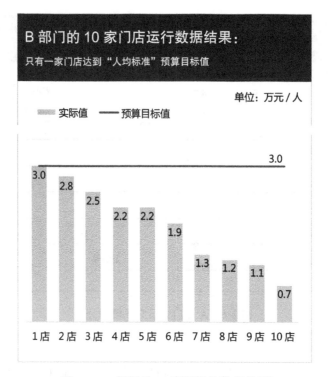

图 2-7 B 部门的 10 家门店的数据分析

资料来源：WAI 企业。

图 2-7 所示的数据表明，B 部门的 10 家门店中只有 1 家达到了企业的预算目标值，达标率只有 10%。

企业整体的人力成本占比分析报告

上半年，企业整体的人力成本占总成本的比例以及占总销售收入的比例的分析报告，如图 2-8 所示。

根据以往历年的数据可知，每月人力成本占总成本的比例为 55%～65%，而现在上半年 6 个月的数据均高于往年，达到 58%～67%。

查看企业近 3 年的经营数据，每月人力成本占总销售收入的比例为 37%～50%，而现在上半年 6 个月的数据均高于近 3 年，达到 45%～61%。其中，6 月的数据高出近 3 年 6 月平均值 11%。

把图 2-8 的数据与图 2-3 的数据相关联一起看，就能非常直观地找出企业毛利率及人均销售收入下滑的主要原因，那就是人力成本的提高。

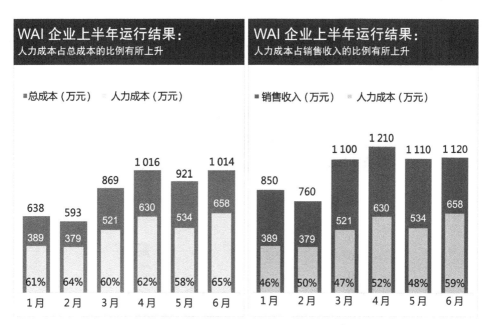

图 2-8　人力成本占比的分析报告图

资料来源：WAI 企业。

人员流动分析报告

人员流动，会让企业发生一定量的无效人力成本的消耗。合理的人员流动可以给企业带来"新鲜血液"使企业人员得到补充和调剂，但是如果人员流动超过了合理范围，那么流动率越高，无效人力成本的消耗就越大。

从上半年企业整体离职人员数量的统计报表来看，人员流动率已经超过 50%，并且 7～9 月三个月的离职人员数量还在继续增加。

根据企业历年经营的经验，一名新员工，从未干过销售的新人，到达完成人均销售收入目标的水平，基本上需要三个月以上时间的学习和跟班锻炼。也就是说，新员工入职后的头一两个月，基本上不会产生销售收入。企业需要用"底薪＋业绩提成"的薪酬政策激励新员工，底薪一般为 2500～4000 元/月。

那么，732 人离职，平均按两个月的无效人力成本消耗，最低 5000 元/人的费用计算，合计离职人员的无效人力成本消耗达 366 万元，而这 366 万元消耗的是企业的纯利润。

图 2-9 和图 2-10，前者是离职人员数量分析图，后者是离职率数据分析图。从中可以清晰地看出，人员离职率太高，这也是毛利率下滑的一个重要原因。

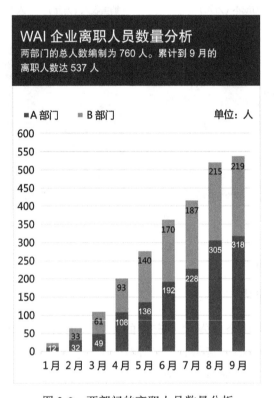

图 2-9 两部门的离职人员数量分析

资料来源：WAI 企业。

从图 2-10 看到，A 部门的人员离职率，在 9 个月的时间里居然超过了 120%。这是什么概念？岂不是 A 部门的人员全部更新了一次？带着这个疑问，查看 A 部门离职人员的工龄结构，发现离职人数中，新员工和 1 年内工龄的员工离职率占比接近 80%，如图 2-11 所示。

图 2-11 非常清晰地显示了 A 部门 1～9 月，离职人员中的 30% 为工龄 1～2 个月的新员工；还有 50% 是工龄 3 个月～1 年的次新员工；2 年内的老员工离职率大约为 20%。也就是说，工龄 3 个月内的新员工很不稳定，1 年内离职的人员占总离职人员的 80%。这是离职率超过 100% 的主要原因。

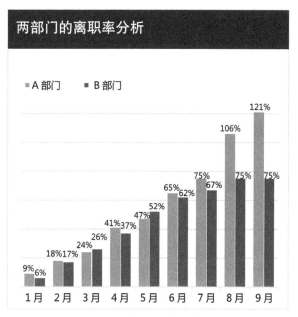

图 2-10　两部门的离职率分析

资料来源：WAI 企业。

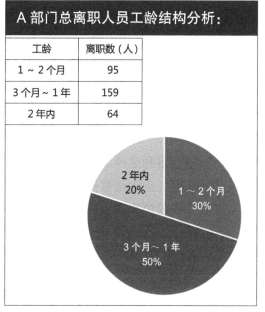

图 2-11　A 部门离职人员工龄结构分析

资料来源：WAI 企业。

以新人成长需要 3 个月以上来看，这样高频率的人员流动会导致销售收入目标无法达成，同时"人耗"也会增加许多。

综上所述，数据分析反映出三个方面的问题：第一，人均销售收入不达标，并出现下滑趋势；第二，人力成本占比上升；第三，员工队伍稳定性差，累计离职率超过 100%。这些都指向了 WAI 企业的"人效管理"出现了比较严重的问题。

2.5　初战告捷｜理解之后重整旗鼓

面对真真切切的人效分析报告，从总经理到高管，从一线业务部门到二线职能部门，大家都非常震惊，震惊自己在这个行业里干了这么多年，也算是行家里手，却没有进行过人效分析。他们一直采用单一的以达成经营目标为导向的经营模式，认为门店数量同比增加，销售收入同比增加，经营目标实现了，就万事大吉了，从没有想过自己要带着"用了多少人力来实现这个经营目标"的责任去经营企业以及管理业务。

"人效管理"的概念开始被大家接受：一家企业，销售收入总量高不算强大，人均销售收入高才算真正强大。这是构建和运维人效管理体系的核心思想。

回到上面的人效分析，据了解，WAI 企业的人力成本占总成本的比例为 58%～67%，人力成本占总销售收入的比例为 45%～61%。按照这个比例，我们以纯经济角度来思考，进行以下假设推理。

假如销售部门提出需要增加一名普通级别的员工，按照市场价位，企业至少要支付 5000 元/月才能招到这样的员工。那么，该员工至少要完成销售收入 2.3 万～2.7 万元/月（企业还需要奖励员工，支付业绩提成和奖金），才能养活自己。当他完成的销售收入超过这个数值时，他才能够为企业的经营效益做出贡献。否则，这名员工连自己都没法养活。也就是说，当这名员工没有完成这个销售收入时，他就分摊了其他员工的贡献，企业要用利润养着他。

我们再拿图 2-6 的数据来说，如果这个数据是倒过来的，即 A 和 B 两个部门都有 3/4 的员工能够达到 WAI 企业制定的销售收入目标值以上，只有 1/4 或者更少的人在这个目标值以下，那么分摊的人就少，是不是毛利率的值就能上升呢？答案是肯定的。

还有，把居高不下的人员流动率给控制住，使之下降到50%以下，是不是毛利率的值又可以上升一点呢？答案也是肯定的。

再有，从图2-2的WAI企业年初经营计划值来看，如果WAI企业在下半年6个月里，继续只追求企业销售收入的增加，不重视人效，没有"人效管理"的概念，那么年底就会出现如图2-12所示的结果。

图2-12所示的结果告诉大家一个事实：即使下半年6个月能够稳住毛利率不再下滑，并且维持在10%之上，新财年的经营目标计划中的毛利率和毛利净值目标也将泡汤。道理很简单，年初经营目标计划为：销售收入翻番为2.2亿元/年，毛利率为20%，企业赚到2400万元的毛利。但是，从上半年6个月的实际经营结果来看，很有可能到年底，毛利率下滑到只有10%，也就是说，企业只能赚到1200万元。这一升一降，毛利净值一模一样。大家忙忙碌碌辛苦了一年，增加了门店数量，也增加了总销售收

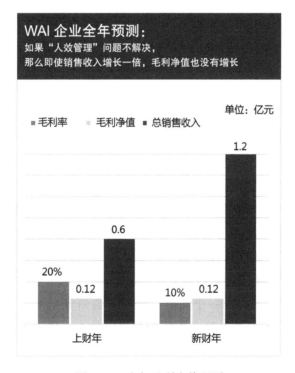

图2-12　全年毛利净值预测

资料来源：WAI企业。

入,但还不如不增加门店,就经营原有的几家老门店,这样也能实现毛利净值1200万元。是不是这一年的企业经营非常不"划算"?全年还有后面6个月,该怎样做是不是很清楚了?

数据、道理,不分析不知道。分析、分析、再分析,大家的心结最终被解开。为此,WAI企业总经理发话,从现在开始,每一位高管、每一位部门经理,都要具备"人效管理"的概念,带着经营的头脑,"用对人,用有效的人"。

"人效管理"的概念被采纳之后,几个月过去了,再来看看他们的人效数据,人员流动率上升的趋势开始出现拐点,好几个门店的员工离职率为零,毛利率净值又重新回到了年初的计划值。

故事讲到这里,也许大家会认为,人效管理体系有这么大的魔力,能解决企业毛利率下滑的问题,让企业起死回生?当然,不能这么绝对化。人效管理体系是一个完整的经营管理方法论系统,上面讲述的人效分析,仅是其中的一个模块。人效管理体系构建和运维的难度,不在于数据分析报告怎么做,而在于能够透过数据分析,找到人效管理问题的根源,从根本上构建整体的、有机的人效管理体系,然后进行系统构建并推动其运作。

大家身处不同行业的不同企业,其经营特点大不相同。所以,在劳动密集型企业、高科技企业、互联网电商企业等企业中,人效管理体系运行过程中遇到的问题也大不相同。

笔者当初在探索和验证的过程中,有意识地选择了自己从未接触过的陌生行业来验证,看看自己这个"外行人"(非业内行家)能不能帮助企业成功构建"人效管理体系",以此来验证人效管理体系的通用性和适用性。事实上,不同行业的企业老板和管理者之所以能够接受这个人效管理体系,恰恰是因为人效管理体系源于企业经营目的的本质,是一个来自企业经营又回馈于企业经营的实用的管理体系。

可能大家会关心这样一个问题:我们各自所处的企业的性质不同(有国企、外企、民企),与我们合作的企业老板的个人魄力也不同,人效管理体系都适用吗?

要相信,"世界上原本没有路,走的人多了,便成了路"。在微利时,企业管理者与其坐以待毙,不如主动出击,帮助企业突出重围。

第 3 章

构建上下同欲的思想

第 2 章的内容,把大家的思路带入了一个由于企业没有关注人效管理而产生了"销售收入增加,毛利率却没有同步增加"的案例故事之中,看来人效管理体系是一个非常有用的管理体系。

我们还可以想一想,各行各业的企业,如一家服装企业、一家酒店、一家房地产商、一家出租车企业等,其商业行为的本质大致是一样的,简单地说就两个字——赚钱。哪怕是街边卖煎饼果子的小摊,也是如此。

企业经营没有固定模式,同样,企业管理也没有固定模式。尤其是当我们感觉到我们的管理方法已经无效的时候,更应该顺应企业经营本质的方向,不墨守成规,敢于破局,敢于跨界,寻找一种简单易行的管理方法去创新。

3.1 框架内容 | 人效管理体系的基本生态

笔者用了近三年的时间,探索和求证是否有一种可以称作"人效管理体系"的管理工具。在探索过程中,笔者思考和假设了以下几个问题。

(1)用什么可以统一企业经营管理的核心工作?这个核心工作应该是

什么？

（2）在企业内部，特别是大型企业内部，由于经营业务活动繁杂、组织规模庞大，所以部门设置也很多。各部门又有着不同的专业特性，这就出现了各部门彼此间难以沟通情况，更谈不上相互理解了。那么，用什么"语言"可以解决企业内部各部门的沟通问题，让大家能够彼此听懂又相互理解？

（3）企业的人员管理问题，不应该只是人资部的职责。这一观点已经越来越被企业所采纳。假设"企业的人员管理不是人资部的职责，更多的应该是用人部门管理者的职责"这个命题成立，那么，如何让用人部门对于人员管理能够做到简单明了和操作而不烦琐？它又应该是什么？

笔者带着这些思考，在企业实战中反复地求证和检验。2019年9月开始，笔者着手整理过去几年来的工作笔记和所积累的资料，一边整理，一边设计，终于可以把完整的"人效管理体系"呈现给大家了，如图I-2和图I-3所示。

人效管理体系的由四大核心系统组成：

第一，人效预算系统。它是人效管理体系的"顶层设计"，包括企业发展战略的梳理，企业新财年经营目标计划制订之后的人效标准的制定，细化人效标准的预算和企业经营各个周期结束之后的人效决算。详细内容，可见第五篇的第13～15章。

第二，人效分析系统。它包括人效数据采集之后统计分析的假设、求证、修正和结论报告。详细内容，可见第六篇的第16～18章。

第三，人效导示系统。它包括用数据可视化图表，与员工终端、管理者终端和决策者终端同步分享，并传递两个意图：一个是人效数据好与坏的展示，提供给使用者进行"自我评估和自行检查"；另一个是人效数据好与坏的预警，提供给使用者进行"自我管控"。详细内容，可见第七篇的第19～22章。

第四，人效改善系统。它是人效管理体系的重点，包括根据人效分析报告的提示和警示，寻找和制定人效管理问题的解决方案，与有关部门共同实施该方案；再次采集实施解决方案后的人效数据，并进行比对，从而进行进一步的调整和改善。详细内容，可见第八篇的第23～25章。

这四大系统不是孤立存在的，而是相互"耦合关联"的。在本年度里，每个月做横向循环；在年度周期里，做纵向精进的迭代和提升。在这四个系统中，人效分析系统和人效导示系统包括的内容非常多，一般而言，分为以下几个维度：

（1）组织维度，分企业整体、业务链（产品线）、地区、部门（门店）、各团队（班组）等。

（2）责任人维度，分为各级管理者（高管、中层、基层）、老员工、新员工等。

（3）时间维度，分为天、周、旬、月、季、半年、全年、近三年等。

（4）对比维度，分为同比、环比、横向比、纵向比、历史比等。

（5）排名维度，分为前三名、后三名、领先平均水平、落后平均水平等。

（6）员工个人维度，分为历史最好成绩、进步最快、目前水平等。

（7）数据类别维度，分为总销售收入目标完成率、毛利率目标完成率、人均销售收入完成率、人均毛利目标完成率、人力成本占总销售收入之比、人力成本占总成本之比、人员流动率、人员平均工资水平、一线人员占比、人员工资水平分布等。

如果企业经营管理的过程和结果的数据（包括人效数据）不能及时输送给各级管理者（包括企业老板）和员工，等到事后才知，那事情就不可挽回了。所以，人效分析系统和人效导示系统还需要进行"数据信息自动化"的开发和运维。

要把人效管理体系的四大系统与企业经营业务活动串联起来，组成企业经营管理的以人效管理为核心的基本生态。在这个基本生态中，一个以经营效益为导向的人效管理思想贯穿企业的上上下下。从企业高层到底层，人人都明白一件事，都讲着同一种语言，都用同一种数据，这就是人效管理体系所创造出来的企业经营管理的基本生态环境。

3.2 经营思维｜预算系统统一每个人的思想

一家企业，少则几百人，多则几千人甚至几万人，要实现"上下同欲、力出一孔"的效果，首先要寻找一种能够统一大家思想的办法。

在商言商，经营企业，本质是为了赚钱。员工到了企业，也有两个目的：一是赚钱养活自己及家人；二是获得更好的学习、成长和锻炼的机会。在一个企业特定的环境里，一方是企业，另一方是员工，两者的需求目标有很大的差异，各自的想法不一，如果平衡不好，或者说彼此产生"博弈"甚至于对立，就容易出事。员工流动率大，造成企业经营目标不能实现是小事，人心不齐或相悖，造成企业经营无法维持是大事。

既然是这样，那么能否齐心协力，共同赚取更多的钱，就是一个需要解决的难题。所以，有一个能够说清楚经营目标计划的预算系统，将其交给各级管理者，再由管理者带着人效理念去影响员工，这样形成上下统一的思想就不难了。道理很简单：

（1）企业为什么要组织更多的员工来干活？目的只有一个，实现更大的经营目标。

（2）员工怎样才能在企业里赚到钱？只有完成工作任务而且质量没有问题才行。

这是非常简单的道理，所有的员工心里都明白，上班是一定要完成工作的。基本上没有人愿意"偷懒"，从他们面试的时候，从他们每天从家里出发的时候，从他们每天下班铃声响了还在工作的时候，他们都在想着一定要完成当天的工作任务。因此，只要我们"公平、公正"地让他们知道，哪些收入可以最大化，哪些成本可以最小化，做了多大的贡献才能获取更大的劳动报酬。企业则是通过员工的劳动创造，实现经营目标和经营效益。

这就是人效预算系统能够统一每个人的思想的"奥秘"。并且，它是与企业经营目标和员工切身利益紧密相关的。对于企业经营，对于员工，不需要高谈阔论，越简单、直白、透明，则越好。

3.3 数据说话 | 分析系统统一每个人的语言

企业经营管理的过程和结果，通过一组组数据的分析报告，像仪表盘一样，可视化地呈现在企业全体人员面前。每个数据都表示员工、部门和企业整体的人效状态：好、不好、介于两者之间。

第 4 章

来自追求效益的本质

有经营就有管理。任何一种管理方法都是一把"双刃剑",运用得当,能提升管理效率,助力企业蓬勃发展,企业盈利就多;运用不当,则会成为企业经营的"绊脚石"或"脚手链",不但不能提升管理效率,反而会增加企业的经营成本,企业盈利就少。

管理的方法有很多,每一位管理者,从企业经营的本质出发,找到那种最原始的、不需要深奥理论就能讲清楚的、通俗易懂的管理方法,才是最需要做的一件事。

寻找是一种磨砺,是一种乐在其中的坚持,它比"拿来主义"辛苦得多。要敢于探索,不惧怕所谓的权威,也不用担心有没有类似的工作经历,只要坚持,总能找到符合本企业经营的管理方法。

笔者带着"理论也是来自实践"的信念,带着企业的人员管理能否简化、简化、再简化的命题,自我发难去寻找一种"简单的、业务活动离不开的、能统一各级管理者思想的"管理方法,最终形成了"人效管理体系"。

在本章,笔者把当初的构思、假设、求证以及在企业实战的整个过程展示给大家。

4.1 经营本质 | 毛利等于总收入减总成本

企业经营本质的"主干脉络"是什么

1. 大胆假设

《老HR手把手教你搞定HR管理（高级版）：从能管理到善辅佐》一书中，有关于管理与经营之间的辩证关系，如图4-1所示。

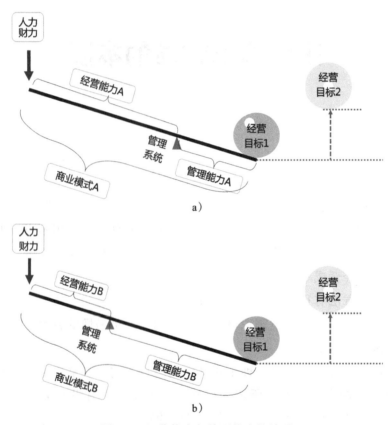

图 4-1 经营能力与管理能力的关系

图4-1和所展示和所表达的是企业经营能力与管理能力的辩证关系，说明了管理系统的位置越靠近经营目标就越省力（财力和人力）。

也就是说，企业的人员管理，需要以实现经营目标为导向，而不能就管理而管理。

《老HR手把手教你搞定HR管理》的初级版、中级版和高级版三本书中都有人力资源管理的定义：人力资源管理，就是应用"选、育、用、留、竞争"的管理方法，组织和调整一支能够实现企业经营目标的员工队伍。这个定义有两个重点：一个是过程，即应用"选、育、用、留、竞争"的管理方法；另一个是结果，即组织和调整一支能够实现企业经营目标的员工队伍。

企业设置了人资部，应用"选、育、用、留、竞争"的方法进行管理，承担着企业人力资源管理的责任，但基本上都是在人资部的内部忙碌、忙碌、再忙碌。并且，很多管理内容与企业经营业务关联性不大，而各用人部门的管理者，基本上不参与"组织和调整"员工队伍的工作。

如何帮助用人部门的管理者和企业高管，也能使用一种简单的管理工具，进行简单的人员管理呢？人效管理体系就是在这样的背景下，被大胆假设，并通过探索和实践总结出来的一种简单的管理工具，如图I-2所示。

2. 小心求证

大胆假设之后，不去求证，那就是空想，就是纸上谈兵。假设容易，求证艰难。但如果方法得当，持之以恒，总会成功的。

学过财务管理的人都知道，财务报表有四张主表：资产负债表、现金流量表、利润表和所有者权益变动表。其实，资产负债表的数据包含了其他三张表的数据，这方面的知识就不再展开赘述了。

笔者在学习财务管理知识的时候，脑子里常常在想：企业经营本质的"主干脉络"是什么？很快发现，其实财务管理所反映的就是企业经营所追求的本质，即"主干脉络"，它就是一个计算公式：毛利 = 收入 − 成本。

一家企业必须赚钱，即毛利一定要为正。至于毛利的高低，则要看收入和成本的高低。如果毛利很低，想要赚更多的钱，可以寻求规模化经营。所谓"薄利多销"，就是这种经营理念。

在当今互联网时代，生产或销售一件小商品，哪怕一件只赚"一分钱"，也有人做，因为它的规模有几亿元、几十亿元甚至几百亿元之多。如果毛利很低，低到出现了负值，即"资不抵债"，那么企业不是关门倒闭，就是必须有钱来填补以维持经营。

这是正常的财务管理思维。笔者还有一个想法，就是财务管理方法也是"事后"的数据分析。那么，什么是"事先"的数据分析呢？

每当企业制订经营目标计划时，我们用什么工具可以在几分钟内就算出全年总销售收入和毛利率的计划值？对于毛利率、总销售收入和总成本这三者之间的逻辑关系，能不能设计一个简单的测算工具？能不能设计一款安装在手机上供每位管理者使用的 App？

带着这些问题，笔者把企业过去近三年财务报表的数据全部摊开，关于总销售收入、总成本、人员的各项数据，逐个进行统计和对比分析，反复论证。设计，验证，推翻；再设计，再验证，再推翻。就这样，一个多月后，笔者终于设计出了适合这家企业的经营目标计划。

在这个过程中，也不是一帆风顺的。因为用已建好的"经营目标计划测算工具"的数学模型求得的理论值，与财务报表数据的实际值进行对比，出现了不相等的情况。是不是对经营目标计划测算工具的数学模型要求过于严苛了？（笔者要求小数点后的数值也必须一致。）

此时，笔者想到了财务报表数据是不是有做过处理的可能。于是带着这个问题到财务部去求证，最终在他们的帮助下找到两个原因：一个是财务数据统计过程中的手工操作有误；另一个是财务报告遵循了"收付实现制"和"权责发生制"原则，而这两个原则本身就存在差异。

针对这两个原因分别进行处理：一方面，由财务部进行错误数据的纠错，并出具"管理用财务报表"；另一方面，重新论证经营目标计划测算工具的数学模型的严谨性。后来进行了几轮反复核对，直到经营目标计划测算工具的数学模型数据与财务报表数据一致，才确认它是正确的，也是简单有效的。

最终把设计好的经营目标计划测算工具交由 WAI 企业总经理使用，同时还请 IT 软件工程师设计了 App。一周之后，经营目标计划测算工具 App 安装在了总经理的手机上。

有了这个经营目标计划测算工具 App，几分钟就能测算出全年总销售收入的计划值和毛利率值。以往，每年年初为了制订企业新财年的经营目标计划，至少要花费两三天时间，召集各部门管理者一起开会（如第 2 章开头描述的场景）。而且，那个时候是凭经验进行估算，要平衡"毛利、总收入和总成本"之间的关系非常难。这种方式进行了好几年，虽然很想改变它，但一直未能改变，现在终于解决了。

经营目标计划测算工具

1. 制订新财年经营目标计划的依据是什么

当企业制订新财年的经营目标计划时，根据什么制订？笔者见过多种方法。比如，凭经验预测，把上财年目标的实现情况以及新财年的企业发展趋势合并一起预测，按企业新战略部署的硬性指标预测，用统计学原理对以往几年计划完成值的数据进行分析后预测等。

应该说，凭经验预测是比较常见的一种制订计划的测算方法。但是，这种方法有个缺点，就是很难兼顾多方面的因素。比如，第 2 章所讲的 WAI 企业，往年制订新财年经营目标计划，就是凭经验预测的方法，无法兼顾企业整体效益与产品线、业务线之间的平衡，无法兼顾股东利益、高管利益和员工收入之间的平衡，无法兼顾企业长期发展与短期利益之间的平衡。

所以，不能仅凭过去的经营，用"拍脑袋"的方式制订计划和进行测算，而要建立经营目标计划测算工具，科学地制订新财年的经营目标计划。

2. 经营目标计划测算工具是什么

企业财务管理的计算逻辑是"毛利 = 收入 – 成本"，企业经营的过程，其实就是顺着"增加收入，降低成本"方向持续运作。

所以，经营目标计划测算工具的构建，是建立在基于财务管理逻辑的计算公式之上，加入企业业务活动的要素、总成本构成要素、人力成本构成要素和其他费用支出要素等，然后进行推演和求证。

$$总销售收入 = \frac{固定投入成本 + 运营变动成本 + 总费用 + 企业特有人力成本}{1 - 企业特有比例（或特有费率）- 毛利率} \quad (4\text{-}1)$$

在这里先说明一下：公式（4-1）中有两项是暂时命名的特殊名称，即"企业特有人力成本"与"企业特有比例（或特有费率）"。它们是在构建人效管理体系时，根据所在企业的财务管理要素和人员管理要素的实际情况进行分析并提炼得出来的"系数"。它们不是一个每个企业通用的恒定系数，而是企业特定的经营周期内的恒定系数，带有鲜明的企业特性。企业不同，这部分内容就不同。

有了这个经营目标计划测算工具，编制人效目标计划就非常简单了。另外还要利用计算机技术进行相关软件的开发（如 App、数据可视化导示系统等）。过去，WAI 企业的年度经营计划需要几个人几天时间才能完成；现在，利用手机或电脑几分钟就能完成，并且测算数据还能非常直观地显示出来，如表 4-1 所示。

表 4-1 某门店的经营目标和人效目标计划

毛利率（%）	毛利净值（万元）	销售收入（万元）	人效目标（万元/人）	经营提示
45	169.0	375.6	5.4	优秀区
40	118.5	296.3	4.2	
35	85.6	244.7	3.5	
30	62.5	208.4	3.0	正常区
28	55.1	196.7	2.8	
26	48.4	186.3	2.7	
24	42.4	176.9	2.5	低值区
22	37.0	168.4	2.4	
20	32.1	160.7	2.3	
15	21.6	144.2	2.1	临界区
10	14.1	130.7	1.9	
5	6.0	119.6	1.7	
0	0.0	110.2	1.6	亏损区
−5	−5.1	102.2	1.5	
−10	−9.5	95.3	1.4	

需要特别提醒的是，表 4-1 显示的经营目标和人效目标分五个区域：优秀区、正常区、低值区、临界区和亏损区。不需要多做解释，大家都明白：如果人均销售收入达到 2.7 万元/人以上，或者团队整体销售收入实现 186 万元/月，则毛利率可以达到 26%。如果人均销售收入低于 1.6 万元/人，则该门店会出现亏损。

这就比"事后"的数据分析"快了一步"，做到了"事先"知道：每个人的实际完成值是多少？对门店经营效益的影响有多大？若能用计算机技术开发出一套可供终端使用的 App，安装在员工、管理者和决策者的手机或电脑上，每天实时提示和预警，各类数据分析结果可以实时进行更新和传递，那比开无数次会高效，如图 4-2 所示。

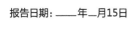
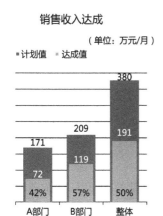
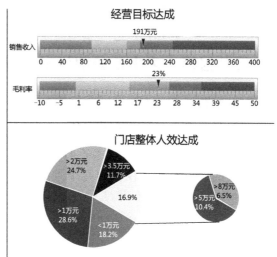

图 4-2　人效分析管理看板（部分）

图 4-2 所示的人效分析管理看板（完整版见图 I-4），能够直观地告诉企业，到了月中（15 日），某门店的销售收入达成情况、经营目标（毛利率目标）达成情况和人均销售收入达成情况，是否做到了"时间过半，任务过半"的经营管理要求。当更细地区分 A、B 两个部门时，也能看清楚：哪个团队的人均销售收入达到了计划值？还有半个月时间，哪些人员的本月任务可能完不成，做些什么工作能够使其在月底前完成目标任务？

┊ **实战经验分享 4-1** ┊

图 4-2 所示的人效分析管理看板，只是对表 4-1 的内容进行的可视化设计。真正的人效分析管理看板的"人效导示系统"，可以查看第七篇中第 19～22 章的内容。

另外，图 4-2 所示的人效分析管理看板，也仅适合在老板的终端设备上使用。因为数据可视化之后，数据的高度曝光可能导致企业的商业秘密泄露。所以，通常情况下，图 4-2 所示的看板内容会设置权限后再分享。

这就是构建和运维人效管理体系的益处。

4.2 经营目标 | 大小企业都可用人效分析

很多人都有在多家企业工作过的经历，即使没有这样的经历，也可通过媒体了解到各式各样大大小小的企业。每个企业的经营管理故事各不相同，有著名的、伟大的，也有无名的、渺小的；有灿烂的，也有惨烈的；有历史悠久的，也有存活仅短短几个月的，但是不管怎么说，企业经营的目的大致是相同的。

由于人效管理体系中的经营目标计划的测算工具的起源，是企业经营追求的本质。各行各业大大小小的企业，其经营都是为了赚钱，其财务管理的计算公式也都是"毛利＝总收入－总成本"。还有，经营目标计划测算工具的公式（4-1）的两项特殊命名的内容，是对本企业特有的实际情况进行分析后提炼出来的。所以，任何企业都可以用人效数据来进行经营管理的评价。

首先，企业在制订新财年经营目标计划时，可以依据公式（4-1）来制订。当然，先梳理本企业经营方面关于收入和成本的几类数据。在梳理这些数据时，需要财务部管理人员的参与，因为大多数经营数据由财务部提供。在企业财务数据方面，哪些是固定成本，哪些是变动成本，哪些是财务费用等，财务人员能够分析得非常清楚。下面简单地说一下财务数据中关于成本项目的分类及其内涵。

（1）固定成本，一般是指经营场地购置或经营必需的房屋租赁费用、装修和设备折旧费用等，基本上属于投资一次可以使用多年的那些费用开支。

（2）变动成本，一般是指经营过程中产生的费用开支。比如，水、电、气费用，原材料费用，低耗品费用，维修费用，其他费用。

（3）其他财务成本，一般是指除了前两项费用之外的零星费用开支。比如，消防年检费用、绿化费用、企业车辆使用费用等。

（4）财务费率。一般是指银行POS机刷卡手续费、银行分期扣款手续费、银行借款利息等费用。

在财务部管理人员的协助下，上述数据都能够准确地获取，基本上不会出现因为行业不同，而使得经营目标计划测算工具不能用的问题。

其次，梳理人力成本数据。

（1）全体人员的固定底薪。这个很好理解，业务部门的薪资政策是"底薪＋提成"的计件工资形式，就只算他们的底薪部分的总额。若企业薪资政策只有固定工资，没有业绩提成和奖金。那就更好办了，这项数据就是全体员工的固定工资总额。

（2）奖金和提成比例。它一般是指计件工资政策的提成比例，这个数据取本企业薪资政策规定的比例就可以。如果薪资政策不是计件工资形式，这一项就为"0"。

把梳理好的数据代入经营目标计划测算工具中，进行新财年经营目标计划的制订，大企业经营目标为几亿元、几百亿元或更多，小企业经营目标为几十万元或几百万元。同属一个行业的企业，毛利率基本上不会相差很远，只是毛利净值，大企业要比小企业高很多。

梳理到这里，是不是你已经知道经营目标计划测算工具不受行业特性不同的影响，也不受企业规模大小的影响，仅是具体数值的大小不同而已。其原因，经营目标计划测算工具源自与企业经营目的一样的道理。

4.3 管理变革 | 人效管理将人员管理简化

笔者亲身经历从 20 世纪传统的人事管理系统，到 21 世纪自动化管理系统的过程。对于未来的企业人员管理，我们有理由相信，随着高科技带来的智能化的普及，以及互联网带来的数据信息自动化的普及，我们是可以充分发挥想象力的。

笔者在写作本书时，也想过一个问题："AI+BI=？"㊀这应该是我们今后需要研究的课题，并且其中的乐趣也是无穷尽的！

活在当下，学在未来。关于企业人员管理的未来，我们需要明白我们现在处于什么阶段，如图 1-1 所示。

㊀ AI 是指人工智能，BI 是指商务智能。

目前，企业的人员管理绝大多数还在沿用人力资源管理六大模块[一]的模式。一定程度上它确实帮助企业在经营管理上获得了成功。不过，一定有"先驱者"已经在进行以"人"为中心的人员管理的创新和实践，这也是我们下一个研究的课题。

近几年来，笔者在探索人效管理体系时，顺着"经营最大化、管理最小化"的方向，寻找人员管理的简化、简化、再简化的方法。渐渐地发现，我们完全可以弱化管理本身而去跟随经营的本质。运用人效管理体系可以减少很多文案性工作，比如试着不写岗位说明书，或者说，企业没有岗位说明书，人效也能提升。

笔者带着这种不走寻常路的思维，尝试对企业人员管理进行变革，在"意识上的、具体核心的和辅助条件的"三个方面，分别设计了人效管理体系，并在企业实战中大胆假设、试验和求证，最终获得了成功。

企业人员管理的新模式

目前，我们感受到现有人力资源管理方式已不能满足企业经营的需求和要求，比较突出的两个问题是：

第一，管理工作的内容与企业经营业务活动脱节，只耗费管理成本，却产生不出管理效益。

第二，管理工作的过程距离业务部门较远，使得企业整体的人员管理效率低下。

现在，笔者将人效管理体系引入企业，进行企业人员管理模式的变革和简化，如图4-4所示。

人效管理体系运行之后，能把企业人员管理工作的过程和结果与企业经营业务活动紧密关联，并且有效地引导各级管理者树立"对本部门的人员管理负责"的意识，帮助他们转变和改掉依赖人资部的习惯，推动他们采用"用人则管理人，管理人则讲人效"的新型人员管理思想。

人效管理体系中的人效核算系统，从年初制订经营目标计划开始，就让各部门的各级管理者一起讨论人效问题，再加上每个经营周期人效分析系统和人效导示系统的数据共享，以及改善人效管理问题的共同执行方

[一] 人力资源管理六大模块具体是指人力资源规划、招聘与配置、培训与开发、绩效管理、薪酬福利管理、劳动关系管理。

案，有力地支撑起了各级管理者对"本部门人员使用效率"问题的关注、改善和决策。人效管理体系构建之后，企业各部门的管理者与财务部、人资部的沟通就会变得非常通畅。

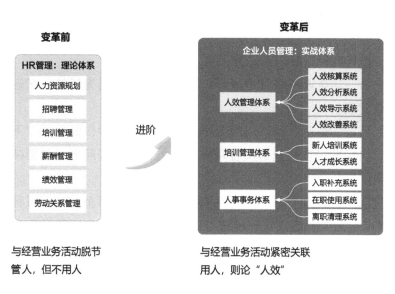

图 4-4　企业人员管理的新模式

保留和简化培训管理体系和人事事务体系

由图 4-4 可知，企业人员管理模式变革后，其内容由原来的"六大模块"变为"三条主线"，除了人效管理体系这条主线外，还保留了两条人员管理主线，即培训管理体系和人事事务体系。这两条线也是企业规模化经营管理中不可或缺的管理内容。但是，它们需要简化。

（1）培训管理体系的简化。它将重点放在两方面：一个是对于"新员工"的培训工作。另一个是对于"人才成长"的培养工作。"人才成长"主要是针对业务部门的管理者，将他们培养成"老板式管理者"，以及对企业经营独有特征的关键人才的培养和在岗锻炼。

（2）人事事务体系的简化。它是以员工职业生命周期入职、在职、离职为主线的人事管理。只要企业经营使用了人力，那么人事事务性工作就必不可少。未来企业的用工模式将会发生改革，目前已经出现新型用工关系，比如合伙关系、承包关系、兼职关系、短期项目关系、供应链关系等。所以，劳动关系管理的内容也是做"减法"的变革。

人事管理的具体工作，可参照《老HR手把手教你搞定HR管理（初级版）：从有证书到会干活》（2020年新改版）的内容进行，在此不再赘述。

进行变革，有三点好处：

第一，企业各级管理者都以经营目标的实现为目的，来进行本部门的人效管理。

第二，企业职能部门的人员管理工作量减少，简化或"下沉"到各部门，这样既可以快速解决各用人部门的人员管理问题，又能减少企业管理机构的所耗费用。

第三，废除了原来的KPI打分人人优秀，而企业经营目标没有实现的"形式主义"的绩效管理模式，强化了以实现企业经营目标为导向的"人效管理"模式。

当我们把企业人员管理的模式进行简化和优化后，是不是原有的人力资源管理方法就可以丢弃了呢？答案是否定的。因为，我们现在还没有"跨入"人工智能普及的生态环境之中（估计这个时代的到来还有很长的时间，至少不是近一两年），我们只是"学在未来"，富有远见地思考和行动。

为此，再来看看我们可以做哪些准备，以应对未来。彩色插页中图2所示的人效管理体系和企业人力资源管理成熟度模型两者之间，既相互关联，又相互影响。

- 相互关联：企业人力资源管理成熟度模型中第一层级的人力资源基础管理，是企业人员管理不可或缺的基础管理，也是人效管理体系的基础，需要持续维护好。
- 相互影响：人效管理体系升级了企业人力资源管理成熟度模型，因为新时代的企业经营，需要高效的人效管理体系。

另外，大型企业（或集团型企业）原本科层制的组织结构，立刻转变为扁平化的组织结构也是不现实的。所以，企业人力资源管理成熟度模型的三层级管理体系还会运行一段时间。等到企业的人效管理体系的四大系统构建完毕并运行，变革后的企业人员管理实战体系才开始发挥作用。

看到"企业人员管理方式演变和发展方向图"的内容，我们就知道：目前，如何构建自己企业的人效管理体系；如何从理念上导入"人效管理"的概念；如何将人效管理体系渗透到企业的业务领域；如何推动各级管理者自觉关注"人效管理"；自己是否也需要学点计算机技术、互联网知识……最终也能在企业构建人效管理体系，跟上时代变革的步伐。这些都是可以学习和实践的。

第一部分 小结

第一部分的第 1～4 章，讲述了"什么是人效管理体系"这个主题，阐述了人效管理体系的基本概念及其内容，展示了组成人效管理体系的四大核心系统：人效预算系统、人效分析系统、人效导示系统和人效改善系统。

在第一部分，笔者还分享了人效管理体系是如何被探索和寻找出来的，并且简单梳理了未来企业人员管理变革的方向。

从找到人效管理体系的雏形，到在企业实战中求证、验证和打磨，最终总结出完整的人效管理体系的管理工具，笔者的体会是：我们应该相信自己，不墨守成规、敢于破局、不惧艰难，寻找适合本企业经营管理所需的人员管理方法。哪怕别人都不这么做的也无妨，我们的工作结果有助于实现企业经营目标，这才是"硬道理"。

第二部分

为什么要做"人效管理体系"

企业经营,
以盈利为目的,
效益和效率同等重要。

企业文化的主体是:
中轴线、语言系和数据网。
业务流程用"中轴线"统一,
管理决策用"语言系"同频,
全员行动用"数据网"共享。

企业的经营与管理,
需要对企业的"经营文化"进行培育和深耕。

第二篇

增收篇

人曰：在商言商，无利不商。

我说：商海无疆，专注一瓢。

本篇位置：

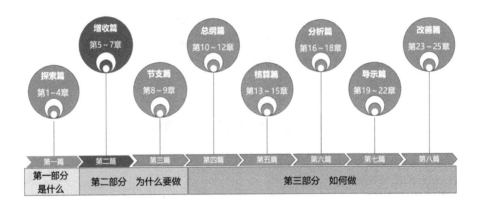

第 5 章

人效管理体系的目的与作用

做任何事情，有方向之后，还要有目的。目的不明确，效率就低，甚至无效。我们是在企业里做经营和管理，所以有必要弄明白为什么要做人效管理体系。

尽管本章内容有些只是理念性的东西，但还是有必要说一说：构建人效管理体系的目的是什么，对企业经营有什么作用。这对于我们在构建人效管理体系时，头脑中的思维图像都关联什么，有一定的好处。

5.1 人效管理体系的目的

我们已经知道了人效管理体系是什么，并知道它由四大系统组成，包括人效预算系统、人效分析系统、人效导示系统和人效改善系统。其实，它的核心是改善和提升人效。那么，怎么会想到构建人效管理体系呢，初衷又是什么呢？要回答这个问题，我们一起来看看新闻报道的资料，这份资料来源于央视大型纪录片《中国港口》，在此摘录部分来说明。

资料一

过去，港口码头，在没有集装箱的年代，基本上是依靠人力装卸，外加货运卡车、行车和吊车辅助。一条杂货船的装卸量,大致需要上百人花费一周的时间才能完成。并且,在这个过程中,人员和设备事故多发,货物质量也不能保证。

资料二

集装箱的发明和使用,堪称运输行业的一次革命。它将工业化的思维带入运输领域,大大提高了运输效率,降低了物流成本,也使得全球经济和贸易一体化真正成为可能。因为各国的集装箱尽管规格上有差异,但都是按照国际标准制造的,不仅集装箱有标准,集装箱船、车、堆场和装卸设备也都实现了标准化。

资料三

1994年7月20日,深圳的盐田港国际港区迎来了第一艘远洋轮——马士基"阿尔基西拉斯号",它所运载的是发往美国的玩具泰迪熊。那一年,整个盐田港装卸了一万个标准集装箱。这个装卸速度,如今的盐田港只需要4小时就能完成。到2013年,盐田港已经累计完成了超过一亿个标准箱的装卸量。

资料四

中国首个全自动集装箱码头建成使用,领先全球!青岛港全自动码头,从码头全景上看与普通港口码头没什么区别,但是它的神奇之处是:

第一,整个码头空无一人,所有装卸工作却在有条不紊地进行。码头拥有全智能系统,在船舶还没有靠岸前,就可以自动生成装卸作业计划并下达指令。

第二,全自动无人桥吊将船舶上的集装箱吊装至码头运转平台,门吊小车将集装箱运到自动导航车上,然后再送到指定位置。最后,轨道吊把集装箱精准地吊送到堆场。整个过程无须人工操控,一群机器人行云流水般地完成了装卸。

第三,整个码头有30多辆无人驾驶的导航车来回不停地穿梭,却不会发生任何碰撞和摩擦。这种无人驾驶的导航车自重有20~30吨,加上集装箱货物重量,全车可达70吨,但其停车位置却十分精准,误差不会超过2厘米。

这项技术原来一直被国外垄断,我国青岛港项目团队历时3年,经过5万多次测试,终于自主研发出全球领先的新一代集装箱码头自动控制系统。

看完这些资料（可以上网查看更多的视频资料），不知你的脑海里是否出现了"手工、人力、标准化、自动化、智能化、高效率、高速度"这些词所组成的一幅幅画面，这些画面述说着人效提升的演变过程。"人力手工→工业机械化→工业标准化→人工智能化"，在不同时期的不同年代，人类探索提升人效的脚步从未停止过。

各国都在利用计算机、互联网和物联网，以最大化地获取高效率和高速度。我国的互联网和物联网应用已走在世界前例。这方面我们从身边的衣食住行、看病、旅游……各行各业的变化都可以感同身受，就不再赘述了。

说到这里，我们已经很明白：人效提升方法和模式的背景环境原来如此。那么，在企业经营管理方面，提升人效的管理方法也应如此。

第一，不管什么行业、什么规模、什么年代成立的企业，如果只知道大量使用人员，没有考虑人效，并且人效到了"每况愈下"的程度，还没有想到去变革，这样的企业基本上已处于被淘汰的边缘。

第二，我们可以观察企业内部，高科技产品（比如自动化系统、智能化系统）的应用是否已普及。如果没有，那么此类企业的人效比应用高科技企业的人效要低。因为仅依靠人力本身，而不依靠高科技技术，是很难突破人效提升瓶颈的。

第三，当人效已经出现"每况愈下"的状态时，企业还没有改变原有的经营模式和管理模式，尝试借助高科技产品（比如互联网、物联网、人工智能等）实现人效的提升，那么，想要把企业效益维持在高水平是很难的。

上述这些就是构建和运维人效管理体系的初衷。其实，我们的每一次管理变革都是一种"永不言败"的探索，研究和解决本企业的人效提升问题，提高、提高、再提高，是一种追求管理进阶的表现，从而实现企业经营效益的持续增长。

从这个初衷出发，构建和运维人效管理体系有一个核心目的，就是培育和深耕企业的经营文化。经营文化是企业文化的主体，是在商言商的产物，要让企业的经济文化在企业里形成中轴线、语言系和数据网。所以，它的目的也就有三个：

第一，形成企业经营管理的"中轴线"，用于统一企业上下的经营思想,"力出一孔",齐心协力地实现企业的经营目标。即高度统一,力量不分散。

第二,形成企业经营管理的"语言系",用于跨部门、跨行业之间的沟通、协调和决策,即快速理解对方,不延误时机。

第三,形成企业经营管理的数据信息自动化、可视化的"数据网",用于高度传输经营管理的所有数据信息,使得企业对客户的反馈和市场的变化能迅速反应,对经营中出现的问题能迅速处理。

应该说,人效管理体系是一个比较宽泛的概念体系,今天呈现的是四大系统的内容,未来有可能是另一番不同的内容。内容不同,解决问题的目的也不同。但是,有一个目的一定存在,那就是提升企业的经营效益。

5.2 人效管理体系的作用

构建和运维人效管理体系有什么作用?这个问题不难回答。

人效核算系统的作用

它能使得企业各业务线、产品线和职能部门的责任人(即管理者)对于人员的管理,有与企业经营如出一辙的思维方向,并且将此传递到企业的每一位员工,形成一种人人讲人效的氛围,并以此为导向,贯穿到包括企业经营管理的预算计划和结果决算的各项活动中。

有了人效核算系统,就能将各级管理者的思想集中到"以经营为导向"的管理思维上来,也为应对企业为培养"老板式管理者"、形成扁平化组织结构,而对管理人才的需求打好"管理人才成长和供应"的基础。

人效分析系统的作用

利用人效分析系统的三大路径(经营现状分析、问题原因分析、未来预测分析),对人效数据信息进行最小颗粒度分析,即让各级管理者站在企业经营的角度,反映、发现和解决人效问题,为最大化地利用人力资源,进行深入"挖掘"。

人效导示系统的作用

人效导示系统是包括员工终端、管理者终端和高层决策者终端在内的企业上下共享的人效现状分析系统。它的数据分析报告，把发现问题的时间越来越向"事先"和"预知"靠拢，使得企业经营管理需要的各类信息做到全体人员同步共享。

人效导示系统的数据可视化看板的快速提示和警示，能简化企业经营管理的组织结构。优化管理流程，从而减少中间层次"传递人员"的使用，最终达到提高人效的目的。

人效改善系统的作用

人效改善系统有两个"画布"（管理工具），它用来告知和指导管理者在改善人效管理问题时所用路径和所涉及内容。尽管前面的人效导示系统已经给了全体人员可以依靠的数据分析的结果来调整自己的工作，但有了人效改善系统的改善方案的提示，这种调整就可以是主动的，而不是被动的。

人效改善的方法有多种。比如，对职能部门人员的素质要求比较高，要具备多元化的知识和技能，从而减少职能部门的人员配比，降低人力成本。职能部门人员减少，管理频率和幅度会下降，干预就会下降，管理中的无效沟通也会减少。再如，人效改善系统能让企业适应新时代的快速变革，特别是在人员管理方面，能引导员工自发转型，而不是等着企业安排。

总之，构建和运维人效管理体系有很多作用，后面的章节会具体讲解。

第 6 章

形成经营管理的"中轴线"

本章讲述和回答了构建和运维人效管理的目的之一：形成企业经营管理的"中轴线"。

所谓"中轴线"，就是不论是经营问题，还是管理问题，都用"人效管理体系"的理念去进行人效分析，寻找人效管理问题的解决方案，最终通过提升人效来实现企业的经营目标。

有了这个"中轴线"，经营业务也好，管理活动也罢，都围绕着这个"中轴线"运转，即企业上下所有人的力量都集中在一起，朝着"增收"的一个方向努力。

其实，我们也可以把这个过程当成产生和增强企业凝聚力的过程。

6.1 经营模式｜三要素的经营新模式

在讲企业经营管理的"中轴线"之前，我们有必要梳理一下企业经营模式的内容。由于企业所处的行业、规模、经营内容、地域、高科技产品应用等方面都有所不同，企业的经营模式也有很大差异，从而在形成"中轴线"的对象上也有很大差异。本章把所有企业经营模式的内容都进行梳理和说明，显然不切实际。所以，下面通过聚焦一般企业经营的基本要素来说明。

企业经营的基本要素包括客户（客户关系）、产品（商品）、场馆（门店）、员工、营销、供应链物流和品牌是最基本的七个经营要素。这七个要素，在不同的行业中，所需投入的资金和运营内容也有很大的差异，一般而言，如表6-1所示。

表6-1 不同行业的经营要素内容

序号	经营要素	行业					
		制造业	传统零售业	互联网零售业	酒店业	餐饮业	科技研发
1	客户（客户关系）	有	有	有	有	有	有
2	产品（商品）	有	有	有	有	有	有
3	场馆（门店）	没有	有	没有	有	有	没有
4	员工	有	有	有	有	有	有
5	营销	有	有	有	有	有	有
6	供应链物流	有	有	有	有	有	没有
7	品牌	有	有	有	有	有	有

从表6-1中要素内容的对比可知，基本上各行各业都与这七个要素有关。特别是表6-1中的四个灰色单元格，近几年来因新经营模式的出现而有所不同。

尽管表6-1没有把所有行业都列举比较，但无论企业采取何种商业模式（传统线下或线上电商），都有客户、产品和员工这三个经营要素，而这三个经营要素所表现出来的经营管理的内容，就是本章所阐述的人效管理体系要形成的经营管理"中轴线"的内容，如图6-1所示。

企业经营有一个追求是：收入最大化、成本最小化。简单的10个字，要做好却不是一件容易的事情。我们可以具象地拿零售业企业经营的案例来看企业经营都有哪些内容，如图6-2所示。

图6-2所示的零售业企业经营包括的内容：企业定位、线下营业门店、线上电商（客户App终端）、门店运营、商品、客户、员工、供应链物流和品牌营销九个系统。

其一，按照传统的零售业来进行企业经营，由于没有线上电商和客户终端App两块经营内容，也没有线下门店的客户体验方面的经营内容，使得门店商品（产品）覆盖客户的视线（或知名度）有限，客户不到门店是看不到门店的商品的。

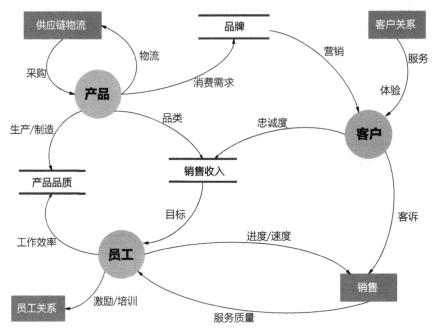

图 6-1　三大经营要素内容关系图

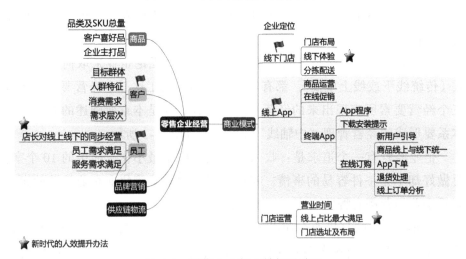

图 6-2　零售企业的人效提升路径

其二，在门店，员工只能服务到门店消费的那部分客户。

这就非常清楚了，传统经营模式下的提升人效是有一定方法的。但是，当提升人效出现瓶颈时，如果不借助互联网（当然也可以借助其他条件),要想产生更高的人效来提升经营效益,几乎不可能。

线上电商经营模式的开启,使门店销售额翻倍地增长。门店把商品(产品)通过互联网与客户终端App相连,客户不到门店也能实现消费。这部分消费恰恰又是客户自主完成的,这就减少了"传统手工传递"的环节,从而减少了员工的使用量,也就提升了人效。

由此联想到企业的经营,要想提升人效,包括门店经营的平效,不增加电商模式,人效的提升是有限的。所以,未来时代是互联网+物联网的时代,企业经营要提升人效,可以通过利用这些高科技来实现。

这就是人效管理体系让企业上下都关注人效所形成的理念,以及在这种理念指导下,用新型的提升人效的方法来挖掘经营潜力,从而使经营效益最大化。

6.2 新开扩张 | 门店效益的预算决算

企业有扩张经营的计划是好事。因为规模化的企业经营模式,可以使企业的采购成本降低,经营管理成本摊薄,从而达到"边际成本优化"的经营管理效果。但是,在还没有总结出成型的扩张经营模式之前,摸索时走弯路也是很正常的事。在这个摸索过程中,要善于总结、整理和沉淀,并且要由专人来做。

过去,是依据经验采用"拍脑袋"的方式来估算新门店的经营目标计划值,如销售收入、人员编制、成本费用等。而且,估算时基本上是单一的以"销售收入"来定新门店的目标,没有进行毛利率和毛利净值两个经营效益指标的预算和决算。

现在,除了门店装修已经有一个成熟的运作模式之外,通过利用已经开发好的"经营目标预算App",几分钟就能知道即将新开的门店要达到预期的经营效益(预定的毛利净值)目标,需要在哪些方面加以重视。

经营目标预算App的三个手机界面,如图6-3～图6-5所示。

图6-3的内容是根据当时企业的实际成本费用项目进行设计的,这些项目可以根据企业财务管理项目进行调整(项目调整与人效核算系统调整同步进行)和输入。

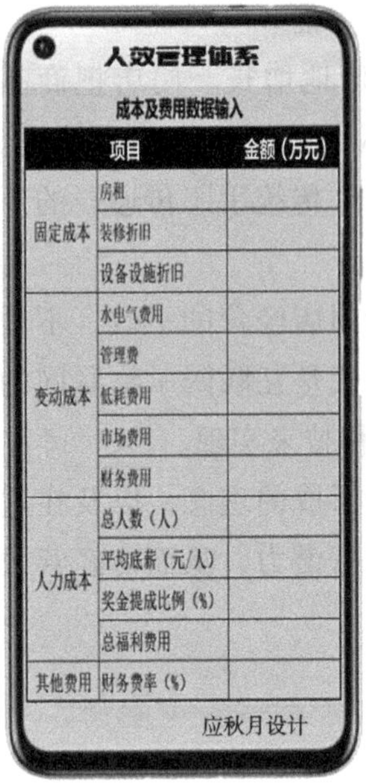

图 6-3 数据输入图 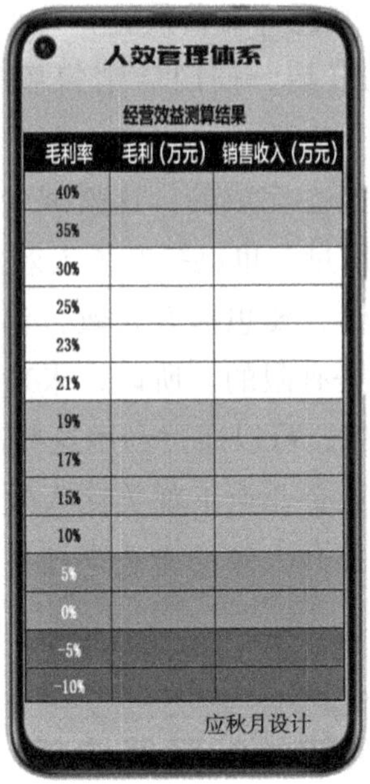   图 6-4 自动生成图    图 6-5 自动提示图

图 6-4 的内容是由设计好的"人效核算系统 App"自动生成的，不需要手工计算。在手机终端可以用彩色区域予以提示。比如，毛利率在 21%～35% 时底色为蓝色，提示属于正常范围，对应的销售收入就是门店每月的经营目标计划值；毛利率在 0～5% 时底色为橙色，提示已处亏损边缘，对应的销售收入必须提升到上面几个档次，以防亏损；毛利率在 -10%～-5% 时底色为红色，属于亏损范围，提示对应的销售收入不足以保障门店的所有成本和费用开支。这能时刻提示门店的经营目标计划值。

图 6-5 的内容也是由设计好的人效核算系统 App 自动生成的，包括最优人效数据，也是通过系统运算自动显示的。人效数据显示的内容，更加明确了如何"组织和调整"人员队伍，才能保证经营目标计划的实现，并且，与最优人效数据进行比对，是领先、持平还是落后等，门店店长的心里已经有了一杆秤。

门店经营目标计划的预算和决算，以往只是靠一个人或几个人的经验。但要想企业所有人员都达到同等经验水平，是很难做到的事情。现在，通过人效管理体系中的人效核算系统，能够把企业经营具有共性的成功经验，转化为一种企业内部人人皆有的"管理工具"。那么，每个人在这个"管理工具"的基础上，再叠加自己的经验，这样发挥作用就会更大，人效也由此提升。

这就是企业希望看到的上下形成"上下同欲"理念，通过构建人效管理体系，达成类似"中轴线"的效果。

6.3　客户关系｜价值需求的分层满足

人们为了生活的美好和繁荣，有各式各样的需求，由此触发的经济活动所形成的社会经济生态，在不同程度上满足了人们的需求，同时也推动了社会经济发展，满足了商家赚取利润的需求。

人们的需求有分物质需求和精神需求。物质需求包括吃饭、睡觉、旅行、运动、劳动和工作等，物质需求的满足，可以通过"购买或交换"来获得。精神需求包括读书、学习、写文章和信仰等，精神需求的满足，可以通过"交流和分享"来获得。也正是由于人们有着各式各样的需求，才给了商家利用"边际成本最优"的经济手段来获取利润的机会。

对于互联网、物联网、高科技智能产品等，我们可以上网查到相关的知识。随之而来的社会经济形态，传统的"边际成本最优"的"生产→销售→利润"经营模式，已经开始慢慢地被互联网时代的"零边际成本"经营模式所替代，有人提出了"零边际成本社会"的概念。

但就目前而言，以上两种模式都需要区别对待人们的需求，分清哪些是必需的，哪些是非必需的，哪些是可替代的。人吃饭是必需的，餐饮业的商家要区分人们的饮食价值需求，持续地维护好、服务好，形成忠诚的客户群，那么该商家就成功了。人们的运动和健身需求，就有很多种替代方法，它不像"吃饭"那样是必需的。因此，健身俱乐部的商家比餐饮业的商家要更多地思考，如何满足人们有选择的运动和健身的需求，其他运动和健身不可替代的价值需求又该如何满足。

所以，先不论在互联网时代的"零边际成本"经营模式下客户需求该如何满足，就对传统的"生产→销售→利润"的经济社会而言，客户是企业达成销售收入目标最直接的"贡献者"。决定客户消费意愿的因素有很多。

随着互联网的发展，各类信息可以被所有人瞬间获取、接收和传播，已经非常便利，企业的客户自然也不例外。人们要想获取所需信息，几乎不需要付出什么，直接上网查询就可以。

在这种条件下，企业在过去信息封闭年代需要几年才积累下来的客户管理方式，现在基本已经用不上了。

企业赖以生存的根本，就是要有对企业产品十分认可的、稳定的、忠诚客户群。那么，建立什么样的客户关系，能够形成属于本企业的源源不断消费的忠诚客户群呢？

商海茫茫，企业应集中精力，专注做好一件事。做好自己的产品和服务，通过建立人效管理体系，与企业客户关系管理系统密切关联，形成凝聚企业上下的"中轴线"。满足客户对企业产品的客户消费价值需求的欲望，才是使企业经营经久不衰的"王道"。

6.4 营销方案｜定价权限的下沉风格

销售收入目标计划制订之后，如何实现销售收入最大化呢？企业过去的做法是单一地使用促销手段，比如降价销售、季节性优惠活动、个性化优惠活动等。在使用这些促销手段的过程中，"经营效益"的概念在各级管理者的头脑中基本上是很淡泊的，甚至是没有，更不用说员工的头脑中了。也就是说，他们只管"卖"，而不管"什么价卖"。他们不知道什么时候降价，什么时候价格可以卖得最高，更不知道什么样的客户可以卖什么价。还有，一直以来产品定价权都由企业高管决定，而高管远离市场一线（门店），遇到价格需要优惠的问题，如果等到高管审批之后，客户已经不愿意购买了。如何处理这种时间差呢？如何把产品定价权限下放，并且是可控的呢？

有了人效管理体系后，企业可以把产品的价格信息"捆绑"在人效核算系统中，即产品价格变动的权限不是按照人员的管理级别设置权限，而是按照人效数据所产生的"经营效益"的大小来进行提示和预警。这一改革的结果，使得直接面对客户的每一位员工都有能让产品价格上下浮动的"主动权"。

将产品定价权限下放到企业经营组织结构的底层员工，当然是一种相对而言的下放，也是一种可控的下放。具体做法是，将销售收入、客户关系和员工关系三类要素的内容数据都纳入人效管理体系中运作和分享,如图 6-6 所示。

下面简单讲述图 6-6 中内容的构建思路。

(1)图 6-6 的"1"所示区域,是由管理项"客户关系"与"销售收入"组成。客户购买企业产品,企业获得销售收入,两者之间就决定了产品定价的相关要素。客户在不同生命周期阶段,所能接受的产品价格是不同的,由此形成了一个随着客户生命周期而波动的产品定价数据模型。

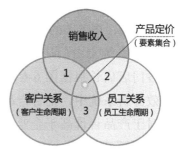

图 6-6 人效角度的产品定价要素

(2)图 6-6 的"2"所示区域,是由管理项"员工关系"与"销售收入"组成。员工在企业的工作阶段,通常可分为入职期(包括试用期)、在职期和离职期三个阶段。比较科学的是将员工生命周期分为四个阶段:学习磨合期、价值形成期、能力发挥期和价值提升期。这方面的具体内容,可以查阅《老 HR 手把手教你搞定 HR 管理(初级版):从有证书到会干活》,在此就不再赘述了。

销售收入完成值越大,员工的个人收入就会越高。如果没有很好的"管理工具"来平衡,员工就会为单一地追求销售收入目标的达成而采取"利己"行动。

另外,员工在生命周期不同阶段所带来的销售收入的价值是不同的,由此所拥有的产品定价权限也是不同的。这就需要我们去构建一个"随着员工生命周期"而波动的产品定价数据模型。

(3)图 6-6 的"3"部分,是由管理项"员工关系"与"客户关系"组成。员工在不同生命周期阶段,能够服务处于不同生命周期的客户。企业根据经营管理经验的积累,通过数据分析,大致可以将这两者进行匹配处理,形成一个"二维动态"的产品定价数据模型。

(4)图 6-6 的中心指示区域,就是产品定价权限下放的最终集合点。即将"1""2""3"部分的三个数据模型进行整合和自动化运算,得到一个可以进行降价的产品价格优惠区间,提示给各级管理者和员工。它说明了一种"什么生命周期阶段的员工,什么生命周期阶段的客户,什么销售收入的目标达成阶段,可以采取什么样的产品定价"的逻辑关系。就像"飞机座位在起飞前四小时可以卖一元钱"一样的道理。

可以说,图 6-6 的内容是人效管理体系中产品定价权限下沉的管控系统。这个系统交由门店店长管控,在企业所制定的内部价格标准的基础上,各门店店长根据图 6-6 的内容对产品价格进行弹性调整,并且在每月的人效分析系统中,把各产品的实际销售价格与企业内控价格标准进行比对。对于产品售价高于企业内控价格标准的,给予不同类型的奖励;对于产品售价低于企业内控价格标准的,也给予不同类型的处理。

这样做的结果,既保证了企业经营销售收入最大化,也维护了客户关系,还公平公正地对待了各级管理者和员工,明示和激励他们,自己创造条件去获取工作机会和权利。

通过此改革,就把产品定价这个问题也纳入了人效管理体系,将企业产品定价波动权授权给了业务部门,减少了客户投诉的频次,提升了客户满意度。

6.5 销售执行 | 目标客户的分级服务

上面讲述了客户的生命周期,客户的不同生命周期对于企业销售收入的贡献值是不同的。那么,在销售过程中,就需要将客户进行分类和分级,区分不同的目标客户群,并交给不同的员工进行客户关系管理。

过去,企业没有人效管理体系,也没有客户关系管理的自动化系统,对于客户的分类和分级只是简单地分为客户和会员(购买后成为会员)两类,员工也只是简单地分为新员工和老员工,他们分别服务于什么样的客户,更是采取简单的"谁开发就由谁服务"的线性管理。这就造成了企业客户关系管理的混乱和不连续,还造成了客户资源的"浪费"——有的员工手中客户过多,因来不及服务而造成客户对服务不满意,导致客户流失。

现在,企业的人效管理体系把客户关系管理与人效分析系统进行了对接和整合。每天,客户关系管理系统自动计算出处于不同生命周期的客户信息并对其进行分类和分级,然后自动匹配给不同服务能力的员工进行客户的服务、开发、保持和维护。

目标客户怎么区分，又怎么匹配给员工进行服务？可将表 6-2 中的内容作为参考。

表 6-2　目标客户的分级服务管理

客户分级	目标客户分级	员工分级	员工服务的主要内容
1	社会自然人群	客户中心的员工	1. 各类传播媒介，推送企业的产品和服务 2. 更新客户信息数据库
2	消费意向普通的客户 消费能力一般的客户		1. 定期电话回访 2. 各类传播媒介内容推送 3. 更新客户信息数据库
3	消费意向强烈的客户 消费能力强的客户	二级老员工	1. 产品功能和服务项目介绍 2. 体验数据收集，更新客户信息数据库
4	普通体验客户	一级新员工 （一级老员工带领）	
5	高消费体验客户	二级老员工	
6	首次消费客户	二级新员工 （一级老员工带领）	1. 启动售中、售后服务 2. 回收售中、售后服务内容，更新客户信息数据库 3. 受理和处理客户投诉 4. 企业新产品、促销活动信息实时推送 5. 组织客户参与企业活动 6. 更新客户信息数据库
7	第二次消费客户	一级老员工	
8	忠诚客户	二级、三级老员工	
9	VIP 客户 企业客户	三级老员工，管理者	1. 登门拜访 2. 新产品推送 3. 更新客户信息库
10	睡眠客户 即将到期的客户	三级老员工	1. 电话回访 2. 预约访谈
11	流失客户	一级新员工	

注：表中的新员工、老员工和管理者，均指销售部的员工和管理者。

表 6-2 中将目标客户分为 11 级，并定义了各级的内容，新老员工各分为 3 级。员工的分级，企业可以根据员工所处的生命周期、工作能力、人效数据等要素进行分类。

表 6-2 的分类及定义，细分了客户，也细分了员工。同时，还明确了不同类别的客户交由不同服务能力的员工进行服务，并明确了服务的内容。

表 6-2 中还明确了一项所有人工作之后都要做的一件事，那就是"更新客户信息库"。这样，就能使客户信息数据库的信息做到"如同一人所

为"那样连贯和完整。

另外，有了连贯和完整的客户信息数据库，企业就能做到任何一位员工在对任意一位客户进行服务时，都能保持信息的完整性和连续性。这就弥补了过去每个员工都各做各的，客户信息也不记录、不更新和不共享所造成的客户资料不完整的缺陷，也解决了员工因不清楚客户的有关信息而盲目服务客户的问题，还改善了客户认为之前已经提供了那么多信息，员工很"健忘"，不重视自己，对企业服务不满意而产生抱怨情绪的情况。

从一个客户由抱怨转为认可，到一群客户由抱怨转为认可，企业客户关系管理变得越来越好，将有利于企业销售收入目标的达成，增收的设想才能实现。

6.6 运营运转｜零边际成本的新尝试

前面有讲过，商家可以采取传统的"边际成本最优"的"生产→销售→利润"经营模式，也可以采取互联网时代的"零边际成本"经营模式，在茫茫商海中，集中精力，专注做好自己的产品和服务。

相对而言，传统的"边际成本最优"经营模式我们比较熟悉，如在第 4 章所说的，用经营目标计划测算工具可得出表 4-1 所示的销售收入与毛利率之间的关系。销售收入若小于等于 110 万元，该门店就处于亏损状态；正常盈利区间的销售收入必须大于 180 万元。那么，深究发现，这 110 万元的成本项目构成包括固定成本、经营过程中的变动成本和人工成本，而且都是不可省的。也就是说，只要开门营业，每月各项开销就要支出 110 万元。

于是，按照传统的"边际成本最优"经营理念，一方面，采取规模化经营，即多开分店，集中采购，降低采购成本；另一方面，采取让销售部门的员工多卖产品，或者组织人力进行客户服务，扩大忠实客户群，激活休眠客户等办法，保持客户不流失。但是，从人效分析系统的报告和人效导示系统的显示上来看，每位销售员服务客户的数量非常有限。

在传统的经营模式下，投入人力物力（因为无法省去人工）之后经营效益也无法进行"边际成本优化"时，也就是人效提升出现了瓶颈时，我们需要通过改变经营模式或者增加"进阶条件"来实现人效的提升。

在当今互联网时代，随着无人机、无人驾驶、机器人、智能设备、大数据平台、5G技术、共享单车、共享房屋、共享员工等的出现，出现了"边际成本趋于零"的可能性和新经济形态。

假设还是这家门店，现在采用机器人、智能设备、大数据平台、5G、共享租赁等技术，构建企业经营管理的"物联网"。那么，再看这家门店的人效数据，销售员大幅减少，客户自主地在互联网上了解商家、选择商品和进行消费。企业经营的"人均销售收入"呈指数式增长。

既然是这么好的经营管理模式，并且未来30～50年世界各国都会朝着这个方向发展，那么构建企业经营管理的"物联网"已迫在眉睫。好在我国"物联网"基础建设已经遥遥领先，相关大数据已经"唾手可得"，在这方面企业基本上不需要再额外投入，直接联网就能获取大数据流。

既然如此，在这样的新经济背景下，企业唯一要做的就是构建自己的经营管理信息自动化系统，其中就包含了人效管理体系（因为未来人力是越来越贵的资源），然后利用互联网和物联网的大数据信息流和企业的人效数据来指导企业经营管理，将企业经营的"边际成本"降低为零。

第 7 章

统一管理的"语言系"

构建和运维人效管理体系的目的之一就是形成企业人员管理的"语言系"。有了这个"语言系",企业内部与外部、企业内部各部门之间,就能用人效数据来进行沟通了,也就达到了企业上下都以实现经营目标为导向的人员管理的目的。

本章通过企业经营管理中的几个实例,讲述通过使用人效管理体系形成企业人员管理的"语言系"的具体做法。

7.1 纵横沟通 | 复杂问题的核算决策

企业部门的设置,大致可分为两大阵营:第一大阵营是业务部门,包括销售部、市场部、产品部、客户部、质检部、采购部和运输部等;第二大阵营是职能部门,包括总经办、战略部、企划部、财务部、人资部、行政部、法务部、公关部和后勤部等。

企业经营管理过程中,两大阵营的各部门之间,为了解决经营或管理上的某一问题,横向或纵向的沟通是非常频繁的。经营管理问题相对而言比较复杂,如果沟通不好,则会更加复杂。

在沟通过程中，比较容易产生"分歧"的是：业务部门经常强调目前完成经营目标有难度，以完成业务为由要求职能部门将某些管理标准"放宽"，尤其是在人员管理上，申请放宽的诉求比较多。职能部门，站在企业整体经营效益的立场上，对人员管理标准坚持"不放宽"。于是，经常因各抒己见、互不相让而使问题变得越来越复杂并且迟迟得不到解决，比如表 7-1 所示的案例。

表 7-1　两家门店的人员定编与经营业绩目标计划

门店名称	营业面积（平方米）	经营业务和产品	人员定编（人）	销售收入目标（万元/月）	毛利率目标（%）
A 店	2 300	一样	90	1 000	35
B 店	2 500		100	1 200	32

在表 7-1 数据的基础上，A 店和 B 店的两位店长各自向财务部和人资部提出修改经营计划和增加人员编制的申请。

A 店店长的理由是：A 店经营面积没有 B 店大，销售收入没有 B 店高，人数也没有 B 店多，毛利率就不应该定得比 B 店高，要求降低毛利率的目标考核。

B 店店长说：B 店和 A 店经营的业务和产品是一样的，B 店营业面积虽比 A 店大 200 平方米，但是从平效来看，B 店高于 A 店，应该差不多一个比例才对。所以，B 店的人均销售收入目标应该和 A 店一样，要求调低销售收入的目标考核。

针对他们争论的内容，人资部和财务部把人效数据摊开进行对比，得到一组数据，如表 7-2 所示。

表 7-2　两家门店的人效数据对比

门店名称	人员定编（人）	销售收入目标（万元/月）	毛利率目标（%）	人均销售收入（万元/人）	人均毛利净值（万元）	平效（元）
A 店	90	1 000	35	11.1	3.56	4 348
B 店	100	1 200	32	12.0	3.60	4 800

通过对人效数据的对比分析，又通过人资部和财务部管理者的解释，慢慢地两位店长争论的音调低了许多，最终他们接受了经营目标计划。

过去没有人效管理体系，各部门沟通时经常强调本部门的特殊性和重要性，各说各的且互不相让，基本不在一个"频道"上。实在没辙了，就去找老板，由老板定夺。时间久了，大大小小的问题都要通过老板的决定才能解决。名义上看起来是十分听从企业老板的决定，而实际上是给"既占用资源，又不作为"开了绿灯。

在应用人效管理体系的过程中，大家要把人效数据摊开，用数据进行核算、对话和决策。如果业务部门的人效数据在合理的范围内，但出现人员管理标准确实有碍业务的开展，这时可以申请调整标准。职能部门应根据实际人效数据的好坏，以及企业整体经营效益的平衡，对不同业务部门的人员管理标准给予适当调整。

经过多次讨论和沟通，看起来比较复杂的问题最终通过人效管理体系统一了大家的思想。一段时间之后，大家在做人员管理的各项决策时就会逐渐习惯于用这种科学的模式了。

7.2 分工合作｜即时沟通的快速解决

企业经营规模逐渐扩大之后，业务流程多了，部门也多了，分工合作的问题也就多了。

过去，每月初的经营例会是为了协调大家的分工而开。大多数会议上大家只是例行公事地发言，最后以老板的讲话为中心，老板说什么，大家也没什么意见，散会后照办就是了。会后没有做到的，就再召集开会，再由老板讲一遍，散会后再去执行，就这么反复进行。

现在，每月初由各业务部门总监和职能部门负责人参加企业经营例会，会议的内容主要有两个方面：一个是讨论回顾上月经营目标计划完成率的人效分析报告；另一个是找出分析报告中显示的一部分人员的人效低于目标计划的问题，给出解决方案。

会议讨论的内容经过修改之后，大家开始转变思路。各业务部门管理者在还没开会之前，对本部门人员的人效数据就已经了如指掌。对于问题比较严重的，已及时处理；对于需要部门间横向协作的，才在会议上进行沟通。因此，会议上大家都从实际人效数据出发，该自己承担责任的不推诿，该请有关部门协同合作的，简单地进行说明和沟通，使双方都明白需要做什么事。老板基本上就听听大家的发言，超出他们权限范围的，老板定一个基调就通过了。

整个会议非常简约和高效，会上也不会发生扯皮、推诿现象。除此之外，人员管理的人效数据能在一个实时动态的"人效导示系统"上呈现，所有管理者、员工和老板都可以在自己终端设备上（手机或电脑）看到人效数据的提示、预警和结果排名，发现人效数据有问题时，可以及时沟通和解决。因此，开大会的频率也降低了很多，渐渐地，"集中会议研讨"的方式被大家自发的"自主召集讨论"的方式所代替，这都得益于人效管理体系下所形成的"语言系"发挥的作用。

7.3 人员编制｜预期效益的定编定员

各部门人员的定岗、定编和定员工作，是企业人员管理工作的一件常事。如何比较科学地预测和测算人员定编定员的数量，并且能够获得各用人部门的一致认可？这就要看"人效管理体系"带来的好处和便利，参看案例7-1。

☐ 案例 7-1

年初，在 WAI 企业制订新财年目标计划之后，像往常一样，业务部门总监把本部门需要增加人员的申请报告，越过人资部，直接放到了总经理的审批邮箱。理由是，因为门店数量增加，业绩任务增加，所以人员不够，要求同步增加。

按照之前的做法，总经理直接批示同意后交给人资部执行就结束了。但是现在变了，总经理批示说：请先去人资部把人效数据算一算，以人资部的人效数据测算为准，并且人资部先做出是否同意增员的意见，再提交申请报告。如果人资部不同意增员，就不需要上报总经理审批了。

于是，业务部门总监先到人资部，用以往的人效数据来讨论和评估各部门的人员定编问题。

那么，人资部与各部门之间又是如何沟通和达成统一的呢？简单分享如下。

（1）人资部与各部门总监一起回顾人效核算系统的人员定编依据、人员定编数量的相关考虑因素，以及历年本部门的人员管理数据等，从而形成统一的以经营目标为导向的经营管理思路。

（2）根据新的经营目标计划，结合业务活动内容调整计划，以实现新财年目标为导向，统一各部门的人员定编原则，并以此来做决策。

（3）将各部门历史（近三年）的和上年的平均人效数据，与预算的理论值进行比对、评估和调整。

（4）最终确定新财年各部门的人员定编数量。

（5）在实际人员管理过程中，人资部与各部门总监级管理者都关注人效分析系统，并通过月初、月中、月末的人效分析报告来衡量和调整人员定编数量。

通过上述解释，各部门总监明白过去"简单、粗线条的"经验估算是不科学的，有了人效管理体系的人效核算系统，就能够非常方便地进行人员定编的科学测算了。这样，既保障了合理增加人员，用于支持部门经营目标计划的实现，同时还保障了企业整体经营效益（毛利率）目标的实现。

下面简单地分析他们测算的数据，从中可以看出经验估算和科学计算两者之间的差异，如表 7-3 所示。

表 7-3　人员定编的两种方法对比（以某一门店举例）

测算方法	人员定编评估理由	定编测算值
经验估算	业绩任务增加了 40%，工作更多了，所以人员也要增加 40%。原为 20 人	28 人
科学计算	用人效测算系统，业绩任务增加了 40%，其他成本不变。原为 20 人	26 人

过去，在各部门人员定编问题上，人资部与各部门之间经常发生争执，并且每次都需要总经理介入才能解决；现在，通过人效测算系统，各部门自己就能测算清楚，人资部审核也简单了许多。

这种方法在大型企业里特别实用，利用自动化平台系统，各部门在系统平台上进行人员增减定编的申报，人资部审核，总经理审批，只需几分钟就能搞定。这不仅节约了大量的沟通成本，还提高了管理效率。

7.4　升降调整｜贡献评估的客观公正

应该说，企业每一位管理者甚至每一位员工，他们的升级或降级问题，人资部管理者都能够如数家珍。一般有关升级或降级的管理规则，包括以下几方面内容。

（1）时间。比如，试用期快到期了，是否可以转正的问题；又如，劳动合同快到期了，是否续签的问题；再如，每年年初薪资调整时，会遇到加薪或降薪的问题；还如，干部任期快届满时，会面临升级或降级的问题。

（2）能力。比如，获得了资格证书、技能证书，拿到了比赛获奖证书，其能力水平是否符合升级要求的问题。

（3）考核。比如，根据每月的绩效考核，给予升级或降级的问题。

（4）规范。比如，企业文化倡导的遵章守纪规范，是否有因违规而遭降级处理的问题。

还有很多，在此就不一一列举了，因为这些都是大家耳熟能详的内容。

从这些评估因素中大家可以看到，基本上与企业年初制订的经营目标计划（总销售收入目标、毛利率目标、毛利净值目标）没有很大的关联。这就造成了我们的管理与经营"脱节"，久而久之，就会形成经营是经营、管理是管理的"皮肉两分离"现象，甚至出现人员管理方式阻碍经营过程和影响经营结果的不良现象。

比如，以人员转正审批单为例，表单的设计基本上包括上述几点内容，如表7-4所示。

表7-4 人员转正审批表（老范本）

人事资料	姓名		试用岗位		入职时间	
	甄选方式：□公开招聘　　□内部员工推荐　　□内部提升　　□其他					
	拟试用岗位的工作经验：□有　　□无					
	试用时间：自　　年　　月　　日起至　　年　　月　　日止					
所在部门填写	试用计划	工作岗位及工作内容：				
	试用考核结果	1. 主要工作业绩简述： 2. 出勤状况：□全勤，缺勤，其中：□病假　　天；□事假　　天；□旷工　　天 3. 考核结果总评：□优秀　　□良好　　□及格　　□差 4. 考核结果应用：□拟提前转正　　□拟按期转正　　□拟不聘用 5. 提前转正时间： 6. 转正工资建议： 签名：　　　　　　　　　　　　　　　　　　　　年　月　日				
人资部意见		签名：　　　　　　　　　　　　　　　　　　　　年　月　日				
总经理审批		签名：　　　　　　　　　　　　　　　　　　　　年　月　日				

当企业运用了人效管理体系之后，把人员（不管是哪类人员）管理的人效数据添加到人员升级或降级问题的解决方案之中，人员管理问题的解决就简单多了。

比如，将个人人效数据的平均数、历史最高值、历史最低值、本人目前的排名等数据，与团队内、部门内、业务线内、产品线内、地区内、企业内的数据进行比对，能够非常客观地呈现出需要升级（或降级）的员工或管理者。不用问企业是否同意，能否升级（或降级）的理由客观且公平地摆在了所有人面前，从而消除了产生劳资矛盾的诱因，也降低了因误解而产生矛盾的处理难度。

在应用了人效管理体系的人效分析系统和人效导示系统之后，新员工的转正审批单上的工作内容，就直接使用了人效分析数据，如表 7-5 所示。

表 7-5　人员转正审批表（新范本）

人事资料	姓名		试用岗位		入职时间	
	甄选方式：□公开招聘　　□内部员工推荐　　□内部提升　　□其他					
	拟试用岗位的工作经验：□有　　□无					
	试用时间：自　　　年　　　月　　　日起至　　　年　　　月　　　日止					
所在部门填写	试用计划	工作岗位及工作内容：				
	试用考核结果	1. 人效数据对比图（图中该员工处于：□优秀　　□良好　　□平均线以下） 2. 管理者的团队人效分析图（图中显示团队全体成员的平均线以上或以下的比例） 3. 出勤状况：□全勤，缺勤，其中：□病假　　天；□事假　　天；□旷工　　天 4. 考核结果总评：□优秀　　□良好　　□及格　　□差 5. 考核结果应用：□拟提前转正　　□拟按期转正　　□拟不聘用 6. 提前转正时间： 7. 转正工资建议： 签名：　　　　　　　　　　　　　　　　　　　年　月　日				
人资部意见	签名：　　　　　　　　　　　　　　　　　　　　　　　　　　　年　月　日					
总经理审批	签名：　　　　　　　　　　　　　　　　　　　　　　　　　　　年　月　日					

注：部门主管以上人员需要填写"管理者的团队人效分析图"，基层员工转正不需要填写此项。

对比表 7-2 和表 7-3 可知，人员升级（或降级）的调整，是采用人效分析来评估人员的贡献价值。这就可以比较客观且公正地对企业所有人进行升降调整。

7.5 新员工管理｜"羊群效应"的正面引导

新员工从入职到成熟再到成才，需要一个过程。这个过程取决于两个方面：一个是新员工自身的努力；另一个是企业的培养。企业培养人才有两种方法：一个是培训，另一个是岗位实习锻炼。那么，这两种培养方法的核心是什么呢？我们用"岗位说明书"作为工具，开发了企业的通用知识和岗位技能知识库，还开发了各岗位的特殊知识和特殊技能库，编制了"胜任力模型"，以此引导和帮助新员工成长。这是一种好的方法，但是还缺少企业经营效益方面的内容。

对于基层员工，他们的责任确实与企业经营无直接关联，也不适合用企业效益去要求他们。这就需要我们开阔思路，用人效分析系统中的客观数据去引导他们，如图 7-1 所示。

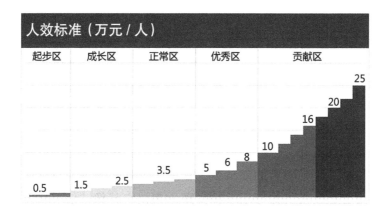

图 7-1 人效标准区域

新员工入职，从头学起，进入起步区。他们与老员工相比，自然有很大的差距，因此要引导和帮助新员工成长，该引导还需要人效分析系统发挥作用，如图 7-2 所示。

图 7-2 所示的内容，表示同期入职的 50 名新员工，在最初 3 个月里，每个人的进步程度有很大的差异。第 1 个月的第 1～2 周，大家都是新员

工，一样处于起步阶段，分不出优劣。到了第3个月的第12周，有30人进入了正常区，有15人进入了成长区，仍然有5人处于起步区。把用人效数据进行标注的新员工成长进阶榜非常直观地摆在新员工面前，新员工就非常清楚自己在同期人员中处于什么位置，差距在哪里，该朝哪个方向努力，无须做任何解释。

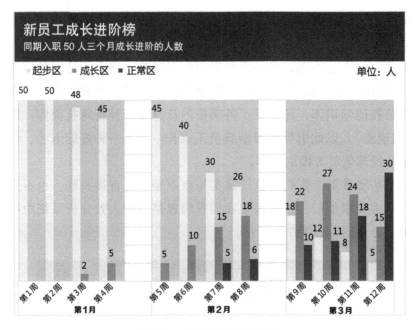

图 7-2 新员工成长进阶榜

图 7-2 中人效分析系统提供的数据只是一般情况下的数据。根据企业近几年的经营情况看，也有些新员工非常努力，在第3个月就能进入优秀区。还有极少数特别努力的新员工，在第3个月能够进入贡献区。这些新员工的人效数据通过人效导示系统呈现出来，它就像"信号灯"一样，提示着其他新员工。人资部与各部门一起组织新员工培训时，如果请这些优秀的新员工做演讲，那么培训工作一定能卓有成效。

这就是"羊群效应"的正面引导。如果简单地用传统的试用期考核表考核，就没有这样直观和触动新员工内心的效果。评价员工的标准越透明，则员工认为评价越客观和越公正。企业依此加薪和奖励员工，也就不会产生争议。

7.6 激励管理｜比较优势的论功行赏

企业成立时间长了，经营规模会越来越大，如何用好各类人才也就成了一个问题。企业小时，几个人还好办，由企业老板一个人直接管理也可以。企业大了，需要人才就多了，其中有的人擅长销售，有的人擅长研发，有的人擅长人员管理，有的人擅长财务管理，各有所长。这就需要注意在使用人才时，对不同人才"比较优势"的界定。以用其所长和论功行赏的方式，进行人员管理的激励管理和风险防范管理，至于其中分寸的拿捏，则需要实战经验的积累。比如：

第一，"能者多劳"不一定是人效管理的有效办法。一般而言，工作时间长、工作经验丰富、有跨部门工作经历和从基层干到高层的人，他们都有多种技能和特别擅长之处。如果让他们去干基层的工作，时间上的确能够保障快速完成，但是从成本上看，比基层员工要高得多。这说明，用高成本的人员去做低成本的工作，是没有掌握好"比较优势"的表现。

第二，用"身兼多职"的方法安排人员做事，以减少用人数量。这对于老员工而言，他们能够驾轻就熟，但是对于有些新员工而言，他们刚刚进入企业，即便具备多种技能，由于对业务流程、企业环境、服务的客户不熟悉等，用"身兼多职"的方法使用他们，不一定有很好的效果，对新员工的培养和锻炼也是不利的。

第三，不能用一个人才的长处，去衡量另一个人才的短板；或以某一个人的所长，来决定这一类人的激励方案。

第四，术业有专攻，专业的事交给专业的人干，是利用好"比较优势"的方法。

干部的培养与激励

对于连锁经营的企业，组织结构扁平化之后，每个门店的店长、每个部门的经理（或总监）就是这个门店（或部门）的领头羊。领头羊的作用有正负两方面的可能性，它直接关系到门店（或部门）整体目标的达成，也直接关系到企业整体目标的达成。所以，对于领头羊的管理，其实就是干部管理的内容。

对于干部的培养，可以增加以实现经营目标为导向的人效管理体系的内容，培养他们成为"老板式"管理者。

对于干部的激励，可以设立与经营效益相关联的报酬激励政策。

干部的培养和激励，都可以用人效管理体系的人效分析系统来客观地描述干部的"功与过"。这样一来，企业与管理者彼此透明，可减少"人为因素"带来的不良影响。

有关干部贡献大小的评估，内容是比较多的，要详细讲清楚，占用的篇幅比较大，在此就不再具体展开。简单举例说一下干部的年薪制问题，表 7-6 就是某企业的干部的年度经营目标计划与年薪结构比例。

表 7-6　干部年薪与年度经营目标计划

序号	年度经营目标计划	年薪结构比例
1	年度总销售收入目标达成率	
2	年度人均销售收入目标达成率	
3	年度总毛利净值目标达成率	
4	年度人均毛利净值目标达成率	
5	新员工成长的进阶分布达标率	
6	人员流动率指标的控制率	
7	培养接班人的目标达成率	
8	"一票否决项"内容的控制率	
	合计	

说明：
每月基本薪资：　　　季度奖金：　　　半年度奖金：　　　年度奖金：

由表 7-6 可知，与平衡计分卡的管理方法相比，它除了吸收平衡计分卡的精髓之外，还让企业干部能够快速地转向以实现经营目标为导向，并且增加人员管理的比重，操作上也简单明了。

表 7-6 调整了往年对于干部年薪制单一"以业绩达成为导向"的考核办法，把干部对于企业经营效益的贡献也列入在内，并给予相应的奖金。按照企业老板的话说，企业是大家的。所以在激励干部的问题上，采取干部拿大头、企业拿小头的办法。比如，超过毛利净值目标的部分，干部可分得 80%。这一改革，极大地激励了干部的工作积极性，也促使他们与企业老板和股东之间密切合作，从此建立了干部的"以经营效益为导向"的工作思路以及与经营效益保持一致的工作目标。

薪酬管理

我们都知道，企业薪酬管理需要遵循五大原则，其中一个原则是企业的经济性原则。在过去进行薪酬设计时,经济性原则基本上只是从成本角度考虑,而企业经营效益结果的好坏,则基本上不考虑。即便是考虑,似乎也没有合适的可操作办法。在构建和运维人效管理体系之后,这个问题被解决了。下面以员工薪资结构设计为例来说明。

对于激励员工,薪酬激励的作用是非常有效的。但是,如果不能客观且公正地评估员工做出贡献的大小,会使员工产生"不公平"感。因此,根据人效分析来衡量员工工作结果的好与不好,并以此进行薪酬分配,不失为一种比较好的方法。

例如,图 7-2 所示的 50 名新员工的试用期转正和转正后薪资的确定问题为例,假如这一期新员工的试用期约定为 3 个月。那么,在第 3 个月即将结束时,有 5 名新员工需要延期转正,或者说薪资要比进入正常区的其他新员工略低一些,操作是容易的。对于已经进入正常区的新员工,也可以根据他们的具体人效数据进行转正薪资的确定。以此类推。

在设立如图 7-1 所示的人效标准的同时,也要进行薪资结构设计,如表 7-7 所示。表 7-7 中的"优秀奖金、贡献奖金"的数值,需要根据"毛利净值"来确定。

企业对于销售类人员(包括销售类高管)的薪资结构设计,通常只有两个,即"基本工资 + 提成奖金"。这种结构基本上不知道"人力成本"是否会上升,是否会影响毛利率,因为没有用人效核算系统做指导。

表 7-7 人效标准对应的薪资标准

人效数据的范围	薪资结构			
	基本工资	提成奖金	优秀奖金	贡献奖金
<3 万元	√	√		
4 万~8 万元	√	√	√	
>8 万元	√	√		√

注:提成比例及奖金额度需以人效预算系统进行整体薪资设计后的标准来确定。

在第 24 章中也有讲"企业用人均工资高于社会平均工资的方法来改善人效管理问题",可以结合起来应用。

7.7 经营文化 | 职业习惯的路径依赖

企业构建企业文化,是为了更好地凝聚人心。企业希望有自己的企文化，以影响每一个员工，从而获得全体人员知行合一的合力，最终实现企业经营目标。说简单一点，就是希望每一位员工按照一种职业习惯标准去做事和做好事。这样做的好处是能减少人与人之间的"摩擦"，降低"人耗"。

构建企业文化，说起来简单，操作起来却不那么简单，培养员工的职业习惯，将企业价值观理念转化为员工的实际行动，则更不简单。如果把握不好，就会出现"投入很多，收效很少"的情况。

企业文化的内容大家已经很熟悉了，在此不必从头到尾再讲一遍。不过，能让员工真正理解企业文化内涵，才是管理者要做的事，如图 7-3 所示。

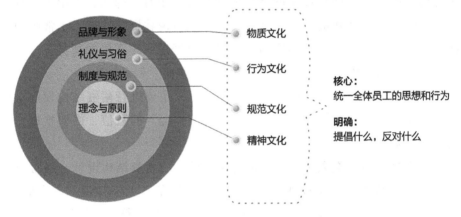

图 7-3　企业文化的洋葱模型

企业文化的形成不是一蹴而就的，而是需要一段比较长的时间沉淀而成。一般而言，在企业里工作时间比较长的是老员工和各级管理者，他们是企业文化的传播者和践行者。老员工和各级管理者的言行，对于新来的员工而言，看在眼里，记在心上。新员工是在观察和模仿老员工（或管理者）的言行之后，对企业文化进行"自我理解"。所以，要想全体员工的言行符合企业倡导的企业文化，特别要关注老员工和管理者的言行，因为他们是企业经营效益目标达成的领头羊。如果领头羊对企业文化理解透了、理解对了和落实到行动中了，那么企业整体的企业文化就"对味"了。

企业文化建设有它的基本框架内容，笔者建议把人效管理体系的内容叠加到企业文化的"规范文化"的环节之中，更多地用人效分析去表述、比较和区分员工的行为是受怎样的思想影响而产生的。如果我们对企业文化只是泛泛而谈,那就很难定量化地描述员工的某种行为过程和结果,因为意识方面的东西不容易说清楚,员工也不容易理解。

所以,在建设企业文化方面,尽可能用简约、实用和直接的表达方式。用数据告诉员工他们的行为以及行为的结果。经过一段时间之后,看看自己在整个团队或整个企业处于什么位置?对比他人,他人的行为习惯有哪些值得自己去学习?他人的成就是通过什么方式努力服务好客户而产生的?自己的差距在哪里?改变的方向又是什么?就像图7-1和图7-2那样的图表提示给了员工,使他们慢慢养成一种企业倡导的职业习惯,然后他们也就顺着这个路径学习和成长起来。

当然,这个过程确实需要时间的沉淀。但是,至少我们现在有了人效管理体系,可以形成统一员工行为的"语言系",让员工养成职业习惯的路径清晰了,后面的事情相对也就简单了。

第三篇

节支篇

人曰：千里之堤，溃于蚁穴。

我说：滴水穿石，积少成多。

本篇位置：

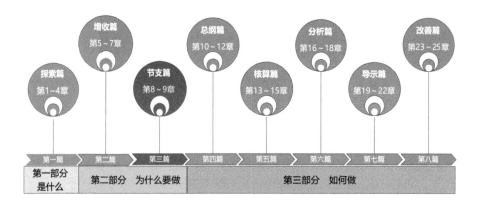

第 8 章

重视路径及颗粒细分

构建和运维人效管理体系的另一个重要作用是得到"增收节支"中解决"节支"问题的新办法。

如果说前面我们研究在"增收"上如何用人效管理体系使收入最大化，那么现在我们要研究在"节支"上如何用人效管理体系优化或简化管理，来达到管理成本最小化。

8.1 重视路径

首先，我们来看看企业经营过程中涉及哪些管理活动，如图 8-1 所示。

图 8-1 所示的企业管理内容，只是通用型管理内容。如今，企业经营模式分线下经营和线上经营，相应地，线上经营业务的管理也需要同步进行。

图 8-1 所示的相关管理，需要进行人员安排和管理职能的规划。这些管理项目可以归结为两种最重要的管理，即组织管理和信息化管理。对于组织管理，采用什么样的组织结构，是科层制组织结构，还是扁平化和网络化组织结构？对于信息化管理，采用什么方式？经营业务信息的传递、分享、反馈和管理是否能快速进行？这就是管理路径问题。

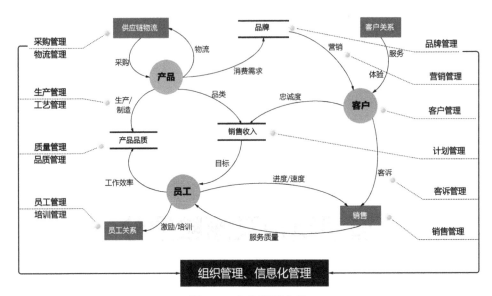

图 8-1 企业管理内容

同样是管理路径，采用科层制组织结构与采用扁平化组织结构，两者的管理路径完全不同。相对而言，前者比较复杂，尤其是大型企业和集团企业，两者的复杂度相差很大。

其一，管理路径是简单还是复杂，与组织结构有着直接关系。从人员配置上看，科层制组织结构比扁平化组织结构的人员数量要多很多。由此可以肯定的是，科层制组织结构的人效，比扁平化组织结构要低很多。

其二，企业管理使用的数据信息是来自手工作业系统的，还是自动化系统的，信息化管理的人效差异非常之大。

上述两个问题，就是企业在构建和运维人效管理体系过程中需要重视的路径问题。如果没有重视路径问题，要想通过降低人力成本，成效是有限的。企业经营效益强调的是成本最小化，也就是说，有什么管理方式可以节约人力成本的，企业就会首先采纳，以求在客观上用最省人力的方法来达成成本最小化。这在人力成本越来越高的时代，特别重要。

8.2 颗粒细分

通过人效管理体系的人效分析系统和人效导示系统，可以让企业决策者和管理者清楚自己企业人效的高低。这就涉及数据的颗粒度问题。

简单来说，人效数据的颗粒度，就是用于表示组成人效数据的最小单元，它主要针对人效计划值和实际值的指标数据的分析和计算范围。

如果数据结构不规范或不统一，或者数据颗粒度比较大，则可能发生最小的独立数据单元里还包含其他内容数据的情况，导致人效分析失去了作为决策依据的可靠性。人效数据中关于人员颗粒度的划分如图 8-2 所示。

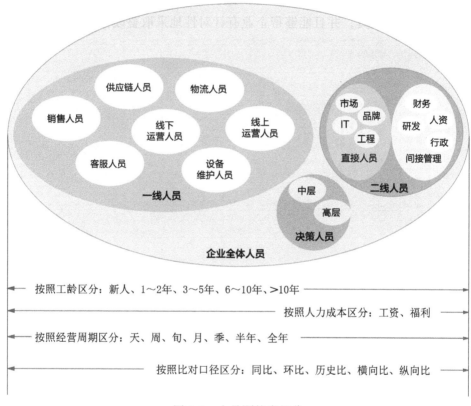

图 8-2　人员颗粒度细分

按照图 8-2 所示的人员颗粒度细分，将企业全体人员进行层层细分，直到最小单元中只有一个人为止，并且每个人再按照员工的生命周期进行细分。否则，还要再进行细分。

人员颗粒度细分以及细分后的规则制定，对构建和运维人效管理体系而言是十分重要的：

第一，数据信息自动化系统的开发和设计，非常依赖于这个颗粒度细分规则。

第二，人效分析系统的准确性，也非常依赖于这个颗粒度细分规则。

第三，人效管理问题解决方案的改善，也非常依赖于这个颗粒度细分规则。

第四，人员颗粒度细分之后，"节支"问题就能够比较清晰地呈现出来了。

总之，人效管理体系是一个可以做到全方位"排查"企业是否存在人效管理问题的工具，并且能够帮企业有针对性地采取整改措施。

第 9 章

架起全员共享"数据网"

构建和运维人效管理体系所要实现的"节支"目标,归纳如下:

第一,通过人效导示系统的数据信息的高速传递和共享,来节省各部门数据传递的操作类人员的使用。

第二,通过人效管理体系的网络化终端触角,来实现企业组织结构的扁平化,从而节省人员的使用。

第三,通过人效管理体系的通路,来实现"自上而下地领导和自下而上地汇报"系统的流程优化,从而节省中间层人员的使用。

这三个方面相结合,就能使企业经营管理的人效导示系统数据共享,有条件的企业还可进一步开发"数据信息自动化系统",从而大大降低人员的使用量。

9.1 数据网络丨数据信息化的快速交互

前面我们讲述了企业经营的三大要素,即客户、产品和员工,也讲述了由这三大要素组成的经营业务活动所产生的一系列管理活动。只要有经营管理活动,就有数据信息的产生,并且是海量数据信息。我们还是以图

8-1为例，来看看会产生哪些数据信息：

（1）关于客户的数据信息。

（2）关于产品的数据信息。

（3）关于员工的数据信息。

（4）关于供应链的数据信息。

（5）关于物流的数据信息。

（6）关于销售的数据信息。

（7）关于营销的数据信息。

（8）关于品牌的数据信息。

（9）关于财务的数据信息。

（10）关于经营计划的数据信息。

……

我们把以上主要的十大类数据信息给予充分的记录。那么，只要企业经营活动和管理活动不停止，每天、每分、每秒都在产生数据信息。这些数据信息，企业经营和管理都是需要获取、分析和加以利用的，因为分析和利用数据可以带来很多好处。

（1）可以进行现状分析。比如，通过经营计划的数据信息，来分析经营指标的完成情况，进一步衡量企业的经营和管理的状况，看企业整体运营是好、不好还是介于两者之间，也说明好与不好的具体程度。再如，通过对产品的数据信息、客户的数据信息、供应链的数据信息等的分析，可以清楚某一时段企业各项业务的构成，便于企业决策者和管理者包括员工，都能了解企业各项业务活动的变化情况以及后面可能的发展趋势，对企业下一步的运营是否需要调整有十分重要的参考意义。

（2）可以进行原因分析。通过数据信息的现状分析，清楚了企业的经营和管理的状况，紧接着就要进行经营和管理好的与不好的具体原因的分析。对于好的原因，企业需要继续保持这个原因条件；对于不好的原因，企业需要改善或改变原因条件，使之转向好的方向。

（3）可以进行预测分析。在进行现状分析和原因分析以后，还需要对企业经营和管理的未来趋势做出预测，为企业新一轮（或新一周期）的经营目标和经营策略提供有实用价值的参考，以保证企业实现健康可持续发展。

（4）可以提升人效。在进行现状分析、原因分析和预测分析时，分析的每一个维度都有共同目的：告诉企业经营和管理中用人的数量是不是达到"最优"；人员的潜力是不是还可以挖掘；下一步是保持还是改革这个"最优"状态；现有人员能否保证企业经营效益"最优"。

既然数据信息的获取、分析和利用有这么多好处，那么，如何使数据信息快速地自动交互，就成为我们需要首先解决的问题。我们先来看看图9-1所示的内容。

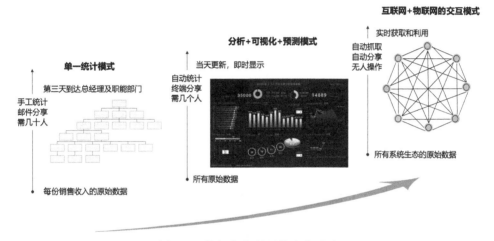

图 9-1　数据信息利用模式的进阶

由图 9-1 可知，如果我们采取"单一统计模式"记录和利用数据信息，要几十个人才能完成。企业规模越大，投入的人数也就越多。并且，在手工作业条件下，完成数据分析报告需要花费一两周时间，效率是极低的。

在计算机技术高度发达的今天，利用计算机技术开发的数据信息自动化系统，几分钟就能实现"分析＋可视化＋预测"，而且在人员使用上至少可以减少 50% 以上。

未来，我们还能利用互联网和物联网技术，实现利用"无人操作系统"。就像第 5 章所列举的"集装箱码头自动控制系统"一样，实现完全无人化、自动化。

对照图 9-1，我们可以从两个方面去感知人效提升的路径。

一方面，在数据信息的传递过程中，传递本身是没有任何价值再生的。也就是说，如果企业经营和管理过程中在没有价值再生的环节上也投入大量的人力，那么，这部分人力的价值就是无效的，是一种浪费。因此，需要找出这种人力浪费源，并予以改变和调整。

另一方面，如果数据信息的传递速度缓慢，就像图 9-1 所示的手工作业状态下数据信息的传递，企业总经理以及职能部门获得一线部门的数据信息需要等上两三天，并且这个过程还经常出错，重新核实数据的准确性还需要等上几天。由此可见，人效极低，但这不能仅仅说员工的能力不行。人的手工作业、靠脑子运算，与计算机的运算速度、物联网的传感技术等高科技的产品相比，是完全不能相比的。

这就是人效管理体系中的人效分析系统和人效导示系统节约人力成本的"节支"方法。人力成本具体可以节约多少，大家很容易算出，从几十人降到几个人，再降到无人化。此外，还可以节约其他隐形成本，比如沟通成本、会议成本、信息传递成本、培训成本、客户反馈滞后成本和纠纷成本等。

9.2 组织结构｜扁平化与系统化相结合

企业经营和管理的过程，其实就是"决策→计划→组织→领导→实施→改善"的循环过程。在每一个循环过程中，决策者是关键人。决策者对于业务流程、组织结构、目标计划等的思想和策略，基本上决定了企业人效的高低。

在图 9-1 数据信息利用模式下的企业组织结构，由于没有应用高科技技术，使得数据信息的上传下达都是依靠人力手工。随着企业规模的不断扩大，科层制组织结构的层级不得不越来越多，如图 9-2 所示。

图 9-2 所示的组织结构，有 15 个层级，业务活动的指挥决策系统、职能管理系统、数据信息传递系统、计划运营系统等，基本上都是手工作业。经营例会经常是，在半个月之后看着上个月的数据，说着本月该做的调整和注意事项。也就是说，开会归开会，干活归干活，有没有效益与己无关。如果就这样一天又一天、一月又一月，想快速提升人效，获得较高的经营效益，无疑很难。

在没有数据信息自动化系统之前，企业不得不采用"人海战术"。在有

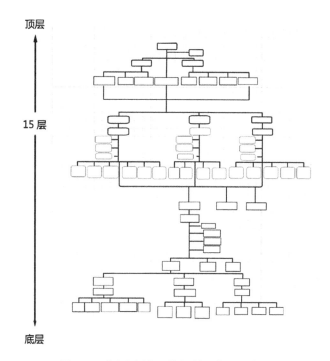

图 9-2　集团连锁经营的科层制组织结构

这么多层级的组织中，运营过程中，靠由上而下一层一层地指挥，由下而上一层一层地汇报和传递数据，很多中间层人员变成了"传话筒、二传手"，没有发挥出他们的价值，而且中间层人员的人力成本是底层人员的好几倍。显然，这种组织结构的人效从客观上看已经是低下的了。如果不改变，还是那么多层级的人员围着一件事忙碌，那么几乎是不可能提升人效的。而且，底层人员头上有多级"指挥官"在指挥，有时都不知道自己该怎么干了，心情自然也会受影响。

　　人效管理体系的构建和运维，强调的是"以经营效益为导向的人员使用的最优方案"，在建立数据信息自动化系统的前提下，只有组织结构扁平化和网络化，才能实现人效管理体系的预期目标，如图 9-3 所示。

　　图 9-3 的组织结构，就是将图 9-2 的组织结构进行改革而成。对比图 9-3 与图 9-2 的差异：扁平化组织结构只有四五层，而科层制组织结构多达 15 层。哪种组织结构使用人员的数量少，改革后可以节约多少人力投入，改革后的管理成本又可以节约多少，一目了然。

从图9-3所示的组织结构图中可以看到，企业采取扁平化组织结构，对于全体人员的要求比图9-2所示的科层制组织结构要高。它更强调用"系统的数据信息"来驱动全体人员自主执行和自主管理，而不是依靠"管理者"来监督。

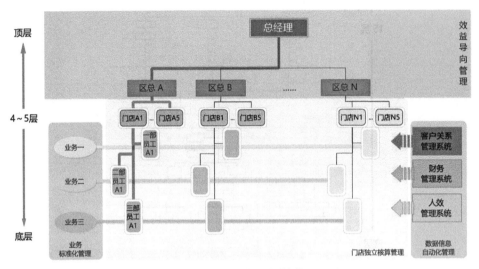

图9-3　扁平化组织结构

一般而言，从科层制组织结构转变到扁平化组织结构，过程中会出现各种各样不相适应的问题，企业需要经历一段阵痛期。特别是数据信息的自动化系统的构建和运维，需要一段时间的磨合。遇到这种暂时性问题，企业要努力克服困难，坚持不懈，不然很容易回到从前状态，导致人效管理体系构建失败。

9.3　终端颗粒｜数据细分、透明和同步

针对企业经营效益的来源，终端有两个：一个是客户，另一个是员工。目前，企业客户关系管理系统已经比较成熟（当然，有的企业还没有客户关系管理系统），而员工关系管理系统就没那么成熟了，甚至没有员工关系管理系统。其实，员工关系管理系统越成熟，人效就越高，因为它可以减少大量的管理人员，降低管理成本。

员工关系管理系统的内容在此不做展开，现在针对终端数据的细分、

透明和同步做简单阐述。

员工关系管理系统有两个终端对象：一个是各级管理者，另一个是员工个体。如果对这两个对象的数据分析系统的颗粒度不进行细分，或者没有实时分享，就会延误整个经营计划目标的实现。

管理者终端的数据细分、透明和同步

首先，我们来看企业经营管理要求管理者做什么，如图 9-4 所示。

图 9-4　管理者的主要职责

图 9-4 所示的管理者的主要职责有五大方面。每一方面的过程和结果如何？为何是这样的过程和结果？下一步有可能朝哪个方向发展？这些问题都是需要通过数据信息来反映的。因此，数据信息必须细分、透明和同步。

- 细分，是指颗粒度细分。
- 透明，是指与目标、效益指标、客户、员工相关的数据信息按照一定的权限让大家共享。
- 同步，是指与企业上层的要求同步，与部门下层的操作同步，与客户的需求同步，与经营周期目标同步。可见，这么多需要细分、透明化和同步的数据信息，如果仅靠手工作业，则需要大量的人力投入。

现在，采用数据信息自动化系统构建的"数据网"，与管理者的终端设备（如台式电脑、笔记本电脑、手机等）相连接，管理者可以随时打开，接收实时报告，并且是可视化的数据信息交互，能更直观地把数据信息分析结果"交代"给管理者，从而使管理者能够利用数据分析报告来做决策，如图 9-5 所示。

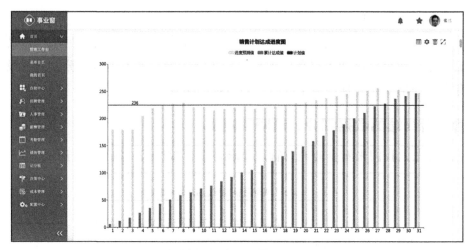

图 9-5　销售计划达成进度的软件提示截图

资料来源：本图由"事业窗"软件供应商提供。

图 9-5 所示的销售计划达成进度图，时间周期以"天"为颗粒度来细分。按照每天达成的累计数据，推算"进度预测值"。可以想象一下，手工作业的数据传递速度缓慢，要想以"天"为颗粒度来细分，是不是还需要配置多名数据记录和分析人员才能完成？

再来看看，以"月度、季度、年度"为颗粒度进行细分，跟踪其与整体目标之间的关联，如图 9-6 和图 9-7 所示。

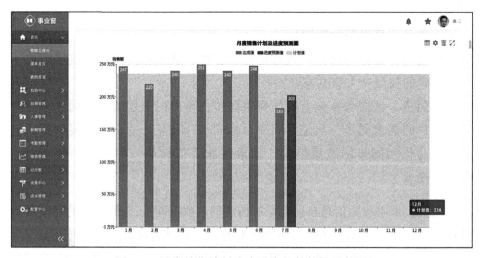

图 9-6　月度销售计划达成进度的软件提示截图

资料来源：本图由"事业窗"软件供应商提供。

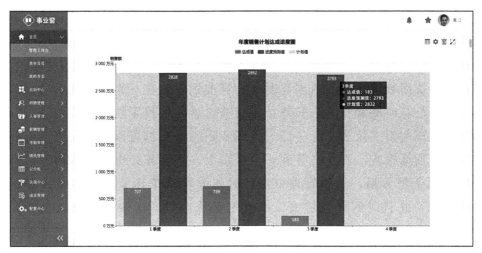

图 9-7　全年和各季度销售计划达成进度的软件提示截图

资料来源：本图由"事业窗"软件供应商提供。

从图 9-6 的提示还可以看出，1～6 月，除了 2 月完成得比较差外，其他 5 个月销售计划完成得都比较好。

再看 7 月，提示的"截面数据"时间为 7 月 28 日。根据 28 天已经达成的数据，预测 7 月底全月能完成的进度值为 203 万元，而计划值是 236 万元，还差 33 万元。也就是说，按照 28 天已完成 183 万元来预测月度计划完成率是 86%。这就告诉管理者，7 月剩下的 3 天需要去关注和解决"哪些人员的完成率低于 100%，由什么原因造成"的问题。

图 9-7 提示了全年和各季度销售计划的达成情况。按照前两个季度的数据预测，全年的达成率将超过 100%。若 7 月也能 100% 完成，不出大的意外的话，应该可以完成全年销售计划目标。

人效分析系统的数据信息分析系统所提供的数据分析报告，可以清晰地告诉管理者每天、每周、每旬、每月、每季、每年的计划能否达成，最终完成值与计划值有多大的差距。这样的细分能够极大地方便管理者进行决策判断。在这个过程中，自动化系统替代人工，由此节约了人力。

收入最大化方面的细分内容还有很多，这里不具体展开。下面说一说企业经营效益的细分、提示和警示。

在图 4-3 人效分析管理看板（部分）中有毛利率指标区域提示图，在图 I-4 和图 I-6 的管理者终端及决策者终端的管理看板中也有人力成本和毛利率数据的导示图表。这些数据分析内容的导示，是按照财务管理的要求，进行成本、费用和收入的颗粒度细分，再进行可视化图表设计和终端分享导示。这就把各部门（各地区或各门店）运营的繁多的成本数据、费用数据、收入数据与财务核算准则联系在一起，而且不需要管理者自己花时间和精力去核算，直接查看就能一目了然。这特别像司机驾驶汽车时看"仪表盘"一样，管理者随时随地都可以查看几个"仪表盘"的数据报告，而不是等到一个月结束，由财务分析报告告知各门店是盈利还是亏损。这种管理方式、时间周期和工作节奏下的人效是比较低的，并且时间已经过去，结果也已成定局，想改善、挽回也都不可能了。

按照这个思路，图9-4所示的管理者的五大职责的数据信息，都可以一个个将其细分和可视化，并快速地在终端设备上共享，使得管理者可以随时随地打开查看，极大地节省了管理者从事低价值事务性工作的时间。而且，他们的指挥决策需要以数据分析作为依据，也就避免了因信息不对称而做出错误判断从而误导下属的情况。这些都是节省人力成本和管理成本的成果。

其他的内容在后面第21章和第22章两章中有详细讲解，包括管理者终端和决策者终端的人效导示系统内容的制作步骤和方法。

员工终端的数据细分、透明和同步

员工的终端设备可以是手机，也可以是电脑。员工所关心的内容偏向于"与己有关"的，这就需要在企业关注的和员工关注的两个维度上，对于颗粒度细分进行平衡设计。

第一，这些数据信息的分析报告方便员工读取（即与员工共享）。

第二，这些数据信息能够激发员工读取数据信息之后的正向思考（当然，需要特别注意不能引发员工的负面情绪）。

第三，这些数据信息能够精准地告诉员工目前现状是什么，与自己对比差异是什么，与最优秀对比差异是什么，产生这些差异的原因又是什么，下一步需要调整和努力的方向是什么。

第四，这些数据信息能够显示员工的工作结果与个人收入之间的关联。

这些都是员工终端的颗粒度细分内容，把这些内容进行可视化设计之后，公开、透明和同步地呈现到员工使用的手机和电脑里，方便他们随时随地查看，如图 9-8～图 9-10 所示。

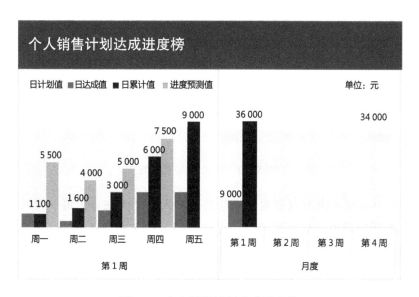

图 9-8　个人销售计划达成进度榜

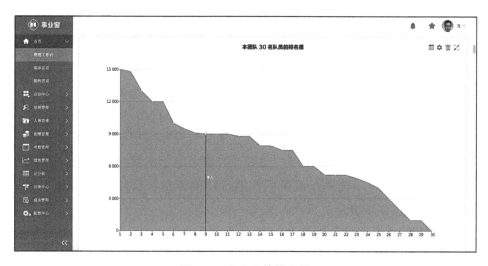

图 9-9　个人业绩排名图

资料来源：本图由"事业窗"软件供应商提供。

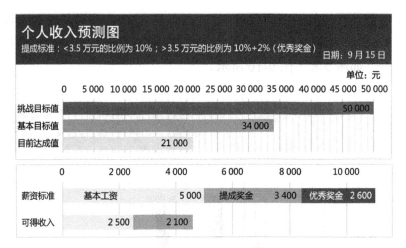

图 9-10　个人收入预测图

将图 9-8 所示内容直观地显示给员工本人，具体细分为每一天的工作计划值、实际完成值，以及按照目前完成的情况预测本月任务的完成率等。

图 9-9 所示内容是图 9-8 所示数据汇总到部门（或团队）整体目标计划的完成情况，与部门（或团队）其他人员同步。从图中可以直观地查看到目前员工本人的排名情况，包括在本部门和所在企业的整体排名，还可以进行横向比对和纵向比对。

图 9-10 所示内容是员工特别关心的。预测个人收入传统的做法是等到月底时，把目标计划完成情况、出勤情况、遵章守纪情况和升降级情况等方面进行汇总，由人资部进行薪资核算之后，再通知员工本人，大型企业完成这项工作需要 3～5 天，这对于员工的激励非常不利。现在将与他们薪资相关的要素进行细分，并设计自动化软件（App），安装在他们的手机终端，这样员工几分钟内就能知道自己本月可获得多少薪资，需要完成什么任务才能获得，还有其他哪些奖励（如排名前十的奖金，人效优秀的奖金等）。这个过程不需要反复询问职能部门的人员，部门管理者也不会再因无共享数据而干着急，天天叮嘱每一位员工。

将图 9-10 所示的数据汇总起来就是这个部门（或门店）的人力成本数据，在管理者终端分享的仪表盘上会有同步的提示和警示。

说到这里我们已经明白，架起经营管理的"数据网"对于每个管理者和每个员工终端来说是多么快捷、便利和及时。这个数据网带来的企业整体人效的提升是非常可观的。

当由人效管理体系为主导，架起企业经营管理的数据网之后，我们再来看看企业经营的人效管理流程，如图 9-11 所示。

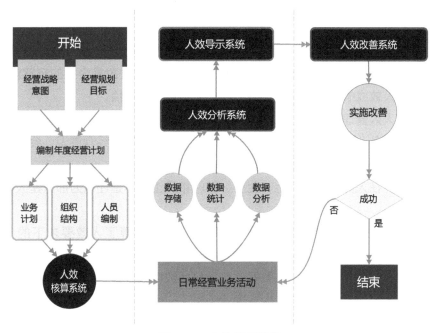

图 9-11　人效管理流程

在图 9-11 所示的流程图中，数据网就好比"水渠系统"，管理者和员工就好比"水"。企业把"水渠系统"建好了，那么"水"自然就顺着"水渠"流向企业指定的方向和目的地。管理者和员工的执行速度或快或慢，完全由数据引导。其中，少开会议，少配置职能部门人员，就可以节约大量的管理成本，更可以节省企业决策者的精力，使得他们有精力去想企业的发展和企业的未来。

员工终端分享的人效导示系统的具体内容，将在第 20 章详细讲解。

管理者终端分享的人效导示系统的具体内容，将在第 21 章详细讲解。

决策者终端分享的人效导示系统的具体内容，将在第 22 章详细讲解。

第二部分 小结

在第二部分的5～9章里，我们清楚了构建和运维人效管理体系的目的和作用。任何管理都需要投入一定的成本，用小投入去改善企业的经营管理，从而获得人效成倍提高的结果，是一件非常值得做的事情。

使用人效管理体系也可以帮助我们审视企业目前的人效状态：

第一，各业务线、各产品线、各部门的管理者有没有经营意识，会不会主动思考和关注经营效益问题？

第二，在人员管理问题上，企业、部门和员工是不是还认为那只是人资部的职责？

第三，在制定经营计划目标时，是不是同步核算了人效要求下的人员编制数量？

第四，运营过程和结果的数据信息，包括数据分析报告，是不是有"数据网"的"人效导示系统"与各级管理者和员工的终端进行分享？

第五，员工是不是可以随时随地查看自己工作任务的完成情况，以及与薪资之间的关系？

第六，财务报告是不是还需等到月底过后的5天才能看到？

第七，组织结构还是有那么多层级吗？

第八，人员流动率是在设定的范围内吗？

第九，统计数据是不是还需要员工用手工方式重复性地"敲键盘"？

……

如果企业存在上述几个或全部问题，那么就需要构建人效管理体系了。

第三部分

如何构建"人效管理体系"

构建和运维"人效管理体系"举措有:
  第一,思路清晰;
  第二,熟悉业务;
  第三,逐一构建四大核心系统;
  第四,推动企业执行人效管理体系;
第五,横向循环和纵向精进地完善人效管理体系;
第六,没条件的企业,可以构建半自动化系统;
第七,有条件的企业,可以构建全自动化系统;
第八,企业全体人员都要重视人效的改善问题。

第四篇

总纲篇

人曰：业精于勤，而荒于嬉。

我说：技成于练，而止于说。

本篇位置：

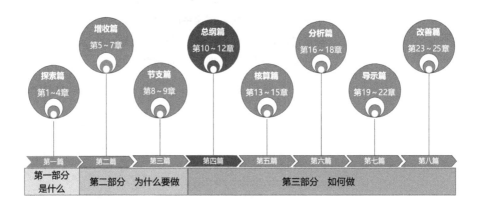

第 10 章

知识体系及行动体系

在构建人效管理体系之前,有必要讲讲构建人效管理体系需要用到哪些知识,以及采取什么行动才能发挥人效管理体系的作用。

10.1 知识体系

构建和运维人效管理体系,需要应用多种知识和工具。笔者根据自己的工作实践,总结出大致需要七个方面的知识和工具,如图 10-1 所示。

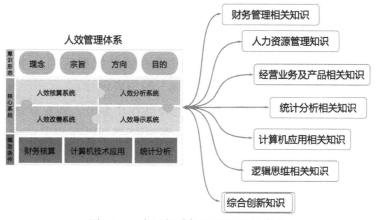

图 10-1 应用相关知识和工具的内容

第一，财务管理相关知识。对于财务管理知识，并不需要很精通。大致能看懂财务的四张财务报表（月度报表、季度报表、半年度报表和全年度报表）即可。比较重要的是关注三个数据的波动情况，即收入值、成本值和毛利净值的数据波动情况。这方面的知识，是支撑构建人效核算系统的。

第二，人力资源管理知识（包括管理技能和管理工具）。人力资源管理知识在人效管理体系中的应用，不需要十分专业和面面俱到。具体可参考《老 HR 手把手教你搞定 HR 管理》的初级版、中级版和高级版三本书，在此就不再赘述。

第三，经营业务及产品相关知识。人效管理体系的核心理念是追求"在同等经营模式条件下的人力使用最优"。企业所属的行业不同，经营业务的内容就不同，即便是同一行业，经营模式也会有所不同。因此，需要应用相关的经营业务知识，包括客户关系知识、服务知识和产品知识。

第四，统计分析相关知识。我们从事各项工作，应该能够运用数据分析解决实际问题，这也是大数据时代所必需的。

数据分析的软件知识和工具比较多，本书将人效管理体系的重心放在如何构建和运维体系上，而不是仅放在数据分析上，并且最重要的是帮助企业找到人效低下的原因以及提升人效的方法，而不是数据分析的本身。所以，我们可以应用 Excel 和 SPSS 做一个半自动化的统计分析系统，这是比较简单且适合大多数企业的方法。本书的数据统计和统计分析的内容，都是用 Excel 和 SPSS 软件完成的，后面也会详细讲解每一个步骤，基本上照着模仿就能学会。当然，有条件的企业（比如，自己有 IT 研发团队，或者经济实力雄厚时可以请外部软件供应商），则可以开发自己的自动信息化系统。

第五，计算机应用相关知识。这方面最简单的应用是 Excel 和 SPSS 软件，复杂的应用需要借助于 IT 研发工程师开发后应用。本书讲解用 Excel 和 SPSS 软件进行"人效导示系统"的图表设计。

第六，逻辑思维相关知识。这里笔者推荐几本书，如麦肯锡的《金字塔原理》《麦肯锡方法》《用数据说话》，它们能够帮助我们建立非常有效的逻辑思维体系。

第七，综合创新知识。这是前六个方面的知识和工具的应用，熟练到一定的程度之后，所形成的一种个人特有的或者企业特有的解决问题的相关知识和工具，它也是一种在不断解决问题的过程中所产生的新知识和新工具。不谦虚地说，本书提供的就是一种综合创新知识和新管理工具。

这七个方面的知识有深有浅，我们在构建和运维人效管理体系时，需要根据企业的实际情况来应用。并且，是以能够解决问题为目的，而不是仅将数据简单地画图。掌握了知识体系后，还需要能够解决具体问题的行动体系。

10.2 行动体系

构建和运维人效管理体系的最终目的是，通过提升人效来达成企业经营目标。所以，构建人效管理体系的同时，还需要构建配套的行动体系。没有行动体系，人效管理体系发挥的作用就会有限，甚至会产生新的管理冗余。那么，人效管理体系的行动体系是什么？这是一个需要解决的关键问题，解决方法如图 10-2 所示。

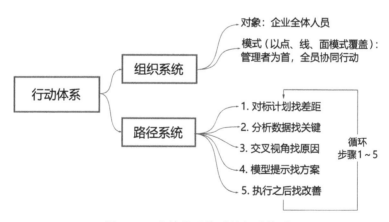

图 10-2　人效管理体系的行动体系

由图 10-2 可知，人效管理体系的行动体系包括组织系统和路径系统两部分。

组织系统

在组织系统中，需要构建组织对象和组织模式两个关键点。

（1）组织对象。组织构建行动体系，应该让全体人员都参与，不仅企业老板和各级管理者要关注人效，全体员工都应该关注人效。在此需要特别强调，过去我们的想法是，"部门经理就是人力资源管理的第一责任人"，但没有一个具体的责任描述和可量化的操作办法。现在有了人效管理体系，对人效有具体的指标描述和数据分析报告，就把这种想法落到了实处。

（2）组织模式。可以采取以点带线、以线带面的模式。以点带线，是指以各级管理者为点，先让他们熟悉和掌握人效管理体系的内容和工具，然后带动他们所在的业务线、产品线和客户线等垂直的各条经营线。再以这些经营线去横向带动各个层面的人员，形成全员协同行动的整体效应。

路径系统

在路径系统中，有以下五点要注意。

（1）对标计划找差距。人效核算系统在每月、每季和每年都会事先制订目标计划，所以，在经营活动中，首先需要将每天、每周、每旬和每月的经营过程和结果对比计划找差距。

（2）分析数据找关键。经营活动中的数据信息，通过人效分析系统和人效导示系统分享到各级管理者和员工的终端设备上，由此找出差距。

（3）交叉视角找原因。找差距的关键点时会发现诸多关联因素，此时需要采取横向或纵向、现在时和过去时等的比对视角来找出出现差距的原因。

（4）模型提示找方案。差距找到了，原因也清楚了，如何预防类似问题的重复出现，需要构建解决方案的数学模型（或者说关系模型），用于指导具体的执行方案。

（5）执行之后找改善。人效改善系统的运用，就是跟踪解决方案的执行，看人效是否已经得到了改善或提升。如果得到了改善，就循环到下一轮；如果没得到改善，就接着找差距、关键点和原因。如此循环，目的就是要达成提升人效设定的目标。

第 11 章

体系整体构建方法论

人效管理体系的整体构建包括：组建项目团队、项目总体规划及安排、项目总体流程的设计、人效管理重点问题的梳理、四大系统建模、系统初建之后的校验，以及培训教练体系的运维等。

以笔者的实践来看，构建人效管理体系并不难，只要方向清晰、目标明确、方法得当、逻辑缜密和懂得攻守兼顾，剩下的就是时间问题了。这些就是人效管理体系整体构建的方法论。

11.1 方法论述｜开局前的思考和准备

在前言中有说养成优秀的工作习惯（即"三问方法论"），有助于做好事情。到第三问（如何做）的时候，还有一个"做事成功的方法论"。这个方法论，笔者曾经发表在个人微信公众号的文章里，现在重新整理展示出来，如图 11-1 所示。

图 11-1 所示的内容告诉我们，要成为一名成功的职业人士（商业人士），就要把事情做成功。做事成功的方法论包含两个循环。

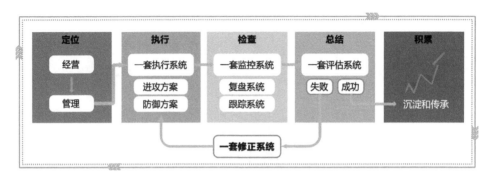

图 11-1　做事成功的方法论

一个是内循环：从明确经营目标（做事的目的），到需要进行哪些管理，设计一套执行系统（包括进攻方案和防御方案），到执行一套监控系统（包括复盘系统和跟踪系统），再到执行一套评估系统。如果评估结果是失败的，则要执行一套修正系统，并返回到执行系统；如果是成功的，则进行成果的积累，并进行沉淀和传承。

另一个是外循环：企业经营管理有周期性并分阶段，一般是以一个自然年度为周期来划分阶段。在一个年度里，从年初开始内循环，到年底结束。到了新的年度，在过去一年的基础上，又开始了新的内循环。企业就是这样周而复始地发展壮大的。

将图 11-1 所示的方法论应用到人效管理体系的构建上，能非常简便地搭建起人效管理体系的框架，从而成功构建人效管理体系也就有了保障。

11.2　组建团队｜项目成员组建及准备

人效管理体系是一个综合性的管理工具，企业需要设立项目团队进行构建，后期也需要有专门团队来运维。构建和运维两个时期之间需要有一个人参与过渡和衔接，这样有利于人效管理体系的日常运作。项目团队成员的组建如图 11-2 所示。

由图 11-2 可知，项目构建团队由项目负责人、业务负责人、财务负责人、IT 负责人和人资部负责人组成。项目运维团队由人资部负责人、财务人员、IT 人员和业务人员组成。在这两个团队中，其中一名"人资部负责人"从项目构建起就加入项目构建团队，从头到尾全程参与，这让后期人效管理体系的运维有极大的"质量保证"。

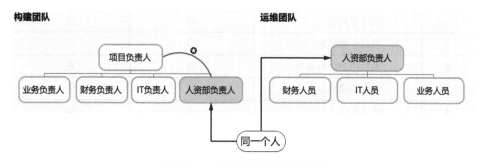

图 11-2　项目团队成员的组建

在图 11-2 中，标"✪"符号的地方，即项目构建团队中的"项目负责人"可以由两种方法中的两类人员担任：一种是内部人员自主构建，由企业人资部负责人出任"项目负责人"；另一种是外部专家构建，请外部专家（比如管理顾问、管理咨询师）出任项目负责人来组建项目构建团队。

外部专家进驻企业也有两种方式：一种是专家一人进驻企业，与企业内部的业务负责人、财务负责人、IT 负责人和人资部负责人组成项目团队，领导和教练团队成员共同构建，笔者把这种方式称为"混合式团队"；另一种是由外部专家带领几名外部人员进驻企业，这种方式称为"专业式团队"。

采取"混合式团队"方式进行项目整体构建的好处比较多：
（1）项目构建速度快。
（2）项目与企业实际符合度高。
（3）项目构建的同时使企业内部人才同步成长。
（4）有利于构建之后项目的日常运维。

采取"专业式团队"的好处也有很多，但有一个缺点是不能否认的。由于专业式团队大多数是"封闭式"地进行项目的设计和构建，所以企业内部成员没有机会参与，比较遗憾。尽管之后实施了相关的培训，但也是有限的，这对于日后的正常运维不利。

尽管混合式团队的构建时间比专业式团队相对而言要长一些，但是综合而论，要使整体项目能够达到正常运行状态，最终还是采用混合式团队方式构建的速度更快。这两种方法的利弊，如表 11-1 所示。

表 11-1 项目构建方法的利弊比较

序号	比较项	内部自主构建	外部专家构建
1	项目专业能力	弱	强
2	项目专业经验	弱	强
3	项目构建的可靠性	弱	强
4	项目构建周期	长	短
5	抗干扰性	弱	强
6	熟悉企业内部业务	强	弱
7	熟悉企业内部人员	强	弱
8	熟悉企业发展方向	强	弱

由表 11-1 可知，表中 1～5 项所要求的综合知识和能力，是体系构建成功的支柱项，是不可或缺的，具备这些知识和能力需要长时间的积累和沉淀；表中 6～8 项是项目构建成功的辅助项，也是不可缺失的，但是它们可以短时间就能熟悉。对于企业经营效益而言，构建速度越快和越精准（不返工，能保障正常运行），获得的效益就越大。

两种方法各有千秋，选择哪一种由企业决定。但是，无论选择两种方法中的哪一种，前提条件是熟练掌握本书所讲的人效管理体系的所有内容，并能够研发和构建人效管理体系。

11.3 明确思路 | 项目总体思路及路径

项目总体思路一定要明确，可以按照图 11-3 所示的 10 条线路进行思考。每条线路都有侧重点，需要重点思考，由这些思考引出的问题假设、疑点求证、原因解剖和方案确立，都有助于人效管理体系的成功构建。

第一条线路，开始→界定

这条线路是从企业需求出发的项目立项开始，到项目目的和问题边界的界定。需要考虑以下几个问题，并进行沟通和初步确认：

（1）企业需求的出发点是什么？

（2）企业预期的目的和结果是什么？

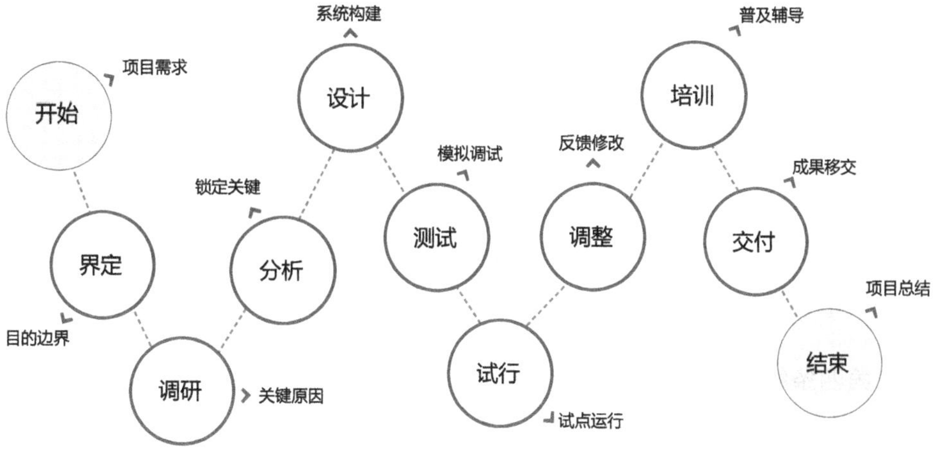

图 11-3　项目总体思路

（3）企业希望在哪些方面得到改善？

（4）企业自己评估已具备哪些条件？

（5）企业意向投入哪些资源？

（6）企业希望项目何时完成？

（7）企业关心的其他问题。

上述 7 个问题需在与企业老板和相关管理者做充分沟通并做好相关内容的记录，特别是对第 2～6 个问题的确认。对于企业关心的其他问题，可做简单的回答和解释。

第二条线路，界定→调研

这条线路是在初步确认第一条线路第 2～6 个问题的具体内容之后，草拟有关项目"目的边界"问题的假设，并带着假设问题去调研。问题假设有以下几个：

（1）企业需求的出发点是真的吗？

（2）企业预期的目的和结果是可行的吗？

（3）企业希望在某些方面得到改善是可行的吗？

（4）企业自己评估具备了某些条件是真实的吗？

（5）企业意向投入某些资源是可行的吗？

（6）企业希望项目完成的时间是比较现实的吗？

（7）企业目前人效低下的问题确实是存在的吗？

在这七个问题假设（不限于）的引导下，站在第三方立场，用客观的眼光进行企业现状的调研和盘点。

第三条线路，调研→分析

这条线路是从有关企业经营和管理现状的调研开始，到分析产生问题的关键原因，进行调研盘点，做初步判断的"小结初稿"。调研盘点的思路参考下面的内容。

第四条线路，分析→设计

这条线路是从通过调研盘点获得的"小结初稿"出发，将发现的各种人效管理问题与企业老板和管理者沟通，来确定以下几个问题：

（1）就项目团队发现的人效管理问题，询问企业的看法。

（2）就项目团队提出的解决方案，征求企业的意见。

（3）就项目团队构建的人效管理体系整体框架，寻求企业的确认。

第五条线路，设计→测试

这条线路是带着前四条线路获得的信息，对人效管理体系各系统的构建进行具体设计。思路是顺着"人效核算系统→人效分析系统→人效导示系统→人效改善系统"这条路径进行，需要注意的是，四个系统之间相互关联、有机结合。

第六条线路，测试→试行

这条线路是按照"建好一个→测试一个"的方式进行的。测试方法是指用企业经营业务活动的数据进行验证的方式。人效管理体系的四个系统都构建完毕时，测试工作才算结束。然后，再选定某一部门、某一产品线或某一业务线进行人效管理体系整体的试运行。

第七条线路，试行→调整

这条线路是通过试运行发现下面的问题，然后对人效管理体系进行修改和调整。

（1）人效管理体系中各系统的数学模型测算的结果与实际经营活动的

结果不符，需要修改和调整。

（2）在修改和调整人效管理体系的同时，企业经营活动的数据信息的准确性也需要调整到准确无误。

（3）对于试运行的实际参与人员，要对他们的操作技能进行一定的培训。

（4）经过试运行验证确认的关键问题是否已经在人效管理体系运行的过程中得到解决，这方面的修改和调整是最重要的。

第八条线路，调整→培训

这条线路是在企业正式运行人效管理体系之前，全员要做好准备工作，以便项目能够落地实施。培训和教练各级管理者及全体员工，使其熟悉和掌握人效管理体系的理念、构建目的、操作注意事项、日常运行和结果应用。

第九条线路，培训→交付

这条线路是经过培训和教练，企业可以完整地运行人效管理体系。在确认没有大的系统性问题之后，将整个项目移交给具体的负责人，重点是，要与人效管理体系运行的负责人进行完整的交接工作。

第十条线路，交付→结束

这条线路是在企业确认项目结果符合预期目的和交付完毕之后，跟踪、随访和远程指导企业运行人效管理体系一段时间（双方可以约定具体的时间），以发现问题并及时做出调整。有三点需要注意：

（1）属于人效管理体系自身构建的问题，应该及时解决。

（2）属于企业资源配置不到位引起的问题，可以在企业资源到位后解决。

（3）运行过程中出现的人效管理体系之外的因素引起的问题，应该找到原因并给予企业解决方案。

11.4 搭建框架｜项目总体规划及安排

有了人效管理体系的构建思路及其框架系统的设计稿，也组建了项目团队，紧接着就是由项目负责人制定项目总体规划，包括项目的主要阶段、主要内容、流程、时间进度、日程安排等。

项目宗旨

项目构建有三个宗旨：

（1）梳理企业构建人效管理体系的需求，完成构建任务。

（2）帮助企业找到人效低下的原因，提供关键的改善方案。

（3）培训企业骨干，使其掌握人效管理体系的构建原理，清楚日常运维应注意的事项。

项目总体规划

项目总体规划主要分五大阶段：调研盘点、系统建模、测试调试、培训辅导和交付跟踪，如图11-4所示。

图11-4 项目总体规划

由图11-4可知，项目总体规划的五大阶段包括如下具体内容。

第一阶段，调研盘点。该阶段主要包括五个方面：

（1）企业组织结构及业务流程盘点。

（2）企业主营业务及项目板块盘点。

（3）企业近三年的财务管理盘点。

（4）企业近三年的人员管理盘点。

（5）企业战略发展规划盘点。

第二阶段，系统建模。该阶段主要包括五个方面：

（1）人效核算系统建模。

（2）人效分析系统建模。

（3）人效导示系统建模。

（4）人效改善系统建模。

（5）整体系统建模。

第三阶段，测试调试。该阶段主要包括六个方面：

（1）数据模拟测试。

（2）部门运作调试。

（3）分业务项调试。

（4）分地域项调试。

（5）分产品线调试。

（6）整体和系统运行调试。

第四阶段，培训辅导。该阶段主要包括六个方面：

（1）项目动员培训。

（2）项目系统培训。

（3）项目运维培训。

（4）项目行动培训。

（5）项目调试辅导。

（6）模拟运行辅导。

第五阶段，交付跟踪。该阶段主要包括四个方面：

（1）交付设计稿文件（含电子版）和系统模板（半自动化系统模板）。

（2）交付项目使用说明。

（3）交付项目成果。

（4）与企业保持联系，远程跟踪和辅导系统的正常运行。

项目总体工作流程

项目总体工作流程有以下几个步骤：

第一步，组建项目团队；

第二步，制定项目总体规划；

第三步，对企业战略发展规划、组织结构、流程管理、主营业务、项目板块、财务管理及人员管理等进行调研盘点；

第四步，人效核算系统建模；

第五步，人效分析系统建模；

第六步，人效导示系统建模；

第七步，人效改善系统建模；

第八步，人效管理体系的半自动化模块；

第九步，调试和测试各系统；

第十步，培训和教练各系统终端人员（管理者、职能人员，部分员工）对系统的使用；

第十一步，项目交付以及系统日常运维的跟踪和辅导。

项目时间安排

项目总体的时间安排大致如表 11-2 所示。表中的时间是指纯工作时间，不包括休息时间和节假日。并且，还要根据企业业务活动的难易程度、企业规模的大小、企业是本地经营还是跨地区经营、项目成员的工作强度和能力等因素做适当调整。

表 11-2 项目的时间安排

序号	主要阶段	主要内容	工作时间（天）	小计（天）
1	调研盘点	企业组织结构盘点	2	19
2		企业业务流程盘点	8	
3		企业主营业务及项目板块盘点	3	
4		企业近三年的财务管理盘点	2	
5		企业近三年的人员管理盘点	2	
6		企业战略发展规划盘点	2	
7	系统建模	人效核算系统建模	20	140
8		人效分析系统建模	30	
9		人效导示系统建模	50	
10		人效改善系统建模	20	
11		整体系统建模	20	
12	测试调试	数据模拟测试	5	30
13		部门运作调试	5	
14		分业务项调试	5	
15		分地域项调试	5	
16		分产品线调试	5	
17		整体和系统运行调试	5	

（续）

序号	主要阶段	主要内容	工作时间（天）	小计（天）
18	培训辅导	项目动员培训	2	25
19		项目系统培训	5	
20		项目运维培训	5	
21		项目行动培训	3	
22		项目调试辅导	5	
23		模拟运行辅导	5	
24	交付跟踪	交付设计稿文件（含电子版）和系统模板（半自动化系统模板）	2	6
25		交付项目使用说明	2	
26		交付项目成果	2	
		项目总体时间安排	220	220

需要说明的是：

第一，对于表11-2的项目总体时间安排，在实际构建过程中，"系统建模"阶段的时间可能会比这种安排要长，因为企业的具体情况和项目的复杂程度不一样，要压缩这个时间的可能性不大。其他阶段也只有一两天的时间可以节省。

第二，项目实施过程中了解需求的沟通、反馈问题的沟通、横向与纵向协调的沟通等，也是需要时间的，这部分时间就包含在表11-2所列的各项工作中。

项目团队成员的工作时间安排是非常紧张的，从项目启动到结束，基本上都得工作10个小时，一周休息一天。

项目各阶段的工作目的

（1）调研盘点的目的有三个：一是摸清楚企业经营管理现状，这是构建人效管理体系的基础，带有企业独有的特征；二是寻找企业存在的人效管理问题及其产生的原因，这是构建人效管理体系的目的，也是设计人效改善方案的基础和目标；三是评估企业改善人效管理问题的可行性。

（2）系统建模的目的只有一个，就是完整地构建人效管理体系的各个系统模块。不要"闭门造车"，而是要在前一步调研盘点的基础上，结合企业自身条件和企业需求进行构建。从这个目的上讲，这个阶段所花费的时间就比较多。

（3）测试调试的目的有两个：一个是构建好的系统模块能否运行成功；另一个是构建好的系统模块在企业实际运行中的符合度和准确度。

（4）培训辅导的目的有三个：一是让企业管理者和员工树立"关注企业的经营效益、关注人效，用人效衡量工作结果"的理念；二是教授企业管理者和员工学会使用人效管理体系中的有关系统；三是教授企业人效管理体系的运维人员（人资部人员和IT部门人员）如何进行系统的日常运维。

（5）交付跟踪的目的有两个：一个是把项目构建过程中的所有文件（包括电子版）和模板资料交给企业存档，以方便日常使用，此外还有人效管理体系项目竣工结果的交付；另一个是跟踪企业一段时间（具体要看企业的要求），处理和解决人效管理体系运维过程中出现的问题。

项目构建的条件

构建项目时，企业需要具备第1章所讲的基本条件。这些条件能否满足，关系到项目能否构建成功，它包括构建的速度及系统的呈现效果。条件的详细要求可以与企业商榷后确定。

11.5　进阶层级｜项目总体设计及配置

人效管理体系构建技术的设计、应用和配置，是伴随企业的经营管理活动，从最初的构建开始，历经"初建→成长→成熟→发展"循环往复地沉淀，循序渐进形成的，而不是一步到位的。每一层级技术应用的修整和沉淀，都是企业人效提升后经营管理积累的成果。因此，人效管理体系的进阶也分层级，并且这个进阶层级主要由企业经营管理的客观条件所定，而并非依赖于人效管理体系自身模型的"刻板和僵硬"。一般而言，人效管理体系构建技术的设计、应用和配置有三个进阶层级：第一层级是初始级，第二层级是半自动化级，第三层级是全自动化级，如图11-5所示。

初始级（1.0版）

人效管理体系的初始级，是初次构建时首选的设计和配置版本，可以设定为1.0版（或起始年份版，比如2019版）。之所以需要给企业设计和配置初始级的版本，是基于三个方面的原因：

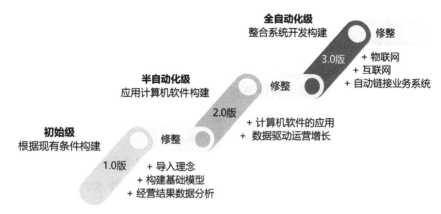

图 11-5　项目总体设计配置进阶

第一，在没有构建人效管理体系之前，企业对"人效管理"概念的认识还比较淡薄。因此，需要先导入基本概念，让企业具备构建人效管理体系的基本条件（这方面的内容在第 1 章已经阐述过）。

第二，企业原有的计算机技术应用能力比较弱。

第三，企业在人效数据的构建、记录、读取、分析、导视（可视化）和驱动运营等方面都比较弱。

还有一个比较重要的原因就是要考虑企业现有的客观条件，特别是计算机技术的应用条件和计算机技术人才的使用条件。对这些客观条件的强弱评估和盘点，可以参看第 12 章"现状问题的调研盘点"的内容。

从笔者所接触企业的实际情况来看，存在下面几种现象：

（1）非互联网经营（或非电子商务）企业，经营管理的计算机技术的应用条件和计算机技术人才的使用条件都比较弱。

（2）传统企业，经营管理的计算机技术的应用条件和计算机技术人才的使用条件都比较弱。

（3）劳动密集型企业，经营管理的计算机技术的应用条件和计算机技术人才的使用条件都比较弱。

（4）人均工资水平低的企业，经营管理的计算机技术的应用条件和计算机技术人才的使用条件都比较弱。

（5）拥有科层制（臃肿型）组织结构的企业，在经营管理上计算机技术的应用条件和计算机技术人才的使用条件都比较弱。

（6）应用少或没有应用软件系统的企业，经营管理的计算机技术的应用条件和计算机技术人才的使用条件都比较弱。

（7）所有数据信息仅依靠人工统计、制表和邮件分享的企业，经营管理的计算机技术的应用条件和计算机技术人才的使用条件都比较弱。

（8）虽有 ERP 系统但不常使用的企业，经营管理的计算机技术的应用条件和计算机技术人才的使用条件都比较弱。

（9）设有 IT 部门，但人员配置只是做简单的网络和电脑操作维护，这样的企业经营管理的计算机技术的应用条件和计算机技术人才的使用条件都比较弱。

……

还有其他现象就不一一列举了。这些现象的出现，有几方面的原因，在构建人效管理体系时，我们不能急于求成地直接给企业用升级版（2.0 版或 3.0 版），而是以"导入人效理念、构建基础模型和对经营结果进行数据分析"为主。在这个进阶层级，重要的是企业老板、管理者和全体员工需要对"人效管理"的概念有正确的认识。有了正确的认识，加上构建"人效管理体系"的基础模型并使其正常运行，再将经营结果的数据进行分析，通过分析报告反馈给各层级管理者和全体员工，让他们都"感知"到。在很多时候，在经营过程中由于没有重视人效管理，经营目标也就没有很好地实现。尽管这种初始级的数据分析是"滞后"的，并没有真正做到用数据驱动企业运营，还是在维持企业原有的经营管理模式，比如使用手工作业系统，但是，这也已经达到了提升人效的两个基本目的：

第一，导入"人效管理"基本概念和理念，让其被企业所有人员知晓并理解。

第二，让他们学会构建人效分析系统的基本模型。

有了这个 1.0 版，也就为进阶到 2.0 版打下了良好的基础，也可避免企业经营管理模式转型时，因"水土不服"而加大管理成本。

半自动化级（2.0 版）

人效管理体系的 1.0 版有两个缺陷：一个是数据分析技术手段落后；另一个是数据信息利用"滞后"导致企业经营节奏缓慢。

真正对企业的经营管理都有意义的是人效管理体系中的人效分析系统和人效导示系统，不是等到经营结果已经出来了，才由财务报告显示月度、季度、半年度和全年度的经营结果，而是在经营规划出台后、运营事件发生前就要有数据分析的意识，用数据去驱动企业的经营管理，使业务得到增长，这就是对人效管理体系提出的在"事先"和"预谋"方面有所建树的升级要求的初衷。要实现这种升级版的功能，半自动化级（2.0版）的设计和配置有两个关键点。

第一个关键点是数据驱动"前瞻性"的设计和配置

数据分析驱动业务增长，这方面的内容设计需要从企业经营活动的每一项内容展开，并且会因企业经营模式的不同而不同。我们可以借助第2章 WAI 企业的案例来说明。

WAI 企业的人均销售收入达成情况分析，是在半年度经营结束之后进行的（因为在此之前企业没有人效管理体系）。等到企业经营半年之后再做分析，对于企业上半年经营的"过程指导"来说就失去了意义。要想对企业下半年的经营过程有指导意义，则必须将人效管理体系中的人效分析系统进行细分并重新进行设计和配置。比如第一层级的细分有：

（1）销售收入，由客户消费金额合计而得。这里就有对"客户关系管理"的数据分析的设计和配置。

（2）客户愿意消费，并且成为企业的忠实客户，是基于企业的产品和服务。这里就有对"产品管理、销售管理"的数据分析的设计和配置。

（3）销售活动，由一线销售人员和二线职能人员共同完成。这里就有对"员工管理"的数据分析的设计和配置。

……

第二层级的细分，是把每一个第一层级细分的经营活动的内容，再细分出实时数据分析系统需要的"跟踪指标"，比如，关于"客户关系管理"的客户主体数据分类有目标客户、到访（上线）客户、体验客户、消费客户、复购客户、忠诚客户等。

第三层级的细分，是把这些细分之后的数据分析给予实时分析指标和分析报告。那么，企业每天都能发现客户数量的异常变动，就能够及时采取措施给予改善，而不是等到月底再根据销售收入数据来评价经营得好与不好。

第二个关键点是数据传输速度加倍的设计和配置

既然人效管理体系中的人效分析系统具有"前瞻性",能够驱动业务增长,那么用什么方式进行数据传输使速度最快,自然也需要设计和配置。显然,如果依然采用传统手工方式来进行数据传输,速度缓慢不言而喻。

如果用自动化系统来完成数据传输,当然是最理想的。但是,这就涉及企业现有资源条件是否支持这一设计和配置的问题。如果企业在全自动化方式不能实现的资源配置条件下,半自动化方式也是可以极大地提高数据传输速度的。

一般而言,一个数据分析系统的项目,其数据处理的时间占70%以上。所以,半自动化也可以实现提升速度的目的。比如Excel软件,能够提供数据分析报告、抽样分析报告和数据可视化图表等,其自动化功能很强大,能很轻松地处理10万级数据。当企业经营的数据量超过10万级时,就需要使用具有更强大运算能力的软件,才能实现数据高速运算、传输和展示的目的。

2.0版的人效管理体系,是目前普遍比较适合大多数企业的,具体的设计和配置方法,将在后面的篇章阐述。

全自动化级(3.0版)

应该说2.0版也有缺点,主要体现在两方面:

第一,原始数据不能实现自动采集,还有30%的数据传输因手工操作而速度延缓。

第二,在大型企业或企业集团,对经营管理信息自动化的要求比中小企业要高,特别是扁平化和网络化组织结构,希望有全自动化系统来支撑。

要解决半自动化级的缺点,就要升级至全自动化级(3.0版)。全自动化级的人效管理体系的设计和配置,需要IT人员一起参与,把人效管理体系的四个系统与企业各项业务系统的原始数据信息(比如企业资源计划、客户关系管理、供应链管理、物流运输管理、办公管理、财务管理和人力资源管理等)打通并自动链接。

如果企业自己有 IT 研发团队，可以自主完成"人效管理系统"的全自动化级（3.0 版）的开发；如果企业没有 IT 研发团队，则可以外包给专业软件供应商。

全自动化级（3.0 版）最大的优势是"替代手工"，可以降低管理成本和时间成本。比如员工终端分享自动化，以半自动化方式构建与用自动化软件系统构建时的速度、精度及人力成本的节省等相比，都是全自动化方式占有绝对的优势。

再如，图 I-4 和图 I-6 所示的管理者终端和决策者终端分享的人效分析内容，全自动化可以做到数据自动对接，提示和预警自动生成，如图 11-6 所示。

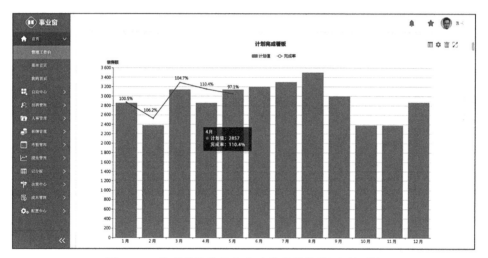

图 11-6 管理者终端分享自动化的软件截图（部分）

注：此图由"事业窗"软件供应商提供。

图 11-6 所对应的是图 I-6 中的一个图，如图 11-7 所示。

图 11-7 的制作步骤及方法，可以查阅第 21 章的内容。也可以感受一下，对比手工半自动化建模与全自动化系统软件开发，哪个"更省事"？

综上所述，根据企业的现状，项目团队可以综合设计和配置适合企业使用的人效管理体系的半自动化和全自动化的两个版本。

如果企业原有的业务系统（比如企业资源、客户关系、供应链、物流运输、办公、财务和人资等的系统）比较成熟和运转良好，那么，构建人效管理体系时，就可节省很多时间和成本。

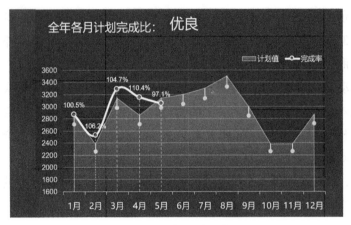

图 11-7　全年各月计划完成比

第 12 章

现状问题的盘点诊断

企业人效管理问题的调研思路和方法，以及在构建人效管理体系之前，如何制作基础的人效管理问题的盘点模板，是本章要解决的问题。

由于在不同的行业和不同规模的企业，经营管理的目标和要求不同，参照模板对人效管理问题进行简单盘点还是比较可行的。根据企业的实际需要，应用本章的盘点模板，自行做"加减法"进行修改或调整即可。

12.1 企业现状｜普查调研和盘点模板

人效管理体系构建项目启动后的第一件事，就是进行企业现状的调研和盘点，可以从以下七大方面展开。

（1）企业盈利模式的盘点。

（2）企业战略规划的盘点。

（3）企业组织结构及流程管理的盘点。

（4）企业主营业务及项目板块的盘点。

（5）企业近三年财务管理的盘点。

（6）企业近三年人员管理的盘点。

（7）企业计算机技术应用的盘点。

企业盈利模式的盘点

企业盈利模式就是指企业的赚钱模式，用财务概念去理解，就是"毛利＝收入－成本"。要说市场上企业之间的竞争，其实就是看谁的收入能够最大化、成本最小化。

在竞争过程中，企业老板擅长哪种赚钱模式，企业又在用哪种赚钱模式，这对于构建人效管理体系的项目团队而言是方向性的，是选择聚焦点的关键参考依据。

盘点模板的具体内容如表 12-1 所示。

表 12-1 盈利模式盘点模板

序号	盈利模式	盘点要点及现状记录	初步诊断结论		
			是	中间	不是
1	依靠产品	是否具有成本优势			
		产品价格是否市场最低			
2	依靠品牌	是否有几十倍产品价格的附加值			
		是否有品牌自身体系的无形产品			
		是否有认可品牌的口碑			
3	依靠模式	是否有客户持续消费的模式			
4	依靠系统	是否有海量的会员数			
		是否有成熟的管理体系			
		是否有整合资源的方法论			
5	依靠资源	是否有资源垄断优势			
6	依靠收租	是否有自主知识产权			
		是否有专利技术			
7	依靠金融	是否有收益无限大优势			
		是否有成本恒定优势			
8	依靠生态	是否能锁定客户的无限次消费行为			
		盘点小结			

简单说明一下，对于企业的盈利模式来说，不存在哪个好、哪个不好的诊断，而是先定性地诊断（是、不是或介于两者中间）；再看这八种盈利模式（未来可能还会出现更多模式）中，哪种盈利模式是企业和企业老板最擅长的，从而可以得出初步诊断结论；然后与企业老板充分研讨，最终确定企业属于哪种盈利模式。确定了企业的盈利模式后，人效管理体系就在这种盈利模式下构建，不然可能会"南辕北辙"，导致项目失败。

企业战略规划的盘点

尽管企业战略规划盘点不是重点，但还是有盘点的必要性和参考价值，我们可以带着以下问题展开盘点：

第一，企业有无战略规划？

第二，企业战略规划有无具体内容？

第三，最近一年企业战略规划有哪些调整？

第四，企业经营发展过程中对过去选择的和目前正在实施的一部分"战略方向或线路"进行了哪些调整？

第五，是什么原因导致企业对战略规划进行调整？调整的具体内容是什么？

我们还可以从以下三个方面进行盘点。

（1）企业经营发展的外部环境发生了哪些重要变化，这种变化是否打破了企业经营所处市场环境原有的平衡。

（2）企业经营发展的外部环境没有发生任何变化，但是企业对外部环境可能产生变化的趋势，有了哪些新的观点或新的认识。

（3）企业自身的经营条件与能力是否发生了变化，这需要借助财务报告的数据来解读。

在盘点过程中，要想快速理解企业战略，可以从几个方面进行思考和分析，如图12-1所示。

图12-1包含的具体内容，可以查阅《老HR手把手教你搞定HR管理（高级版）：从能管理到善辅佐》的第6章，在此不再赘述。

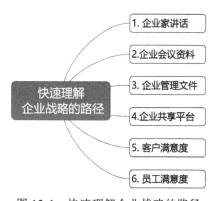

图12-1 快速理解企业战略的路径

企业组织结构及流程管理的盘点

1. 企业组织结构的盘点

企业组织结构的盘点，可以按照下面的盘点模板内容进行，如表12-2所示。

表 12-2　组织结构盘点模板

序号	盘点类别	细分	盘点要点及现状记录	初步诊断结论		
				好	中间	差
1	基本盘点	工作专业化	程度			
2		部门化	清晰度			
3		命令链	上传下达速度			
4		控制跨度	直属部门数量/人数			
5		集权或分权	哪一种			
6		正规化	实施标准的程度			
7		制度形式	直线制、职能制、直线职能制、事业部制、矩阵制、委员会、多维立体			
8		业务结构	（参照流程管理盘点）			
9		职能结构	重叠、缺失、关键职能具备： 清晰度：			
10		管理层级	几层			
11		管理幅度	直属下属人数			
12		职权结构	直线、参谋、职能的授权合理性 信息沟通顺畅程度			
13		前后结构	业务部门与职能部门的人数比			
14	结构盘点	职能结构	职能交叉或重叠、职能冗余、职能缺失、职能割裂或衔接不足、职能分散、职能分工过细、职能错位、职能弱化等方面			
15		层级结构	管理职能的相似性、管理幅度、授权范围、决策复杂性、指导与控制的工作量、下属专业分工的相近性：			
16		部门结构	关键部门缺失或优化			
17		职权结构	部门与岗位之间的责权对等			
18	优化盘点	稳定性	人员变动的稳定性			
19		清晰度	有利考核与协调			
20		双赢性	组织发展与个人发展			
21	体系盘点	决策系统	现状			
22		指挥系统	现状			
23		职能系统	现状			
24		执行系统	现状			
25		监督系统	现状			
26		反馈系统	现状			
盘点小结						

在进行组织结构的具体盘点过程中，需要注意以下几点：

第一，以"访谈、观察和调研"的方式获得比较详尽的信息。

第二，不发表任何评估，只做现状的记录。

第三，每一项的"初步诊断结论"仅代表调研人员的个人评价，不可直接公开发布。

第四，表 12-2 中最后的"盘点小结"只是将表中 26 项的"初步诊断结论"进行简单汇总统计，用于调研人员作为简单的组织结构盘点的结果，同样不能直接公开发布。

第五，将所有调研人员的盘点信息汇总，做出"组织结构盘点"的综合性诊断初步结论后，再与企业老板、高管和部分中层管理者进行反馈沟通，剔除企业认为有偏差的信息，然后由项目团队整理成《组织结构盘点诊断报告》，此时才能公开发布（企业内部）。

第六，《组织结构盘点诊断报告》是构建人效管理体系时，人效改善系统需要采纳和相结合的基础性过程文件，要交付给企业方。

第七，培训企业方的人效管理体系运行负责人，掌握这种组织结构盘点的方法。企业可根据实际情况，每年进行一次盘点，这有助于发现人效低下问题，便于启动人效改善系统有针对性地予以解决。

2. 企业流程管理的盘点

如果说企业组织结构的盘点是一种纵向的盘点，那么企业流程管理的盘点则是一种横向的关于企业内部管理系统的盘点。

流程管理盘点的内容比组织结构盘点的要多，并且大多数企业有组织结构图，而没有流程管理的框架图，以及每一细分业务模块和管理模块的流程清单，这就给流程管理的盘点增加了难度，也因此盘点时间比较长。

如果遇到企业没有正常进行流程管理，也没有相关文件记录，则可以定性地进行梳理性盘点。因为流程管理盘点的目的在于，就企业人效管理问题在流程管理上找原因，而不是帮助企业构建流程管理系统。

企业流程管理需要企业自主完成。如果项目团队一直扑在流程管理的盘点上，则项目团队的工作就偏离了构建人效管理体系这个主攻方向，会影响到人效管理体系整体项目达成的方向、目的和进度。

具体可以按照盘点模板的内容进行，如表 12-3 所示。

表 12-3　流程管理盘点模板

序号	盘点类别	细分	现状盘点记录	初步诊断结论		
				完整	中间	空缺
1	基本盘点	企业整体流程框架的内容				
2		各业务模块的流程清单				
3		流程管理的组织结构				
4		流程管理的日常活动				
5	业务盘点	市场管理流程清单				
6		客户关系管理流程清单				
7		产品开发流程清单				
8		产品生产流程清单				
9		品质管控流程清单				
10		供应链管理流程清单				
11		物流管理流程清单				
12		客服管理流程清单				
13	职能盘点	计划管理流程清单				
14		技术管理流程清单				
15		人员管理流程清单				
16		财务管理流程清单				
17		资产管理流程清单				
18		法律管理流程清单				
19		公关管理流程清单				
20		IT 管理流程清单				
21		监督管理流程清单				
22		反馈管理流程清单				
		盘点小结				

企业主营业务及项目板块的盘点

企业主营业务及项目板块的盘点，可以结合财务管理的盘点一起进行。除此之外，企业主营业务及项目板块的盘点，也有一些问题需要注意。

主营业务是企业正常经营收入的主要来源。项目板块是指企业在主营业务之外，增加主营业务同领域的业务，或者增加与主营业务不同领域的业务，或者在同一地区增加业务，或者异地开发业务等，这些统称为企业的项目板块。相对而言，主营业务处于正常经营范围，而项目板块有可能还处于开发阶段，不能列入正常经营范围。所以，这两个方面的盘点需要分别进行。

1. 企业主营业务的盘点

企业主营业务的盘点，可以按照盘点模板的内容进行，如表 12-4 所示。

表 12-4　主营业务盘点模板

序号	盘点类别	细分	现状盘点记录	初步诊断结论		
				好	中等	差
1	内部盘点	经营起始年				
2		盈利起始年				
3		近三年的经营效益	（由财务盘点得到）			
4		近三年的经营成长				
5		近三年的客户满意度				
6		近三年的产品品质				
7		近三年的品牌发展				
8		近三年的市场发展				
9	外部盘点	行业发展现状				
10		行业标杆企业的经营效益				
11		标杆企业的人效				
12		行业排名				
13		行业发展趋势				
14	对比盘点	对比标杆的差距				
15		对比行业排名				
16		对比战略目标				
		盘点小结				

2. 项目板块的盘点

企业项目板块，是指由企业战略意图引起的新增业务的拓展、试点，在逐步成熟、可正常经营的新业务方面，还有跨界的尝试，或者为企业转型做准备，或者逐步形成多元化经营等。对这些方面进行盘点，就是要摸清项目板块的基本状态，在构建人效管理体系时，是现在就将其纳入一起构建，还是暂时不纳入。这些问题的界定是比较重要的参考依据。具体可以按照盘点模板的内容进行，如表 12-5 所示。

表 12-5　项目板块盘点模板

序号	盘点类别	细分	现状盘点记录	初步诊断结论		
				好	中间	差
1	起始盘点	名称1	起始时间			
2		名称2	起始时间			
3		……	起始时间			

（续）

序号	盘点类别	细分	现状盘点记录	初步诊断结论		
				好	中间	差
4	周期盘点	名称1	处于哪个周期：研发期、考察期、启动期、基建期、试产期、量产期、试销期、正常经营期、成熟期……			
5		名称2				
6		……				
7	效益盘点	名称1	处于"投入产出比"的哪个阶段			
8		名称2				
9		……				
10	进度盘点	名称1	与目标计划相比的进度 预计纳入正常经营范围的时间			
11		名称2				
12		……				
13	投资盘点	名称1	重点盘点人员投入的人员数量、结构和能力水平方面的要求			
14		名称2				
15		……				
		盘点小结				

企业近三年财务管理的盘点

财务管理的盘点，重点围绕"用多少人力成本，产生多少经营效益"的主题进行。所以，不需要面面俱到地盘点所有账目明细，如表12-6所示。

表12-6 财务管理盘点模板

序号	盘点类别	细分	现状盘点记录	初步诊断结论		
				提升	持平	退步
1	收入盘点	主营业务收入	近三年的，分时间周期盘点			
2		项目板块收入				
3		其他收入				
4		产品线收入				
5		分地区收入				
6		分部门收入				
7	成本盘点	成本结构分类	近三年的，分时间周期盘点			
8		成本结构变动				
9		成本构成明细				
10		人力成本明细	按"人员管理盘点模板"的内容进行			
11		分产品线成本	近三年的，分时间周期盘点			
12		分地区成本				
13		分部门成本				
14		其他成本				

（续）

序号	盘点类别	细分	现状盘点记录	初步诊断结论		
				提升	持平	退步
15	效益盘点	现金流	近三年的，分时间周期盘点			
16		盈亏平衡点				
17		毛利率				
18		周转率				
盘点小结						

财务管理的盘点诊断，不需要给出"好、中间、差"的结论，而是在盘点过程中与近三年的数据对比得出"提升、持平和退步"的结论，依此来诊断企业经营状态的优劣。

企业近三年人员管理的盘点

人员管理的盘点，重点围绕"用多少人员，产生多少经营效益"的主题进行。所以，不需要面面俱到地盘点人员管理的所有事务性项目明细，如表12-7所示。

表12-7 人员管理盘点模板

序号	盘点类别	细分	现状盘点记录	初步诊断结论		
				提升	持平	退步
1	基本盘点	人员数量	近三年的，分时间周期盘点分产品、分地区、分部门盘点			
2		人员结构				
3		工龄年限				
4		人员分布比				
5		管理者与员工人数比				
6	人力成本盘点	薪资总额	近三年的，分时间周期盘点分产品、分地区、分部门盘点			
7		基本薪资				
8		提成奖金				
9		激励奖金				
10		其他奖金				
11		福利总额				
12		社保总额				
13		公积金总额				
14		商业保险总额				
15		其他福利总额				
16		培训费用总额				

（续）

序号	盘点类别	细分	现状盘点记录	初步诊断结论		
				提升	持平	退步
17	人力成本盘点	人事费用总额	近三年的，分时间周期盘点 分产品、分地区、分部门盘点			
18		年薪总额				
19		人员分布的薪资总额比				
20		管理者与员工的薪资总额比				
21		最高与最低薪资级差倍数				
22		每年薪资涨幅				
23		人均薪资水平				
24		企业薪资水平与市场水平相比				
25	人效盘点	人均销售收入比	近三年的，分时间周期盘点 分产品、分地区、分部门盘点			
26		人均销售收入平均值				
27		人均销售收入计划值				
28		人均销售收入级差比				
29		人均销售收入最高值				
30		人均利润比				
31		人均利润平均值				
32		人均利润计划值				
33		人均利润级差比				
34		人均利润最高值				
35		万元工资收入比				
36		万元工资收入平均值				
37		万元工资收入计划值				
38		万元工资收入级差比				
39		万元工资收入最高值				
40	新人盘点	业务部门新人成熟时间	近三年的，分时间周期盘点 分产品、分地区、分部门盘点			
41		业务部门新人占比				
42		业务部门新人流动率				
43	流动盘点	年流动率平均值	近三年的，分时间周期盘点 分产品、分地区、分部门盘点			
44		年流动率最高值				
45		流动率高峰期				
46		流动原因				
47		流动比例（主动/被动）				
48		人员流动率				
49		人员流动的控制措施及效果				
50		核心人员的流动率				
		盘点小结				

简单说明：表12-7中"人效盘点"的各项内容的数据，是与"财务管

理盘点"各项的内容一一对应计算获得的。

人员管理的盘点诊断，同样不是给出"好、中间、差"的结论，而是在盘点过程中与近三年数据对比得出"提升、持平和退步"的结论，依此来诊断企业整体的人效管理水平的优劣。

企业计算机技术应用的盘点

对企业计算机技术应用的盘点，重点是盘点企业经营管理过程中数据信息传输的自动化程度如何。具体可以按照盘点模板的内容进行，如表 12-8 所示。

表 12-8　计算机技术应用盘点模板

序号	盘点类别	细分	现状盘点记录	初步诊断结论
1	基本盘点	是否有应用		
2		应用覆盖面		
3		终端设备覆盖面		
4		企业网站		
5		企业邮箱		
6		企业公众号		
7		IT 部门的设置		
8		IT 团队人员的配置		
9	系统盘点	客户关系管理系统		
10		信息自动化系统		
11		供应链物流系统		
12		企业自有运营系统		
13		ERP（SAP）系统		
14		财务管理系统		
15		人员管理系统		
16	能力盘点	自主开发能力		
17		第三方软件开发能力		
18	技术应用盘点	互联网技术的应用		
19		物联网技术的应用		
20		人工智能的应用		
21		软件技术应用的种类		
22	未来盘点	新应用计划		
23		新开发团队计划		
24	综合盘点	数据信息传输速度		
25		客户获得信息的便捷性与实时性		
26		终端获得信息的实时性		
		盘点综合小结		

12.2 人效管理 | 寻找路径和问题聚焦

人效低下问题以及人效提升的管理需求，基本上每个企业或多或少都需要解决，只是问题的严重性、波及面的大小和影响经营效益的程度有所不同。

人效管理问题如何解决？解决的路径又是什么？可参考图12-2所示内容。

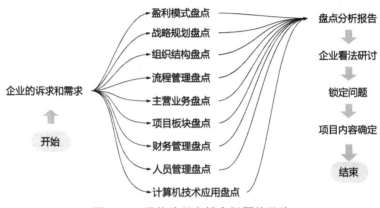

图 12-2 寻找路径和锁定问题的思路

由图12-2可知，寻找一家企业的人效管理问题的路径，其思路就是从企业的诉求和需求出发，经过企业情况盘点，到分析报告盘点，到企业看法研讨，到锁定问题，一直到项目内容确定为止。

> **┊实战经验分享 12-1 ┊**
>
> 结合图12-2的思路，对WAI企业的人效管理问题进行寻找、盘点和分析之后，锁定了关键的人效管理问题。第2章所讲的内容就是基于这个思路，最终解决了人效管理问题。
>
> 通过盘点，我们找到了WAI企业人效管理问题产生的原因，发现它与企业对项目的设想和定位有很大的差异：
>
> 第一，企业的盈利模式是"依靠产品"，核心竞争力比较弱，有优化的空间。
>
> 第二，企业只有近三年的战略规划，系统性比较弱，有调整的

空间。

第三，企业的组织结构比较复杂，有精简的空间。

第四，企业的流程管理比较弱，有改善的空间。

第五，企业的主营业务比较单一，有丰富化的空间。

第六，企业的项目板块只有两个，有发挥潜能的空间。

第七，企业的财务管理偏基础，有提升的空间。

第八，企业的人员管理在支持经营方面比较弱，有提升的空间。

第九，企业的计算机技术应用比较弱，有提升的空间。

这九个方面形成了 WAI 企业构建人效管理体系的整体定位。

为什么需要一个寻找路径和锁定问题的思路？因为它帮助我们在构建人效管理体系之前，就能清晰地知道企业的需求，对相关内容有准确定位。

另外，假如企业对人效管理问题看得不够清晰，是片面的，或者说只强调某一方面而弱化另一方面，如果没有这个寻找路径和锁定问题的思路，就很有可能发生不该发生的问题。

项目结果企业不认可

人效管理体系构建项目的定位之一是，人效管理问题的解决方法是简单和快速的。如果项目团队没有非常明确的方法论，企业想做什么就做什么，没有一个"全局统筹"考虑的思路，没有把企业的人效管理问题梳理清楚，没能摸清哪些地方问题比较严重、哪些地方已完全失控、哪些地方是盲区等，就开始构建人效管理体系，那么构建出来的人效管理体系的内容就可能非常复杂，或者与企业的实际不相符。与实际不相符的最终结果是，不但没有帮助企业提升人效，还很有可能反而增加了企业的管理难度和管理成本。这样的结果，企业是很难接受的。

项目的构建时间延长

人效管理体系构建项目的定位之二是，思路清晰，路径明确，无返工，节约项目构建的时间成本。

如果项目团队没有进行这样的寻找问题和锁定问题的步骤，就会导致项目方向不明，主要原因和次要原因难以区分。在接下来的项目构建中，横向覆盖、纵向层次及交叉结构点的设计等就无法形成有机的整体。重建和反复修改会使构建时间延长，从而加大企业投入项目的资源成本。这样的结果，企业是很难接受的。

项目构建前后无差异

人效管理体系构建项目的定位之三是，除了原有的人效管理问题被彻底解决之外，也能预防未来可能发生的人效管理问题，让企业在运行人效管理体系中真正获益。

如果项目团队没有进行寻找问题和锁定问题这样的步骤，就会导致所构建的人效管理体系中的四大系统无法有针对性地帮助企业解决问题。日后，企业运行人效管理体系也会糊里糊涂，有没有人效管理体系都一个样。这样的话，企业就会认为构建人效管理体系没有任何意义而不接受。

没有培养企业需要的人效管理人才

人效管理体系构建项目的定位之四是，培养和教练一两名人效管理行家。在项目构建结束之后，他们可以顺利地运维人效管理体系。

如果项目团队没有进行这样的寻找问题和锁定问题的步骤，就无法发现企业"人效管理"人才的缺失问题，也就不会进一步带着问题，在构建项目的同时去培训和教练企业各级管理者；或者说，项目团队看待问题和锁定问题的能力，还不如企业内部人员，根本无法培训和教练企业内部人员。项目结束后，企业人员的人效管理水平并没有得到提升。这样的结果，企业也是很难接受的。

总之，对于企业的人效管理问题，需要大胆寻找、小心求证。不经调查、不经盘点，不拿数据说话，十有八九会走偏，或者走很多弯路。

当然，大家可以有自己的寻找问题的方法和不同的寻找路径，目的只有一个：明确企业对于项目需求的目的和相关内容的准确定位。

第五篇

核算篇

人曰：精打细算，有备无患。

我说：能审会算，赢在事先。

本篇位置：

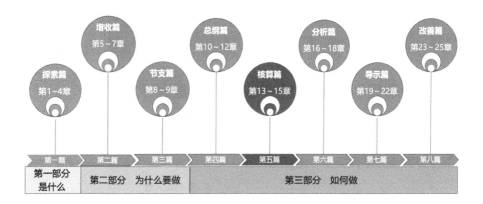

第 13 章

核算系统模型的构建

本章重点讲述人效核算系统基本模型的构建内容、构建方法和操作时间周期,并有实战案例,此外还有笔者的实战经验分享。

13.1 基本模型 | 基于经营效益和管理需求

人效核算系统的基本模型由制定标准、预算引导和决算预测三个部分组成,如图 13-1 所示。

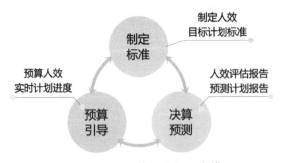

图 13-1 人效核算系统的基本模型

由图 13-1 可知,人效核算系统的基本模型有三条主线。

第一条主线，制定人效管理的目标，形成标准。它决定了另外两条主线的执行标准和评估标准：一条是人效管理的预算计划；另一条是人效管理的决算评估。

既然是"标准"，就需要构建人效管理的指标。那么，哪些是人效管理的指标？具体又应该怎么构建呢？笔者通过实战得出几种比较简单的方法：

- 将常用的经营指标转换为人效管理指标；
- 部分企业经营指标的直接使用；
- 常规的人员管理指标的直接使用。

在这个基础上，再确定企业的人效管理指标，如表 13-1 所示。

表 13-1　人效管理指标（列举）

序号	经营指标	人效指标
1	企业总销售收入	人均销售收入
2	总生产产值	人均生产产值
3	总毛利净值	人均毛利净值
4	总人力成本	人均人力成本
5	人力成本占总成本的比例	人力成本占总成本的比例
6	万元人力成本占销售收入的比例	万元人力成本占销售收入的比例
7	万元人力成本与毛利净值的比率	万元人力成本与毛利净值的比率
8		人员平均工资
9		人员流动率
10		新老员工比率
11		业务部门与职能部门的人员比率

注：上述指标都需要根据企业的业务活动、经营模式和组织结构进行细分，比如按产品线、业务板块、地区、事业部、部门、线上、线下等划分。

第二条主线，制订人效管理的预算计划，形成进度方案。它决定着另外两条主线：一条是人效管理的预算计划的执行；另一条是人效管理进度的监控，即提前决算和预知目标的达成程度。

第三条主线，进行人效管理决算预测，形成"复盘计划"。它决定了另外两条主线：一条是目前人效管理的评估，即月初制订的人效管理预算计划的执行情况；另一条是未来人效管理目标的重新制定。

上述三条主线构成了六条关联线，即每条主线的输入和输出都互为另外两条主线的输入和输出。并且，随着企业经营周期一个阶段的结束，一个新的阶段便会开始，如此循环，每一次循环都会比上一次循环提升一个台阶。所以，它又是一个螺旋上升式模型。

笔者把人效核算系统设计成有"制定标准、预算引导和决算预测"的基本模型，不论企业规模大小、成立时间长短、属于什么行业，它具有普遍适用性，可以根据企业的实际经营情况，逐个构建。

下面简单列举不同规模企业的人效核算系统的构建内容。

小型企业

□ 案例 13-1

一家小型物流公司，经营某一地区的物流运输代理业务，其主营业务年收入大约 1000 万元。员工人数 80 人，组织结构比较简单，业务部门有 70 人，职能部门有 10 人。那么，这家公司的人效核算系统模型的内容是什么？

解答：小型企业的人效核算系统模型还是比较简单的，具体内容如下。

1. 人效管理的目标

制定人效管理目标基于以下三方面：
第一，企业近三年的人均销售收入情况的分析。
第二，企业本年度主营业务的收入目标计划。
第三，分析完上一年度人效后的改善计划。
将这三个方面综合考虑和调整，确定业务部门 70 人的直接业务收入目标任务和职能部门的服务标准。

在这里，业务部门与主营业务收入直接相关，很容易用数值确定人效管理的目标，可以刚性设计。职能部门与主营业务收入间接相关，不容易直接用数值表达和确定人效管理的目标，则需要弹性设计。

具体数值的确定，不是直接用 1000 万元除以 80 人，得到人均业务收入的数值，就确定为人效标准。因为，直接相除的方法简单粗暴，忽略了企业经营效益的综合因素，并不科学。如何构建比较科学呢？在第 14 章和第 15 章中，将详细讲解人效管理的目标计划和细分的构建方法，以及求解的步骤。

确定了人效管理的目标之后，在下达新年度经营计划的同时，也给出人效管理的计划值。可按表 13-2 模板进行。

表 13-2 人效管理的目标表

编号	时间	总业务收入	人数	人均业务收入
1	1月			
2	2月			
3	3月			
4	一季度			
5	4月			
6	5月			
7	6月			
8	二季度			
9	上半年度			
10	7月			
11	8月			
12	9月			
13	三季度			
14	10月			
15	11月			
16	12月			
17	四季度			
18	下半年度			
19	全年度			

2. 人效管理的预算

有了人效管理的目标，需要关注表 13-1 的每个月每一天的每一位员工的实际工作过程和结果。这一步，需要先做预算。比如，目标 2000 万元/年的每个月平均约为 170 万元，但是，根据往年经营实际情况，年初和有法定节假日的月份销量偏低，还有，年初人员流动性大、到岗率低，综合考虑这些综合因素，制订一个人效管理目标的预算（以下简称"人效管理计划"）。然后，再根据这个预算进行员工工作进度的跟踪，如表 13-3 所示。

表 13-3 （　　）月人效管理计划表

部门（姓名）：

编号	时间	计划值	已完成值	实际完成进度	预计完成进度
1	1日				
2	2日				
……	……				
32	第一周				
33	第二周				
34	第三周				
35	第四周				
36	上旬				
37	中旬				
38	下旬				
39	1月				
……	……				
51	一季度				
……	……				
55	上半年				
56	下半年				
57	全年				

在表 13-3 中填入部门名称后，就可以供部门使用；填入员工姓名后，就可以供员工个人使用。

表 13-3 中有两个设计概念。一个是实际完成进度。这个比较好理解，就是已完成值与计划值的比率，代表这位员工在这个时间段已经完成了总任务的百分比，用于评估"每一时间段的计划值是否达成"。另一个是预计完成进度。这个概念的设计，是基于"用过去的时间段所达成的完成值，去推演和预测到月底能否达成或超额达成计划值"。这个设计包含了"事先掌控"的预算理念和执行方案。下面通过一组数值演算来理解这个理念的设计，如表 13-4 所示。

表 13-4 （　　）月人效管理计划表

员工姓名：

编号	时间	计划值（日、周）	已完成值	实际完成进度	预计完成进度
1	1日				
2	2日				
	……				

（续）

编号	时间	计划值（日、周）	已完成值	实际完成进度	预计完成进度
32	第一周	1.8万元	1.9万元	27.1%	108.6%
	（第一周）	1.8万元	（1.5万元）	（21.4%）	（85.7%）
	……				
39	全月	7万元			

表13-4中的第一种情况：

实际完成进度 = 1.9÷7×100%=27.1%

预计完成进度 = 1.9÷7÷1（一周已过）×4（每月共四周）×100% = 108.6%

表13-4中的第二种情况：

实际完成进度 = 1.5÷7×100%=21.4%

预计完成进度 = 1.5÷7÷1（一周已过）×4（每月共四周）×100% = 85.7%

通过数据计算，这个设计理念能很好地告知员工本人一个预算计划，按照第一种情况，月底可以超额完成，达到108.6%。按照第二种情况，到月底可能只完成85.7%。

同理，用这种设计理念进行部门预算和整个企业的预算，就可以得到部门的和整个企业的预计完成进度的信息，对于部门管理者和总经理的决策都是十分重要的参考依据。

为方便大家使用，部门的预计完成进度的具体核算公式列示如下：

$$\text{部门预计完成进度（月度）} = \text{已完成值} \div \text{计划值（月度）} \div \text{已过时间（天数）} \times \text{全月总天数} \times 100\% \begin{bmatrix} \text{需要用本部门全员} \\ \text{完成总数值进行核算} \end{bmatrix}$$

$$\text{部门预计完成进度（季度）} = \text{已完成值} \div \text{计划值（季度）} \div \text{已过时间（天数）} \times \text{全季度总天数} \times 100\% \begin{bmatrix} \text{需要用本部门全员} \\ \text{完成总数值进行核算} \end{bmatrix}$$

$$\text{部门预计完成进度（年度）} = \text{已完成值} \div \text{计划值（月度）} \div \text{已过时间（天数）} \times \text{全年度总天数} \times 100\% \begin{bmatrix} \text{需要用本部门全员} \\ \text{完成总数值进行核算} \end{bmatrix}$$

把部门的预计完成进度核算公式中的已完成值，换成整个企业各部门全员完成的总数值进行核算，就是全公司或整个企业的预计完成进度比率。

3. 人效管理的决算

人效管理的决算，就是在一个周期结束之后的结果评估，有每月的、每季度的、每半年度的和全年度的。这些评估得出的数据是进行员工工资核算的依据，是企业经营效益核算的依据，是企业与运营者年薪核算的依据，也是企业下一步改善人效管理的依据。

具体做法，就是计算表 13-3 中的"已完成值"和"实际完成进度"，并将其与人效管理的目标进行比对。

对于小公司和小企业而言，因为人员数量少。企业业务活动单一，组织结构和业务流程都比较简单，所以人效核算系统的基本模型的内容可以用 Excel 软件来设计和构建。

中型企业

☐ **案例 13-2**

一家中型企业，自主生产产品，拥有自主品牌，自主经营，年销售收入大约为 2 亿元。员工总人数 350 人左右。组织结构是直线职能制，有制造部、质检部、销售部、市场部、采购部、技术研发部、仓储运输部、财务部、人资部、设备维修部、IT 部、企划部和行政部（分管食堂、宿舍、班车、图书室、文体活动、绿化、环保和企业内刊等）。企业有比较成熟的、运转良好的 ERP 系统、财务软件系统和办公系统。

10 年前，企业经营效益比较好，毛利率基本上可以达到 30%～35%。最近两三年，毛利率下滑至 15%～20%，其原因有：上游原材料涨价；下游客户选择余地增大，产品不得不降价销售；人员工资上涨；房屋租赁和设备维修更换的费用增加，新产品研发投入增加，等等。

除了这些导致企业毛利率下滑的因素以外，企业也发现"人员工资上涨，效率并没有提高"的问题，决定构建和运维人效管理体系来提升人效。那么，这家企业的人效核算系统模型的内容是什么？

解答：中型企业成立时间相对比较长，经营管理上普遍处于销售收入难以再扩大和经营成本难以降低的困境。从案例描述中可以知道，这家企业的经营和管理还是比较科学的，有 ERP 系统、财务软件系统和办公系统,但是在人员管理上缺少人效管理体系。所以,构建需要从零开始。除了人效管理的目标、人效管理计划和人效管理决算这三个方面的基础内容与上面的小企业一样以外,还需要增加的内容有以下几个方面。

1. 增加人员细分的颗粒度

从案例 13-2 的描述可知,企业中的人员分布在各个部门,与销售收入之间存在三种关系:直接关系、间接关系和辅助关系,大致归类如表 13-5 所示。

表 13-5 人员颗粒度细分

序号	部门名称	与销售收入之间的关系
1	制造部、质检部、销售部、市场部、采购部、技术研发部、仓储运输部	直接关系
2	财务部、人资部、设备维修部、IT 部、企划部	间接关系
3	行政部	辅助关系

在表 13-5 的基础上,再细分人效管理计划的内容,如表 13-6 所示。

表 13-6 不同部门的人效管理计划的指标(列举)

序号	部门名称	人效管理计划的指标
1	制造部	人均产量、人均产品合格率
2	质检部	
3	销售部	人均销售收入目标达成率
4	市场部	
5	采购部	人均采购量
6	技术研发部	人均项目进度达成率
7	仓储运输部	人均运输量

有了人员颗粒度细分之后,人员管理的理念及执行方案就发生了改变。

(1)加大"直接关系"部门的非人力投入,能用自动化替代人工的,就尽可能自动化。

(2)用"系统"代替手工,减少使用有"间接关系"的人员。

(3)有"辅助关系"的人员,尽可能采用"专项外包",形成供应链关系,基本上就可以节省一部分人员,或者全部撤销不使用。

2. 增加运营系统中的人员数据信息的利用

对于"直接关系"部门人员,他们的工作过程直接产生各项数据,并且与企业资源计划系统的数据信息是一一对应的。因此，可以采用两种方法来获得人效核算系统所需要的"制定标准、预算引导和决算预测"模型的内容：一种是请 IT 研发人员开发系统软件，使得人效核算系统需要的数据输入端口能够自动对接和自动读取 ERP 系统的数据，并通过自动运算而获得；另一种是手工导出 ERP 系统的数据，再用 Excel 软件进行数据信息整理而获得。

3. 调整"间接关系"部门人员的人效评估因素

对于"间接关系"部门人员，他们的工作过程和结果的数据信息，基本上不在 ERP 系统内。他们的人效管理的价值，是在业务活动和业务系统的运维和支撑上。所以，他们的人效管理的评价因素只有两个：一个是系统运维的好坏，另一个是系统支撑的好坏。这部分人员的使用原则是"少而精"，即尽可能使用跨专业人才，比如要求他们会用一两种计算机软件。

IT 部门的人才使用，就更需要具备比较强大的计算机专业应用能力和开发能力，能够及时解决企业业务系统经常出现的问题，做到用系统去支撑企业经营业务的运转。

由上述内容可见，中型企业的人效核算系统需要借助计算机软件，相对而言，比小企业复杂了许多。如果还是手工作业，像小企业那样用 Excel 进行操作和层层传递，那么人效提升在这一环节就会被"拖慢"速度并降低准确度。并且，很有可能人效比原来没有构建和运行人效管理体系时还要低。因为人效管理体系是建立在用数据驱动经营活动的数据信息的基础上，这无形之中增加了"间接关系"部门人员的工作量。

大型企业

□ 案例 13-3

一家集团型企业是一家上市公司，主营业务分三大板块，拥有自主产品研发基地（总部所在地）和产品生产基地（异地工厂）。员工总数大约 2000 人。发明专利有 50 多项，产品品牌具有行业龙头的影响力。产品直营销售网点以北上广深为龙头，覆盖全国 60 多个城市，经销商数量超 5000 家。年销售收入约 20 亿元。设有线下体验店 1000 多家，线上服务平台的运行也使该公司成为该行业第一家"互联网+"企业。

在这样的企业背景下，各类业务系统已经建立并正常运转。但是，人员管理还没有自动化操作系统，绝大部分的管理操作还是手工作业。因此，这家集团企业构建"人效管理体系"就迫在眉睫了。

那么，该企业人效核算系统模型的内容是什么？

解答： 上述集团型企业在构建人效管理体系中的人效核算系统时，需要在前面所述的小企业、中型企业人效核算系统内容的基础上，根据集团企业的业务模式和特性进行构建，具体还需要增加如下内容。

1. 增加颗粒度的综合细分

对于人员的类别和归属，可进行横向和纵向更细的颗粒度细分。

（1）按业务板块分。比如，该集团有三大板块，需要细分每一板块的总项和细分项。

（2）按产品线分。比如，以产品种类细分、以产品型号细分、以产品功能细分或者以客户热衷程度细分。

（3）按事业部分。比如，按照组织结构中的事业部编制细分。

（4）按地区分。比如，按60多个城市的每一城市细分。

（5）按经营模式分。比如，按线上、线下细分。

（6）按权限职责分。比如，按总经理级、总监级管理者所辖业务细分。

（7）按财务口径的收入路径分。比如，按主营业务、其他业务细分。

在这个基础上，进行人效核算系统的"标准、预算和决算"内容的构建。

2. 增加经营责任制的构建内容

对于集团型企业，董事长的身份基本上是图 I-7 所示的企业家身份。他主要做三方面的事情：第一，找到能力强的、合适的事业部 CEO，来解决企业日常运营管理的问题；第二，找到愿意与他一起奋斗的合伙人，来解决权责问题和企业持久发展问题；第三，打磨一套属于本企业的业务系统，来解决经营管理的数据信息对称问题。因此，董事长不参与各事业部的内部经营活动。那么，各事业部的运营现状、过程以及结果（经营效益），就是董事长"揪心"的关注点。所以，以经营责任制的各条线路构建人效核算系统，是比较切合企业实际需要的。

3. 增加企业未来战略思路的内容

按照案例所述，集团型企业未来战略思路，在产品种类、功能和创新方面，线上线下经营模式方面，地域扩张方面，组织结构优化方面等，都可能有不同程度的布局和调整。在业务板块上，是否有进入新领域、行业跨界、新模式等方面的设想？

这些方面的内容，尽管没有具体的数据信息可以提炼，但是也需要根据企业的意图提取，并构建在系统内。

4. 增加高管及合伙人合作的内容

集团型企业与高管及合伙人合作的模式，是一种非常普遍的模式。那么，他们与企业之间的合作模式的利益分配方式、产权和经营权之间的归属方式等，都需要在系统内建立。

还有其他该集团型企业自身需要的和特别需要构建的内容。

从这些方面来看，集团型企业的人效核算系统的人效管理目标的构建，比中小型企业要复杂几倍甚至几十倍。在整个集团型企业的经营过程中，数据信息已经形成了海量的"大数据"状态。显然，构建时系统的自身设计和配置，自然是计算机应用开发才能实现，这也是比较重要的系统构建需要考虑的内容。

> **|实战经验分享 13-1 |**
>
> 人效核算系统构建的真正目的是找出人效最优和成本最优的解决方案。所以，它是以一种动态的、周期性的和步进的方式进行的。整个过程基本上遵循一个规律，即计划、预算、跟进、决算和评估。
>
> 总之，关于人效核算系统的基本模型，集中起来就是一句话：制定人效管理的标准，对比标准进行人效管理的预算引导和人效管理结果的决算预测。

13.2 核算周期 | 基于经营周期的应用需求

根据企业经营周期的规律性，我们很容易得到人效核算系统基本模型的三个方面，即分别在企业经营运行的不同周期的各个时间段需要做什么的内容。大致总结一下，如图 13-2 所示。

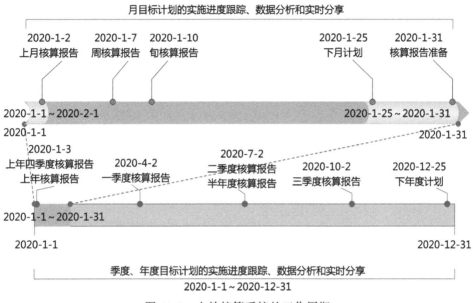

图 13-2　人效核算系统的工作周期

图 13-2 是人效核算系统的工作周期的大致时间段框架，人效分析系统已经涵盖其中。还有，人效导示系统也需要根据各类决算报告（周、旬、月、季度、半年度、全年度）的数据结果的输出来导示。

在图 13-2 中，我们看到每天都需要实时共享，要做到这一点，还需要后面两个系统（人效分析系统和人效导示系统）的支持。

图 13-2 所示的内容比较简单明了，它们的详细内容在后面章节中细说，在此就不再赘述了。

第 14 章

目标计划制订的方法

本章重点讲述人效核算系统中人效管理目标计划的制订方法,并通过实战案例的讲解以及笔者的实战经验,把对企业来说比较实用的内容呈现给大家。

本书第 2 章中列举了 WAI 企业的案例,在制订年度经营计划时,尽管他们花了几天几夜,凭借多年的经营经验来确定,但还是不能准确制订人效管理目标计划。

下面讲解企业经营目标计划制订的两种方法:一种是由财务核算公式推导的方法而获得;另一种是利用 SPSS 软件,通过求解方程式的方法而获得。从笔者的实战经验来看,这两种方法各有千秋:

- 由财务核算公式推导的方法。因为是人工推演,操作比较复杂,系数的求证有一定的难度,整个过程比利用 SPSS 软件进行分析求解方程式所用时间要长。此方法中小型企业应用得比较多。
- 利用 SPSS 软件进行分析求解方程式的方法。由于 SPSS 软件能自动运算,因此操作上比较简单和方便。用 SPSS 软件建模和求解方程式,即使海量数据,也用不了几分钟就能运算完成。此方法比较适合大型企业和集团型企业。

在制订具体的人效管理目标计划时要采用哪一种方法，要看企业的具体需求，怎么方便就怎么操作；也有将两种方法结合在一起操作，以相互验证的。

在用这两种方法制订企业年度经营目标计划之后，就可进行人效管理目标计划的制订了。

先看一下案例涉及的背景资料。

案例 14-1

这家公司近三年的总销售收入基本比较稳定，没有很大的起伏。上年度财务报告数据如表 14-1 所示。

表 14-1　上年度财务报告数据（样本）　　（单位：万元）

时间	总销售收入	固定成本	变动成本	人力成本	毛利润	毛利率
1月	134	35	12	64	23	17%
2月	177	35	14	77	51	29%
3月	122	35	10	65	12	10%
4月	160	35	15	84	26	16%
5月	157	35	16	76	30	19%
6月	151	35	12	75	29	19%
7月	134	35	9	71	19	14%
8月	148	35	12	72	29	20%
9月	124	35	11	71	7	6%
10月	115	35	16	65	−1	−1%
11月	91	35	2	64	−10	−11%
12月	196	35	19	94	48	24%

假设新年度的经营业务和组织结构都没有发生变化，人力成本增长 8%，那么：

第一，新年度每月总销售收入的目标计划是多少？

第二，新年度每月总人力成本的预算是多少？

第三，新年度总人数定编核定是多少？

下面分别用两种方法详细讲解案例 14-1 的三个问题的求解过程。

14.1 公式推导 | 基于经营核算的财务公式

企业规模是大还是小，经营上有很大的差异，但财务核算公式基本上是一致的，可以通用。

推导的步骤和方法

- 第一步，我们把财务核算公式进行第一次转化，得到下面的公式，我们称之为"财务原始公式"。

$$毛利率 = \frac{总销售收入 - 总成本 - 总费用}{总销售收入} \times 100\% \qquad (14\text{-}1)$$

- 第二步，把式（14-1）的每一个项目进行细分，将重点放在与人员相关的项目上，而财务科目项可以不进行细分，如表14-2所示。

表 14-2 财务核算公式项目细分

项目	一级细分	二级细分	三级细分
总销售收入	收入（各产品汇总）	按产品 1～N 的划分	
	收入（各业务汇总）	按业务 1～N 的划分	
	收入（各地区汇总）	按地区 1～N 的划分	
总成本	固定成本	固定成本	
	变动成本	运营变动成本	
	人力成本	固定薪资	底薪
			基本工资
			月固定工资
		弹性薪资	提成比例
			各类奖金
	其他成本		
总费用	销售费用		
	管理费用		
	财务费用		
	其他费用		

- 第三步，把这些细分项目代入式（14-1）进行第二次转换，求得总销售收入的核算公式，见式（14-2）。

$$总销售收入 = \frac{固定投入成本 + 运营变动成本 + 总费用 + 企业特有人力成本}{1 - 企业特有比例（或特有费率）- 毛利率}$$

(14-2)

- 第四步，与财务部和人资部的管理者一起，对业务活动中的成本进行细分：哪些属于固定成本；哪些属于变动成本，变动与什么有关；哪些属于其他成本；哪些属于费用；哪些成本又与总销售收入直接关联，等等。仔细分类，并根据历史数据演算其合理性。（这一步，财务数据不能有差错，否则后面的数学模型的测算结论就会与财务报表不符。一般而言，容易出错的是变动成本的变动系数的设计，而固定成本项目基本上不会出错。）

- 第五步，与人资部管理者对企业全员的所有管理信息进行梳理，具体内容包括：

  1）人员总数的定编定员。

  2）人员结构的种类及每一类的数量和等级。

  3）人员薪资待遇细分，比如底薪、基本工资、提成奖金、绩效考核奖金、固定月薪等。

  4）业务部门人员的业绩奖金提成比例系数。

  5）职能部门人员的总数和薪资福利政策及总额。

  6）总人力成本占总销售收入的比例系数。

  7）高管年薪收入政策及总额。

  8）企业整体薪资和福利政策及总额。

- 第六步，用式（14-2）进行总销售收入的测算，并与财务报表中的以往实际运营数据一一比对。能够一致的，说明式（14-2）正确。不一致的，则说明式（14-2）还需要修改和调整。容易出现问题的地方，就是式（14-2）中的每一项，特别是"**企业特有人力成本**"和"**企业特有比例（或特有费率）**"的具体系数更容易受多种因素影响。这一步，需要多次的反复测算和反复验证，直到一致为止。

- 第七步，将式（14-2）的相关内容编辑整理成人效核算系统的模板（电脑版），就可得到企业整体的和各细分项的经营目标计划值。小企业用式（14-2）基本上就可以求得企业的经营计划值。中型、大型和集团型企业，需要用式（14-2）先求得各细分项的经营计划值，然后相加得到企业整体经营计划值。

- 第八步，将式（14-2）进行第三次转换，求得人员定编核算公式，见式（14-3）。

$$人员定编数（人）= \frac{总销售收入 \times [1-企业特有比例（或特有费率）]-固定成本-变动成本-其他费用}{人员固定底薪（或基本工资）总额} \quad (14\text{-}3)$$

人员定编的核算，一般采用细分项分别核算，然后再相加，而不是直接采用企业整体经营计划值来核算。

- 第九步，用式（14-3）就可以求得实现"总销售收入"目标的人员定编数。

这一步需要注意的是，用式（14-3）求得的人员定编数，已经解决和包含了人员层级与人员能力等级的结构性问题。比如，案例13-1中的公司，业务部门设有经理、主管和员工三个层级。员工又根据其能力情况设有1～4级。用式（14-3）求得的人员定编数就包含了"经理、主管和员工"的人员总数。

- 第十步，对于大中型企业，需要对比上一年度部门的、产品线的、地区的和企业整体的人员结构情况，进一步确定总人数定编下的"人均总销售收入"值。

上述10个步骤，就是制订人效管理目标计划需要用到的式（14-2）和式（14-3）的推导过程。用这两个公式，可以确定人效管理的目标计划，就能解决案例14-1的三个问题。

推导中的实战经验分享

再强调一下，对于式（14-2）中的"企业特有人力成本"和"企业特有比例（或特有费率）"这两项，是在制订人效管理目标计划时，根据企业的财务管理要素和人员管理要素的实际情况，通过分析提炼得出来的"系数"，不是一个"每个企业通用的恒定值"，而是每个企业特定的"决策值"，它带有鲜明的企业特性，企业不同，这部分内容就不同。

有了式（14-2），在确定了"企业特有比例（或特有费率）"之后，把案例 14-1 的表 14-1 中的人力成本最大值上浮 8%，其余的也都取最大值，代入式（14-2）。在 Excel 表中设置函数计算公式，把毛利率作为自变量，将总销售收入作为因变量，即可求得不同毛利率要求下的成本最高值的总销售收入的计划值，如表 14-3 所示。

表 14-3 财务核算公式项目细分

毛利率（%）	总销售收入（万元）	毛利率（%）	总销售收入（万元）
35	235	15	145
30	203	10	132
25	179	5	121
20	160	0	112

有了这组数据，企业经营决策者根据企业整体经营目标要求，将毛利率取为 30%，则总销售收入目标为 203 万元。这就是新年度的总销售收入目标计划，也是案例 14-1 的第一个问题的答案。

案例 14-1 的第二个问题的答案是：在利用式（14-2）求出总销售收入时，已经设定了"上年度人力成本最大值上浮 8%"，即 $94 \times (1+8\%) = 101.5$ 万元。

案例 14-1 的第一个问题和第二个问题的答案告诉我们，实现总销售收入 203 万元、毛利率达 30% 的人力成本总量需要控制在 101.5 万元之内。

当然，还需要关注运营过程中的变动成本不能超过最大值。一般在预算过程中，变动成本设定为最大值的，基本上已经有足够的余量，很容易控制，也不会超标。从这个角度再返回去看案例 14-1 的变动成本，它的波动有点异常，说明该企业原来没有人效核算系统。对于式（14-2）的几个值的内在关联性无法管控，导致波动很大。这也是影响毛利率的一个原因。

用式（14-3）求得的值，就解决了案例 14-1 的第三个问题。一般做法是，原有的人员数量不变，增加他们的平均工资，让他们的干劲更大，由此提升人效，而不是增加人员数量，去实现新的总销售收入目标。

14.2 软件求解 | 基于统计回归分析法求解

在制订人效管理目标计划时，除了用财务核算公式推演的方法之外，还可以用统计学的一元回归分析法，求得企业新年度的经营目标计划之后，再求出人效管理计划的目标。

我们从第一种财务核算公式推导方法中已知，企业经营的总销售收入、各项成本和毛利率之间的关联，不是简单的线性相关关系（比如，成本增加1元，收入需要增加3元，即 $y=3x$）那么简单。其中究竟隐含了哪一类相关关系？可以通过回归分析来探究。

软件求解的步骤和方法

这种方法中比较方便的是应用SPSS软件进行回归分析，利用SPSS软件的自动运算来判断和确定模型方程式。而这个模型方程式就是我们需要的核算公式。它的基本步骤原则上有四步。

第一步，取一组数据样本，并假设数据样本的某一变量为因变量，其他变量为自变量，且将其看作影响因变量的因素，通过数学模型将两种变量之间的相关关系表达出来。

第二步，根据样本数据建立曲线估算模型。

第三步，对模型进行显著性检验和相关性判断，选择拟合度参数最优的。

- "显著性"的值要小于0.05，"显著性"值越小，相关性误差越小，否则检验不通过。
- 【R方】的判断：一元回归看【R方】，多元回归看【调整后R方】。正相关关系的【R方】取值范围为0～1，越接近1相关性拟合度越好。具体实战中的判断经验，如表14-4所示。

表14-4 回归分析的【R方】经验判断值表

序号	【R方】取值范围	相关性强弱
1	0～0.5	相关性不强或者无相关性
2	0.7～1	有一定的相关性
3	0.8～1	有较强的相关性
4	0.9～1	有很强的相关性

第四步，确定模型方程式，并通过几个自变量的取值来预测因变量的取值。

在实战操作中，运算的步骤不止四步。下面具体讲解实战的每一个步骤。

- 第一步，先做一个基本的逻辑梳理。
  - 企业经营的财务核算逻辑是：利润 = 收入 – 成本。那么，财务报告中的总销售收入值，总成本中的固定成本、变动成本、人力成本和其他成本，与毛利润有直接关系。
  - 它们之间的关系是线性关系，还是非线性关系？
  - 能否确定它们之间关系的模型方程式是符合核算公式准确性要求的？

这些基本的逻辑梳理清晰之后，接下来就是求证。

- 第二步，将表 14-1 数据文件的保存格式调整为 Excel 文件格式，做到符合数据的基本标准要求（比如，是数字格式，不是文本格式），便于 SPSS 软件使用时导入。
- 第三步，打开 SPSS 软件，导入表 14-1 的数据，如图 14-1 所示。

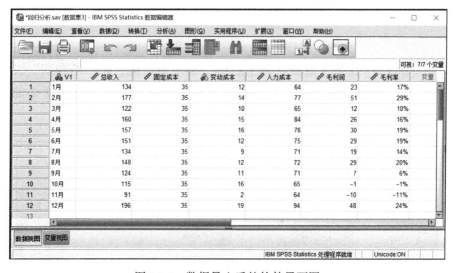

图 14-1　数据导入后的软件界面图

- 第四步，我们首先需要知道总销售收入、固定成本、变动成本、人力成本分别与毛利润之间存在怎样的关系。因为固定成本是一个周期的"恒定值"，所以可以忽略它与毛利润的相关性，放在最后做综合考虑。其他三个需要分别求证。
  - 求证：总销售收入与毛利润的关系。
    （1）在软件的"数据视图"窗口界面的上方，点击【分析】（如

图 14-2 中的箭头标记 1），再点击【回归】（如图 14-2 中的箭头标记 2），然后点击【曲线估算】（如图 14-2 中的箭头标记 3，即鼠标标记处）。

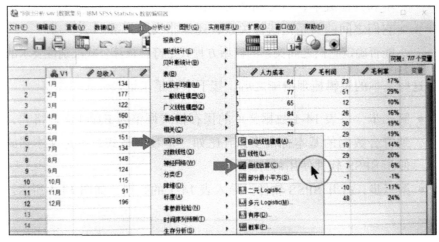

图 14-2　曲线估算选择图

（2）点击【曲线估算】之后，出现对话框，把"毛利润"设定为因变量，把"总收入"设定为变量。将【模型】的选项全部勾选，如图 14-3 所示。

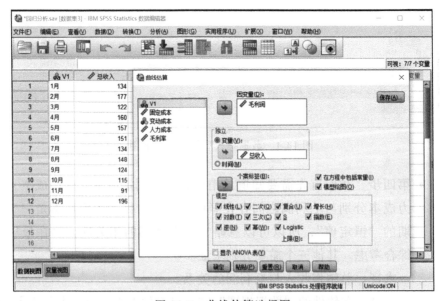

图 14-3　曲线估算选择图

（3）在图 14-3 所示的窗口点击【确定】之后，SPSS 软件将自动运算并显示模型摘要和参数估算值，如图 14-4 和图 14-5 所示。

方程	R 方	F	自由度 1	自由度 2	显著性	常量	b1	b2	b3
线性	0.924	122.084	1	10	0.000	−64.536	0.607		
对数	0.928	128.078	1	10	0.000	−393.589	84.116		
逆	0.897	87.254	1	10	0.000	101.186	−10856.095		
二次	0.932	61.418	2	9	0.000	−95.986	1.060	−0.002	
三次	0.933	62.262	2	9	0.000	−87.445	0.855	0.000	−3.849E-6

图 14-4　总收入与毛利润关系的模型摘要和参数估算值图

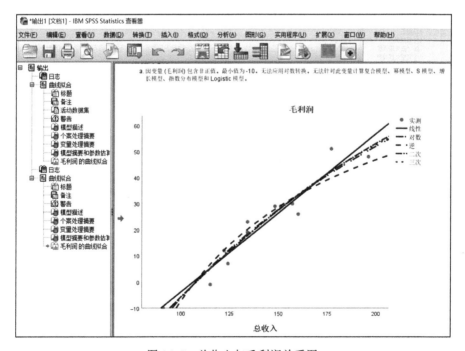

图 14-5　总收入与毛利润关系图

（4）根据图14-4和图14-5的模型摘要和参数估算值，我们选择【R方】最大的和比较简单的相关关系，即总收入与毛利润存在线性关系、对数关系、逆关系、二次和三次相关关系。

○ 求证：变动成本与毛利润的关系。

步骤与上面步骤（1）～（3）相同，只是把变量"总收入"换成"变动成本"，得到它们之间的模型摘要和参数估算值。具体的每一步截图就不展示了，结果如图14-6和图14-7所示。

图14-6　变动成本与毛利润关系的模型摘要和参数估算值图

根据图14-6的模型摘要和参数估算值可以判断，因为变动成本与毛利润之间的相关关系的【R方】值均小于0.5，所以它们之间的相关性很弱。

○ 求证：人力成本与毛利润的关系。

步骤与上面步骤（1）～（3）相同，只是把变量"总收入"换成"人力成本"，得到它们之间的模型摘要和参数估算值。具体的每一步截图就不展示了，结果如图14-8所示。

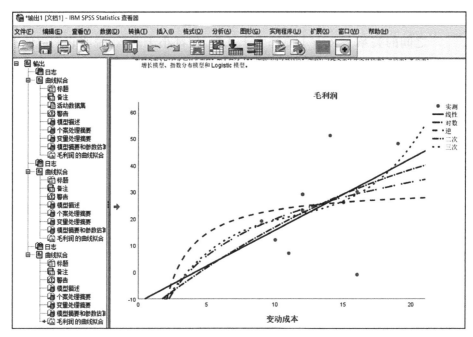

图 14-7 变动成本与毛利润关系图

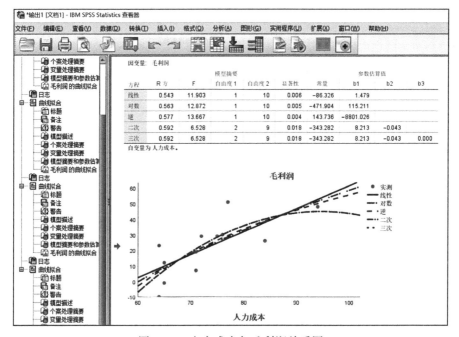

图 14-8 人力成本与毛利润关系图

根据图 14-8 的模型摘要和参数估算值可知，人力成本与毛利率之间的关系【R 方】值都大于 0.5，但都小于 0.6，说明它们之间存在相关性，但是相关性很弱。

- 第五步，综合上面第四步分别得到的三个变量（总收入、变动成本、人力成本）与一个因变量（毛利润）之间的相关性，选择简单的线性相关模型，求解模型方程式。步骤如下。
  - 在 SPSS 软件的【数据视图】窗口上方，点击【分析】（如图 14-9 中的箭头标记 1），再点击【回归】（如图 14-9 中的箭头标记 2），然后点击【线性】（如图 14-9 中的箭头标记 3，即鼠标标记处）。

图 14-9 线性回归分析窗口图

  - 点击【线性】之后，在出现的对话框里进行如图 14-10 所示的操作，即把"毛利润"设置为因变量，把其他三个（变动成本、人力成本、总收入）设置为自变量。
  - 在图 14-10 所示的窗口设置好后，点击【确定】，SPSS 软件将自动运算并显示【模型摘要】，如图 14-11 所示。

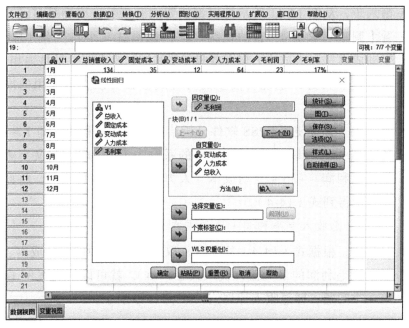

图 14-10　线性回归变量选择图

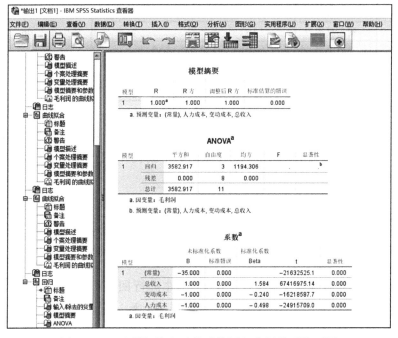

图 14-11　毛利润的多元关系的回归分析模型摘要图

- 第六步，从图 14-11 所示的模型摘要内容来看，因为是多元，所以看【调整后 R 方】，它的值为"1"，说明这三个自变量（总收入、变动成本、人力成本）与因变量（毛利润）的线性关系是强相关性，拟合度非常好，也说明模型的方程式参数可以直接使用的准确度很高。
- 第七步，直接使用 SPSS 软件分析给出的模型方程式，即 $Y = -35 - X_1 - X_2 + X_3$（其中，$X_1$、$X_2$、$X_3$ 的系数为 1 或 –1）。用文字表述就是：毛利润 = –35 – 变动成本 – 人力成本 + 总销售收入。将此式转化变形得到式（14-4）。

$$总收入 = 毛利润 + 变动成本 + 人力成本 + 35 \quad (14\text{-}4)$$

- 第八步，根据式（14-4）的要素，取案例 14-1 中的变动成本、人力成本、毛利润的最大值，代入式（14-4），就可以解决案例 14-1 的第一个问题，即总收入计划值，如表 14-5 所示。

表 14-5　用式（14-4）求总收入计划值

序号	变量名称	变量最大值（万元）	总收入计划值（万元）
1	毛利润	51	206
2	变动成本	19	
3	人力成本	101（最大值 94，上浮 8%）	
4	固定成本	35	35
	合计		241

- 第九步，根据企业经营规律，最终总收入计划值将采取"综合合计"值，即 241 万元。这也就解决了案例 14-1 中的第一个问题和第二个问题。
- 第十步，利用式（14-4）核算时的"人力成本"最大值，其包含的"人员定编数"与"薪资标准"，进行简单转换，就可得到人员定编数和人效管理的目标，方法与第一种方法一样。

上述 10 个步骤，就是利用 SPSS 软件进行回归分析而得出企业新年度的经营目标计划，然后再制订人效管理的目标计划。相比较而言，利用 SPSS 软件进行回归分析的求解方法比财务核算公式的推导方法更便捷、更快速。

软件应用的实战经验分享

1. 案例 14-1 的其他相关关系的求证求解

案例 14-1 的毛利润与总收入、变动成本和人力成本之间的其他【R方】值大于 0.8 的对数相关关系、逆关系、二次和三次相关关系的模型以及模型方程式可以参照上面"线性"模型方程式的求解步骤得出。

2. 式（14-4）的表达式属于特例

我们不能认为式（14-4）就是与财务核算理念一致的，即毛利＝收入－成本。如果这么认为，就可能会被误导。在实际应用过程中，通过多个企业案例反复求证，得到的式（14-4）的多元项的每一个系数都不是正好等于"1"，如表 14-6 所示。

表 14-6 数据样本 （单位：元）

时间	总销售收入	固定成本	变动成本	人力成本	毛利润	毛利率
1 月	875 146	195 000	40 435	389 032	250 679	28.64%
2 月	1 183 354	195 000	81 592	459 274	447 489	37.82%
3 月	1 001 920	195 000	51 893	447 687	307 340	30.68%
4 月	1 237 639	195 000	73 037	527 486	442 117	35.72%
5 月	1 366 547	195 000	83 495	567 812	520 240	38.07%
6 月	1 232 458	195 000	60 726	506 192	470 540	38.18%
7 月	1 100 079	195 000	59 038	526 979	319 062	29.00%
8 月	1 035 416	195 000	53 790	478 247	308 378	29.78%
9 月	1 068 694	195 000	56 797	463 779	353 119	33.04%
10 月	755 032	195 000	35 442	390 353	134 237	17.78%
11 月	753 712	195 000	42 789	325 241	187 139	24.83%
12 月	1 480 213	195 000	98 675	657 834	528 704	35.72%

将表 14-6 数据样本表导入 SPSS 软件，进行多元一次回归分析之后，得到的模型方程式的参数如图 14-12 所示。

按照图 14-12 所示的数据分析结果，表 14-6 数据样本的模型方程式的三个系数都不是 1，分别是 1.004、-1.055 和 -0.993，它的常量值是 -199 578.889。

这样的数据样本案例比较多。笔者发现一个现象，企业越是关注人效，成本控制也就越好，线性相关性越强，样本数据波动不大，"显著性"

的值远远小于 0.05，多元项系数也越趋于"1"。

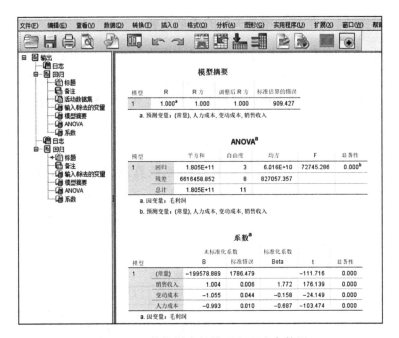

图 14-12　数据样本的模型方程式参数图

所以，在实战中一定要以经过数据回归分析后的实际结果为准。

3. 在 SPSS 软件应用中，出现非常规性问题的处理

在提取财务数据作为样本数据进行 SPSS 软件分析时，如果出现分析结果为相关性很弱，或者是完全不相关的情况，要询问财务部或企业老板（或总经理），找出数据出现异常的真实原因，而不是简单地下结论。下面用 SPSS 软件分析表 14-7 所示的某企业的样本数据。

表 14-7　样本数据　　　　　　　　　　　　（单位：元）

时间	总收入	总人力成本	时间	总收入	总人力成本
1 月	1 713 830	700 216	7 月	466 637	174 349
2 月	1 921 172	809 661	8 月	2 462 388	843 529
3 月	1 765 655	730 838	9 月	1 271 585	548 737
4 月	1 841 789	842 465	10 月	1 149 291	550 223
5 月	1 697 241	179 588	11 月	1 126 083	520 704
6 月	737 307	839 022	12 月	1 883 132	793 932

将表 14-7 的一组数据导入 SPSS 软件，进行回归分析，得到曲线估算模型及参数，如图 14-13 ～图 14-15 所示。

方程	R方	F	自由度1	自由度2	显著性	常量	b1	b2	b3
线性	0.263	3.568	1	10	0.088	753 920.330	1.193		
对数	0.221	2.843	1	10	0.123	−4 680 108.733	467 110.839		
逆	0.180	2.200	1	10	0.169	1 811 524.387	−1.439E+11		
二次	0.286	1.802	2	9	0.220	1 117 077.963	−0.680	1.815E-6	
三次	0.316	1.233	3	8	0.360	2 957 206.425	−16.330	3.590E-5	−2.163E-11
复合	0.269	3.688	1	10	0.084	733 248.039	1.000		
幂	0.261	3.527	1	10	0.090	5 119.773	0.423		
S	0.241	3.173	1	10	0.105	14.435	−138 738.109		
增长	0.269	3.688	1	10	0.084	13.505	1.007E-6		
指数	0.269	3.688	1	10	0.084	733 248.039	1.007E-6		
Logistic	0.269	3.688	1	10	0.084	1.364E-6	1.000		

自变量为总人力成本。

图 14-13　表 14-7 数据的分析参数图

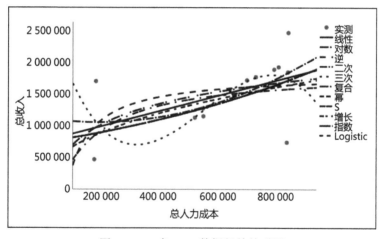

图 14-14　表 14-7 数据相关关系图

看到这些曲线估算模型及参数时，如果简单地根据【R方】去判断，则会因为没有一个大于 0.5 而认为"人力成本"与"总收入"不相关。再结合散点图（见图 14-15）一看，会更坚定地认为人力成本与总收入不相关，最终导致判断错误，甚至导致整个人效核算系统构建内容出错。

此时应该进行调研，经核实，原因是：这个样本数据的采集门店，当时有三个月在装修，没有正常运营，但是员工正常上班，工资正常发放，他们也做了一些简单的售卖工作，所以有了一些总收入和工资的数据。问明原因后，把这三个月的数据剔除掉，再做分析，则相关性非常强。

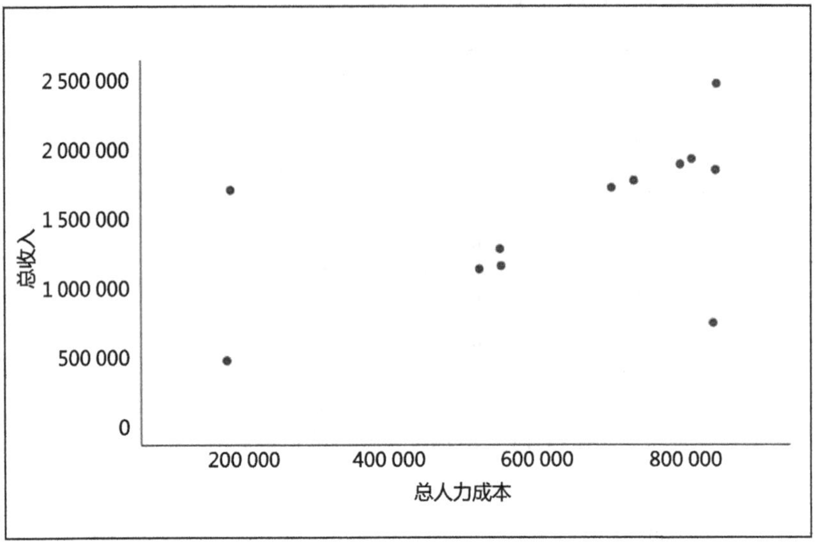

图 14-15　表 14-7 数据分析的散点图

4. 用 Office 办公软件求解的方法

除了上述两种方法可以制订计划外，还有一种比较简便的方法，就是利用 Office 办公软件中的 Excel、PowerPoint（PPT）的图表功能来求解模型方程式。

不过，因为这种方法没有分析功能，所以企业在第一次构建人效管理体系，还不知道是否存在相关关系时，不能直接采用模型方程式，而是需要先用上面两种方法进行分析和求证，得到准确的回归分析模型参数，检验通过后求解模型方程式，以后每年的求解则都可以用 Excel、PPT 的图表功能来实现。图 14-16 是用 Excel 求得的模型方程式及【R方】，图 14-17 是用 PPT 求得的模型方程式及【R方】。

5. 不建议使用"时间序列分析法"进行预测

统计学中有一种"时间序列分析法"，比如用企业以往 5 年总收入完成值的数据，用 SPSS 软件分析求解得出下年度总收入的预测值。在此，不建议大家使用这种方法。理由如下。

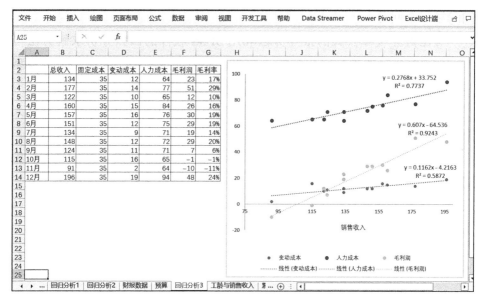

图 14-16　用 Excel 软件求解方程式的结果图

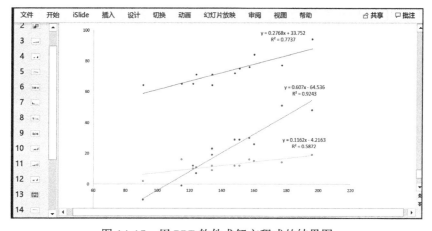

图 14-17　用 PPT 软件求解方程式的结果图

第一，这种方法本身是一种"数据规律性"法。

第二，这种方法要求下年度的所有经营条件与之前 5 年（或更长时间）一模一样。经营条件差异越小，预测越准确。一般而言，企业经营条件是比较难保持一模一样的。

第三，这种方法只能做 1～2 年的短期预测，不可以做长期预测。

第四，这种方法只能解决案例 14-1 的第一个问题，不能解决第二个问题和第三个问题。

对比财务核算公式的推导方法和用 SPSS 软件的回归分析求解方法可知，用 SPSS 软件进行回归分析，在假设和求证过程中，求得相关性模型以及得到模型方程式，是科学的，也是很简便的。

在企业实战过程中，无论采用哪一种方法，都能快速和简便地制订人效核算系统中的人效管理目标计划。

现在可以回顾本书第 2 章所讲的 WAI 企业，在制定新年度的经营目标时，虽然所有部门的管理者都参与了，但仅凭经验测算，即使耗费了几天几夜，还是不能制订出人效管理计划。相比较而言，使用本章所讲的两种方法可以大大提高管理效率，同时也能提高目标计划的准确性和可行性。

第 15 章

人效管理核算的方法

本章重点讲述人效管理核算的两种具体方法：一个是人效管理的预算计划；另一个是人效管理的决算评估。本章同样采用实战案例讲解和实战经验分享的方式进行。

15.1 预算计划｜基于过程管控的预知需求

预算计划的构建内容

前面讲过，人效管理体系蕴含着一个思想，它建立在企业经营管理的之上：一个是做"营销"，使收入最大化；另一个是做"管理"，使成本最小化。这就要求人效管理体系中的人员管理系统，要强化企业管理的过程控制以及满足提前预知的需求。

由图 15-1 可知，预算计划的主要内容分两大方面：一个是"计划细分"，指人效管理计划的目标，需要细分到每个人；另一个是"进度实时

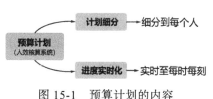

图 15-1　预算计划的内容

化",指企业经营管理的过程中每一个人的人效数据,都需要实时跟踪和共享,以便经营管理的决策能够及时和有效。及时,是为了能够在管理过程中及时发现问题;有效,是为了尽可能在经营周期中解决问题,并且在周期结束后有较小的负面影响。

下面分别详细解答。

计划细分的构建内容

我们继续用第 13 章的案例作为背景资料来说明计划细分的具体构建内容。

计划细分可以借用前面所讲的内容做前期准备:第一个是,图 8-2 人员颗粒度细分图呈现的思路;第二个是,第 13 章中人效管理目标计划的制订方法。计划细分要达到两个目的:

第一,明确获得每个人的人效管理计划的目标值。不仅各级管理者要知道,员工本人也要知道。

第二,明确获得每个人在人效核算系统中的数据信息的编码规则,这对于人效数据的记录和追溯尤其重要,也是后面人效分析系统和人效导示系统正常运行所必需的。

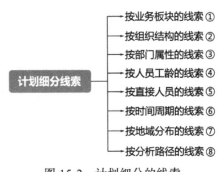

图 15-2 计划细分的线索

计划细分的线索如图 15-2 所示。

1. 按业务板块的线索细分

案例 13-3 中是一家集团型企业,它有三个业务板块。那么,它的人效管理计划的细分就从业务板块开始,步骤如下。

第一步,首先要按照每个业务板块来细分,如表 15-1 所示。

第二步,顺着每一板块,按每一细分项的人员归属进行细分。比如,顺势按照每一板块的人员归属的下列项进行细分:区域划分→地方划分→公司(子公司)划分→部门划分→班组划分→团队划分→……一直细分到最小单位的每个人。

第三步,在第二步的基础上,对每一细分项的人员的人效管理计划进行细分，如表 15-2 所示。

表 15-1 按业务板块细分的总人效管理计划（模板）

序号	业务板块名称	总销售收入	总毛利润	总人数	总人均计划值	
					人均销售收入	人均毛利润
1	A 板块					
2	B 板块					
3	C 板块					
集团合计						

表 15-2 A 业务板块的人效管理计划细分（模板）

序号	区名称	地名称	公司名称	部门名称	班组名称	团队名称	个人名称	销售收入	毛利润	总人数	总人均计划值	
											人均销售收入	人均毛利润
1	A1	A12	A123	A1234	A12345	A123456	A1234567					
2							……					
3						……						
4					……							
5				……								
6			……									
7		……										
……	……											
合计												

表 15-2 是一份总表，实际上它是每一项人效管理计划细分表的汇总。每一项的细分表很多，其中一份如表 15-3 所示，其他以此类推。

表 15-3 A 业务板块某团队的人效管理计划细分（模板）

序号	区名称	地名称	公司名称	部门名称	班组名称	团队名称	个人名称	销售收入	总人数	人均销售收入
1	A1	A12	A123	A1234	A12345	A123456	张三			
2	A1	A12	A123	A1234	A12345	A123456	李四			
3	A1	A12	A123	A1234	A12345	A123456	王五			
……	A1	A12	A123	A1234	A12345	A123456	……			
			团队合计							

表 15-3 中没有毛利润的细分项，这是因为毛利润指标的颗粒度细分适

合各级管理者的责任担当，而不适合细分到每一个下属员工个人身上，由他们担当不现实。如果要在基层员工的"人效管理计划"中也加入"毛利润"要求，则构建操作难度加大，管理成本增加，得不偿失。

随着互联网企业经营模式出现，小企业原来的单一业务模式也出现了线上和线下之分。如果企业（或公司）确实有这样不同板块的业务，也是需要进行细分的。简单的思路是，把"线上业务"看作一个业务板块，把"线下业务"看作另一个板块，按照上述步骤，依次进行细分即可。

2. 按组织结构的线索细分

按照组织结构的线索细分，就是沿着企业的组织结构形态，由顶层开始，逐级向下细分。比如，某一企业的组织结构是直线职能制的，它的人效管理计划细分如图 15-3 所示。

图 15-3 所示的组织结构，还算是比较简单的，每一层级之间也没有交叉点，每个人员的上一级也是单线的，非常清晰，所以也就比较好细分。

当遇到像图 9-2 所示的集团连锁经营那样的组织结构，要清晰地细分是非常困难的，因为有很多交叉点，而且每一位底层员工的"头上"至少有两三个上级。遇到这种情况，需要先对组织结构和业务流程进行优化。比如，图 9-3 所示的扁平化组织结构，就是对图 9-2 所示组织结构的优化，此时业务流程和上下级关系就非常清晰了，人效管理计划细分按照图 15-3 所示的那样操作，也就容易了许多。

3. 按部门属性的线索细分

我们把岗位属性相同的归为一类，并成立部门组织，这就形成了部门的属性，不同的部门也就有了不同的属性。比如制造业企业，其部门设置为生产制造部、质量管理部、技术研发部、仓储物流部、采购供应部、销售部、市场部、客服部、财务部、人资部、企划部、行政后勤部等。这些部门的属性完全不同，人效管理计划细分就需要分类进行，比如：

（1）销售部的人效管理计划，可以参照图 15-3 所示的方法细分。

（2）市场部的人效管理计划，可以根据市场开发工作的性质和内容细分。

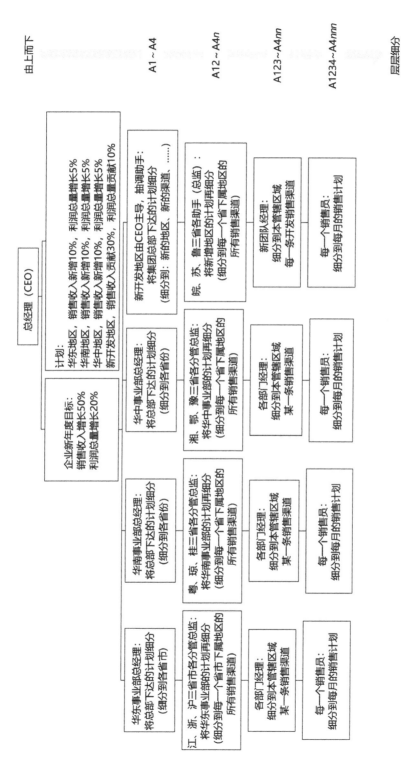

图 15-3 按组织结构的人效管理计划细分

（3）生产制造部的人效管理计划，可以根据总产量目标和要求进行细分。

（4）质量管理部的人效管理计划，可以根据品质检验管控工作的性质和内容进行细分。

（5）技术研发部的人效管理计划，可以根据技术改造项目和研发项目的工作性质和内容进行细分。

（6）仓储物流部的人效管理计划，可以根据年度仓储物流计划进行细分。

（7）采购供应部的人效管理计划，可以根据年度采购供应计划进行细分。

还有客服部、财务部、人资部、企划部和行政后勤部，也都是根据本部门的工作性质和构建内容进行人效管理计划的细分。

> **实战经验分享 15-1**
>
> 按部门属性的线索进行细分，与后面的"按直接人员的线索细分"的操作比较相似。笔者的做法是，对于与销售收入有直接关系的部门和人员，可以用销售收入总目标直接细分的方法，而对于与销售收入没有直接关系的部门和人员，基本上不用他们参与销售收入总目标细分的方法，即将业务部门和职能部门区分开来。
>
> 因为，如果企业的所有部门和全体人员都参与销售收入总目标的细分，甚至将毛利润也按所有部门和全体人员进行细分，那么建立人效核算系统的难度则非常大。如果一定要按企业老板的要求来细分的话，花费时间、投入成本等都是不可避免的。这不仅没能使人效管理有实质性提升，相反，还会因管理难度的增加而使管理成本增加，得不偿失。
>
> 在企业实战中经常遇到企业老板提这种要求，但是不建议这么做。

4. 按人员工龄的线索细分

对于按人员工龄的线索细分，用一家快速消费品公司销售团队的实例来演示具体的细分方法。

人员工龄，是指从新员工入职之日起的在职工作年限。一般新员工有3~6个月是试用期，通常把这个时段的员工称为新员工。过了试用期并且转正后，就统称为员工。员工的工作时间有长与短，工作经验也有不同程度的高与低。

企业可以对历年的人员工龄与人效数据进行分析，找到规律和数学模型方程式后，对同一部门不同工龄的人员进行人效管理计划的细分，这样做就比较合理和可行，对保障企业整体经营目标的达成来说也是比较科学的。

对于销售部销售计划的制订，常用的做法是什么？先看看销售部内部的人员结构，如图15-4所示。

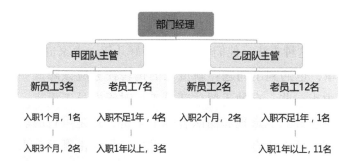

图 15-4　销售部人员组织结构

从图15-4可以看到，一个基层的销售部，部门经理负责共有24名销售人员的甲乙两个销售团队。其中，甲团队设有1名主管，带领10名员工（由3名新员工和7名老员工组成）；乙团队也设有1名主管，带领14名员工（由2名新员工和12名老员工组成）。销售部人员的工龄情况如表15-4所示。

表 15-4　销售部人员工龄

序号	甲团队		乙团队	
	工龄（月）	人数（人）	工龄（月）	人数（人）
1	1	1	2	2
2	3	2	10	1
3	8	1	18	3
4	10	2	24	1
5	12	1	28	2
6	18	1	30	3
7	25	2	32	2
		10		14

假如，这个销售部的月度销售收入目标计划为144万元。那么，人效

管理计划细分如何进行呢？

他们常用的方法是：把部门的总销售收入计划，按部门的总人数进行均分，得到 6 万元 / 人（144÷24）。不管是新员工还是老员工，统一按照这种方法来细分。甲团队主管带领 10 名员工，需要完成 60 万元 / 月的销售任务；乙团队主管带领 14 名员工，需要完成 84 万元 / 月的销售任务。

当然，有时他们也会做一些调整。比如，部门经理考虑到甲团队的新员工人数占比较大，给予减少 5 万元 / 月的销售任务；乙团队的人员力量比甲团队强，就多加 5 万元 / 月。最终，甲团队的销售收入目标计划是 55 万元 / 月，乙团队的销售收入目标计划是 89 万元 / 月，剩下的就交由团队主管自行安排和执行。这种方法，他们一直使用了好几年，大家也觉得挺简单的。

尽管简单，也遇到了问题：新员工的销售任务应该降低一点，对新员工而言，压力小一些，有助于留住新员工；对于老员工而言，能力强的可以适当加一点任务。从道理和团队合作上来讲，这是可行的。但是，新员工的目标计划降低多少合适？降下来的目标计划又由哪部分人员去完成？这些问题一直搁在那里，并没有找到解决方法。

笔者告诉他们，可以用 SPSS 软件进行数据回归分析，求得"人员工龄与销售收入"的相关性模型，作为人效管理计划细分的一种管理工具，步骤如下。

- 第一步，在 Excel 里，整理一份 36 个月的"人员工龄与销售收入完成值"的数据样本（样本数据取多少合适，可以根据企业的实际情况和需求进行调整），并以 Excel 的格式保存文件，如表 15-5 所示。

表 15-5 人员工龄与销售收入完成值（样本）

工龄（月）	完成值（万元）	工龄（月）	完成值（万元）	工龄（月）	完成值（万元）	工龄（月）	完成值（万元）
1	0.4	10	6.0	19	10.4	28	7.9
2	0.6	11	5.0	20	7.6	29	9.3
3	1.7	12	7.5	21	8.0	30	8.0
4	3.3	13	8.2	22	8.9	31	9.0
5	2.0	14	8.1	23	15.0	32	7.0
6	3.5	15	6.5	24	12.0	33	9.0
7	4.8	16	6.0	25	10.0	34	8.0
8	3.5	17	6.3	26	8.5	35	10.0
9	5.3	18	7.4	27	9.1	36	8.0

打开 SPSS 软件的【数据视图】界面，导入表 15-5 的数据，如图 15-5 所示。

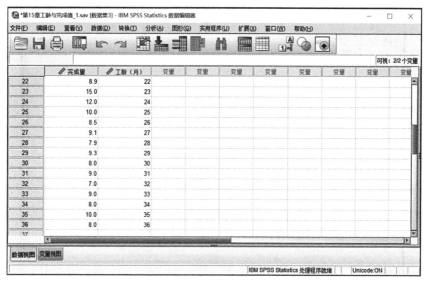

图 15-5　数据表导入图

- 第二步，我们先看看数据的基本图形。这一步有三步：
  ○ 在 SPSS 软件的【数据视图】界面上方，点击【图形】（如图 15-6 中的箭头标记 1），再点击【旧对话框】（如图 15-6 中的箭头标记 2），然后选择点击【折线图】（如图 15-6 中的箭头标记 3，即鼠标标记区）。

图 15-6　数据分析的图形选择图

○ 在弹出的【折线图】界面窗口中，选择点击【简单】，再选择点击【定义】，如图15-7所示。

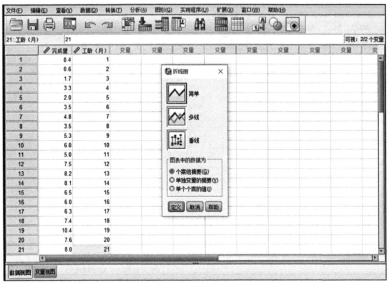

图15-7　折线图的定义选择图

○ 点击【定义】之后，在弹出的【定义简单折线图】界面中，把【变量】设置为"完成量"，把【类别轴（X）】设置为"工龄（月）"。在【折线表示】上选择"其他统计"，如图15-8所示。

图15-8　定义简单折线图的选项图

当选择【确定】之后，SPSS 软件自动运算并给出【图形】，如图 15-9 所示。

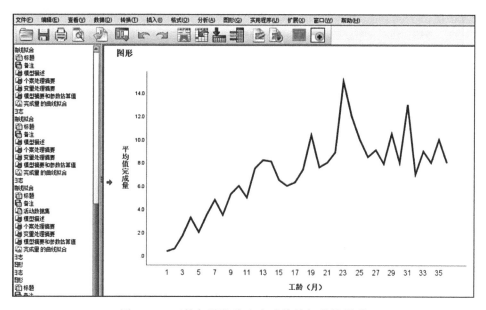

图 15-9　工龄与销售收入完成值的相关性图形

从图 15-9 可以看出，人员工龄的长短与销售收入完成值之间确实存在一种相关关系。从给出的图上看，1～3 个月工龄的人员，销售收入完成值很低，之后逐渐上升，到了有 12 个月工龄（即一年）之后，趋于一个水平位置，其中还有一些脉冲形最大销售收入完成值。究竟人员工龄的长短与销售收入完成值之间存在的模型方程式是哪一种，需要通过下面的步骤来确定。

- 第三步，因为我们不知道"工龄与销售收入完成值"之间存在什么类型的相关关系，所以我们需要先做数据回归分析。在 SPSS 软件的【数据视图】界面，点击【分析】（如图 15-10 中的箭头标记 1），在弹出的选择窗口中点击【回归】（如图 15-10 中的箭头标记 2），在弹出的窗口中点击【曲线估算】（如图 15-10 中的箭头标记 3），如图 15-10 所示。

在点击【曲线估算】后，在弹出的界面窗口中，把【因变量】设置为"完成量"，把【变量】设置为"工龄（月）"。因为我们不知道有哪一类相关关系，所以在【模型】对话框中选择全部打钩，如图 15-11 所示。

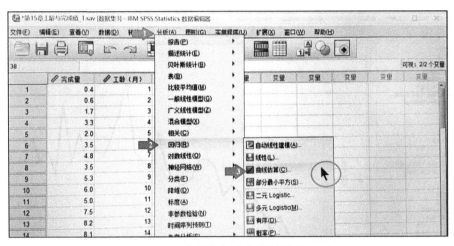

图 15-10　数据分析的曲线估算选项图

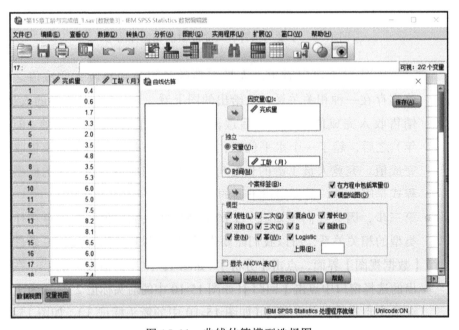

图 15-11　曲线估算模型选择图

点击【确定】后，SPSS 软件自动运算并显示模型摘要和参数估算值，以及模型拟合曲线图，如图 15-12 和图 15-13 所示。

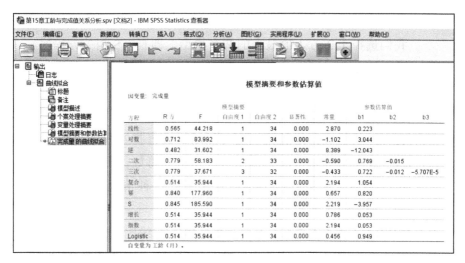

图 15-12　模型摘要和参数估算值图

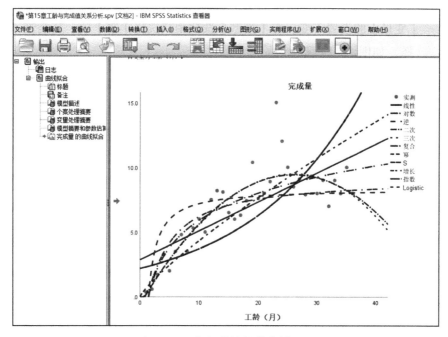

图 15-13　各相关性的曲线模型图

- 第四步，根据数据回归分析的拟合度评判要素进行判断和选择曲线类型。
  - 在图 15-12 的【模型摘要和参数估算值】中，我们看到相关关系的拟合程度的【显著性】指标值均小于0.05，再看【R方】值，我们选择【R方】值最大的两个模型，即幂、S相关方程式。

- 再看图15-13所示的各相关性曲线，也可以知道，除了幂、S两条曲线之外，其余曲线拟合的模型和经营管理的实际不是十分吻合。这需要根据企业经营管理的实际情况和项目要求选择模型。比如，员工工龄增长到一定时间后，销售收入的完成值会逐步衰退。企业可能不太愿意接受这种情况。再如，员工工龄增长到一定时间后，销售收入呈指数式增长，这种情况不是很容易实现的，或者说不现实。
- 所以，综合考虑之后，选择幂、S两条曲线比较合理。

● 第五步，根据第四步的选择，进一步求得幂、S两条曲线的方程式。在SPSS软件的【数据视图】界面，点击【分析】，再点击【回归】，然后点击【曲线估算】。在弹出的【曲线估算】界面窗口，【因变量】和【变量】的设置不变。在【模型】选项中只选择【幂】项，其余都不选择，如图15-14所示。

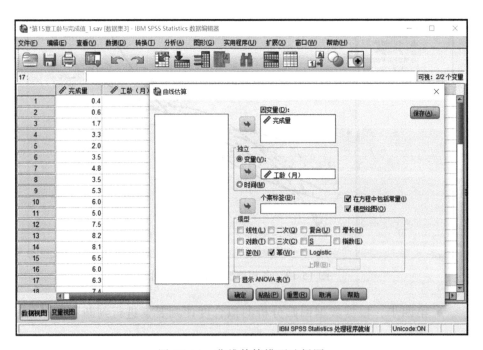

图15-14　曲线估算模型选择图

点击【确定】后，SPSS 软件自动运算并给出了关于"幂"相关关系的【模型摘要和参数估算值】，如图 15-15 所示。

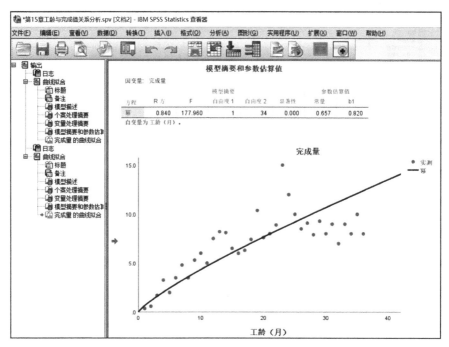

图 15-15　模型摘要和参数估算值图

- 第六步，在 SPSS 软件的【模型摘要和参数估算值】界面窗口，双击图形区域，在弹出的【图表编辑器】界面进行图形方程式的自动求解。
    - 在图 15-16 所示的界面上，对给出的【定制方程】进行保留两位小数的调整，在【将标签附加到线】的前面打钩，点击【应用】。
    - 点击【应用】后，就在原图形上看到模型方程式的显示，如图 15-17 所示。
- 第七步，按照第六步的步骤，把模型改为"S"，就得到"S"模型方程式。步骤就省略了，结果如图 15-18 所示。
- 第八步，将得到的"工龄"与"完成量"的模型方程式，用 Excel 进行数据测算，计算公式如下。
    - 两个模型方程式：

        $Y = 0.66 \times X^{0.82}$ ………………"幂"模型方程式

        $Y = \exp(2.22 - 3.96/X)$ ……………"S"模型方程式

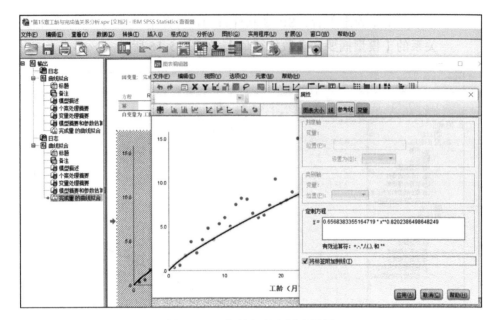

图 15-16　定制方程应用选择图

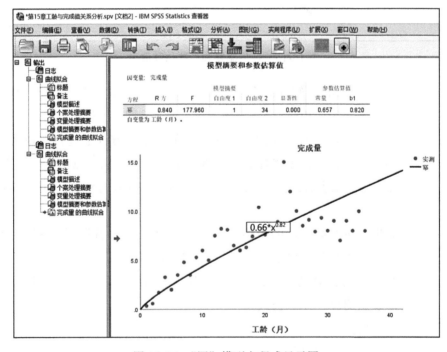

图 15-17　"幂"模型方程式显示图

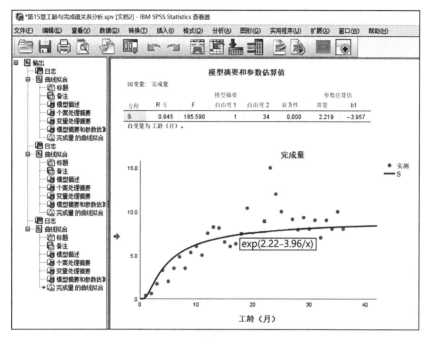

图 15-18 "S"模型的方程式显示图

○ 在 Excel 软件中的计算公式：

$Y = 0.66 * X \wedge 0.82$（"幂"模型方程式的计算公式）

$Y = \exp \wedge (2.22 - 3.96/X)$（"S"模型方程式的计算公式）

- 第九步，在 Excel 中测算不同工龄人员的销售收入计划值，如表 15-6 所示。

表 15-6 不同工龄人员的销售收入测算 （单位：万/月）

工龄（月）	"幂"模型方程计划值	"S"模型方程计划值	工龄（月）	"幂"模型方程计划值	"S"模型方程计划值	工龄（月）	"幂"模型方程计划值	"S"模型方程计划值
1	0.7	0.2	13	5.4	6.8	25	9.2	7.9
2	1.2	1.3	14	5.7	6.9	26	9.5	7.9
3	1.6	2.5	15	6.1	7.1	27	9.8	8.0
4	2.1	3.4	16	6.4	7.2	28	10.1	8.0
5	2.5	4.2	17	6.7	7.3	29	10.4	8.0
6	2.9	4.8	18	7.1	7.4	30	10.7	8.1
7	3.3	5.2	19	7.4	7.5	31	11.0	8.1
8	3.6	5.6	20	7.7	7.6	32	11.3	8.1
9	4.0	5.9	21	8.0	7.6	33	11.6	8.2
10	4.4	6.2	22	8.3	7.7	34	11.9	8.2
11	4.7	6.4	23	8.6	7.8	35	12.2	8.2
12	5.1	6.6	24	8.9	7.8	36	12.5	8.3

- 第十步，表 15-6 就好比给了各级管理者一个"人效管理计划细分工具"，销售部门经理可以利用这个工具，对销售部的两个团队分别根据人员工龄进行销售收入计划细分。最终细分结果如表 15-7 所示。

表 15-7　销售部的销售收入计划明细（用 S 模型测算）

（单位：万元/月）

序号	甲团队销售收入计划				乙团队销售收入计划			
	工龄（月）	人数（人）	人均计划值	小计	工龄（月）	人数（人）	人均计划值	小计
1	1	1	0.2	0.2	2	2	1.3	2.5
2	3	2	2.5	4.9	10	1	6.2	6.2
3	8	1	5.6	5.6	18	3	7.4	22.2
4	10	2	6.2	12.4	24	1	7.8	7.8
5	12	1	6.6	6.6	28	2	8.0	16.0
6	18	1	7.4	7.4	30	3	8.1	24.2
7	25	2	7.9	15.7	32	2	8.1	16.3
团队合计		10		52.9	团队合计	14		95.3
部门合计	24 人、148.2 万元/月（比下达任务的目标计划 144 万元高出了 4.2 万元）							

｜实战经验分享 15-2｜

第一，我们是通过对历史数据进行回归分析，得到相关关系的模型方程式，其本身是一种寻找数据之间的规律和概率的方法。应该承认，模型方程式对应于现实情况，存在一定的"误差"。要求模型方程式得出的数值与实际数值一模一样，是不现实的。只有当【R方】等于1时，则基本上是一致的。

一般而言，当用模型方程式进行人效管理计划细分时，如果计划细分的总和大于任务计划值，则说明计划细分是可行的；如果计划细分的总和小于任务计划值，尤其是小很多时，则需要重新调整。具体的调整方法，需要查看每个人的历史数据。因为，还有脉冲形最大销售收入出现的可能性，也有季节性变化等其他因素，也都是可以调整的余地和空间。

第二，有了"不同工龄人员的销售收入计划测算表"作为人效管理计划细分的测算工具，在下达任务计划值前，先经过测算之后再下达，就能够做到下达任务时有的放矢，避免了随意拍脑袋下达目标计划任务。

5. 按直接人员的线索细分

在财务管理中，对成本管理有一个概念性描述：完全成本法是将成本按用途分成生产成本与非生产成本两大类。其中，生产成本包括直接材料、直接人工和制造费用，非生产成本包括销售和管理费用等期间费用。

财务管理是与"钱"（资金、资本）发生关系，而人效管理是与"人"（人员、人效）发生关系，两者涉及的角度略有不同。

借用成本管理概念，根据企业业务特性的不同，把"直接人员"定义为与销售收入产生业务关系最直接的那部分人员。通常，我们把与销售收入有直接关系的部门统称为业务部门，业务部门的人员统称为"直接人员"。直接人员的属性，不能简单地用部门名称来"统一"定义，企业所处行业或经营业务的特点不同，定义也不同。

（1）对于制造业企业而言，对于销售收入目标计划，销售部、生产制造部和质量管理部的人员，可以列为直接人员进行直接细分；技术研发部、仓储物流部、采购供应部、销售部、市场部和客服部的人员，可以列为间接人员进行间接细分；剩下的财务部、人资部、企划部和行政后勤部的人员，列为配套人员不进行细分。那么，直接细分和间接细分就存在差异性。

（2）对于纯销售型企业而言，对于销售收入计划的细分，直接人员就是销售部，市场部和客服部的人员属于间接人员；财务部和人资部的人员，列为配套人员不进行细分。

（3）对于纯科技型企业而言，研发部人员是直接人员。

通过所列举的这些类型（当然还有很多）企业的不同业务特性，大致可以知道直接人员的概念和划分，也就知道了人效管理计划细分的方法。总之，就是将企业总经营目标细分到每一个人。

6. 按时间周期的线索细分

企业经营是有时间周期的，一般而言，有天、周、旬、月、季度、半年度、全年度的时间周期之分。另外，还有一些较长时间周期的规划，比如三年规划、五年规划等。

有了时间周期的划分，对于企业经营者而言，就会被要求在一定的时间周期内达成经营计划的各项经营指标。所以，人效管理计划的细分，就要按照这些时间周期进行。

在时间周期的细分过程中，企业也会考虑客户购买习惯、季节性、人员流动性、上下班时间、节假日等因素，在一个年度内做不同月度计划指标的细分差异性调整，绝不能采取"一刀切"的平均细分办法。什么样的差异性是合理的，则需要参考企业近三年的财务数据，有必要的话还需要进行数据回归分析，找出规律和模型方程式来进行调整。

当月度经营计划有差异性细分后，每月的目标计划还需要一个合计计算，在下月目标计划中进行修正。这怎么理解呢？举例说明，如表 15-8 所示。

表 15-8　全年每月目标计划修正　　（单位：万元）

月份	年初制订的每月计划值		实际完成值	差值（用调整值核算）	本月的目标计划修正值
	平均值	调整值			
1月	144	130	131	1	130
2月	144	100	80	−20	99
3月	144	158	160	2	178
4月	144	160	158	−2	158
5月	144	150	155	5	152
6月	144	160	150	−10	155
7月	144	160	170	10	170
8月	144	160	165	5	150
9月	144	160	160	0	155
10月	144	110	115	5	110
11月	144	150	156	6	145
12月	144	130	130	0	124
全年合计	1 728	1 728	1 730		

在表 15-8 中，年初制订每月计划值有两种方法：一种是平均法，把总目标计划除以 12 个月，就得到每月计划值；另一种是调整法，就是综合考虑季节性、人员流动性、客户需求、上下班时间、节假日等因素后，调整后的每月计划值。

在表 15-8 中，差值 = 实际完成值 − 计划值（按调整值核算）。本月的目标计划修正值 = 调整值 − 差值（差值的正负号带入）。那么，每个月的目标计划修正值分别是：

- 1 月的目标计划修正值为 130 万元；
- 2 月的目标计划修正值为 100 万元 −1 万元 = 99 万元；

- 3月的目标计划修正值为158万元–（–20万元）=178万元。

之后的每月都以此类推。

┃实战经验分享15-3 ┃

在企业实战应用过程中，若目标没有达成，并且每月清零后对于亏欠目标不闻不问，到年底便会与目标计划值相差很远。

在核算人员工资时，即便是前几个月有很多亏欠没有处理（因为每月结账后已清零），但一旦某月的实际完成值超过计划值很多，企业就需要依照制度上的规定，支付超额奖金。这么一来，奖金是按超额数值发出去了，但年底做汇总时最终目标计划并没有超额完成。

为解决这一问题，引入了时间周期细分之后的"本月目标计划修正值"的指导思想，使得人力成本的支付进度与企业经营目标计划达成进度基本上同步。

从这一点上可以看到，人效核算系统的构建，最重要的不是模式或模板，而是构建理念和解决问题的思路。

7. 按地域分布的线索细分

对有跨地区经营业务的企业，才有地域分布之分。若企业只在一个地方经营，就不需要按地域分布进行细分。

按地域分布的线索进行细分，其方法还是比较简单的，可以参照图15-3按组织结构的人效管理计划细分，区分华东、华南和华中地区进行细分，也可以按照"省、地、市、县、镇"行政区域划分顺序进行细分。细分的基本原则是，哪个地区有业务、有员工，就要细分到哪个地区。在此就不赘述了。

8. 按分析路径的线索细分

前面讲过，人效核算系统是人效管理体系中的其他三个系统（人效分析系统、人效导示系统和人效改善系统）的风向标、参照物和出发点。那么，按分析路径的线索进行细分的结果，则是直接为人效分析系统做好准备。没有这一步人效核算系统构建理念的设计，后面人效分析系统的数据信息也就无法对标，包括数据记录、采集和统计的路径就会出现混乱。如果数据的记录、采集和统计的路径不一致，人效分析系统的结果就可能不正确。用不正确的分析结果去导示企业的员工、管理者和决策者是错上加错，会误导企业上下整体发生错误。因此，按分析路径的线索细分，是一项非常重要的构建内容，如图 15-19 所示。

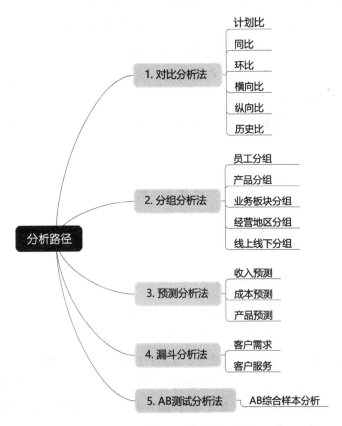

图 15-19　分析路径的线索

图 15-19 所示的分析路径是人效分析系统的主要内容，在第 17 章对分析工具的使用都有详细讲解。在这里所要讲的人效管理计划细分内容，是指在目标计划中需要"预先"做好相关概念和作用的设置，以此作为目标计划细分的基础。

（1）对比分析的定义和作用，如表 15-9 所示。

表 15-9　对比分析的定义和作用

序号	对比项	定　义	作　用
1	计划比	是指与实际完成值与计划目标值之间的对比	用于分析现状，与计划目标值相比，是属于超额完成、完成、持平、未完成的哪一种状态
2	同比	是指与上年度同期比较，例如，2019 年 12 月与 2018 年 12 月相比。也可以与历史同时期比较	用于分析现状，与上年度同期相比，属于进步、持平、退步的哪一种状态。在进行目标计划细分时可做参考
3	环比	是指本期与上期比较，例如，2019 年 12 月与 2019 年 11 月相比	用于分析现状，与本年度上月相比，属于进步、持平、退步的哪一种状态。在进行目标计划细分时可做参考
4	横向比	是指组织结构中处于同一层级的横向比较，不分业务板块、地区或部门	用于分析现状，相同层级人员之间的差异和优劣。特别关注最高值和最低值，在进行目标计划细分时可做参考
5	纵向比	是指组织结构中处于同一类的，从最高层级到最低层级的直属线的比较	用于分析现状，同一类的不同层级人员之间的差异和优劣。特别关注最高值和最低值，在进行目标计划细分时可做参考
6	历史比	是指本期与近三年同期比较，例如，2019 年 12 月与 2018 年 12 月、2017 年 12 月、2016 年 12 月相比	用于分析现状，与近三年同期相比，属于进步、持平、退步的哪一种状态。在进行目标计划细分时可做参考

（2）分组分析的定义和作用，如表 15-10 所示。

表 15-10　分组分析的定义和作用

序号	分组项	定　义	作　用
1	人员分组	按不同层级的不同类别的人员进行分组，例如，新员工组、老员工组、主管组、经理组、总监组……	用于同组人员之间的比较，看某一人员与平均值、最高值和最低值相比是高、低，还是持平。在进行目标计划细分时可做参考
2	产品分组	按不同产品的不同型号的相关人员进行分组	用于同一产品的相关人员之间的比较，看某一人员与平均值、最高值和最低值相比是高、低，还是持平。在进行目标计划细分时可做参考

分组分析的线索还有业务板块分组、经营地区分组和线上线下分组，这些可以参照上面已经讲过的内容进行细分。

（3）预测分析的定义和作用，如表 15-11 所示。

表 15-11　预测分析的定义和作用

序号	分析项	定　义	作　用
1	收入预测	用数据分析方法，找出与收入相关的因素之间的概率模型及方程式，用于测算人效管理计划值	在进行收入目标计划细分时，直接应用模型方程式预测收入计划值，作为决策参考依据。比如，上面的"按人员工龄的线索细分"中的方法演示，就是一种应用

（续）

序号	分析项	定 义	作 用
2	成本预测	用数据分析方法，找出与成本相关的因素之间的概率模型及方程式，用于测算人效管理计划值	在进行成本目标计划细分时，直接应用模型方程式预测成本控制的预算值，作为决策参考依据
3	产品预测	用数据分析方法，找出与产品相关的因素之间的概率模型及方程式，用于测算人效管理计划值	在进行产品调整目标计划细分时，直接应用模型方程式预测产品品类、型号和数量方面的计划值，作为与产品相关人员的目标计划的决策参考依据

（4）漏斗分析的定义和作用，如表 15-12 所示。

表 15-12　漏斗分析的定义和作用

序号	分析项	定 义	作 用
1	客户需求	在客户关系管理系统中，对客户不同的需求和购买力进行客户层次的分析，以获得目标客户群的锁定	将客户漏斗层次区分之后的结果，与人员服务能力层次相匹配，使得企业的客户服务水平更具有针对性和资源匹配性
2	客户服务	对客户服务过程中的客户满意度和客户投诉解决率方面的数据进行分析，以赢得客户忠诚度	

（5）AB 测试分析的定义和作用，如表 15-13 所示。

表 15-13　AB 测试分析的定义和作用

序号	分析项	定 义	作 用
1	AB 综合样本分析	将人员分为 A 组和 B 组，在所有条件相同（同一地区、同一业务种类、同一组织结构、同一经营政策……）的前提下，只做其中一个条件的"假设设置和变动"，记录相关的两组数据，得到综合性模型参数	用于企业经营模式调整、产品调整、组织结构调整、经营目标计划调整、薪酬激励政策调整等，大多综合应用

上述八个方面，都是在进行人效管理目标计划的细分时需要思考的具体内容。

"进度实时化"的构建内容

如果说人效管理目标计划的细分只是考虑了"事前"的计划和预案，那么计划是如何实施的？实施的过程用什么来跟踪？已实施的过程和结果是否符合目标计划？这些问题的解决，就需要靠构建人效管理计划的"进度实时化"跟踪的内容。

通常我们评价目标计划执行的结果是好还是不好，是用"实际完成率"来评估的，计算公式如下：

实际完成率=（实际完成值－目标计划值）÷目标计划值×100%

并且，评估的时间是等到一个周期结束（一般以月度为一个周期）之后再评估。这种做法，基本上可以说是属于"事后"的，它缺少了关注过程，更没有关注人效管理的过程。

当我们构建人效管理体系时，需要增加一个新的概念，即用完成值的数据预测实现目标计划的可能性是多少，具体的公式修改如下：

预测完成率（月）=已过天数的累计完成值÷已过天数×全月总天数×100%

这个计算公式就是跟踪人效管理进度的计算公式。它在图9-5和图9-6中已经有应用，可以查看相关案例。下面讲解公式的演算过程，如表15-14所示。

表15-14 预测完成率公式应用数据

日期	每日完成值	累计完成值	预计完成值（进度）	月计划值
1日	5.8	5.8	180	236
2日	8	13.8	214	236
3日	10	23.8	246	236
4日	9	32.8	254	236
5日	5	37.8	234	236
……				
31日				

表15-14中数据的计算解释如下。

（1）"每日完成值"，是每一天的实际完成值。

（2）"累计完成值"，是以当天的完成值加上已过天数的累计完成值。比如：

- 2日的"累计完成值"=2日的完成值+1日的完成值=8+5.8=13.8。
- 3日的"累计完成值"=3日的完成值+2日的完成值+1日的完成值=10+8+5.8=23.8。
- 4～30日的"累计完成值"也以此类推得到。

（3）"预计完成值（进度）"，是用计算公式计算得到。比如：

- 1 日的"预计完成值（进度）"=5.8÷1×31=180。
- 2 日的"预计完成值（进度）"=13.8÷2×31=214。
- 3 日的"预计完成值（进度）"=23.8÷3×31=246。
- 4 日～30 日的"预计完成值（进度）"也以此类推得到。

（4）"月计划值"，是月初下达的目标计划值。

有了这个"预计完成值"的概念和简单的计算公式，就能非常方便地测算出预计完成的可能性和具体直观的数据参考值，既方便了员工对目标的关注，也方便了各级管理者对本部门全体人员能否完成目标计划的过程进度跟踪。

把这个公式应用于预测公司整体经营计划的完成率，就能关注到全体人员的月中过程，而不是等到月底再评估。如表 15-14 所示，如果每天完成量都像 1 日、2 日那样，预计全月无法完成计划值。如果每天完成量都像 3 日、4 日那样，那么预计全月能够超额完成计划。这就是"关注人效过程"。

预测完成值的计算方法有了，人效的实时跟踪也就解决了。把表 15-14 的数据通过图表的形式每天自动分享到员工终端（手机或电脑）、管理者终端（笔记本电脑或台式电脑）和高层决策者终端。

这就解决了人效核算系统中的人效管理计划"进度实时跟踪"的问题。相比原来常用的月底评估的方法，它相当于提前对人效管理的过程进行有效关注。人效导示系统的同步分享，使得企业全体人员对目标计划的执行进度一目了然，大大缩短了管理时间，也降低了管理成本。

同理，我们可以延伸出季度、半年度和全年度的"预计完成率"的计算公式，就是把公式中的单位"月"修改为"季度、半年度和全年度"即可。

还可以延伸出业务板块、地区、产品、事业部、业务线、部门（门店）的"预计完成率"，计算公式就是把公式中的单位"月"修改为"业务板块、地区、产品、事业部、业务线、部门（门店）"即可。

15.2 结果决算｜基于综合评估的应用需求

人效核算系统的最后一环就是对人效管理计划的完成进度进行跟踪，直到一个周期结束，最终得到实际完成值与计划值的对比结果，将其用于人效管理体系中的其他三个系统（人效分析系统、人效导示系统和人效改善系统）的输入。这个对比结果的数据信息，可提供给企业经营决策者依此判断和做出下一个周期经营是否调整的决策，包括人员薪资核算及薪资调整、人员管理方面的调整、财务管理方面的调整等。

有了从第 13 章开始到本章的所有内容的前期工作铺垫，到了人效管理的决算环节就比较好做了，可以直接用实际完成值与目标计划值进行对比就能得出决算的结论。它的基本结构，如表 15-15 和表 15-16 所示。

表 15-15　人效决算报告的基本结构（模板 1）

报告对象名称：

序号	本月决算			同比决算		环比决算	
	计划值	实际完成值	完成率	同期完成值	比对结果	上期完成值	比对结果

表 15-16　人效决算报告（模板 2）

报告对象名称：

序号	横向比决算				纵向比决算				历史比（近三年同期）决算		
	最高值	最低值	平均值	第几位	最高值	最低值	平均值	第几位	提升	持平	退步

表 15-15 和表 15-16 所示的决算如何操作？操作方法有哪些？这部分内容和方法步骤非常多，集中放在第六篇"分析篇"中详细讲解。

决算报告的种类有很多，可以根据企业经营管理的需要进行调整和编制，把主要的决算报告进行归类后，列举的部分文件如表 15-17 所示。

表 15-17　人效决算报告的应用范围

序号	人效决算报告项目类名称	应用范围			
		高层决策	中层管理	职能管理	员工本人
1	个人的目标计划完成值及完成率		√	√	√
2	部门（门店）的目标计划完成值及完成率	√	√	√	√
3	产品线的目标计划完成值及完成率	√	√	√	
4	业务线的目标计划完成值及完成率	√	√	√	
5	地区的目标计划完成值及完成率	√	√	√	
6	事业部的目标计划完成值及完成率	√	√	√	

（续）

序号	人效决算报告项目类名称	应用范围			
		高层决策	中层管理	职能管理	员工本人
7	业务板块的目标计划完成值及完成率	√	√	√	
8	对比分析报告（同比、环比、横向比、纵向比、历史比）	√	√	√	√
9	分组分析报告（人员分组、产品分组、业务板块分组、经营地区分组和线上线下分组）	√	√	√	√
10	预测分析报告（下一周期的收入波动预测、成本管控预测、产品调整参考预测）	√	√	√	√
11	漏斗分析报告（客户层次变化、人均客户服务量、客户满意度）	√	√	√	
12	AB测试分析报告	√	√	√	

表15-17中的"应用范围"只是显示了"需求对象"，它们各自的"需求内容"并没有一个个展示，原因有多种：

其一，这方面的内容有很多，每个都展示出来占用篇幅很大，而且大多数是上面内容的简单重复，没必要这么做。

其二，每个企业的不同"报告对象"的"需求内容"有很大的差异，所以也没有必要具体展示。

其三，重要的是掌握方法原理，表15-17所示的12项人效决算报告的内容只是一种提示。在企业经营管理中，还可以根据实际需要调整和延伸出符合企业需要的决算报告，比如线下和线上的分类报告、国内和国际的分类报告等。

第六篇

分析篇

人曰：分析曲折，昭然可晓。

我说：全面解剖，心知肚明。

本篇位置：

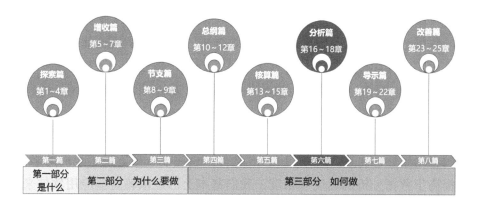

第 16 章

统计分析方法的应用

人效分析系统中有一项重要的工作,是对人员使用水平和人员管理水平的数据进行分析(本书简称为"人效分析"),它也是用统计学原理来进行分析的。统计学的数据分析方法,可以分为"描述统计分析"和"推断统计分析"。那么,具体在人效分析里,哪些方法可以直接应用,哪些方法需要转换后应用?这些就是本章将要讲述的内容。

随着计算机技术的高速发展,多种统计分析方法已经被开发出来,相关的应用软件也比较多,比如 SPSS 软件,这些极大地方便了我们的操作,也提高了数据分析的速度和精度,我们基本上已经依赖这些应用软件来进行统计分析。不过,有时我们会忘记统计学的相关专业知识,面对软件给出的模型数据结果,也会有判断和取舍的问题。因此,非常有必要重新温习统计学理论知识和统计分析方法的原理。

本章所讲的统计分析方法在人效分析系统的内容方面,偏重于实战的应用,不经常使用的、数据收集类的、纯概念性的理论知识就不在此赘述了。

在人效分析系统中,人效分析所使用的数据基本上是采用全体人员的人效数据,而不是采用一部分人员的抽样数据,这一点是有区别的。统计学的基础理论基本上都能应用，如数据的收集、整理、图表描述、数据分布特征、概率分析和数理统计分析等。

16.1 描述统计法的应用

数据类型

用于进行人效分析的数据大致分三种类型：分类数据、顺序数据和数值型数据。分类数据和顺序数据均表示类别，可以说是定性数据或品质数据；数值型数据表示的是数量特征，通常用数值表示，可以说是定量数据或数量数据。

1. 分类数据

分类数据，是指只能用归类方法表述的非数值型数据。比如，人员的归属性数据：哪一个业务板块、哪一个地区、哪一个部门、哪一类岗位（或职位）、哪一个团队等；又如，人员结构方面的数据：性别、新员工、老员工、试用期员工、转正员工等。

在人效分析中，对于分类数据，可以用数字代码表示各个类别的区分。比如，性别中"男"用"1"表示，"女"用"0"表示；地区的"华东区"用"H1"表示，"华南区"用"H2"表示，等等。

2. 顺序数据

顺序数据，是指只能归类于某一有序类别的非数值型数据。这一类数据，在人效分析中比较常见。比如，人员在组织结构中哪一岗位的哪一级（一级、二级……），人员技术水平是哪一级（一级、二级……），能力水平是哪一级（一级、二级……），文化水平（高中、大专、本科、硕士、博士/博士后），专业职称（助理、中级、高级）等。

顺序数据也可以用数字代码表示。比如，文化水平的"高中"用"11"表示，"大专"用"12"表示，"本科"用"13"表示，"硕士"用"14"表示，"博士/博士后"用"15"表示等。

> **实战经验分享 16-1**
>
> 分类数据或顺序数据用数字代码表示时,需要注意两点:
>
> 第一,一个数字代码不能重复使用。比如,用"11"和"12"分别表示"高中"和"大专"两类文化水平的数据,而不能将"11"重复使用来同时表示"高中"和"大专"两类数据。
>
> 第二,在一个企业内(特别是有多个子公司的企业),数字代码要统一,不可以是同一个分类数据或顺序数据,数字代码有多个。比如,销售部人员的文化水平"大专"用"12"表示,市场部人员的文化水平"大专"却用"21"表示,这是不允许的。
>
> 在分类数据或顺序数据的数字代码使用过程中,如何防范在以上两方面出错?方法是:首先,设计和制定企业整体的《数据的编码规则》;其次,将《数据的编码规则》进行企业内部的宣导;最后,统一实施,并经常检查和纠错。

3. 数值型数据

数值型数据,是指按照一定的数字尺度测量的记录值或观察值,其结果表现为具体的数值。比如,经营目标的计划值、各部门和员工个人的实际完成值、实际完成率等。

4. 截面数据

截面数据,是指不同主体在相同时间点或同一时间段收集的数据。比如,人效分析中的同比分析所采集数据的就是同期(本年度与上年度的同期)各部门完成值的截面数据。

截面数据的概念非常重要,人效导示系统中的分析报告"共享"时,彼此沟通的数据一定是某一相同时刻的截面数据,不然就容易发生"时间点不统一"的沟通问题。

5. 时间序列数据

时间序列数据,是指在不同时间点收集的数据。比如,全年12个月的每月计划值、完成值和完成率等,又如,员工入职后的每天、每月和每年的完成值等。

| 实战经验分享 16-2 |

在人效分析中，使用最多的是数值型数据、截面数据和时间序列数据。基本上每天、每月、每季度、半年度和全年度的人效分析，都会遇到这些数据。

对于分类数据和顺序数据，"变动"的可能性有如下几个方面：

（1）首次构建人效管理体系时，要设计好类别和顺序的定义。

（2）当企业的组织结构或经营业务调整之后，也会遇到类别和顺序定义的调整问题。

（3）每年的年初对经营目标计划进行调整时，有时也会进行类别和顺序定义的调整。

除此之外，分类数据和顺序数据基本上不会变动，即一直沿用到下一次变动前。

数据收集

数据收集，即数据的来源。可以说，所有的统计数据都能追踪其初始来源。从人效分析系统的角度而言，大部分统计数据采用两个主要的直接来源。

第一个来源，是企业经营管理过程和结果中所涉及的各类人效数据。这部分可以说是数据的直接来源，用各部门的报表数据，或者是经营管理系统（比如，企业资源计划系统、客户关系管理系统、供应链系统、物流运输系统、办公系统、财务系统和人力资源管理系统等）的接口对接或者导出数据，都是非常容易和方便获得的。

第二个来源，是针对人效管理体系进行相关调查、求证和检验后所得到的一手数据资料。这部分也可以说是数据的直接来源。

除了上面两个获取数据的直接来源以外，还有一种不常用的获取数据的"间接来源"。只有当我们需要分析和评估企业的人效管理水平在社会上处于什么层次，或者企业经营战略调整时，才会通过社会上公开发表的期刊文章、网站资料、上市公司报告、咨询报告等渠道进行"二手数据"

的收集，而这种就是数据的"间接来源"。这些数据资料的收集，有的是免费的，有的是需要付费的。具体看企业的实际需要，以此来确定数据的来源和获取方式。

数据汇总

在介绍数据汇总方法之前，我们先引用一份数据资料，案例信息如下。

☐ **案例 16-1**

这是一家跨地区经营快速消费品的销售类企业。它的经营范围以华东为主，包括上海两个部、浙江两个部、江苏两个部、安徽一个部、江西一个部和福建两个部，也逐步扩大到了华中有湖南一个部、华南有广东两个部。目前一共有 13 个部，总人数近 480 人。人员情况如表 16-1 所示。

表 16-1　人员情况

区域	部门	总人数	新员工人数	区域	部门	总人数	新员工人数
华东	上海一部	34	0	华东	江西一部	48	5
华东	上海二部	35	2	华东	福建一部	35	3
华东	浙江一部	40	3	华东	福建二部	34	6
华东	浙江二部	44	1	华中	湖南一部	29	5
华东	江苏一部	40	0	华南	广东一部	29	6
华东	江苏二部	39	5	华南	广东二部	34	8
华东	安徽一部	34	7				

注：新员工是指从入职起算的工龄≤3个月的员工。

在实际人效分析过程中，数据的采集和分析每个月进行一次。每个月的数据都是一份独立的 Excel 格式的工作簿。要做企业所有人员的人效分析，首先要做一份数据汇总表。做这样的数据汇总表有四种方式。

第一种，是最笨的方法，即"复制 + 粘贴"。这种方法适合数据量很小时使用。比如，案例 16-1 中共有 13 个部门，一个月有 13 份共近 480人的数据要汇总。全年 12 个月，每个月进行一次，这就有 12 次的 13 份共近 480 人的数据要汇总。中型企业有上千人，再加上经营地点数量的增加,用这种"复制+粘贴"的办法,工作效率会很低。当企业要求每月1日出人效分析报告时,即使加班加点都来不及。

第二种,用软件插件的自动生成数据表汇总的方法。这种方法简单快捷,适合数据量很大时使用。但是,正版的软件插件需要付费,非正版的软件插件又不敢使用。

第三种,用自动化系统自动汇总,不需要人工操作,这是最省人力的"傻瓜式操作"方法。

第四种,在前面三种都不可行的情况下,可以编辑一段"VBA程序模块",需要用时启动【运行】即可。这种方法适合不同规模的企业,非常方便,也不会出错。缺点是,需要操作者学习和掌握VBA编程语言,才能快速做好数据汇总表。

┆实战经验分享 16-3┆

现在学习 VBA 编程语言是非常便利的,看书、上网校学习和上网查找资料解答都是学习的路径。笔者的体会是,刚开始会觉得比较简单,后面则越学越难。后来,笔者就选择对工作有用的部分学习,用不上的暂时放一边。整个学习过程是一个学学停停的过程,学到后面,忘记了前面知识点又返回去学习,是常有的事。笔者慢慢地养成了把解决问题作为学习目的的习惯。熟能生巧,关键是要经常动手操作,只是看书、听课,不动手操作是永远学不会的。反复动手操作,慢慢就会熟练。还可以把常用的 VBA 小程序保存起来,供自己随时调用。

下面讲两种数据汇总的常用方法。

1. Excel VBA 软件操作法

(1)同一个工作簿内不同工作表的数据汇总方法。

- 第一步,是查看各部门的数据工作表是不是用的同一种格式,再查看这些工作表是否已经在 Excel 的工作簿里。然后,在这个工作簿中再建一个新的工作表,名称为【合并】,如图 16-1 所示。

图 16-1　一个工作簿的多表图

- 第二步，右击【合并】工作表（如图 16-2 中的箭头标记 1），在弹出的对话框内点击【查看代码】（如图 16-2 中的箭头标记 2），如图 16-2 所示。

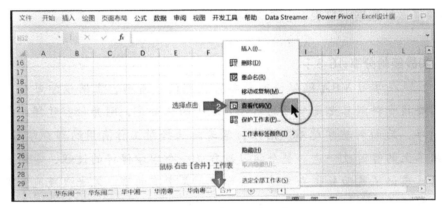

图 16-2　选择【查看代码】图

- 第三步，当点击【查看代码】后，就出现了如图 16-3 所示的 VBA 程序编辑界面。
- 第四步，在图 16-3 的 VBA 程序编辑界面，编辑 VBA 程序语言（复制之前用过的程序模板内容，可以省略每一次的键盘输入）。
- 第五步，点击【F5】快捷键运行程序，几秒钟后就能看到所有工作表合并的数据表，说明数据汇总合并成功。
- 第六步，保存和关闭 VBA 编程窗口界面后，就能看到一份汇总了 13 个部门的数据表，但是有很多表头，也一起合并了（VBA 程序运行时，连同表头一起合并），如图 16-4 所示。
- 第七步，去除【合并】工作表的重复表头。如果采取手动一个个地删除，比较麻烦，删除速度也很慢。快捷的方法和操作步骤如下：

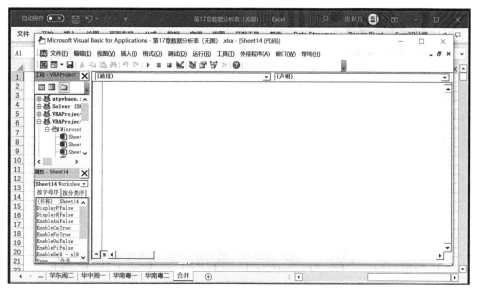

图 16-3　VBA 程序编辑界面图

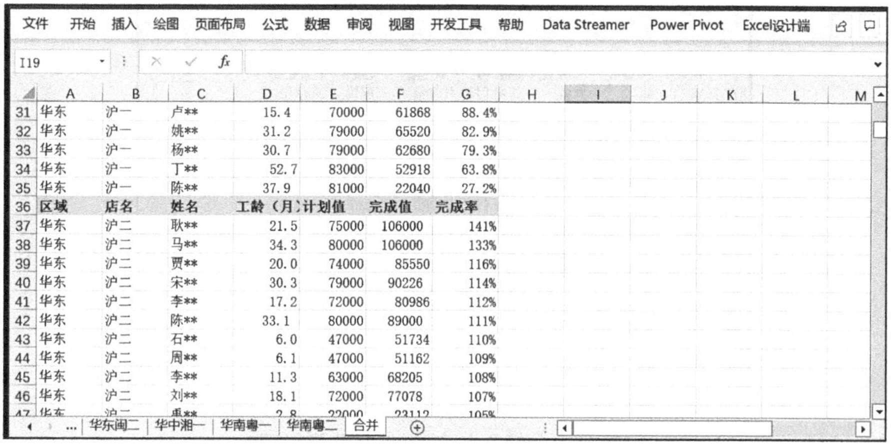

图 16-4　汇总数据表中的表头重复行图

○ 点击【区域】单元格的下拉按钮（如图 16-5 中的箭头标记 1）；
○ 在下拉菜单中只勾选【区域】（如图 16-5 中的箭头标记 2）；
○ 点击【确定】（如图 16-5 中鼠标标记处）。
○ 点击【确定】之后，就看到如图 16-6 所示的所有表头重复行内容。

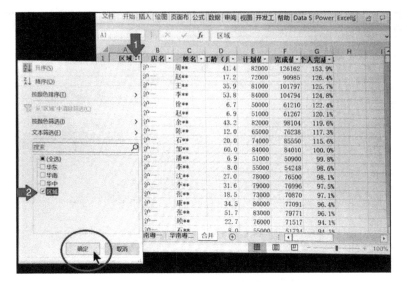

图 16-5　筛选重复行操作图

图 16-6　筛选的所有表头重复行图

- 把筛选出来的表头重复行都删除,一份汇总 13 个部门的【合并】数据表就做好了,如图 16-7 所示。

(2)多个工作簿的多个工作表的数据汇总方法。

- 第一步,首先把原始数据的工作簿存放在一个文件夹内(不能是多个文件夹),并建一个空工作簿,文件名为【合并汇总】,如图 16-8 所示。

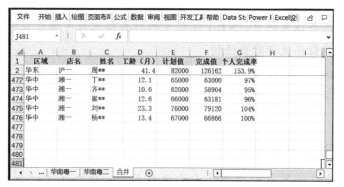

图 16-7 合并的完整数据表图

图 16-8 打开一个文件夹的所有工作簿图

- 第二步和第三步，打开文件【合并汇总】，接着与上面的第二步和第三步的方法一样操作。
- 第四步，进行 VBA 编程。这段 VBA 程序比较复杂，此处不详细讲解。
- 第五步至第七步的操作与上面的第五步至第七步的操作一样，也要去除表头的重复项，最后获得的汇总数据表与第一种方法一样，内容图就不展示了。

|实战经验分享 16-4|

（1）上述两种数据工作簿和工作表合并的 VBA 程序运行方法，基本上每个月都会遇到。特别是年底全年 12 个月的汇总，数据量很大，使用这两种方法就简单快捷多了。

（2）需要注意的是，VBA 编程中的所有标点符号都是在英文状态下输入，不然程序执行时会报错。

（3）建议保存这两种合并文件的 VBA 程序，每次使用时，通过简单的"复制＋粘贴"就可操作了。

2. SPSS 软件操作法

SPSS 软件的数据汇总操作方法也有两种。这两种方法都不受文件存放位置的影响，只需要在 SPSS 软件中打开数据工作表即可。

（1）纵向汇总方法。

纵向汇总方法，是把多个列项名称一致的工作表进行纵向的首尾相连汇总，具体步骤如下。

- 第一步，打开 SPSS 软件，分别导入需要合并的数据工作表（需要汇总几个，就分别导入几个，案例 16-1 中有 13 个部门的数据工作表，就导入 13 个）。如图 16-9 所示，分部导入了两个。

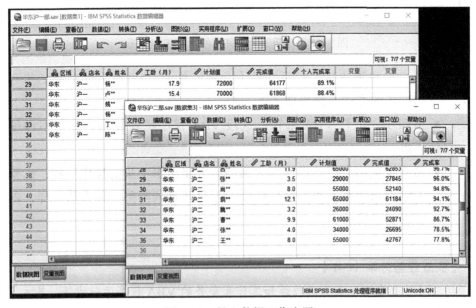

图 16-9　导入数据工作表图

图 16-9 所示的两个数据工作表（华东沪一部、华东沪二部）已经分

别导入成功。这两个工作表的列项名称相同,华东沪一部有34人,华东沪二部有35人。把这两个部门的数据汇总在一起,形成一张69人的数据表。

- 第二步,在"华东沪一部"的【数据视图】界面,点击【数据】(如图16-10中的箭头标记1),再点击【合并文件】(如图16-10中的箭头标记2),然后点击【添加个案】(如图16-10中的箭头标记3),如图16-10所示。

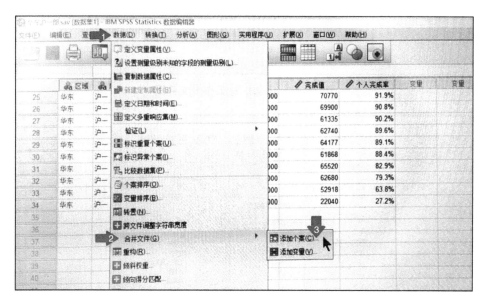

图16-10 纵向汇总步骤选择图

- 第三步,在图16-10所示的点击【添加个案】之后,在弹出的对话框界面,点击选中需要汇总的数据工资表名称(如图16-11中的箭头标记1),再点击【继续】(如图16-11中的箭头标记2),如图16-11所示。
- 第四步,在图16-11所示的界面,点击【继续】之后,出现一个对话框界面,直接点击【确定】,如图16-12所示。
- 第五步,在图16-12所示的界面点击【确定】之后,就看到两个工作表的数据已经自动汇总成。如图16-13所示,一共有69人的一份汇总数据表。

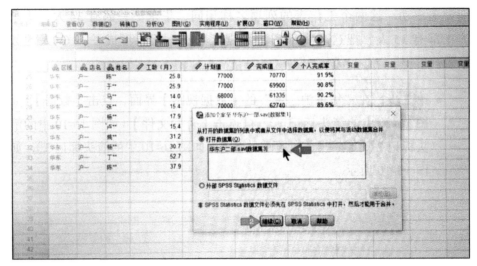

图 16-11　添加汇总工作表文件图

图 16-12　"添加个案"界面图

从图 16-13 所示的内容中可以看到，它已经把图 16-9 所示的两个数据工作表（华东沪一部、华东沪二部）汇总成功。华东沪二部的 35 人，排在华东沪一部 34 人的下方（纵向汇总），形成一张 69 人的数据表。

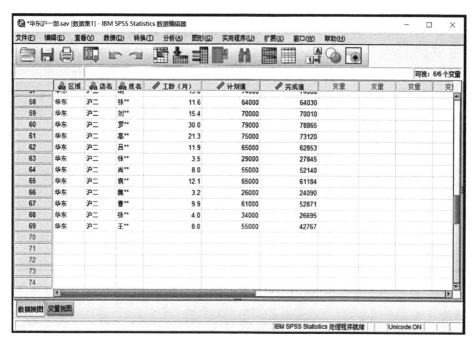

图 16-13　两份工作表数据纵向汇总结果图

另外 11 个部门的数据汇总，方法步骤与上面一样，不再赘述。

（2）横向汇总方法。

我们经常会遇到这样的数据汇总需求：月初下达任务时，有一份计划值数据表，执行结束后，月底进行实际完成值的数据收集，就有了另一份完成值数据表，需要把它们汇总在一起。这种数据汇总的具体步骤如下。

- 第一步，将两份工作表的数据分别导入 SPSS 软件，如图 16-14 所示。图 16-14 所示的两份数据表：一份是华东沪一部的计划值数据表，另一份是华东沪一部的完成值数据表。现在要将完成值数据表汇总到计划值数据表的右侧。
- 第二步，在"华东沪一部计划表"的【数据视图】界面，点击【数据】（如图 16-15 中的箭头标记 1），再点击【合并文件】（如图 16-15 中的箭头标记 2），然后点击【添加变量】（如图 16-15 中的箭头标记 3），如图 16-15 所示。

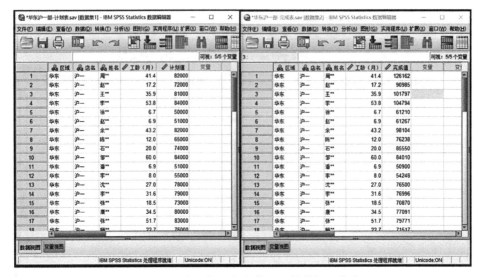

图 16-14　计划值和完成值的两份数据工作表

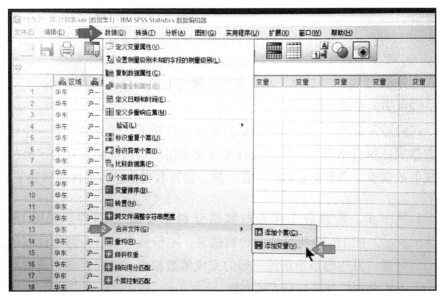

图 16-15　横向汇总步骤选择图

- 第三步，在图 16-15 所示的点击【添加变量】之后，在弹出的对话框界面，点击选中需要汇总的数据工资表名称（如图 16-16 中的箭头标记 1），再点击【继续】（如图 16-16 中的箭头标记 2），如图 16-16 所示。

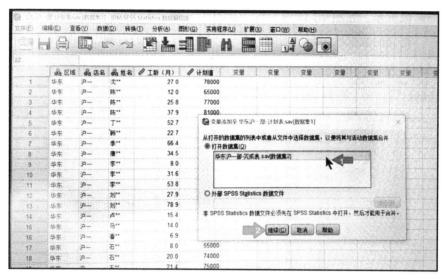

图 16-16　添加汇总工作表文件图

- 第四步，在图 16-16 所示的界面，点击【继续】之后，出现一个对话框界面，直接点击【确定】，如图 16-17 所示。

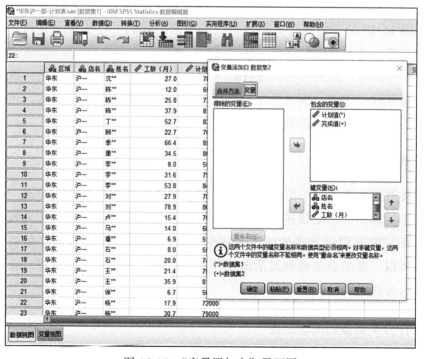

图 16-17　"变量添加自"界面图

- 第五步，在图 16-17 所示的界面点击【确定】之后，就能看到完成值数据表的数据已经自动横向汇总于计划值数据表的右侧，如图 16-18 所示。

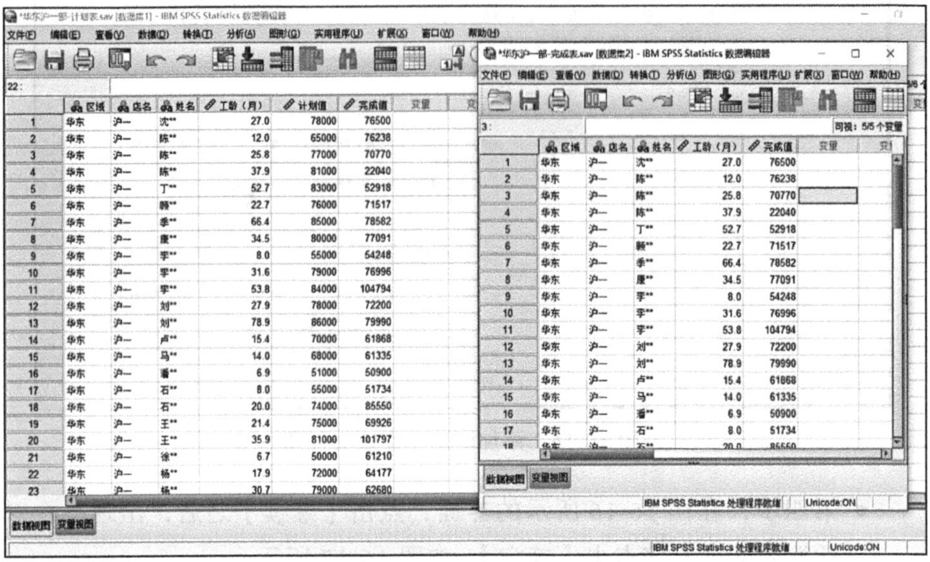

图 16-18　两份数据表的数据横向汇总结果图

图 16-18 的右侧是完成值数据表的截图，我们可以清楚地看到，完成值的数据一个不差地汇总在了计划值的右侧。

上述数据汇总的方法，是我们常用的方法，因为数据汇总是一项周期性和重复性的工作，所以学会使用这些方法是非常有利的。当然，还有其他的汇总方法，在此就不再赘述了。

数据图表描述

数据图表描述，是指将统计数据的分析结果用图表的方式呈现。合理使用不同的图表，是描述统计数据分析结果的基本技能之一。在人效导示系统中，需要用比较多的图表来描绘企业人效管理的现状以及存在的问题。所以，要学会正确和灵活地使用各类图表。为什么这么说呢？看了下面的内容就能明白。

1. 分类数据的图表描述

要获得分类数据，就要将事物进行分类。所以，当我们需要知道每一类数据的个数时,就可以应用统计分析的"频数、频率或比例、比率"等来求得结果。这时用 SPSS 软件来求解是非常方便的。下面以案例 16-1 中"华东沪一部"的数据为例进行讲解。为方便大家练习,把数据公布,如表 16-2 所示。

表 16-2　2019 年 1 月"华东沪一部"计划完成数据

序号	区域	店名	姓名	工龄（月）	计划值（元）	完成值（元）	个人完成率（%）
1	华东	沪一	周**	41.4	82 000	126 162	153.9
2	华东	沪一	赵**	17.2	72 000	90 985	126.4
3	华东	沪一	王**	35.9	81 000	101 797	125.7
4	华东	沪一	李**	53.8	84 000	104 794	124.8
5	华东	沪一	徐**	6.7	50 000	61 210	122.4
6	华东	沪一	赵**	6.9	51 000	61 267	120.1
7	华东	沪一	余**	43.2	82 000	98 104	119.6
8	华东	沪一	陈**	12.0	65 000	76 238	117.3
9	华东	沪一	石**	20.0	74 000	85 550	115.6
10	华东	沪一	邹**	60.0	84 000	84 010	100.0
11	华东	沪一	潘**	6.9	51 000	50 900	99.8
12	华东	沪一	李**	8.0	55 000	54 248	98.6
13	华东	沪一	沈**	27.0	78 000	76 500	98.1
14	华东	沪一	李**	31.6	79 000	76 996	97.5
15	华东	沪一	张**	18.5	73 000	70 870	97.1
16	华东	沪一	康**	34.5	80 000	77 091	96.4
17	华东	沪一	张**	51.7	83 000	79 771	96.1
18	华东	沪一	顾**	22.7	76 000	71 517	94.1
19	华东	沪一	石**	8.0	55 000	51 734	94.1
20	华东	沪一	张**	33.0	80 000	74 960	93.7
21	华东	沪一	王**	21.4	75 000	69 926	93.2
22	华东	沪一	刘**	78.9	86 000	79 990	93.0
23	华东	沪一	刘**	27.9	78 000	72 200	92.6
24	华东	沪一	季**	66.4	85 000	78 582	92.4
25	华东	沪一	陈**	25.8	77 000	70 770	91.9
26	华东	沪一	于**	25.9	77 000	69 900	90.8
27	华东	沪一	马**	14.0	68 000	61 335	90.2
28	华东	沪一	张**	15.4	70 000	62 740	89.6
29	华东	沪一	杨**	17.9	72 000	64 177	89.1
30	华东	沪一	卢**	15.4	70 000	61 868	88.4
31	华东	沪一	姚**	31.2	79 000	65 520	82.9
32	华东	沪一	杨**	30.7	79 000	62 680	79.3
33	华东	沪一	丁**	52.7	83 000	52 918	63.8
34	华东	沪一	陈**	37.9	81 000	22 040	27.2

在表 16-2 中，我们看到"华东沪一部"人员的工龄有长有短。工龄分布情况可以用"频数和频率"来分析，具体步骤如下。

- 第一步，在 SPSS 软件中，导入表 16-2 的数据，如图 16-19 所示。

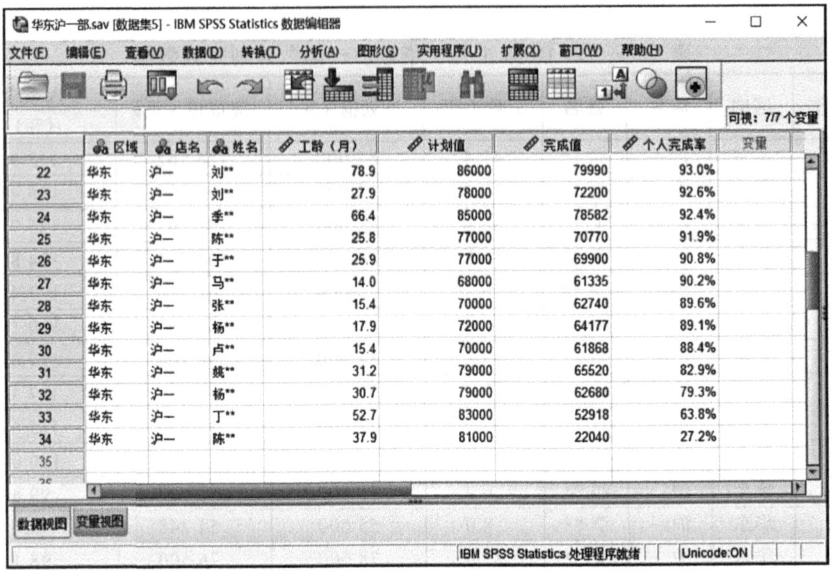

图 16-19　数据导入图

- 第二步，在【数据视图】中，点击【分析】（如图 16-20 中的箭头标记 1），再点击【描述统计】（如图 16-20 中的箭头标记 2），然后点击【频率】（如图 16-20 中的箭头标记 3），如图 16-20 所示。

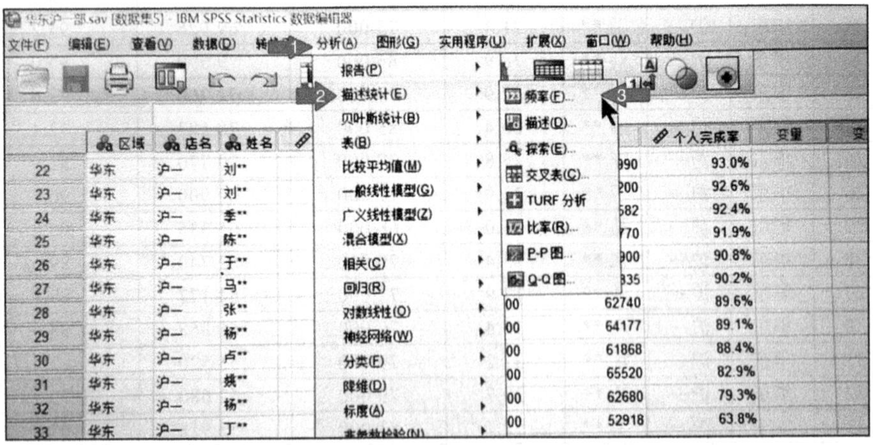

图 16-20　频率分析选项图

- 第三步，在图 16-20 所示的界面点击【频率】后，出现【频率】对话框界面，将【工龄】点击设置为【变量】，勾选【显示频率表】，如图 16-21 所示。

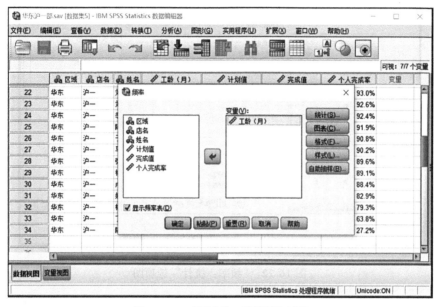

图 16-21 "频率"对话框界面图

- 第四步，在【频率】对话框界面点击【统计】，在弹出的【频率：统计】对话框界面，勾选需要的分析结果，然后点击【继续】，如图 16-22 所示。
- 第五步，在图 16-22 所示的界面点击【继续】后，又回到了图 16-21 所示的【频率】对话框界面，点击【图表】，在弹出的【频率：图表】对话框里，选择【直方图】，勾选【在直方图中显示正态曲线】，再点击【继续】，如图 16-23 所示。
- 第六步，在图 16-23 所示的界面点击【继续】后，回到图 16-21 所示的【频率】对话框界面。点击【格式】，在弹出的【频率：格式】对话框里，选择【按值的升序排序】，再点击【继续】，如图 16-24 所示。
- 第七步，在图 16-24 所示的界面点击【继续】后，就看到了 SPSS 软件统计分析的【查看器】内容，如图 16-25～图 16-27 所示。

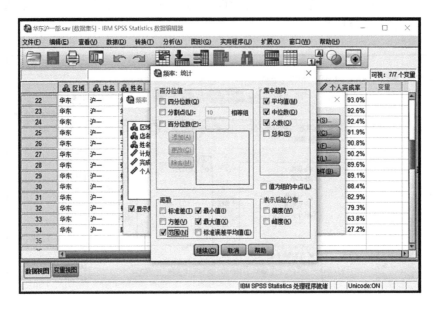

图 16-22 "频率：统计"选项图

图 16-23 "频率：图表"选项图

图 16-24 "频率：格式"选项图

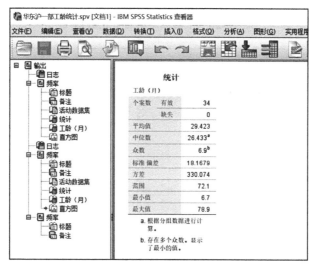

图 16-25 统计表图

在图 16-27 所示的直方图中，我们可以很直观地看到，"华东沪一部" 34 人的工龄分布集中在 40 个月之内。

如果用饼图来描述，结果会是怎样的？操作步骤与上面相同，只是图表选择【饼图】，结果如图 16-28 所示。

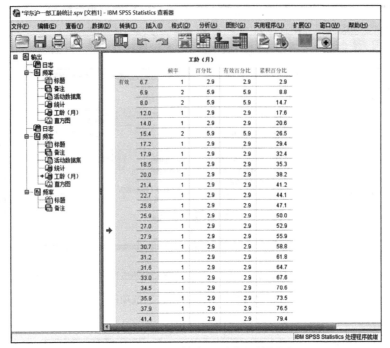

图 16-26 工龄频率的百分比数据图

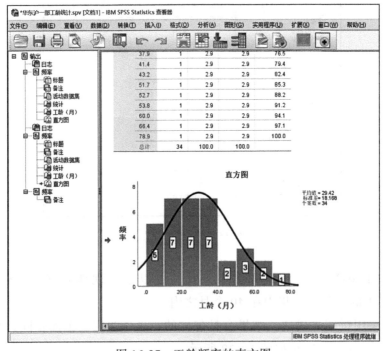

图 16-27 工龄频率的直方图

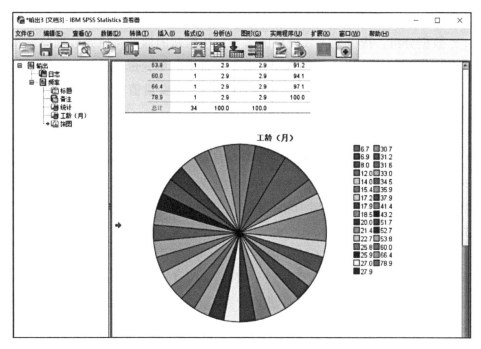

图 16-28　工龄统计的饼图

我们将图 16-28 所示的饼图与图 16-27 所示的直方图进行对比，是否发现直方图更容易让人理解呢？这就是利用数据图表描述分析结果也是一种技能的原因。

适合描述分类数据分析结果的图表形式，除了上述的两种之外，还有条形图，操作方法与前面两种方法一样，在此就不演示了。

2. 顺序数据的图表描述

顺序数据的图表描述，也可以采用分类数据的图表描述方法，比如频数、比例、百分比、直方图、条形图和饼图等。顺序数据还可以计算累积频数和累积频率，只是累积频数和累积频率在人效分析中不是经常用到。基于这两点，顺序数据的图表描述就不在此赘述了。

3. 数值型数据的图表描述

可以说，在人效分析中，用得最多的是数值型数据的分析和相关的图表描述。

（1）数据分组。

数据分组，指根据人效分析的需要，按照新的标准将原始数据分成不同的组别。数据分组通常有两种方法：一种是"单变量值分组"方法，另一种是"组距分组"方法。在人效分析中，"单变量值分组"和"组距分组"都经常用到。

比如，表16-2所示的数据表，可按照员工工龄分成"新员工组"和"老员工组"，这样就能分析出新员工的占比情况，也能分析出人员的流动情况。再如，可按照是否达到100%完成率分成"完成组"和"未完成组"，这样就能分析出达到100%完成率的人员的占比情况，也能分析出人员的工作能力情况。

对表16-2的"员工工龄"进行"组距分组"，按照经营管理的常规周期0～6个月、6～12个月、12～18个月、18～24个月、24～30个月、30～36个月、≥36个月进行分组。在统计数据分组时，习惯上规定"上组限不在内"，即6个月在6～12个月一组，而不在0～6个月一组，同理，其他的工龄分组的上限也在下一组内，以此类推。现在可以通过SPSS软件进行分组、统计和分析，具体操作步骤如下。

- 第一步，将表16-2数据导入SPSS软件，如图16-29所示。

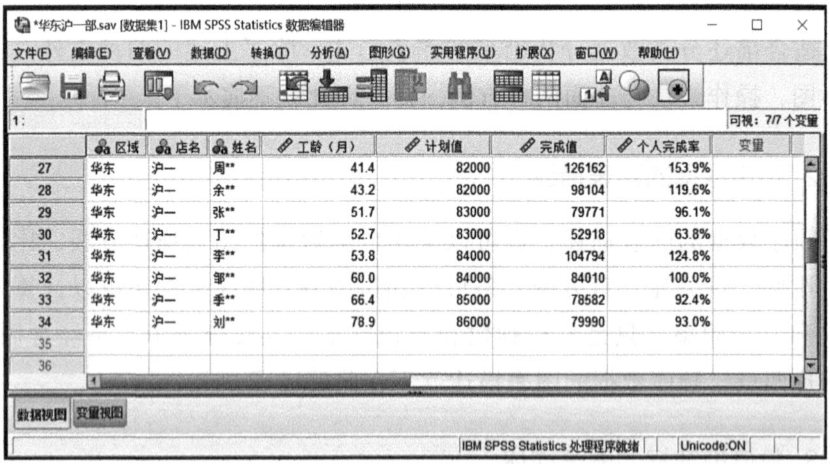

图16-29 数据导入图

- 第二步，在上一步导入数据的【数据视图】界面，点击【转换】（如

图 16-30 中的箭头标记 1），再点击【重新编码为不同变量】（如图 16-30 中的箭头标记 2），如图 16-30 所示。

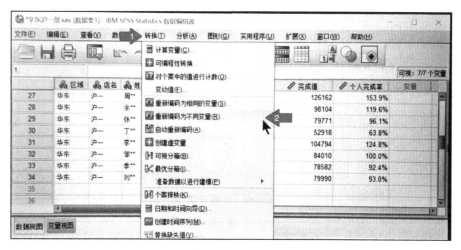

图 16-30　数据分组转换选择步骤图

- 第三步，在第二步点击【重新编码为不同变量】之后，弹出一个【重新编码为不同变量】的对话框界面。先把【工龄（月）】设置在【数字变量→输出变量】的框内，如图 16-31 所示。

图 16-31　选择需要分组的"数字变量"图

- 第四步，在【输出变量】的【名称】栏中填写"分组"（可以自行定义），在【标签】栏中填入"工龄分组"。再点击【变化量】，就看到了【工龄（月）→分组】的内容，如图 16-32 所示。

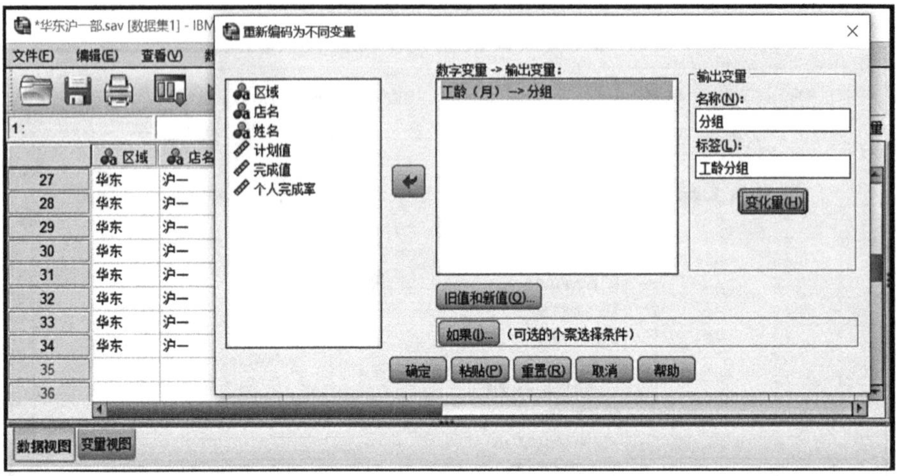

图 16-32　设置"输出变量"图

- 第五步，点击【旧值】和【新值】，弹出【重新编码为不同变量：旧值和新值】的对话框，如图 16-33 所示。

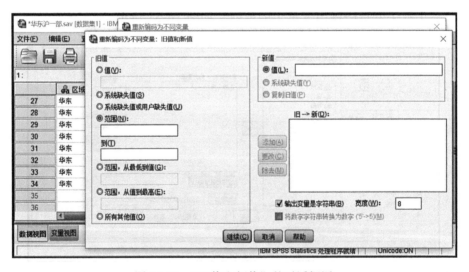

图 16-33　"旧值和新值"的对话框图

- 第六步，在【旧值】栏的【范围】中填写"0"，在【到】中填写"6"，在【新值】栏的【值】中填写"1"，如图 16-34 所示。

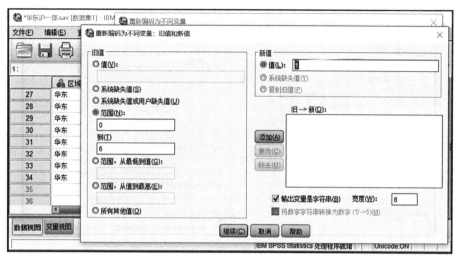

图 16-34 "旧值和新值"的设置图

- 第七步,点击【添加】,就看到【旧→新】栏中出现了"0 thru 6 → 1",说明工龄分组的第一组"0～6个月"组的定义已经完成,如图 16-35 所示。

图 16-35 "0～6个月"组的定义图

- 第八步,按照同样的操作步骤,分别定义其他组,如图 16-36 所示。
- 第九步,勾选【输出变量是字符串】,点击【继续】,再点击【确定】,就看到已经分好的分组变量的数据,如图 16-37 所示。

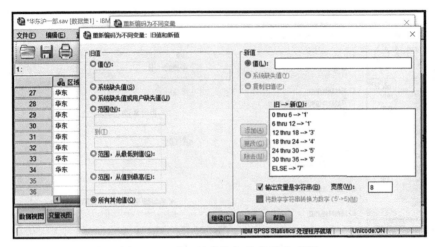

图 16-36 "工龄分组"的各组定义图

	区域	店名	姓名	工龄(月)	计划值	完成值	个人完成率	分组
13	华东	沪一	石**	20.0	74000	85550	115.6%	4
14	华东	沪一	王**	21.4	75000	69926	93.2%	4
15	华东	沪一	颐**	22.7	76000	71517	94.1%	4
16	华东	沪一	陈**	25.8	77000	70770	91.9%	5
17	华东	沪一	于**	25.9	77000	69900	90.8%	5
18	华东	沪一	沈**	27.0	78000	76500	98.1%	5
19	华东	沪一	刘**	27.9	78000	72200	92.6%	5
20	华东	沪一	杨**	30.7	79000	62680	79.3%	6
21	华东	沪一	姚**	31.2	79000	65520	82.9%	6
22	华东	沪一	李**	31.6	79000	76996	97.5%	6
23	华东	沪一	张**	33.0	80000	74960	93.7%	6
24	华东	沪一	康**	34.5	80000	77091	96.4%	6
25	华东	沪一	王**	35.9	81000	101797	125.7%	6
26	华东	沪一	陈**	37.9	81000	22040	27.2%	7
27	华东	沪一	周**	41.4	82000	126162	153.9%	7
28	华东	沪一	余**	43.2	82000	98104	119.6%	7
29	华东	沪一	张**	51.7	83000	79771	96.1%	7
30	华东	沪一	丁**	52.7	83000	52918	63.8%	7
31	华东	沪一	李**	53.8	84000	104794	124.8%	7
32	华东	沪一	邹**	60.0	84000	84010	100.0%	7
33	华东	沪一	季**	66.4	85000	78582	92.4%	7
34	华东	沪一	刘**	78.9	86000	79990	93.0%	7

图 16-37 "工龄分组"的最终结果图

图 16-37 所示的结果，就是我们需要的工龄分组数据表。当需要比较企业各个部门的同一工龄组的人员情况时，就可以操作了。

如果我们还需要知道每一组有多少人时，可以按照求频率、百分比的办法进行，步骤是：点击【数据视图】的【分析】，再点击【描述分析】，再点击【频率】，在【频率】对话框界面，把【工龄分组】设置为变量，再点击【统计】。在弹出的【频率：统计】对话框的【集中趋势】栏中，勾选【总和】，如图16-38所示。图16-39所示的结果就是我们需要的数据了。

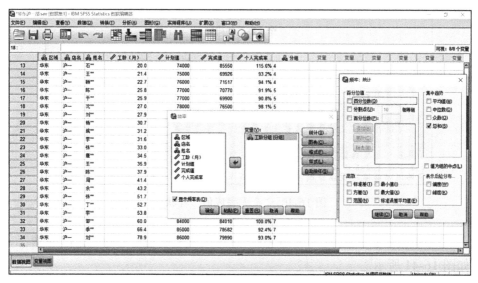

图 16-38　分组统计的选项图

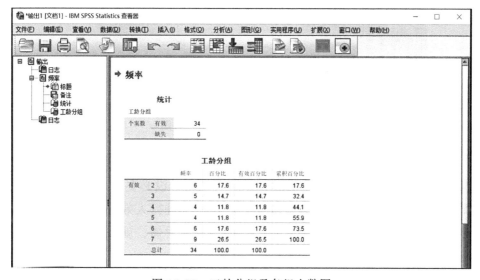

图 16-39　工龄分组及各组人数图

（2）数值型数据的图表描述。

数值型数据的图表描述方法比较多，有直方图、条形图、饼图、柱状图、折线图、箱形图、散点图、雷达图和气泡图等。

比如，对于表 16-2 中的数据，用柱状图来描述"个人完成值"的排名情况，如图 16-40 所示。

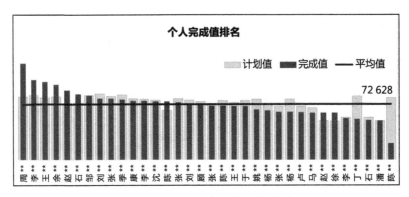

图 16-40 "个人完成值"柱状图

再如，用全饼图和半饼图来描述"个人完成值"100% 达标的情况，如图 16-41 所示。

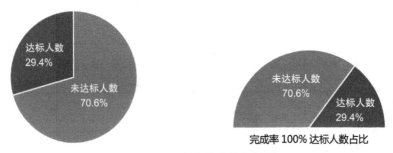

图 16-41 "个人完成值"饼图

在实际人效分析中，该采用什么图来描述数据分析的结果？这方面的操作也是一个"熟能生巧"的过程。笔者认为，没必要"死记硬背"地遵循"什么数据适合什么图表"的模式。在每次进行人效分析报告分享时，多听听管理者和员工的反馈意见，若他们都能看懂，就说明图表用对了；反之，则图表描述的意图不够准确。这就是图表制作的基本原则。

数据分布特征

我们可以用不同的图表来描述人效管理的不同数据信息，但是全面描述数据的分布特征，还需要从以下三个方面进行。

1. 集中趋势的度量

数据的集中趋势程度，是数据分布的一个重要特征。描述数据集中趋势程度所采用的测度值有众数、中位数、四分位数和平均数。

（1）众数。

众数，是指一组数据中出现次数最多的变量值，它适用于数据量比较大的情况。比如案例 16-1 中的企业 13 个部门个人完成值的"众数"，就能够说明一些现象，对人效分析非常有指导意义。

众数，不受数据极端值的影响。一组数据中，可能有一个众数，也可能有几个众数，还可能没有众数。众数适合于分类数据的集中趋势测度。

众数（中位数、四分位数、百分位数、平均值、最大值、最小值），可以用 SPSS 软件操作求得，如图 16-42 所示。

（2）中位数。

中位数，是指一组数据排序后处于中间位置的变量值。如图 16-42 所示的案例 16-1 中 475 名员工的工龄，中位数显示为"13.113（月）"。

中位数，也不受极端值的影响。当一组数据的分布有偏斜，且偏斜程度较大时，用中位数比较合理。中位数适合用于描述顺序数据的集中趋势。

（3）四分位数。

四分位数（也称四分位点），是指一组数据排序后处于 25% 和 75% 位置的值。四分位数通过三个点将全部数据等分为四部分，其中每一个部分都包含 25% 的数据。如图 16-42 所

统 计		
工龄（月）		
个案数	有效	475
	缺失	474
平均值		17.507
中位数		13.113①
众数		4.0
最小值		1.8
最大值		78.9
百分位数	25	6.056②
	50	13.113
	75	23.639
①根据分组数据进行计算。		
②根据分组数据计算百分位数。		

图 16-42 案例 16-1 的"众数"统计结果

示的案例16-1中475名员工的工龄,四分位数显示为"6.056(月)"和"23.639(月)"。

(4)平均值。

平均值(也称为"均值"),是指一组数据相加后除以数据的个数得到的数值。需要注意的是:①平均值适合数值型数据,不适合分类数据和顺序数据;②平均值容易受到数据中极端值(最大值、最小值)的影响。对于偏态分布的数据,平均数的代表性比较差。

众数、中位数、四分位数和平均值之间的关系是,当数据的分布趋于对称时,众数、中位数、平均值都相等;当数据的分布有偏斜时,众数、中位数、平均值各不相等。

对于人效分析的实际应用而言,员工的完成值越接近计划值越好。所以,可以经常用"完成值"集中趋势的测度值来分析每个部门(或团队)的所有人完成计划的情况,并且进行各部门优良程度的对比。对于员工个人,也会用他的完成值与计划值、他自己曾经的最大值、团队的平均值对比等。这方面的内容,在第20章中讲解。

2. 离散程度的度量

数据的离散程度是数据分布的另一个特征,它反映的是各变量值远离中心值的程度。数据的离散程度越大,集中趋势的测度值对于该组数据的代表性就越差,反之则越好。

描述数据离散程度的测度值有异众比率、四分位差、方差、标准差、平均差、级差和离散系数。

(1)异众比率。

异众比率,指众数组的频数占总频数的比率。异众比率越大,说明非众数组的频数占总频数的比率越大,众数的代表性越差,反之越好。

异众比率比较适合测度分类数据的离散程度,有时候也适用于顺序数据和数值型数据。

在人效分析中,分析企业整体或某一部门、某一团队的完成值数据时,数据的"异众比率"越小越好。当然,前提是全体人员的实际完成值都达到了目标计划值。

（2）四分位差。

四分位差，是指上四分位数与下四分位数之间的差值。它反映的是中间50%的数据的离散程度，数值越小说明中间的数据越集中，反之则越分散。

四分位差主要适用于测度顺序数据的离散程度，有时候也适用于数值型数据的测度，但不适用于分类数据。

在人效分析中，四分位差的应用与异众比率的应用情况相同。

（3）方差和标准差。

方差，是指各变量值与其平均数离差平方的平均数。它在数学处理上通过平方的方法消除了离差的正负号影响，然后再进行平均。方差的平方根，称为标准差。

方差和标准差都是反映数据离散程度的绝对值，一方面，它们的大小受原变量平均数大小的影响，绝对值大，离散程度就大；另一方面，它们与原变量的计量单位一般是相同的，如果采用不同计量单位的变量值，其离散程度的测度值也就不同。为了消除这方面的影响，可以使用离散系数。

方差和标准差，我们不必强记它的计算公式，用SPSS软件可自动求解，非常方便。

（4）离散系数。

离散系数，是指一组数据的标准差与其相应的平均数之比。它是测度数据离散程度的统计量，主要适用于测量不同样本数据的离散程度。离散系数越大，说明数据的离散程度也越大；反之，则越小。

在人效分析中，离散系数的应用不多。有时候，在分析某一员工近几个月（或一年）的表现时，会借助离散系数分析原因。

3. 偏态与峰态的度量

数据分布的偏态与峰态，是对数据分布的形态是否对称、偏斜程度以及对分布扁平程度的测度。在人效分析中，偏态与峰态的应用比较少，在此就不赘述了。

上述三个方面的数据分布特征的内容与描述统计量汇总，如图16-43所示。

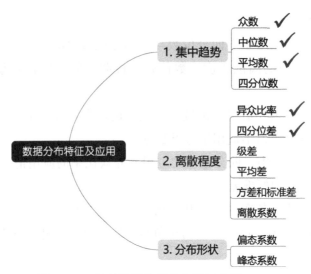

图 16-43 统计学的数据分布特征应用

注：✓为常用。

16.2 推断统计法的应用

拟合优度检验

拟合优度检验，指根据总体数据的分布情况，计算出分类变量中各类变量的期望频数，然后将其与分布的观察频数进行对比，判断期望频数与观察频数是否有显著差异，从而达到对分类变量进行分析的目的。

在人效分析中，经常应用拟合优度检验。比如案例 16-1 所述的内容，该企业共有员工近 480 名，他们的计划值、完成值和完成率数据分别收集得到。月初，企业希望他们能够 100% 完成计划目标，这是期望值（或期望频数）。月底，每个员工的实际完成值有大有小，观察到这与他们的实际工龄有关系，这就是观察值（观察频数）。通过期望频数和观察频数的比较，能够从统计学的角度进行完成值与工龄是否有关的求证和判断。

一元回归分析

一元回归分析，是研究单变量相关的回归分析。比如，员工工龄长短与完成值之间的相关关系，就属于单变量相关关系。是否相关，通过回归分析结果可以判断。

一元回归分析的拟合优度、参数值和回归方程，可用 SPSS 软件非常方便地获得。回归分析的主要目的，是根据所建立的估计方程式，用自变量（X）来估计或预测因变量（Y）的取值。方程式为 $Y = \beta_0 + \beta_1 X + \varepsilon$。

在应用方程式之前，需要对其显著性进行检验，检验的内容有两个方面：一个是线性关系的检验，另一个是回归系数的检验。理论知识我们可以记不住，但是，线性关系的显著性检验和回归系统检验的拟合优度判断，这两个重要的参数应用范围需要记住。

1. 线性关系的显著性检验

线性关系检验，是检验自变量与因变量之间的线性关系是否显著。有一个统计量参数可以检验两个变量之间的线性关系是否显著，它是以回归平方和与残差平方和为基础计算得到的。在 SPSS 软件中能将计算后的参数值直接显示，参数名称为【Sig】或【显著性】（中文版显示）。

当【显著性】的值小于 0.05（这是比较常用的经验值），就可以判断两个变量之间的线性关系显著，越趋于"0"，则相关性越显著；反之，则越不显著和相关性差。

2. 回归直线的拟合优度判断

回归直线的拟合度用 R^2 表示，它代表回归平方和占总误差平方和的比例。R^2 的取值范围为 [0，1]，R^2 越接近于"1"，说明回归方程拟合得越好；R^2 越接近于"0"，说明回归方程拟合得越差。

多元线性回归

多元回归分析，是研究多个变量相关关系的回归分析。比如，案例 16-1 的毛利率与收入和成本（固定成本、变动成本、人工成本、其他综合成本）的相关性关系，就属于多个变量相关关系。是否相关，通过多元回归分析结果可以判断。

多元回归的方程式为 $E(Y) = \beta_0 + \beta_1 X_1 + \beta_2 X_2 + \cdots + \beta_n X_n$

多元回归分析的检验也是看显著性和回归拟合优度。【显著性】的值小于 0.05，为相关的显著性强。回归拟合优度要看 SPSS 软件给出的【调整后的 R^2】，也是越接近于"1"，说明回归方程拟合得越好。

|实战经验分享 16-5|

（1）一元（或多元）回归分析，用 SPSS 软件求解方程非常方便和准确，使用 Excel 不是很方便。

（2）一元（或多元）回归分析的应用实操案例，在第 14 章中讲解了求解的每个步骤，包括利用回归方程式，做目标计划值分解的预测和计划任务的下达。在此就不赘述。

（3）当我们还不知道两个（或多个）变量之间是否存在线性或非线性关系时，可以先用 SPSS 软件中的【图形】画散点图来初步判断其是否存在线性关系，还是存在其他非线性关系。

时间序列分析和预测

时间序列分析，是用于描述数据随着时间发展而变化的特征和某种趋势。有时，可以用于企业整体经营目标的预测。比如，新年度的企业总销售收入预测、各事业部的总销售收入预测、各业务板块的总销售收入预测等，都是时间序列分析方法的应用。

时间序列分析的主要目的，是根据历史数据对未来进行预测。这方面的预测应用是很普遍的，只是我们需要注意以下几点。

（1）应用时间序列分析方法来预测未来的时间周期只能是"短期"的一两年，不能用作"中长期"的预测。

（2）时间序列分析方法的预测，是在客观条件没有发生变化时所得，一旦客观条件发生变化，特别是突发或重大的变化，则预测的值就不符了。

（3）时间序列分析方法有很多种，具体如何选择，则需要比较各种检验值来判断。

时间序列分析法的预测方法如表 16-3 所示。需要注意的是，用表 16-3 中的任一方法求得的预测值，只能做参考，不能当作准确值用于决策。

表 16-3 中的数据模型只是摘选，还有很多数据模型没有列入。

表 16-3 时间序列分析法的预测方法选择（摘选）

数据模型	预测方法	对数据的要求	预测期
平稳序列	移动平均	数据个数与移动平均步长相等	短期
平稳序列	简单指数平滑	5 个以上	短期

（续）

数据模型	预测方法	对数据的要求	预测期
线性趋势	Holt 指数平滑	5 个以上	短期至中期
线性趋势	一元线性回归	10 个以上	短期至中期
非线性趋势	指数模型	10 个以上	短期至中期

在进行企业年度总经营计划值的预测时，本书第 14 章讲过的两种方法比较实用。时间序列分析法的操作比较简单，但不常用于人效分析。所以，在此就不做具体演绎了。

┊实战经验分享 16-6┊

统计学理论知识还有很多，根据人效分析的实际需要，简述一些应用性内容，体会如下：

第一，应用统计学原理进行分析和预测，可以减少我们凭经验判断和预测的误差，也可以提高我们分析的速度和精度。

第二，统计学在人效分析中的应用，应以"实用"为主，并且是"灵活应用"，而不是过于强调统计学的标准理论模式的应用。

第三，在图表制作方面，用 Excel 操作比较简单快捷。图表的种类、色彩和文字的表达方式也有比较丰富的选择。图表方面的具体操作，集中放在后面的"人效导示系统"中讲解。

第四，当我们用统计学进行人效分析时，需要根据企业的实际情况进行对比和调整。用统计方法得出的结果数据，有时不可直接作为标准值来对人效进行衡量和评判。这方面的尺度拿捏，还需要根据企业的实际情况而定。

第 17 章

分析系统模型的构建

人效分析系统的构建,首先是进行思想理念上的梳理,其次是基于人效管理目的的导向去构建它的模型内容,其他还包括它的分析用途、分析方法的定义和作用。应该说,人效分析系统是对人效核算系统的人效计划执行的过程和结果的好坏进行评价,后面的两个系统(人效导示系统和人效改善系统)都是由它的内容来引导的。特别是人效导示系统的内容,直接共享人效分析系统的内容,人效改善方案又是直接使用人效分析报告的数据。所以,人效分析系统的内容如何构建至关重要。可以说,本章和第 18 章的内容都是人效分析系统的构建内容。

17.1 模型内容 | 基于人效管理目的的导向

人效分析系统的模型内容,是基于人效管理体系的理念、宗旨、方向和目的而构建的。它在实际运作中,通常收集企业经营管理过程中与人效管理有关的数据,然后通过数据分析和判断,来评估企业的人效管理水平,其分析报告用于指导提升人效管理的决策。因此,人效分析系统的完整内容,包括如图 17-1 所示的六大方面。

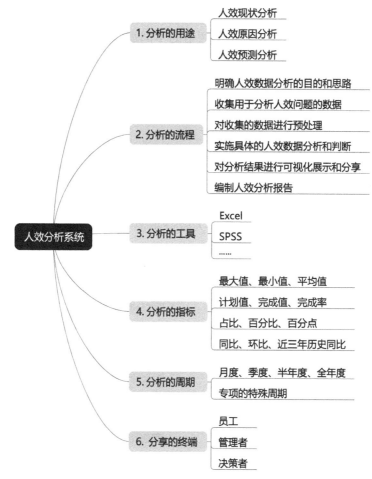

图 17-1 人效分析系统的完整内容

图 17-1 所示的是人效分析系统的完整内容，在实战中，这六个方面是交叉或并列使用的。应该说，人效分析系统的完整内容还是比较好理解的，我们将在后面的章节中具体讲解。

17.2 分析用途｜基于时间周期的不同阶段

人效管理体系的运作周期与企业经营管理周期是同步的，因此，它也有三个阶段需要分析和报告，即现在时、过去时和将来时。

现在时的分析和报告，用的是描述性分析和现状分析。它的用途是描述企业经营管理的人效管理的现状，以满足企业各个层级人员（员工、管理者、决策者）对于人效管理水平评估的不同需求。

过去时的分析和报告，用的是验证性分析和原因分析。它的用途是描述企业经营管理在过去一个阶段人效管理水平的规律性，以提示企业各层级的人员（员工、管理者、决策者），用于辅助经营管理的判断或作为决策的依据。

将来时的分析和报告，用的是探索性分析和预测分析。它的用途是指导企业各层级人员（员工、管理者、决策者）进行人效管理的预算计划（或核算），以及新目标的确立。

在以上三个阶段的每个阶段，人效分析都有对应的分析方法，概括起来如图17-2所示（方法有很多，列的都是常用的）。

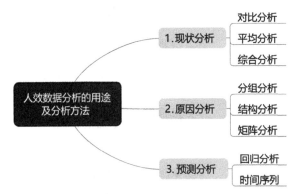

图17-2　人效数据分析的用途及分析方法

同样，图17-2中的各种分析方法，需要通过具体的实战案例来演绎才能比较清晰。所以，集中放在后面的章节中讲解。

17.3　操作模型｜基于追求最优的求证目的

人效分析系统的构建与运维有两个非常明确的目的：一个是找到均值最高的那部分人员，将他们的人效数据模型的结果进行引导、推广和普及，最终达到提升企业整体的人效水平；另一个是用于制定薪酬激励政策（奖勤罚懒），以取得人力成本最优的效果。

基于以上两个目的，人效分析系统的三大用途以及各种分析方法的操作，基本上都有相似的"三段论"，即由假设导向、求证模型和修正调整的三部分组成，如图 17-3 所示。

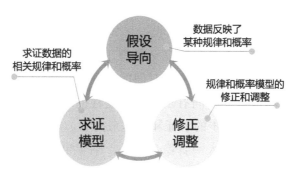

图 17-3　人效分析系统的基本模型

图 17-3 所示的人效分析系统的基本模型，是根据统计学原理构建的。人效分析有以下三方面的内容：假设数据反映了某种规律和概率的相关关系；然后运用分析工具和分析方法去求证存在何种相关性，并得到模型方程式；再进行模型方程式的拟合优度判断，并做相关的修正和调整，使其所反映的数据相关程度最优。

在人效分析系统中，也应用了统计学的分析原理，以找到影响人效水平的各项因素及其相关性，分析人效管理问题的产生原因，以及找到提升人效管理水平的解决方案，并提供预测、跟踪和评估的科学依据。

假设导向

人效分析系统中提到假设，并非杜撰一个相关性命题和强制接受一个相关性命题。

其一，它是基于数据本身所反映的客观事实。比如，计划执行之后的完成值是由某人完成的、某部门完成的、某时间段完成的等。这些数据是客观存在的。

其二，在同等条件下，计划执行之后完成值的数据是有差异性的。有的是最大值，有的是最小值，有的是平均值，有的是介于这些之间。这些数据的背后，隐含了某种普遍性的和特殊性的规律和概率，这就为人效分析提供了依据。

其三，企业的经营活动是一个动态的过程，利用人效分析反映出其内在的相关关系，揭示、分析、预测和指导下一周期的经营管理，是一种比较科学和简便的方法。

因此，"假设导向"就成了人效分析系统基本模型的第一部分。人效分析所使用的分析方法都可以先做假设，比如：

（1）新员工从入职开始，到完全掌握工作技能，再到100%或者超额完成计划任务，这种成长需要一段时间的学习和锻炼的过程，这是一种假设。那么，学习和锻炼的时间有多长？普遍性的时间有多长？特殊性的时间有多长？这些就由下一步的求证和求解来揭示。

（2）近三年的销售收入一直稳步攀升，来年也可以继续攀升，这也是一种假设。是或不是如此？就由下一步的求证和求解来揭示。

（3）同一层级的管理者，在同等条件下完成任务的程度应该是一样的，这还是一种假设。是或不是如此，就由下一步的求证和求解来揭示。

这些都是基于数据客观存在的内在规律和概率的一种假设。所以，"假设"可以作为人效分析系统基本模型的第一部分。

求证模型

客观是客观，假设是假设。如何用数据模型来陈述这种内在的相关关系的存在？这就需要先做这个假设真伪的求证，以排除"人为假设因素"的干扰和误导。

相对而言，假设只是一种定性判断。求证假设是否成立，并且获得相关性模型方程式的过程和结果，则是一种定量判断。前者是有明确目的性、方向性、比较框架性的判断方法，后者是去伪存真、准确、比较具体的判断方法。

比如，假设新员工从入职开始，到完全掌握工作技能，再到100%或者超额完成计划任务，这种成长需要有一段时间的学习和锻炼的过程。那么，这个假设，经过求证数据模型得到模型方程式，就能获得新员工普遍需要三个月的学习和锻炼时间就能比较成熟，特殊的、优秀的员工，可以在二个月内就变得比较成熟。有了这个求证模型，对于一系列新员工的使用，就可以用这个定量的模型方程式的数据去衡量和评估。

求证过程中，可应用多种分析工具，比如，Office软件和SPSS软件。当然，还有其他分析工具，本书就不赘述了。每种分析工具都有其优越性，笔者从实战过程中体会到：

（1）用 Excel 的"函数、数据透视表"进行数据分析，适合中小企业，数据量不是很大，不需要编程，直接用界面功能就能实现，比较方便和简单。对于大型企业就不适合了。

（2）应用 VBA 编程语言，编辑一些代替重复性操作的"编程模块"，可以加快 Excel 的数据分析速度。当然，它需要操作者有一定的基于 VBA 编程语言的编程技能。

（3）用 SPSS 软件进行数据分析，适合大型企业和集团型企业，操作简单，不需要编程，直接在 SPSS 的界面窗口操作即可。

（4）用 Excel 的图表来描绘人效分析和报告，是非常简单和实用的。

本书后面章节的内容，就讲解了使用 Excel 和 SPSS 的分析工具进行实战案例分析的方法。

修正调整

修正调整，在人效分析中经常用到。需要修正调整的有以下两个方面。

第一，人效数据本身的修正和调整。一般认为人效数据是客观存在的，不能随意改变，那么，对于数据本身的修正和调整该怎么理解呢？我们可以通过实际案例来理解。

比如，一般而言，新员工（完全没有相同工作经历）都在第 2 个月之后才开始完成工作计划任务，并且完成值数据比不过老员工，这是比较正常的。当遇到一位新员工，在入职第 1 个月里就超额完成了工作计划任务，我们会把其数据定义为"个案"，在全体新员工的数据分析中做"剔除"处理的修正和调整。不然，以他的数据参与求证，有可能相关性的"拟合优度"不是最优。也就是说，要求所有新员工都以他的数据结果作为标准，制订出的人效管理目标计划是很难行得通的。

这就是对数据本身的一种修正和调整，并非去修改数据，只是数据的取舍更趋合理。

第二，用模型方程式的相关性参数值来进行修正和调整。这方面的案例，可以查看第 15 章中"按人员工龄的线索细分"所讲步骤的全部内容。这其中，一个是，求证相关性的模型选取，选择代表拟合度最优的【R

方】值最大的模型；另一个是，用模型方程式预测未来时，选择相似度接近现实情况的模型。

这些都是修正和调整的内容，在进行人效分析时必不可少。其目的只有一个，就是用科学的分析方法，求证能反映客观事实的模型方程式，用于指导各层级人员未来做出符合企业经营管理要求的人效管理决策。

17.4 定义作用 | 基于分析目的和判断依据

人效分析系统的三种作用基于不同的方法，它们的定义和作用有些相同，也有些不同。

对比分析的定义和作用

对比分析的定义和作用如表 17-1 所示。

表 17-1 对比分析的定义和作用

序号	对比项	定义	作用
1	计划比	是指把各周期结束后的实际结果与月计划（季度计划、半年度计划、年度计划）进行对比	用于分析计划执行后现状的优劣程度。用途比较多：对于员工而言，是核算其薪资的参考依据；对于管理者而言，是衡量其管理水平的参考依据；对于企业经营而言，是调整下一周期经营目标计划的参考依据
2	同比	是指与上年度同期比较，例如，2019年12月与2018年12月相比。也可以与历史同期比较	用于分析现状，与上年度同期相比，属于进步、持平、退步的哪一种状态。在进行目标计划细分时可以做参考
3	环比	是指本期与上期比较，例如，2019年12月与2019年11月相比	用于分析现状，与本年度上月相比，属于进步、持平、退步的哪一种状态。在进行目标计划细分时可以做参考
4	横向比	是指组织结构中处于同一层级的横向比较，不分业务板块、地区或部门	用于分析现状，相同层级人员之间的差异和优劣。特别关注最高值和最低值，在进行目标计划细分时可以做参考
5	纵向比	是指组织结构中处于同一类的，从最高层级到最低层级的直属线的比较	用于分析现状，同一类的不同层级人员之间的差异和优劣。特别关注最高值和最低值，在进行目标计划细分时可以做参考
6	历史比	是指本期与近三年同期比较，例如，2019年12月与2018年12月、2017年12月、2016年12月相比	用于分析现状，与近三年的同期相比，属于进步、持平、退步的哪一种状态。在进行目标计划细分时可以做参考

分组分析的定义和作用

分组分析的定义和作用，如表 17-2 所示。

表 17-2　分组分析的定义和作用

序号	分组项	定　义	作　用
1	人员分组	按不同层级的不同类别的人员进行分组，例如，新员工组、老员工组、主管组、经理组、总监组……	用于同组人员之间的比较，看某一人员与平均值、最高值和最低值相比是高、低，还是持平。在进行目标计划细分时可做参考
2	产品分组	按不同产品的不同型号的相关人员进行分组	用于同一产品的相关人员之间的比较，看某一人员与平均值、最高值和最低值相比是高、低，还是持平。在进行目标计划细分时可做参考

分组分析的线索还有业务板块分组、经营地区分组和线上线下分组等，这些分组都可参照上面已讲过的内容进行细分。

预测分析的定义和作用

预测分析的定义和作用，如表 17-3 所示。

表 17-3　预测分析的定义和作用

序号	分析项	定　义	作　用
1	收入预测	用数据分析方法，找出与收入相关的因素之间的概率模型及方程式，用于测算人效管理计划值	在进行收入目标计划细分时，直接应用模型方程式预测收入计划值，作为决策参考依据。比如，上面的"按人员工龄的线索细分"中的方法演示，就是一种应用
2	成本预测	用数据分析方法，找出与成本相关的因素之间的概率模型及方程式，用于测算人效管理计划值	在进行成本目标计划细分时，直接应用模型方程式预测成本控制的预算值，作为决策参考依据
3	产品预测	用数据分析方法，找出与产品相关的因素之间的概率模型及方程式，用于测算人效管理计划值	在进行产品调整目标计划细分时，直接应用模型方程式预测产品品类、型号和数量方面的计划值，作为与产品相关人员的目标计划的决策参考依据

上面是构建人效分析系统模型框架的部分内容，具体的分析内容、操作步骤以及在实战中的应用，在后面章节中会结合实际案例做详细讲解。

第 18 章

现状原因分析的方法

每一个周期之后,在进行企业经营分析的同时,还需要分析企业整体、各部门、各业务板块和各区域的人效现状,借此对下一个周期的经营是否需要调整做出判断。

人效现状可以通过现状分析来描述,人效高低则需要通过原因分析来描述。这两种分析是人效分析的主要方法,也是本章所讲的主要内容。本章还会讲解这两种分析方法的模板制作步骤。

18.1 现状分析 | 基于现状与目标的对比

现状分析,是指人效现状与人效目标之间的对比分析,包括同比、环比、横向比、纵向比等对比方法,如图 18-1 所示。

图 18-1 所示的常用的八种现状

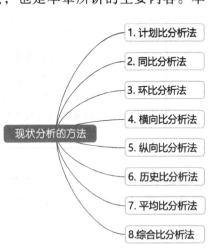

图 18-1 现状分析的方法类型图

分析方法，需要区分不同的对象进行对比分析。比如，员工个人的、部门团队的、管理者的、区域的、事业部的、业务板块的等人效现状的分析。

计划比分析

计划比分析，是实际完成值与目标计划值之间的对比分析。在目标计划制订之后，经过一个时间周期，将不同对象的实际执行结果与其当初制订的目标计划值进行对比，看是否100%完成。

对于某一部门而言，可以分析100%完成计划的人数占比，以及与企业制订目标计划时希望有80%以上（或更多）的人100%完成计划的差距。

对于企业而言，可以分析整体计划的完成情况：

（1）总计划的完成值是多少？
（2）总的完成率是多少？
（3）有多少人100%完成计划？
（4）有多少部门（区域或业务板块）100%完成计划？
（5）有多少人完成了人均计划？

计划比分析所用数据表，如表18-1所示。

表18-1 计划比分析所用数据（模板）

分析周期：

序号	分析对象	计划值	完成值	完成率

同比分析

同比分析，是用不同对象的本期实际结果与历史同期的实际结果进行对比分析，分析其是进步、持平，还是退步。

同比分析还经常与其他对比相结合：

（1）将"同比"分析结果与"横向比"交叉使用，得到员工个体与企业全体的对比分析结果，看看分析对象的排名结果是最优、最差、居中，或是排名第几位。

（2）将"同比"的某一人员与本部门所有人员的"纵向比"交叉使用，得到员工个体与本部门所有员工的对比分析结果，看看其排名结果是最优、最差、居中，或是排名第几位。

（3）将"同比"的某一人员的"近三年历史比"交叉使用，得到某一人员与近三年的自己的"同比"进行对比，分析是进步、持平，还是退步。

对于部门而言，将部门本期的完成值与部门历史的同期完成值进行对比分析，分析其是进步、持平，还是退步。

对于企业而言，将企业的本期完成值与企业的历史同期完成值进行对比分析，分析其是进步、持平，还是退步。

同比分析所用数据表，如表18-2所示。

表18-2 同比分析所用数据（模板）

分析周期：

序号	分析对象	本期完成值	同期完成值	对比分析		
				进步	持平	退步

环比分析

环比分析，是用不同对象的本期（月、季度、年度）与上期（月、季度、年度）进行相比，分析是进步、持平，还是退步。

（1）将"环比"分析结果与"横向比"交叉使用，得到员工个体与全体的对比分析结果，看看个体的排名结果是最优、最差、居中，或是排名第几位。

（2）将"环比"某一人员与本部门所有人员的"纵向比"交叉使用，得到某一人员与本部门所有员工的对比分析结果，看看他的排名结果是最优、最差、居中，或是排名第几位。

（3）将"环比"的某一人员的"近三年历史比"交叉使用，得到某一人员与近三年自己的"同比"进行对比，分析其是进步、持平，还是退步。

- 对于部门而言，将部门本期的完成值与部门上期的完成值进行对比分析，分析其是进步、持平，还是退步。

- 对于企业而言，将企业本期的完成值与企业上期的完成值进行对比分析，分析其是进步、持平，还是退步。

环比分析所用的数据表，如表 18-3 所示。

表 18-3 环比分析所用的数据（模板）

分析周期：

序号	分析对象	本期完成值	上期完成值	对比分析		
				进步	持平	退步

横向比分析

横向比分析，有两种对比类型。一种是同一个层面的"横向比"，比如，以员工工龄长短来区分类型的，同一工龄年限的进行对比。另一种是用同一工种"横向比"。这两种都不分本部门还是跨部门，而是在企业全体人员范围内进行"横向比"分析。得到某一人员的现状分析情况，看看排名结果是最优、最差、居中，或是排名第几位。

将"横向比"分析结果与"同比""环比""历史比"交叉使用，得到某一人员与全体员工的"横向比"的"同比、环比、历史比"的对比情况，看看其排名结果是最优、最差、居中，或是排名第几位。

横向比分析，还适合企业内部各个部门之间的对比分析。在集团型企业内部，还可以进行各事业部之间的横向比分析。

横向比分析所用数据表，如表 18-4 所示。

表 18-4 横向比分析所用数据（模板）

分析周期：

序号	区域	部门	分析对象	计划值	完成值	平均完成值	对比分析		
							最优	最差	排名

表 18-4 内的数据，"计划值"和"完成值"是收集数据得到的，"平均值""最优""最差"和"排名"数据是可以通过计算分析得到的。

纵向比分析

纵向比分析，也有两种对比类型：一种是在本部门从最高层级到最低层级进行的"纵向比"；另一种是在企业全体员工范围内从最高层级到最低层级进行的"纵向比"。分析得到某一人员的现状分析情况，看看他的排名结果是最优、最差、居中，或是排名第几位。

将"纵向比"分析结果与"同比""环比""历史比"交叉使用，得到某一人员与全体员工的"纵向比"的"同比、环比、历史比"的对比情况，看看他的排名结果是最优、最差、居中，或是排名第几位。

对于企业而言，还可以按照业务板块、区域、产品分类进行人效纵向比分析。

纵向比分析所用数据表，格式与表18-4相同。

历史比分析

历史比分析，使用近三年的人效数据，通常用于企业整体的人效分析，也适用于企业内部各业务板块、各部门和各区域的人效分析。但是，对于员工个不适宜使用。

将"历史比"分析结果与"同比、横向比、纵向比"交叉使用，得到企业整体"历史比"的"同比、横向比、纵向比"的对比情况。历史比很少与"环比"结合使用。

历史比分析所用数据表，如表18-5所示。

表18-5 历史比分析所用数据（模板）

分析周期：

序号	分析对象	第一年		第二年		第三年		对比分析		
		总人数	总完成值	总人数	总完成值	总人数	总完成值	进步	持平	退步

在历史比分析中，还可以加入"总计划值"和"人均值"。对比分析的"进步、持平、退步"的数据，可以通过计算获得。

平均比分析

平均比分析，是指用个体的数据与整体的平均数据进行对比分析。平均数据有两种表现形式：一种是局部（比如部门、团队、区域、业务板块）平均值；另一种是企业整体平均值。

对于员工个人而言，平均比分析有两种方法：一种是将员工个人的实际完成值与所在部门的局部平均值进行对比；另一种是将员工个人的实际完成值与企业整体的平均值进行对比。通过分析得出他现在的状态是高于平均值、低于平均值，还是与平均值持平。

对于部门而言，平均比分析是本部门的平均值与其他部门的平均值进行对比分析。

第 16 章的统计分析方法应用中讲到，平均值容易受极端值的影响而出现波动。比如，某一部门由于其中某一人员的完成值特别高，就把整个部门的平均值拉高了；某一部门由于其中某一人员的完成值特别低（有时为零），就把整个部门的平均值拉低了。因此，在进行平均比分析时需要特别注意这一点。

为了避免平均值受极端值的影响，通常采取用"完成率"来进行对比分析，而不常用平均比分析。

综合比分析

综合比分析，就是将前面七种对比分析方法进行综合，得出综合评价的结果。相对而言，综合比分析更具公平性和客观性。

综合比分析更适合部门的、团队的、区域的、业务板块的、管理者责任的和高管责任的人效现状的分析。

综上所述，各种分析方法的交叉使用如表 18-6 所示。

表 18-6 不同现状分析方法的交叉使用

序号	现状分析方法	员工个人（管理者、部门、业务板块、区域……）					
		计划比	同比	环比	横向比	纵向比	历史比
1	计划比	-	-	▲	▲	▲	-
2	同比	-	-	-	▲	▲	▲
3	环比	▲	-	-	▲	▲	-
4	横向比	▲	▲	▲	-	▲	▲
5	纵向比	▲	▲	▲	▲	-	▲
6	历史比	-	▲	-	▲	▲	-

注："-"表示不交叉使用；"▲"表示可交叉使用。

由表 18-6 可知，每月（季度、半年度、全年度）将企业的每个员工、每个部门、每个业务板块、每个区域和企业整体的人效数据进行"计划比、同比、环比、横向比、纵向比和历史比"分析，工作量是比较大的，并且分析操作的重复性也比较高。所以，构建人效管理体系中的人效分析系统时,需要先构建基本模板,该内容下面会详细讲解。

18.2 原因分析 | 基于问题与根源的寻找

人效分析还有一个比较重要的目的,就是分析人效高低背后的问题并寻找其原因(或根源)。人效高的原因分析,是为了树立"标杆";人效低的原因分析,是为了提示改善"方向"。

为了方便理解,我们再用案例 16-1 的补充资料来深入地讲解原因分析的方法。

□ 案例

案例 16-1 的补充资料如表 18-7 所示。

表 18-7 "华东安徽一部"人员计划完成数据

序号	姓名	工龄(月)	计划值(元)	完成值(元)	完成率(%)	序号	姓名	工龄(月)	计划值(元)	完成值(元)	完成率(%)
1	陈**	4.9	40 000	40 274	101	18	代**	4.0	34 000	30 294	89
2	王**	37.1	81 000	84 356	104	19	董**	9.0	58 000	58 598	101
3	位**	7.6	54 000	53 353	99	20	张**	7.0	51 000	54 299	106
4	刘**	23.6	76 000	76 238	100	21	刘**	3.0	24 000	23 300	97
5	张**	12.8	66 000	61 267	93	22	邵**	4.0	34 000	36 896	109
6	张**	7.7	54 000	38 720	72	23	潘**	6.0	47 000	52 098	111
7	孟**	5.6	45 000	33 528	75	24	王**	3.0	24 000	17 796	74
8	李**	5.6	45 000	30 089	67	25	苏**	10.5	62 000	65 169	105
9	韩**	4.9	40 000	28 286	71	26	王**	10.9	63 000	62 298	99
10	马**	50.0	83 000	113 353	137	27	康**	6.2	48 000	80 983	169
11	苗**	36.0	81 000	76 238	94	28	李**	48.0	83 000	101 339	122
12	王**	5.0	41 000	38 720	94	29	万**	3.0	24 000	26 194	109
13	赵**	6.9	51 000	61 267	120	30	刘**	5.0	41 000	48 798	119
14	李**	3.0	24 000	17 596	73	31	刚**	3.0	24 000	29 399	122
15	季**	2.0	12 000	12 098	101	32	李**	8.0	55 000	49 398	90
16	史**	3.0	24 000	25 195	105	33	延**	20.0	74 000	74 499	101
17	曹**	6.0	47 000	49 397	105	34	胡**	22.0	75 000	74 699	100

注:其他数据因数据量大,占用篇幅多,故省略。

利用分析结果提出问题

上面讲过，现状分析的对比分析有八种分析方法，每种方法都可以帮助我们分析人效的高低。

1. 企业整体和各部门的完成情况分析

企业经营目标是以部门为单位进行计划部署的。一个周期之后，就要看各部门的实际完成情况，需要进行相关的计划比分析。

将表 18-7 中数据用 Excel 进行汇总，结果如图 18-2 所示。

	区域	店名	姓名	工龄（月）	计划值	完成值	完成率
19	华东	皖一	弧**	20.0	74000	74499	101%
20	华东	皖一	刘**	23.6	76000	76238	100%
21	华东	皖一	胡**	22.0	75000	74699	100%
22	华东	皖一	王**	10.9	63000	62298	99%
23	华东	皖一	位**	7.6	54000	53353	99%
24	华东	皖一	刘**	3.0	24000	23300	97%
25	华东	皖一	王**	5.0	41000	38720	94%
26	华东	皖一	苗**	36.0	81000	76238	94%
27	华东	皖一	张**	12.8	66000	61267	93%
28	华东	皖一	李**	8.0	55000	49398	90%
29	华东	皖一	代**	4.0	34000	30294	89%
30	华东	皖一	孟**	5.6	45000	33528	75%
31	华东	皖一	王**	3.0	24000	17796	74%
32	华东	皖一	李**	3.0	24000	17596	73%
33	华东	皖一	张**	7.7	54000	38720	72%
34	华东	皖一	韩**	4.9	40000	28286	71%
35	华东	皖一	李**	5.6	45000	30089	67%
36				汇总	1685000	1726032	102%

图 18-2　部门整体完成计划情况数据图

由图 18-2 可知，该部门这个月的计划完成情况很好，部门整体的计划完成率已达到 102%。下面需要进行人效分析。

将案例 18-1 中 13 个部门的计划完成情况分别进行计划比分析，得到 13 个部门各自的计划完成情况的分析结果。

同理，将案例 18-1 中 13 个部门的计划值、完成值进行汇总，得到企业整体的计划值和完成值，并且可计算得出总完成率。

2. 计划完成率达到或超过 100% 的人员情况分析

企业经营效益的预期，是建立在 100% 完成目标计划的基础之上。这就需要分析和区分计划完成率≥ 100% 的人员情况，以及计划完成率 <100%

的人员情况。

将表 18-7 中数据的"完成率"用 Excel 进行排名，结果如图 18-3 所示。

图 18-3　完成率排名图

从图 18-3 所示的排名可知，该部门全体 34 人中，有 20 人的完成率≥100%，占比 58.5%，刚刚过半数，还有 14 人的完成率<100%，最低的完成率只有 67%。如果按照计划，完成率超过 90% 为优良的企业评优标准来衡量，部门全体人员完成率的优良率为 79.4%，整体完成情况与企业希望的还有一点差距。这个问题由此被提出。

同理，对其他 12 个部门的完成率进行排名，也可以得出各部门的完成率达到或超过 100% 的人数。

同样的方法可以得出整个企业完成率达到或超过 100% 的人数。

3. 计划完成值的贡献大小情况分析

企业经营目标的总销售收入计划值一旦确立，便需要每个人在每个月里努力地完成。这就需要看看，哪些人员完成值的贡献最大。

将表 18-7 中数据的"完成值"用 Excel 进行排名，并绘制饼图。其中，需要求出一个部门完成值的总值和每个人"完成值占总值比"，如图 18-4 所示。

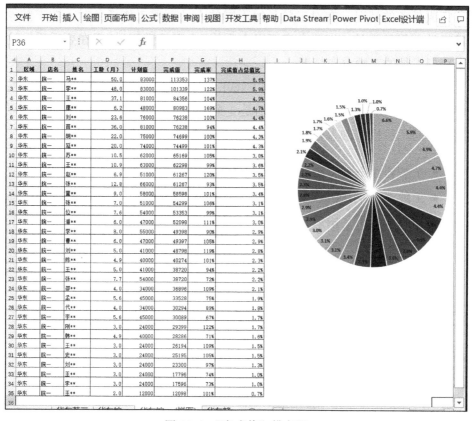

图 18-4 "完成值"排名图

由图 18-4 可知，马 ** 的完成值最大，达到 113 353 元，并且他的计划完成率达到 137%。完成值最小的是王 **，完成值为 12 098 元，好在他的完成率能够达到 101%，虽然他的工作时间不长，还在试用期，但计划任务完成情况还是比较好的。这两个人的贡献值一大一小，相差约 10 倍。

图 18-4 右侧的饼图，也非常清楚地描述了贡献值最大的前六名员工的

完成值之和，超过了整个部门的 1/4。"谁最优秀？""谁的贡献最大？谁的贡献最小？"这些问题可由分析结果得出。

用这样的方法，可以分析企业整体的人员贡献值，得出企业全体人员的"谁最优秀？""谁的贡献最大？谁的贡献最小"的结果。

4. 人员的工龄情况分析

企业在制订年度和月度目标计划的时候，已经根据以往经营情况和人员完成任务的情况，在对工龄长短不同的人员部署工作任务时，按工龄做目标计划值的设计（相关内容可以查看第 14 章的讲解）。现在要看看，这个部门人员的工龄分布情况。

将表 18-7 数据的"工龄"用 Excel 进行排序，并绘制半饼图。其中，"工龄范围"分成四个档次，分别是 3 个月内、一年内、二年内和二年以上。不同工龄档次的人数，求解的 Excel 函数公式分别是：

- 工龄 ≤ 3 个月，函数公式为【COUNTIF（D2:D35,"<=3"）】。
- 工龄 ≤ 1 年，函数公式为【COUNTIF（D2:D35,"<=12"）-J3】。
- 工龄 ≤ 2 年，函数公式为【COUNTIF（D2:D35,"<=24"）-J4】。
- 工龄 >2 年，函数公式为【COUNTIF（D2:D35,">24"）】。

该部门人员的工龄分布情况如图 18-5 所示。

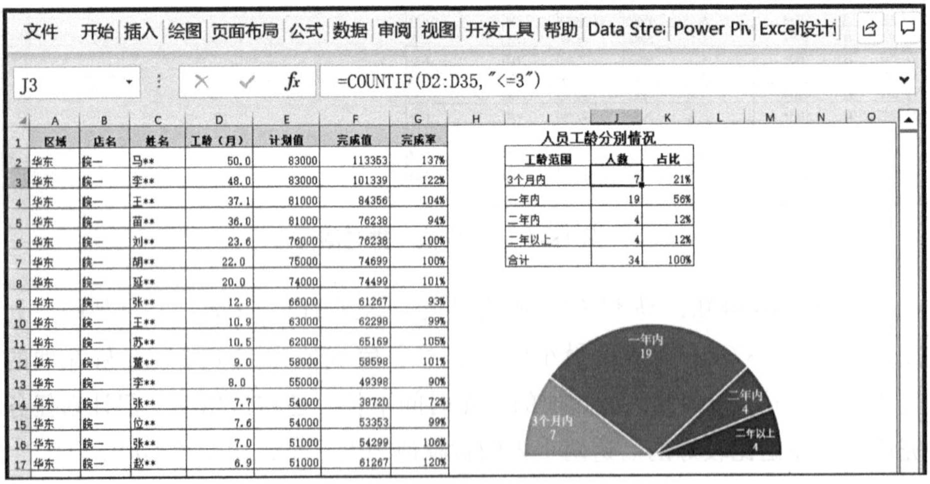

图 18-5　工龄分布图

由图 18-5 的分析结果可知，这个部门的人员偏年轻，工龄最长的为 50 个月（四年多），工龄最短的为 2 个月，还在试用期内。工龄在一年内的人数占比为 77%。其中，试用期的新员工占比为 21%。这里便有一个问题呈现出来了：这个部门的人员流动率比较高，需要重视。

上述仅是一个部门的分析，还可以通过该部门的同比和环比、与其他部门的横向比和纵向比，以及历史比的分析，来发现企业存在的人效管理问题。

用同样的方法，可以分析企业整体人员的工龄分布情况，依此判断员工队伍的"年轻化或老龄化"和流动率的问题。

利用分析结果揭示原因

在上述分析中，我们已经发现了一个问题，即人员流动率问题。

其一，在人员工龄分布数据分析结果中已经得知新员工占比高达 21%，6 个月内的员工有 17 名，占总人数的 50%。这就说明，这个部门的人员流动率比较高。

其二，在完成率 <100% 的人员中，有 7 名人员的完成率低于 90%。他们的工龄最长的不足 8 个月，最短的是 3 个月。这也说明工作时间不长的员工，完成率偏低。

其三，该部门优秀员工的贡献值比较大，把新员工"落下"的计划任务给"扛了起来"，填补了新员工未完成任务的"窟窿"。这就是部门整体还能完成 102% 的最主要原因。

其四，进一步深度寻找人员流动率高的原因，是该本部门的原因，还是企业所处的行业特征（这个行业的人员流动率确实比较高）的原因，以及员工离职原因分析。

分析人效后得到的改善建议

综上所述，该部门执行下一期的计划时，可以注意两个方向：

第一，让优秀员工继续保持优秀，并且安排有能力的优秀员工对新员工进行"传帮带"。

第二，降低人员流动率的措施的研究和实施。

上述内容是案例 18-1 中的企业一个部门人效高低的原因分析，把数据扩大到整个企业，用同样的方法对企业所有 13 个部门进行分析，看看企业整体的人员流动情况，是严重、不严重，还是正常，再据此分析人员流动的原因。这就是企业整体人效高低的原因分析。

18.3　模板制作｜基于分析与报告的需求

人效分析，是一项周而复始的高频率重复性工作。并且，各项分析结果都关联员工个人、管理者和企业经营者的共享需求和利益核算依据。因此，为了提高管理效率，非常有必要制作适用于不同对象（员工、管理者、决策者）的分析模板和报告模板。

下面具体分不同的对象，用案例 18-1 来实战演绎模板内容的设计。

员工终端的人效分析报告模板

员工个人的人效分析报告模板制作，关键步骤有两个：

一是将员工个人工作结果的实际完成值与月初制订的人效目标计划值进行对比分析。根据完成值和完成率的高低，来判断员工的人效高低。

二是将员工个人的工作结果与所在部门全体员工的计划比结果进行对比分析，看他的排名是最优、最差，还是居中，或是排名第几位。

这两个现状分析报告的结果，对于员工而言，是核算薪资的依据，也是员工用于衡量团队和企业的公平性的依据。

员工个人人效现状的分析，包括以下四个方面：

第一，自己的计划比分析，有计划值、完成值和完成率分析，还包括与自己历史最好完成值纪录对比。

第二，与所在部门（或团队）人员的纵向比分析，还包括与所在部门的个人历史最好完成值纪录对比。

第三，与其他部门人员的横向比分析。

第四，与企业全体人员的纵向比分析。

所以，员工个人的人效分析报告模板，可以设计为如图 18-6 所示。由图 18-6 可知，员工个人的人效分析报告设计了七个部分。

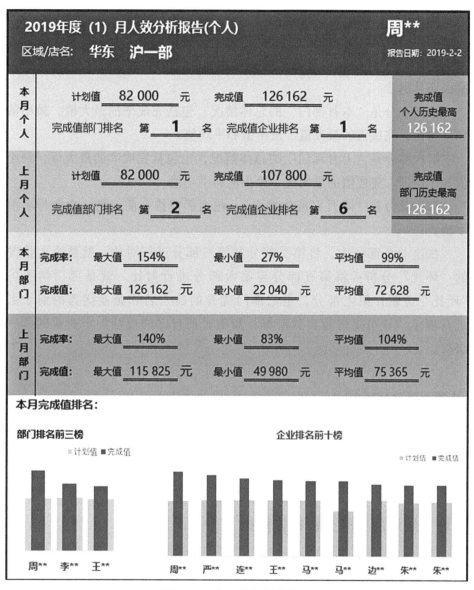

图 18-6　个人分析报告模板

第一部分是报告的标题部分。

第二部分是"本月个人"的基本情况，包括计划值、完成值、完成值部门排名，完成值企业排名。

第三部分是"上月个人"的基本情况，也包括计划值、完成值、完成值部门排名、完成值企业排名。

第四部分是"完成值历史最高"纪录，包括完成值个人历史最高、完成值部门历史最高，用于提示员工，由员工进行自我评估：是进步、持平，还是退步。

第五部分是"本月部门"的总体情况，包括完成率的最大值、最小值和平均值，完成值的最大值、最小值和平均值。

第六部分是"上月部门"的总体情况，也包括完成率的最大值、最小值和平均值，完成值的最大值、最小值和平均值。

第七部分是"本月完成值排名"，包括部门排名前三榜、企业排名前十榜。

在这七个部分中，将第二部分与第三部分进行对比，就是个人情况的"环比"分析；将第五部分与第六部分进行对比，就是部门情况的"环比"分析；第七部分，是把部门优秀的前三名和企业优秀的前十名进行展示，让员工进行自我对标，知道目前自己的成绩处于企业的哪一层次。

| 实战经验分享 18-1 |

个人分析报告模板的各项内容如何制作？还有，如何借助 IT 工程师的软件开发，来设计员工终端的移动 App，实现同步分享人效导示系统中的数据？这方面的设计思路和制作步骤，将在第 20 章讲解。

管理者终端的人效分析报告模板

各级管理者有非常明显的四个特征：

第一，他们非常关注本部门（或团队）每个人的情况，以及本部门在企业整体中的排名情况。

第二，他们非常关注企业经营目标要求和"导向"，并且是努力地完成和做到这方面的优秀。

第三，他们为了做到优秀，有时候也不会考虑成本，"伸手"或"强调"客观，向企业要各种资源，包括人力资源。

第四，对于人员管理的意识比较薄弱，甚至认为人员管理不是自己的责任，而是人资部的职责。因此，当企业对人员管理进行改革时，所采取的"强化业务部门，优化职能部门"的管理举措，要求他们转变观念，承担责任，他们对此有一定的"不适应"。但是，一旦他们转变过来，改革就非常顺利。

由这些特征可知，我们在设计人效分析报告时，可以想象它应该是一种能够支持和支撑起各级管理者对人员管理的关注需求。所以，管理者终端的人效分析报告模板的设计，可以有以下几个方面内容。

1. 计划比分析

在计划比分析方面，各级管理者关注以下内容。

（1）本部门各周期（月、季度、半年度、全年度）的计划值是多少？这些计划值是否有增加或减少？增加或减少的理由和可实现性是什么？与其他部门的这方面信息比对，本部门的又有怎样的变化情况？

（2）本部门各周期（月、季度、半年度、全年度）的总完成值是多少？本部门每个人的个人完成值分别是多少？谁的完成值一直比较高？谁总是处于落后？谁这段时间进步了？谁这段时间的状态特别不好？其他部门的完成情况如何？

（3）本部门各周期（月、季度、半年度、全年度）的总完成率是多少？本部门每个人的个人完成率分别是多少？最大值是多少？最小值是多少？平均值是多少？

（4）本部门当前人员的新老程度情况如何？新员工占比是多少？老员工占比又是多少？

（5）本部门100%达标的人员占比是多少？

2. 同比分析

在同比分析方面，各级管理者关注以下内容。

（1）本部门本期的与上年度同期的计划值、完成值和完成率相比是进步、退步，还是持平？

（2）同比的本部门100%达标的人数占比是进步、退步，还是持平？

（3）在做同期对比时，除了区分企业经营目标要求的差异之外，还会寻找人员的变化情况。特别是发现人员不足的情况时，则会比较强调客观条件的不利因素。

3. 环比分析

在环比分析方面，与同比分析基本上是一样的，各级管理者关注以下内容。

（1）本部门本月的与上月的计划值、完成值和完成率相比是进步、退步，还是持平？

（2）环比的本部门100%达标的人数占比是进步、退步，还是持平？

（3）在做环比时，也是除了区分企业经营目标要求的差异之外，还会寻找人员的变化情况。特别是发现人员不足的情况时，则会比较强调客观条件的不利因素。

4. 横向比分析

在横向比分析方面，各级管理者关注以下内容。

（1）本部门与其他部门的计划值、完成值和完成率相比是优秀、落后，还是持平？

（2）横向比的本部门100%达标的人员占比是进步、退步，还是持平？

（3）本部门与其他部门的人员情况有哪些差异？是人员编制上的差异，还是人员到岗率的差异？

5. 纵向比分析

在纵向比分析方面，与横向比分析一样，各级管理者关注以下内容。

（1）本部门与垂直部门的计划值、完成值和完成率相比是优秀、落后，还是持平？

（2）纵向比的本部门100%达标的人员占比是进步、退步，还是持平？

（3）本部门与垂直部门的人员情况有哪些差异？是人员编制上的差异，还是人员到岗率的差异？

6. 历史比分析

在历史比分析方面，主要是对比最近三年的同比情况，各级管理者关注的内容。

（1）本部门与其他部门的计划值、完成值和完成率相比是优秀、落后，还是持平？

（2）历史比的本部门100%达标的人员占比是进步、退步，还是持平？

（3）本部门与其他部门的人员情况有哪些差异？是人员编制上的差异，还是人员到岗率的差异？

综合上述六个方面，从各级管理者终端需求角度出发，各部门人效分析报告的内容就可以设计成六个区域，如图18-7所示。

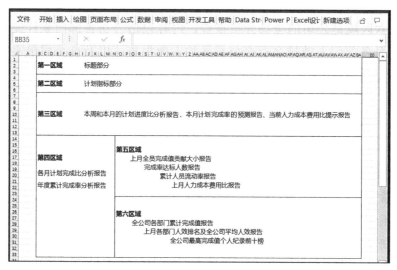

图18-7　各级管理者终端分享的分析报告模板内容的框架

由图18-7可知，各级管理者终端视角的分析报告模板，呈现的模式就不是员工终端的那种，而是采用"商务智能"模式，它由六个区域组成。

第一区域是标题部分，内容包括企业标识、部门名称、报告名称和分析报告的更新日期。需要强调的是，各级管理者的过程分析和结果分析在一个模板内，每周更新一次（即过程分析），月底的分析报告就是结果分析报告。

第二区域是计划指标部分，内容包括月度计划值、年度计划值和人员定编值。这几个数据值一般是在年末或者新年度年初的经营计划制订之后，全年基本上不做改动。

第三区域是本月的周报和月报的分析报告，内容包括本部门本周和本月的计划进度比分析报告、本月计划完成率的预测报告，以及当前人力成本费用比提示报告。

第四区域是本部门的全年综合分析报告，内容包括各月计划完成比报告和年度累计完成率分析报告。

第五区域是上月结果的分析报告，内容包括上月全员完成值贡献大小报告、完成率达标人数报告、累计人员流动率报告，以及上月人力成本费用比报告。它与第四区域组合成为"环比分析"的分析报告内容。

第六区域是公司的全局分析报告，内容包括公司各部门累计完成值报告、上月各部门人效排名及全公司平均人效报告，以及全公司最高完成值个人纪录前十榜。

图 18-7 所示内容全部制作完毕的最终结果，就是图 I-4 所示的内容。这个管理看板的 15 项具体内容的制作统一放在第 21 章中讲解。

> **实战经验分享 18-2**
>
> 管理者终端的分析报告，也需要能够查询和自动生成其他部门的人效分析报告，从而分享给各级管理者。还可以根据实际需要进行软件部分的开发，与各级管理者的终端设备（台式电脑、笔记本电脑）链接和同步共享，形成人效管理体系。这部分的设计思路和制作方法，也将在第 21 章讲解，包括最终的"管理者的管理看板"。

决策者终端的人效分析报告模板

毫无疑问，企业高层决策者终端需要关注的是，洞悉企业整体的计划执行情况和下一步总计划的部署决策。所以，他们需要分享的内容集中在三个层面：第一个层面，数据信息展示；第二个层面，数据分析结论报告；第三个层面，监控预警提示。

基于这三个层面，突出"以人效为表达对象"的核心内容，决策者终端的人效分析报告模板内容的框架设计如图 18-8 所示。

图 18-8　决策者终端人效分析报告模板内容的框架

图 18-8 中的模板框架由八个区域组成：

第一区域是标题部分。内容包括企业标识，分析报告的名称，分析报告的更新日期，可以用作周报、月报和年报的"截面数据"的时间提示。

第二区域是公司整体的年度计划和周报、月报和全年报的执行报告。

第三区域是本月全体部门的计划执行进度周报和月报的动态报告。

第四区域是全年各部门的周报和月报的动态报告。

第五区域是本月各部门人均销售收入排名报告。

第六区域是公司整体和各部门经营毛利率报告。

第七区域是公司整体的全年各月的计划完成率报告。

第八区域是公司整体的全年各月的人力成本费用占比报告。

这八个区域框架的内容，是希望把企业内部经营管理的相对复杂、抽象的数据，通过可视的方式，以直观、易理解的图表形式展示出来，与决策者进行分享。并且，可以"可交流、可互动"地实现决策者自行查询功能。所以，这个模块的具体内容，尽可能用"数据可视化"的理念来构思、设计和美化。有条件的企业，可以开发"数据可视化大屏"项目；没条件的企业，就设计成电脑终端呈现的模式。

总之，需要满足决策者对于经营管理决策依赖于数据的需求。图 18-8 所示内容全部制作完成的最终结果，就是图 I-6 内容。

> **实战经验分享 18-3**
>
> 　　决策者终端的人效分析可视化大屏分享的内容，是非常具有企业经营特性的。因此，需要根据企业的实际情况来设计，没有固定的模板可以"套用"，所展示的模板只是一个"引子"，供大家参考。
>
> 　　同样，决策者终端分析报告模板的设计思路、制作步骤和方法，将在第22章详细讲解。

　　总言之，人效分析的现状分析、原因分析和分析报告模板，要告诉企业的一个最重要的人效管理信息，就是目前企业经营管理的人效管理情况：哪些是优秀的，需要继续保持；哪些是不好的，需要改善；哪些是有潜力的，可以发掘和提升。企业可以围绕这些问题，对人效管理问题进行解决和改善。

第七篇

导示篇

人曰：上北下南，左西右东。

我说：年前月后，对标量距。

本篇位置：

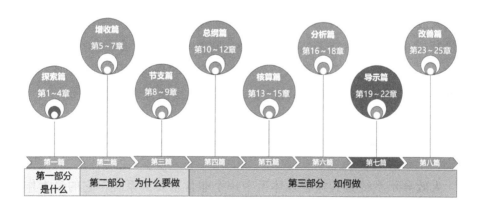

第 19 章

导示系统模型的构建

人效管理体系中的人效导示系统,是将人效分析报告的内容与不同对象进行同步分享,并进行提示和预警,它是一个事先引导性系统。所以,人效导示系统基本模型的重点是描述企业人效的现状,提示实际值与计划值的比值,以及直观地判断是否对人效风险进行预警这三个方面。

19.1 基本模型 | 基于不同对象分享的需求

人效导示系统是人效管理体系中一个非常重要的系统,它的最大作用是将人效管理的现状分析信息共享给企业各层级人员。它改变了以往企业在进行经营分析时,通常采用事后总结的方式,而采取的是实时的和事先的引导方式。人效导示系统的基本模型设计如图 19-1 所示,它包括三个部分。

确定内容

由于人效导示系统是将员工个人、部门、团队和企业整体的人效分析的结果进行分享,因此,不同对象所分享的分析报告内容不同,人效导示系统的内容也就有所不同。这就引出了两个注意点：

第一个注意点是，不同对象的分析报告的内容需要分别导示，不能在一个模板（或一个终端设备窗口）内进行导示分享。

第二个注意点是，上一级可以查看下一级的分析报告的内容，最高级的决策者可以查看企业整体的、各部门的、各团队的和各员工的分析报告的结果，这就需要设计分析报告导示和查询的权限。

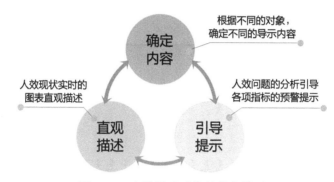

图 19-1　人效导示系统的基本模型

直观描述

我们希望企业的经营管理，特别是职能部门的管理是有预防性和预见性的。在人效管理体系的理念中也贯穿了这一思想，并且落实到人效导示系统中。因此，人效导示系统的第二部分是将人效现状的分析报告结果，进行事先的实时传递，以及同步分享给不同层级的对象终端。实时性体现在以下几点：

第一，每月的每天、每周和每旬进行实时分析和报告。

第二，不同对象的同步实时分析和报告，即员工个人看到的分析报告、各级管理者看到的分析报告和决策者看到的分析报告，三者观察的是同一个时间的"截面数据"。

关于时间周期问题，本章的下一节内容有重点讲解。

要做到"实时"的导示和分享，用图表描述是最直观的，尽量避免使用文字来描述。下面以案例 18-1 中"华东沪一部"的数据为例，来讲解人效分析报告中常见的图表用法。

1. 柱状图

柱状图用于描述分析报告中的计划值、完成值和完成率，是非常准确、直观和容易理解的一种图示法，如图 19-2 所示。

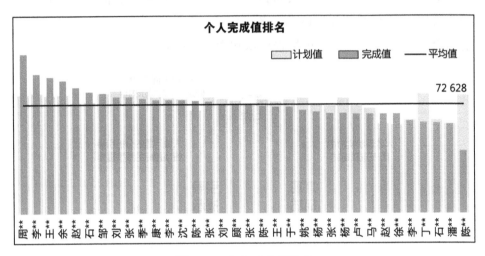

图 19-2　个人完成值排名

图 19-2 所示的个人完成值排名分析报告的结果，非常直观，无须解释就能看出谁是第一，谁处于最后，哪些人已经 100% 完成目标计划，哪些人没有 100% 完成目标计划，等等。

如果仅是一张数据表，就像图 19-2 左侧的数据表那样，是很难看出分析报告所要表达的内容。

图 19-2 所使用的柱状图，是用组合柱状图来描述的。这样，就比单一的柱状图（只有一个变量）所表达的信息量更丰富一些（图 19-2 用了三个数据变量）。

柱状图的表达方式也有很多种，具体制作步骤和方法，在第 21 章和第 22 章中有详细讲解。

2. 饼图

饼图经常用于百分比、占比和比例的分析报告结果的描述。比如，需要用图来描述有多少人的完成值等于或超过计划值，这时用饼图就比较适合，如图 19-3 所示。

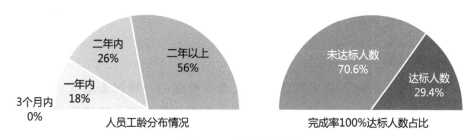

图 19-3　饼图的应用

由图 19-3 可知，两个半饼图描述了两种不同的分析报告结果。一个是关于人员工龄分布的情况。该部门的试用期员工为"0"，即没有新员工，都是已转正员工。两年以下工龄的人员占比为 44%，两年以上工龄的人员占比为 56%。

另一个是完成率 100% 达标人数占比只有 29.4%，未 100% 达标人数占比高达 70.6%。这两个半饼图非常直观地显示出该部门计划的完成情况不是很理想——企业计划下达时要求至少 80% 的人员 100% 完成计划任务。

图 19-3 所示的半饼图是由全饼图转化而来的，它的制作步骤将在第 21 章详细讲解。

3. 条形图

条形图与柱状图有点相似，只是条形图的图形是横向的。比如，需要描述人员流动情况的分析报告结果，就可以用条形图来描述，如图 19-4 所示。

图 19-4　条形图的应用

由图 19-4 可知，两个条形图描述的分析报告结果一个是有关全月的人员流动情况。离职人数的计划值指标是 1 人，实际值也是 1 人，在计划控制范围内，没有超标。另一个是年度人员流动情况的分析报告。年度计划值的离职人数指标是 12 人，实际累计离职人数是 1 人，在可控的范围内。

条形图的表达形式也有很多种，具体制作步骤和方法在第 21 章和第

22章中有详细讲解。

4. 折线图

折线图是一种将几个数值用直线点点相连的一种图表形式,常用于描述趋势。比如,需要描述从高到低(或者从低到高)的排序情况,如图19-5所示。

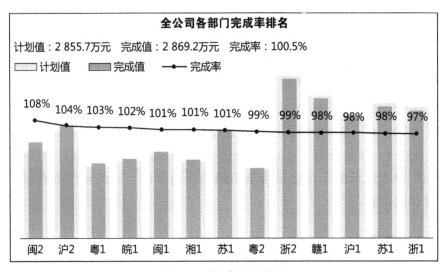

图19-5 折线图的应用

图19-5中的一条百分比连线,就是"折线图"的描述。它将公司各部门的计划完成率表示得一清二楚,从完成率最高的108%,到完成率最低的97%,非常直观地表示出了分析报告的结果。

折线图的表达形式也有很多种,具体的制作步骤和方法在第21章和第22章中有详细讲解。

5. 直方图

直方图和帕累托图,可以直接得到图表结论性结果,非常方便,最大好处是可免除进行人效分析时的"手工操作"。比如,把某月某部门的人效数据绘制成一个直方图或帕累托图,就可得到不同范围的完成值和完成率所需人数,如图19-6所示。

图19-6将完成值和完成率的不同范围的人数非常直观地表示出来了。这张图的制作,在第21章中有制作步骤和方法的详细讲解。

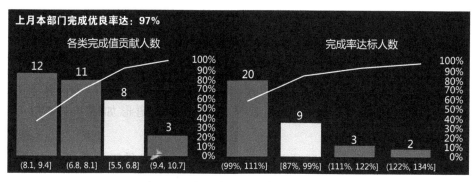

图 19-6　完成值和完成率的帕累托图

6. 其他图形

Excel 中还有其他类型图的应用。

（1）地图，主要用于企业市场占有率和其他地域性比重方面的描述，通常在决策者终端的数据分析可视化大屏中使用。

（2）树状图，经常用于市场占有程度的分析报告结果的描述，主要在决策者终端的数据分析可视化大屏中使用。

（3）瀑布图，主要用于分析经营效益好坏程度的描述，在人效分析系统和人效导示系统中应用的比较少。

（4）散点图、气泡图，主要用于某一相关性数据或数组的分布状态的描述。

（5）组合图，应用比较多。

┊实战经验分享 19-1┊

　　我们常说，一个好的图表所传递的信息量，是一段文字信息量的几倍甚至几十倍。在人效导示系统中，要尽可能用图表描述人效分析报告的内容，而少用数值罗列的方式表达。尤其是在做横向比较、纵向比较、不同部门之间的比较、不同业务之间的比较时，用图表描述既简单又直观，还通俗易懂。

引导提示

人效导示系统的作用是进行提前预示，起到事先引导、提示和警示作用。这方面，不需要单独作图来描述，而是通过设计在分析报告中简单地描述出来。

例如，图 19-2 所示的个人完成值排名，是月底呈现的图，它描述的是一个月结束时的人效分析报告。在平时，这个图每周（或每天）会实时与员工、管理者、决策者进行分享，其图形如图 9-5 和图 9-6 所示。

用图 9-5 和图 9-6，每天进行实时导示，从而给员工（管理者或决策者）一个提示："按照当前实际累计完成值来预测，完成全月任务的可能情况是……"比如，图 9-5 所示的 1～21 日每天的实际累计完成值，都有一个预测值在导示其离计划值还差多少？到了 22 日之后，每天的实际累计完成值的预测值开始超过计划值，这告诉大家：按照现在的进度，完成全月计划任务可以说是没有问题了。有了这个导示，员工明白，管理者也明白，它比开会管用。这就是人效导示系统模板需要构建的基本内容。

人效导示系统的预警作用，也是由图来描述的，但不需要重复作图。比如，图 19-3 和图 19-4 两个图已经非常明显地呈现了该部门的人员流动情况。超过目标计划值就是超标，这就是一种预警和引导的方法。此外，图 19-5 更可以看作一种预警和引导方法。

预警提示方面，过去是在管理者终端和决策者终端，这是根据管理者和决策者的职责而设计的一种引导和关注。现在是在构建人效管理体系时，人效导示系统把预警的职责释放和下沉至每一位员工。从企业底层员工开始，人人都有目标计划值是否能完成的预警意识。这就简化了管理流程、减少了管理层次，消除了无效管理时间，最终节约了管理成本。

由于人效导示系统强调的是事先的实时预示、提示和预警，因此能大大增强企业全体人员对人效的理解和执行，让大家渐渐养成一种人效管理的习惯，最终达到提高人效的目的。

▎实战经验分享 19-2 ▎

人效导示系统模型的框架内容如上所述，具体的细节需要根据企业经营管理的特点做"加减法"。

在图表描述应用方面，需要掌握的原则如下：

（1）简单、直观和能看懂。

（2）能用图表的，就不用文字（或数字）。

（3）能用一个图表描述清晰的，就不用两个图表。

19.2　分享周期｜基于不同周期应用的需求

在第13章的人效核算系统中，讲过关于人效核算的时间周期，其中就有人效导示系统的时间周期的计划安排，它们之间是一一对应和同步的关系，如图19-7所示。

图19-7是人效导示系统的大致时间段框架，它的时间周期与企业经营周期同步，也是以"周、旬、月、季度、半年度、全年度"为重要的时间窗口。

人效导示系统的时间窗口，主要指数据收集时间和分析报告时间，此时的数据也称为"截面数据"。这一点，在构建人效管理体系时需要有明确的定义，并且还需要培训企业各层级的人员，让大家都知道各"截面数据"的时间窗口的具体时间范围，以保障数据收集的统一性和准确性。同时，对于分析报告中数据的认可度也能达到统一。

1. 周

以周为分析报告窗口，可以把全月大致分成四个时间段，有利于导示发挥提示和预警作用。这与人效核算系统中的预算是一个时间窗口。

周的时间定义：以截至每周五 18:00 为周分析报告的时间窗口。数据的收集时间是从上周五 18:01 开始，到本周五 18:00 结束。

2. 旬

以旬为分析报告窗口，可以把一个月大致分成上、中、下三段短时间，有利于导示发挥提示和预警作用。这与人效核算系统中的预算是一个时间窗口。

284　第三部分　如何构建"人效管理体系"

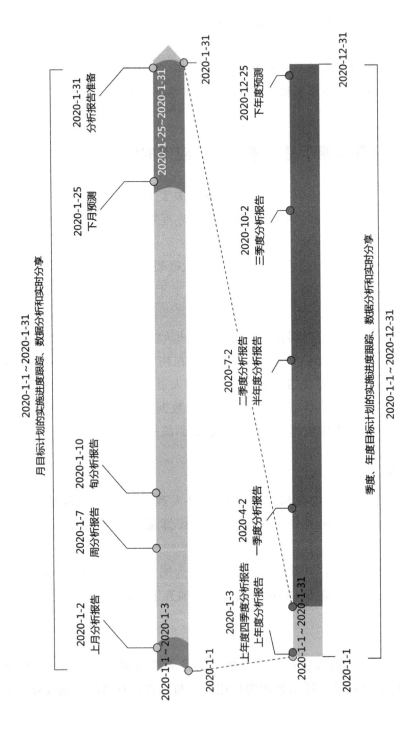

图 19-7　人效导示系统的工作周期

旬的时间定义：以截至每月的10日、20日和30日（31日）18:00为旬分析报告窗口。数据的收集时间，上旬是从上月30日（31日）18:01开始，到本月10日18:00为止。中旬是从本月10日18:01开始，到本月20日18:00为止。下旬是从本月20日18:01开始，到本月30日（31日）18:00为止。

3. 月

以月为分析报告窗口，这与人效核算系统中的决算是一个时间窗口，它是企业经营分析的最小单位的时间窗口。

月的时间定义：以截至每月30日（31日）18:00为月的分析报告窗口。数据的收集时间，是从上月30日（31日）18:01开始，到本月30日（31日）18:00为止。

也有企业的月时间定义，采用每月的25日、28日为月时间节点窗口，这个也是可以的。

4. 季度

以季度为分析报告窗口，这也与人效核算系统中的决算是一个时间窗口，它是企业经营周期的全年四等分的时间窗口，也是财务分析常用的时间窗口。它通常以顺序数据表示，如一季度、二季度、三季度和四季度。

一季度的时间定义：以截至3月31日18:00为一季度的分析报告窗口。数据的收集时间，是从上年度12月31日18:01开始，到本年度3月31日18:00为止。

二季度的时间定义：以截至6月30日18:00为二季度的分析报告窗口。数据的收集时间，是从3月30日18:01开始，到6月30日18:00为止。

三季度的时间定义：以截至9月30日18:00为三季度的分析报告窗口。数据的收集时间，是从6月30日18:01开始，到9月30日18:00为止。

四季度的时间定义：以截至12月31日18:00为四季度的分析报告窗口。数据的收集时间，是从9月30日18:01开始，到12月31日18:00

为止。

如果企业的季度时间定义，不是 30 日（31 日），而是采用 25 日、28 日为时间节点窗口，也是可以的。

5. 半年度

以半年度为分析报告窗口，这也与人效核算系统中的决算是一个时间窗口。它是企业经营周期的上半年度和下半年度等分的时间窗口，也是财务分析常用的时间窗口。

上半年度的时间定义：以截至 6 月 30 日 18:00 为上半年的分析报告窗口。数据的收集时间，是从上年度 12 月 31 日 18:01 开始，到本年度 6 月 30 日 18:00 为止。

下半年度的时间定义：以截至 12 月 31 日 18:00 为下半年的分析报告窗口。数据的收集时间，是从 6 月 30 日 18:01 开始，到本年度 12 月 31 日 18:00 为止。

如果企业的半年度时间定义不是采用 30 日（31 日）为时间窗口，而是采用 25 日、28 日为时间窗口，也是可以的。

6. 全年度

以全年度为分析报告窗口，这也与人效核算系统中的决算是一个时间窗口。它是企业经营的周期本年度的时间窗口，也是分析财务报告常用的时间窗口。

全年度的时间定义：以截至 12 月 31 日 18:00 为全年度的分析报告窗口。数据的收集时间，是从上年度 12 月 31 日 18:01 开始，到本年度 12 月 31 日 18:00 为止。

如果企业的全年度时间定义不是采用 30 日（31 日）为时间窗口，而是采用 25 日、28 日为时间窗口，也是可以的。

上述六个时间窗口的定义，在人效导示系统中被显示为报告日期，也是分析报告的更新日期。这个概念是非常重要的，因为：第一，它与财务分析报告相关。企业内部的各项分析报告周期的时间，在几个报告类别（比如财务报告、经营分析报告、人效分析报告、项目进度报告等）中必须是统一的。第二，分析报告的数据，直接用于各利益相关的核算。有时

"截面数据"时间相差并不大，但是核算利益（比如月薪、年薪等）的大小档次会有很大的差异。

> **实战经验分享 19-3**
>
> 遇到报告日期和更新日期的"截面数据"收集有争议时，可以采取"民主集中制"的方式商议解决。
>
> 原则是：时间不能中断，也不能重叠。

人效导示系统中最小时间单位为"周"而不是"天"，这是基于分析报告的频次高低和系统运算频次高低的设计考虑。以"天"为时间周期的统计、分析和报告的频次过高，对于员工个人而言还有一点点意义，但对于企业各部门、各业务板块、各区域等的统计、分析和报告，就不宜以"天"为时间周期了。不然，不但没有实质意义，反而增加了各级管理者的工作量，最终增加了管理成本，这是得不偿失的。

第 20 章

员工终端的分享导示

前面讲过,建立人效管理体系的思想,就是企业内部要有人人都关注人效的统一思想、统一语言和统一行动,因此,人效导示系统的分享终端要与每一位员工相连。这种相连是能够自动生成的、实时共享的与企业各层级同步分享的。

员工终端的分析报告导示,重点放在事先的进度提示和完成计划任务的达标预警。所以,它的导示模板可以设计的内容包括过程和结果两个方面。下面就这两个方面的内容如何制作进行详细讲解。

本章所使用的数据,是来自案例 16-1 的"华东沪一部"1 月的过程数据和结果数据。还需要两份数据,一份是案例 16-1 中 13 个部门的 475 名员工的计划值、完成值和完成率数据,还有一份是"华东沪一部"上个月的计划值、完成值和完成率数据。

由于数据量比较大,占用篇幅较长,所以不把数据全部列出。能把制作步骤说清楚,数据不是最重要的,注意方法即可。

20.1 过程导示 | 基于进度提示和达标预警

员工终端分享的过程方面的导示内容，在第 9 章中讲过分享的细分"颗粒度"问题，尽可能细分至每一天数据的实时分享。但是，这种设计在企业实战应用中受到客观条件的限制（每天数据的实时分享，需要有自动化软件系统的开发和运行）。因此，采用以"周"为单位进行分享，如图 20-1 所示（图中显示两位员工的过程数据分析的图导示，用于对比和讲解）。

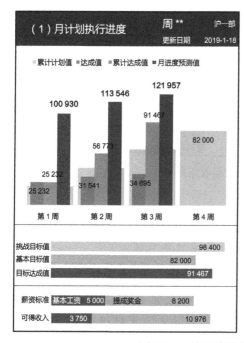 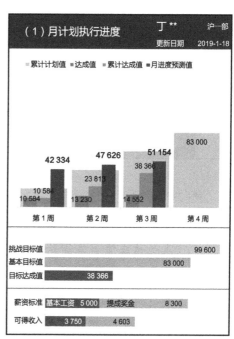

图 20-1　员工终端分享的过程导示模板

员工终端分享的过程导示模板的内容

由图 20-1 可知，员工终端分享的过程分析导示模板的内容包括以下几个部分。

1. 标题

用于说明时间周期、报告对象（即员工）、对象所属部门和分析的更新日期。如图 20-1 中两位员工的分享窗口，报告对象不同，所属部门可以不同，其他内容应该相同。

2. 分析报告的内容

第二部分中分析报告的内容,包括以下几点的导示内容。

(1)每周计划值是月任务值的均分值。它提示员工本月总计划值是多少,每周计划值是多少。最后一周的时间包含了全月除四周之外的余数[比如,30(31)天=4周+2(3)天,第4周就多2(3)天]。

(2)每周完成值是本人执行结果的记录。将员工每周实际完成的数据进行记录和收集。两位员工实际完成的数据记录,如图20-2所示。

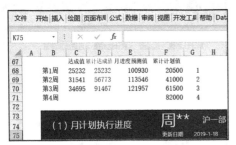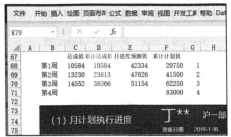

图20-2 过程数据收集图

注:达成值=完成值。

(3)做数据分析。将收集后的数据进行计算,需要计算两个值:

累计达成值=本周达成值+上一周累计达成值

月进度预测值=累计达成值÷已过周期数×4(每月有4周)

(4)员工个人收入的预算分析。这部分内容需要根据企业的薪资政策、该员工的薪资等级、任务的完成值和出勤的大致天数进行员工个人收入的预算,用于提示员工和激励员工。从图20-1所示的左右两位员工的个人收入预算对比中可以得知,他们俩的薪资等级是一个级别的。个人收入的高低取决于本人的目标计划完成情况。

3. 用图表来表达和描述

将所记录的数据结果和计算分析数据的结果,用柱状图来描述、导示并分享给员工,用于提示进度达标的预测结果和全月计划可能完成或不可能完成的预警。图20-1左图所示的"周**",按照他的前三周实际完成任务的完成值来预测全月任务的情况,可以说,即使他的第4周完成值为零,也已经完成了全月任务。

同样，图 20-1 右图所示的"丁**"，他的前三周累计完成值低于计划值，均出现了"周任务"没有完成的情况。如果第四周不赶上和追加完成，则全月任务完成的可能性不大。

出现这样的情况，部门管理者将会找"丁**"谈话，帮助他分析落后的原因。从工龄上来看，"丁**"的工龄是 52.7 个月，是一个已工作四年多的老员工了，他比"周**"的工龄长 11 个月。所以，从工作时间长短来分析，"丁**"不是因对业务不熟练而导致完成率差。另外，有什么原因需部门管理者做进一步的了解并进行解决。

员工终端过程导示模板的制作步骤

1. 标题部分的制作步骤

- 第一步，先在 Excel 表中设置一个 3 行 7 列的"标题区"，合并几个区域，填写标题"（1）月计划执行进度""更新日期"等文字，如图 20-3 所示。

图 20-3　标题部分内容图

- 第二步，在 Excel 表的某一单元格，输入要报告的员工姓名：周**。在图 20-3 所示的【J73】单元格中输入"周**"，这是这份分析报告所导示查询的对标单元格。它的位置设置后，不能更换，如果更换了，模板内的所有函数公式则要全部修改更换。

- 第三步，在"标题区"的"姓名区"设置【=J73】，以后要查询和导示其他员工的，就在【J73】中输入其他员工姓名即可。比如，输入"丁**"，就能自动生成"丁**"的导示内容。

- 第四步，在"姓名区"的后面单元格，设置【=J74】后，在【J74】单元格输入该员工所属的部门名称，将被自动生成。

- 第五步，在"更新日期"的后面单元格，设置"时间"，可以是自动显示时间，也可以是手动调整时间。原则是与“周”时间窗口的“截面数据”时间一致即可。

- 第六步，填充标题区的底色，调整字体大小和字体颜色，去掉网格线。标题部分就制作好了，如图 20-4 所示。

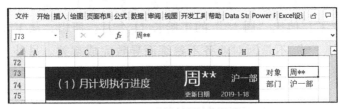

图 20-4　标题制作完成图

2. 图表的制作步骤

下面以“周 **”的相关数据为例，进行步骤的讲解。

- 第一步，收集、处理和计算数据。数据结果的存放格式如图 20-5 所示。

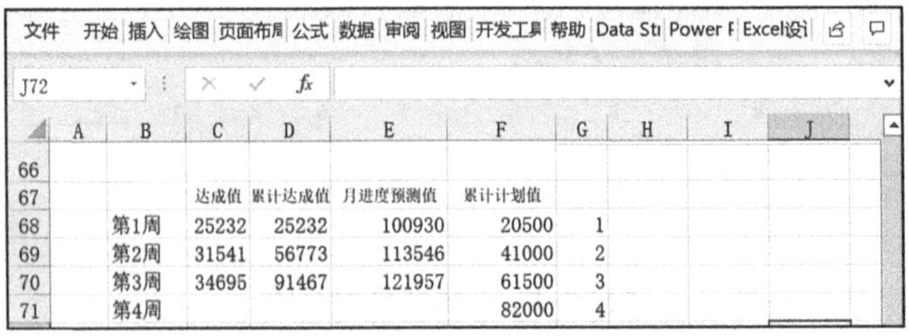

	达成值	累计达成值	月进度预测值	累计计划值	
第1周	25232	25232	100930	20500	1
第2周	31541	56773	113546	41000	2
第3周	34695	91467	121957	61500	3
第4周				82000	4

图 20-5　数据收集、处理和计算结果图

图 20-6 中的两个计算值（累计达成值、月进度预测值）的计算公式上面有讲解。需要说明的是，“达成值”是本周实际记录值，不做累计。“累计达成值”，从第 2 周开始，均加上上一周实际达成值。“累计计划值”也是从第 2 周开始，加上上一周计划值。“月进度预测值”的计算是用“累计达成值”。

- 第二步，点中数据区域，点击【插入】，再点击【图表】的【柱状图】，就看到一幅图表生成，如图 20-6 所示。
- 第三步，点中图表框内“达成值”柱子，然后在右侧的【设置数据系列格式】的【系列选项】中，选择点击【次坐标轴】。按同样操

作方式，把"累计达成值"和"月进度预测值"的柱子也选择点中【次坐标轴】，如图 20-7 所示。

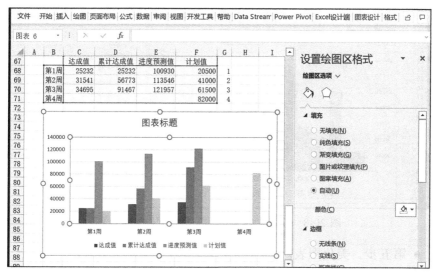

图 20-6　选择图表插入图

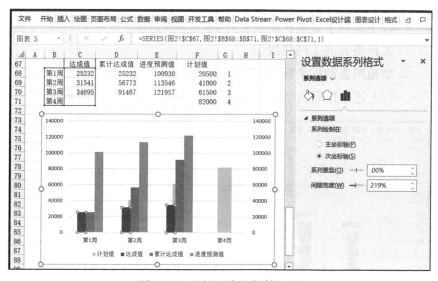

图 20-7　选择"次坐标轴"图

- 第四步，点中"计划值"柱子，将右侧的【设置数据系列格式】的【系列选项】的【间隙宽度】设置为 10%（注意，"计划值"柱子在【主坐标轴】上），如图 20-8 所示。

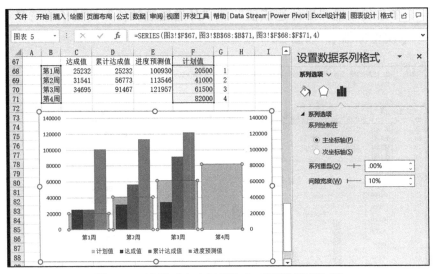

图 20-8 选择"主坐标轴"和"间隙宽度"图

- 第五步，美化图表。
  - 分别调整四个柱子的颜色。
  - 显示数据标签、设置数据标签的位置和字体大小。
  - 将【图例】显示在图表上方。
  - 去掉图表的【网格线】。
  - 加粗图表的横坐标轴的字体。

    上述操作后的结果如图 20-9 所示。

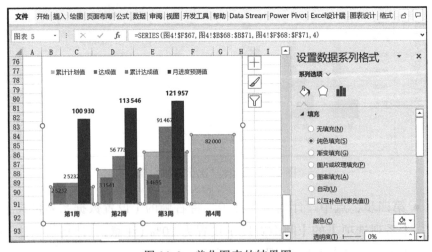

图 20-9 美化图表的结果图

- 第六步，将制作好的图拖至标题下方，调整大小，加上黑色外框线，去掉 Excel 表的网格线，计划完成情况的过程分析导示内容制作完毕，如图 20-10 所示。

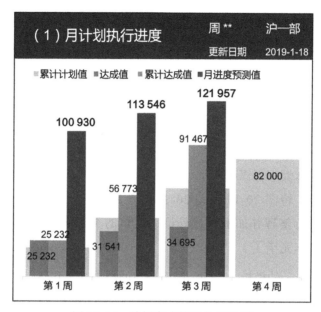

图 20-10　计划完成情况的导示图

- 第七步，制作目标计划执行对比图。整理基本计划值（＝计划值）、目前达成值（＝实际已达成值）和挑战计划值（＝计划值的 1.2 倍）的数据。选中数据区域，点击【插入】，然后点击【图表】的【条形图】，就得到条形图。再调整颜色和字体大小，图就制作完毕了，如图 20-11 所示。

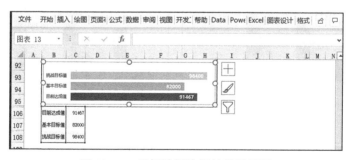

图 20-11　目标计划执行结果导示图

- 第八步，制作个人薪资预算图表。先调用薪资政策数据并进行数据整理，如图 20-12 所示。

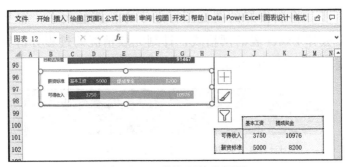

图 20-12　薪资预算数据图

- 第九步，选中图 20-12 所示的薪资数据区域，点击【插入】，然后点击【图表】的"条形图"，就得到图 20-12 所示的图表（图中已对颜色和字体大小做了调整）。
- 第十步，将图 20-11 和图 20-12 两个图表拖入图 20-10 图表的下方，然后进行整理并加上黑色外框，完整的员工终端分享的过程导示模板就制作完毕了。

在图 20-1 所示的模板上，输入想要分享的员工姓名和部门名称，几秒钟后就自动生成该员工的过程导示内容。图 20-13 是其他两位员工的情况。

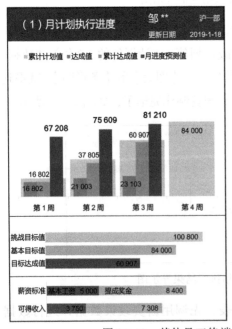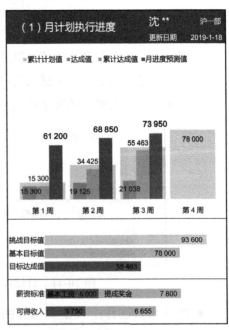

图 20-13　其他员工终端分享的过程导示的内容图

实战经验分享 20-1

第一,将员工终端分享的过程导示模板的内容给 IT 部门进行讲解,组织 IT 研发工程师开发设计一个 App,安装在员工的手机终端,员工每天都可以查看自己的周计划值、周达成值和月度完成预测值,如图 20-14 所示。

第二,将图 20-1 的内容进行"模板固定和保护"设置。以后每个月的员工终端的过程分析结果的分享,只需要更换相关数据,而"图表描述"部分就能自动生成,不需要修改制作。

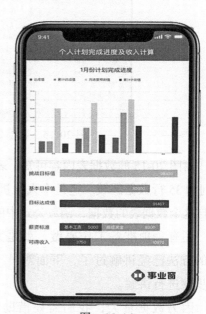

图 20-14

注:本图由"事业窗"软件供应商提供。

员工终端分享的过程分析报告模板的制作应该说还是比较简单的。下面讲解员工终端分享的结果分析报告模板的制作步骤。

20.2 结果分享 | 基于分析报告和改善建议

一个周期结束后,员工个人的目标计划的执行情况,数据已经统计完毕,员工个人可能比较清楚。但是,对于相关的人效分析内容,员工不是十分清楚,包括在下一周期企业和各级管理者是否要调整目标计划,实际完成值的最终确认值是多少,自己排名第几,能否获得优胜排名的奖励,等等,都是员工十分关心的内容。依据这些,图 18-6 已经展示了员工个人终端分享的导示模板图。

下面就图 18-6 的分析报告的七个部分的制作步骤进行讲解。由于很多步骤都有函数公式,所以,先把本章数据表的数据导入 Excel 表内,也展示在此,以方便参照公式中的数据行和列的含义,如图 20-15 所示。

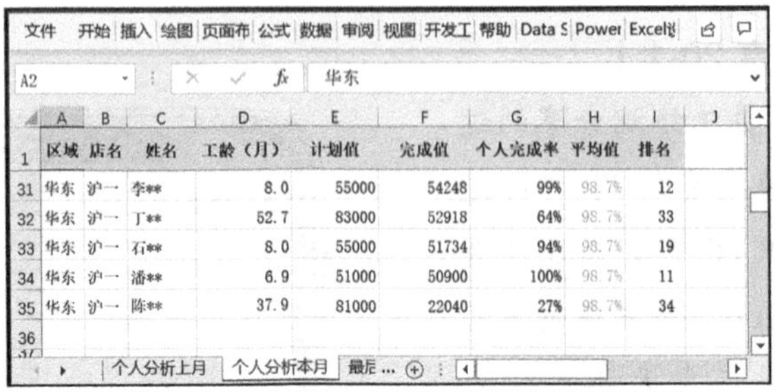

图 20-15 数据导入 Excel 表内的图

由图 20-15 的数据表内容可知，表 20-1 导入的数据，在 Excel 表内一共有 9 列和 35 行数据区域。这是个人分析数据资料之一，下面分析报告的内容都取自这个数据表的数据，函数公式中的数据区域范围也是这个数据表的数据。

还有一项准备工作要做，就是案例 16-1 中 13 个部门的数据汇总。汇总的方法已经讲解过了，下面对员工个人与全体人员的人效数据进行对比的步骤进行讲解。

因为数据量大，我们需要借助 Excel 的透视表功能来实现快速运算，步骤如下。

- 第一步，选中工作表【合并】的数据区域，点击【数据】，然后点击【数据透视表】，就看到一个对话框，在对话框内选择【新工作表】，点击【确定】，如图 20-16 所示。

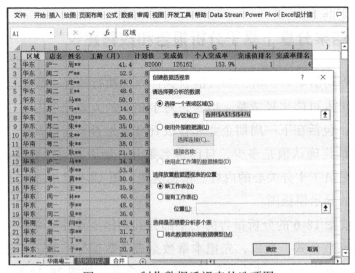

图 20-16 制作数据透视表的选项图

- 第二步，在上一步点击【确定】后，就看到一个新的工作表界面，将新工作表命名为【数据透视表】，如图 20-17 所示。

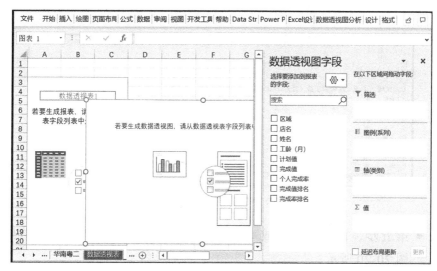

图 20-17　透视表界面窗口图

- 第三步，在透视表界面窗口，用"拖、拉、踢"等方式，进行数据求值和分析。透视表操作比较简单，具体步骤就不赘述了。数据结果如图 20-18 所示。

图 20-18　用数据透视表求值的操作图

- 第四步，在【合并】工作表上，求"全员完成值的排名名次"。步骤是：在【H2】单元格，设置函数公式为【=RANK(F2,$F$2:$F$476,0)】，就得到了数据。再点击【H2】单元格的右下角，双击一下，就求得了【H】列的所有人员的排名名次数据值，如图 20-19 所示。

H2 =RANK(F2, $F$2:$F$476, 0)

	A	B	C	D	E	F	G	H	I
1	区域	店名	姓名	工龄（月）	计划值	完成值	个人完成率	完成值排名	完成率排名
2	华东	沪一	周**	41.4	82000	126162	153.9%	1	4
3	华东	闽二	严**	52.5	83000	121330	146.2%	2	5
4	华东	闽二	连**	54.0	84000	116200	138.3%	3	8
5	华东	闽二	王**	48.6	83000	113880	137.2%	4	9
6	华东	皖一	马**	50.0	83000	113353	136.6%	5	10
7	华东	苏一	马**	14.0	68000	113353	166.7%	5	3
8	华东	闽一	边**	50.0	83000	107957	130.1%	7	16
9	华东	苏二	朱**	35.0	80000	107200	134.0%	8	12

图 20-19 全员完成值排名数据图

- 第五步，再做全员完成率排序，操作方法与上一步一样。结果如图 20-20 所示。

I2 =RANK(G2, $G$2:$G$476, 0)

	A	B	C	D	E	F	G	H	I
1	区域	店名	姓名	工龄（月）	计划值	完成值	个人完成率	完成值排名	完成率排名
2	华东	沪一	周**	41.4	82000	126162	153.9%	1	4
3	华东	闽二	严**	52.5	83000	121330	146.2%	2	5
4	华东	闽二	连**	54.0	84000	116200	138.3%	3	8
5	华东	闽二	王**	48.6	83000	113880	137.2%	4	9
6	华东	皖一	马**	50.0	83000	113353	136.6%	5	10
7	华东	苏一	马**	14.0	68000	113353	166.7%	5	3
8	华东	闽一	边**	50.0	83000	107957	130.1%	7	16
9	华东	苏二	朱**	35.0	80000	107200	134.0%	8	12

图 20-20 全员完成率排名数据图

准备工作已做好，下面开始讲解员工终端分享的过程分析报告模板的制作步骤。

标题部分的报告内容制作

员工终端分享的过程分析报告的标题部分，与前面过程导示内容的制作步骤大致相同。

- 第一步，设置一个标题区，如图 20-21 所示。

第七篇　导示篇

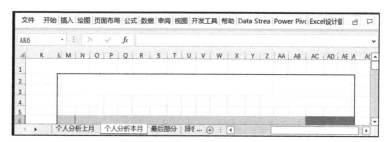

图 20-21　设置标题区域图

- 第二步，在"姓名"单元格设置【AA2】单元格的数据为【=O1】。在"区域/店名"单元格设置为【=T1】和【=X1】。再填写报告标题的名称为"2019年度（1）月人效分析报告（个人）"，还有"报告日期"的填写，如图 20-22 所示。

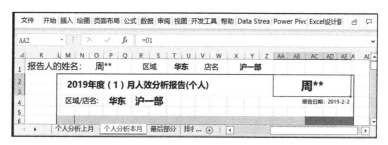

图 20-22　标题部分的自动生成设置图

- 第三步，调整标题区域部分的颜色、字体颜色和字体大小，结果如图 20-23 所示。

图 20-23　标题部分的最终结果图

图 20-23 所示的"周**"姓名的自动生成。当【报告人的姓名】为"周**"时，分析报告标题部分的姓名就自动生成；换一个姓名，比如在【O1】单元格输入"沈**"，则分析报告标题部分的姓名就自动生成为

"沈**"，如图 20-24 所示。

图 20-24　更换人员的标题部分图

"本月个人"的报告内容制作

第二部分"本月个人"的报告内容，制作在标题的下方，如图 20-25 所示。

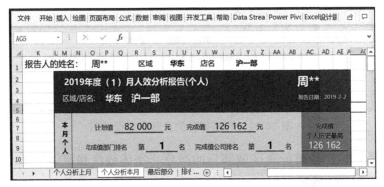

图 20-25　第二部分"本月个人"的报告内容图

图 20-25 所示的报告内容，有五个地方的数据值设置为自动生成的，步骤如下。

- 第一步，布置一个报告内容展示的区域，制作步骤与上面的标题部分一样。
- 第二步，【计划值】的自动生成，设置自动查找的函数公式为【=VLOOKUP(O1,个人分析本月！$C$1:$H$35,3,0)】。

　　函数公式中的数据文件工作表名称是"个人分析本月"，数据区域是【C1:H35】，"3"表示查找从"姓名"一列开始数的第三列位置，是这位员工的【计划值】数据位置，如图 20-26 所示。

图 20-26 "计划值"查找函数公式设置图

有了这个自动查找数据的函数公式的设置,当数据变动的时候,当需要查找其他员工的时候,都能自动生成对应的数据值,如图 20-27 所示。

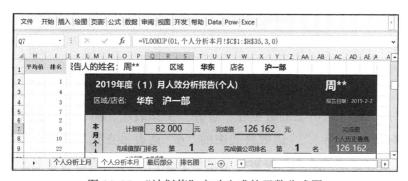

图 20-27 "计划值"自动生成的函数公式图

- 第三步,【完成值】的自动生成,也是设置自动查找函数公式为【=VLOOKUP(O1,个人分析本月! $C$1:$H$35,4,0)】。

  函数公式中的"4"是表示查找从"姓名"一列开始数的第四列位置,是这位员工的【完成值】数据位置,如图 20-28 所示。

- 第四步,【完成值部门排名】的自动生成,设置查找函数公式为【=VLOOKUP(O1,个人分析本月! $C$1:$I$35,7,0)】。

  同理,函数公式中的"7"是表示查找从"姓名"一列开始数的第七列位置,是这位员工的【完成值部门排名】数据位置,如图 20-29 所示。

- 第五步,【完成值公司排名】的自动生成,设置函数公式为【=VLOOKUP(O1,合并! $C$1:$I$476,6,0)】。

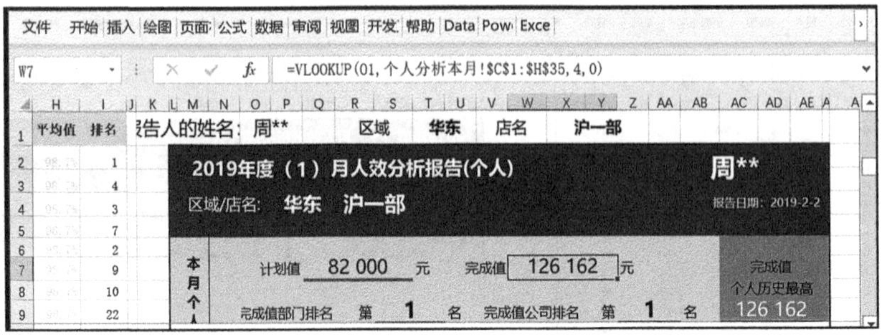

图 20-28 "完成值"自动生成的函数公式图

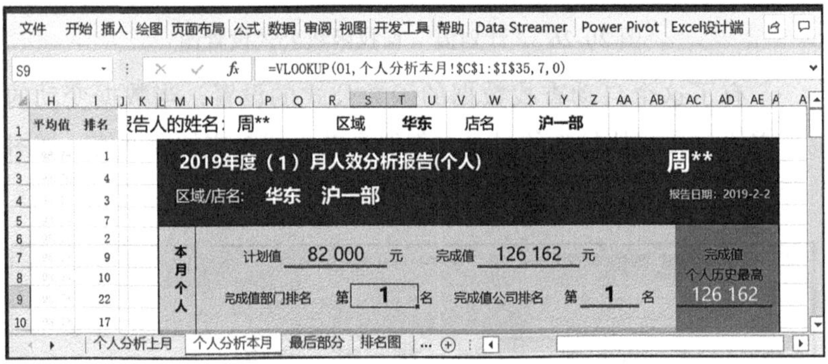

图 20-29 "完成值部门排名"自动生成的函数公式图

同理，全公司员工的数据在"合并"工作表中，所以函数公式的文件名称修改为"合并!"。函数公式中的"6"是表示查找从该工作表的"姓名"一列开始数的第六列位置，是这位员工的【完成值公司排名】数据位置，如图 20-30 所示。

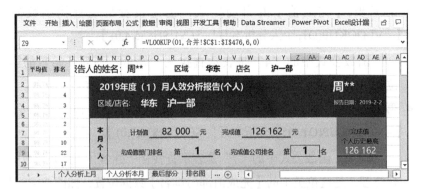

图 20-30 "完成值公司排名"自动生成的函数公式图

通过上述五步的函数公式的设置，就制作好了"本月个人"实际结果的分析报告内容。

"上月个人"的报告内容制作

第三部分"上月个人"的分析报告，格式与第二部分相同，也是四个部分的数据信息。其制作步骤与第二部分一样，函数公式的格式也相同，只是四个数据的文件名称需要更换，因为是查询"个人分析上月"文件的数据，如图 20-31 和图 20-32 所示。

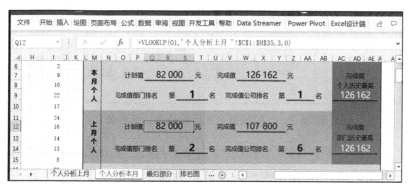

图 20-31 "上月个人计划值"的函数公式图

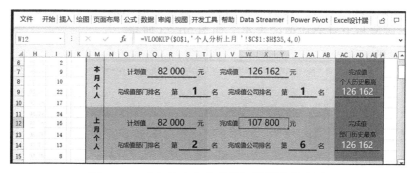

图 20-32 "上月个人完成值"的函数公式图

说明：上月个人在【完成值部门排名】中的函数公式的文件名称是"个人分析上月"工作表名称，而【完成值公司排名】中的函数公式的文件名称是"全公司分析上月"工作表名称。

"完成值历史最高"纪录的报告内容制作

第四部分"完成值历史最高"的纪录报告内容的制作比较简单，步骤如下。

- 第一步，比较本月个人完成值与历史的个人完成值两个数据的大小。需要注意的是：图中的函数公式是 MAX（W7,W12），如图 20-33 所示。

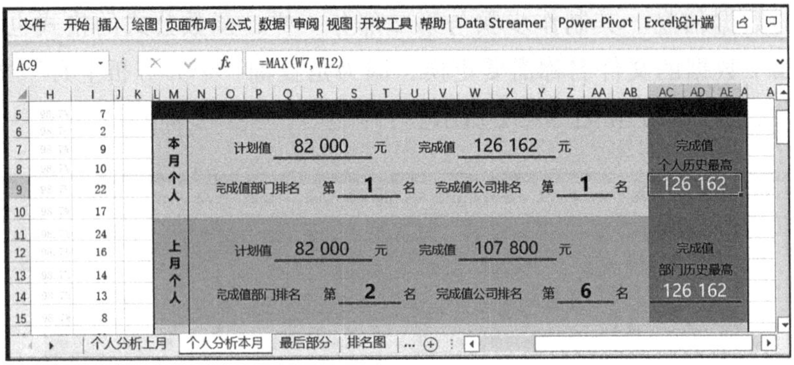

图 20-33 "完成值个人历史最高"函数公式图

到了下个月的"完成值个人历史最高"的比较，就不是图 20-33 所示的这个函数公式，需要调整为与本月"完成值个人历史最高"进行比较大小。

- 第二步，设置"完成值部门历史最高"的函数公式，是比较本月完成值与上月完成值的大小，如图 20-34 所示。

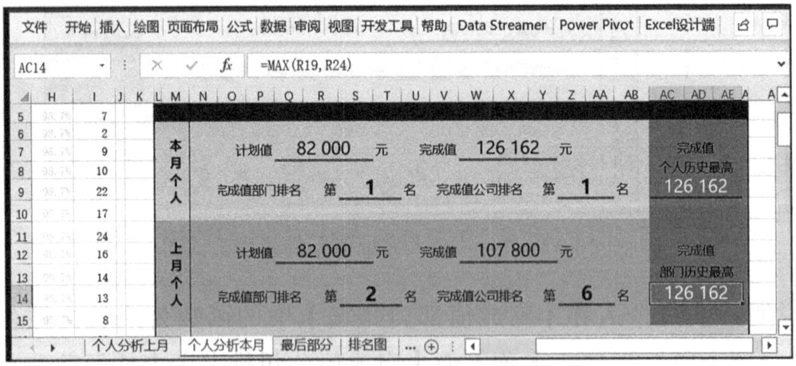

图 20-34 "完成值部门历史最高"函数公式图

同理，下月的"完成值部门历史最高"，是与本月的历史最高值进行比较。总之，历史最高值是取"最高的"，没有被打破纪录的，就显示"原最高值"。

"本月部门"的分析报告内容制作

第五部分"本月部门"的报告内容,如图 20-35 所示。

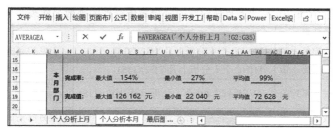

图 20-35 "本月部门"的分析报告内容图

图 20-35 所示的内容,有六个数据单元格需要设置自动生成的函数公式,如表 20-1 所示。

表 20-1 "本月部门"分析报告制作的函数公式

序号	求解项目	函数公式	说明
1	本月完成率最大值	=MAX(G2:G35)	本月的完成率在本工作表的 G 列,求完成率(G2:G35)的最大值、最小值、平均值
2	本月完成率最小值	=MIN(G2:G35)	
3	本月完成率平均值	=AVERAGEA(G2:G35)	
4	本月完成值最大值	=MAX(F2:F35)	本月的完成值在本工作表的 F 列,求完成值(F2:F35)的最大值、最小值、平均值
5	本月完成值最小值	=MIN(F2:F35)	
6	本月完成值平均值	=AVERAGEA(F2:F35)	

注:本案例的人员数量为 34 人,表格行数为 35。如果人数为 40 人,表格行数修改为 41。如果人数为 100 人,表格行数则修改为 101……以此类推。

这一步设置好函数公式之后,因为是部门整体的分析报告内容,所以不会由于查询某一员工个人的数据变动而变动。

"上月部门"的分析报告内容制作

第六部分"上月部门"的报告内容,如图 20-36 所示。

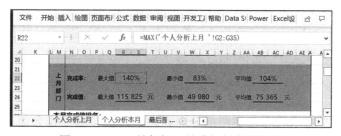

图 20-36 "上月部门"的分析报告内容图

"上月部门"的分析报告内容制作方法，与第五部分一样操作，只是函数公式中的文件名称更换为"个人分析上月"，如表 20-2 所示。

表 20-2 "上月部门"的分析报告制作的函数公式表

序号	求解项目	函数公式	说明
7	上月完成率最大值	=MAX('个人分析上月'!G2:G35)	上月的完成率在"个人分析上月"的工作表的 G 列，求完成率（G2:G35）的最大值、最小值、平均值
8	上月完成率最小值	=MIN('个人分析上月'!G2:G35)	
9	上月完成率平均值	=AVERAGEA('个人分析上月'!G2:G35)	
10	上月完成值最大值	=MAX('个人分析上月'!F2:F35)	上月的完成值在"个人分析上月"的工作表的 F 列，求完成率（F2:F35）的最大值、最小值、平均值
11	上月完成值最小值	=MIN('个人分析上月'!F2:F35)	
12	上月完成值平均值	=AVERAGEA('个人分析上月'!F2:F35)	

注：本案例的人员数量为 34 人，表格行数为 35。如果人员数量为 40 人，表格行数改为 41。如果人员数量为 100 人，表格行数则改为 101……以此类推。

"本月完成值排名"的分析报告内容制作

第七部分"本月完成值排名"的分析报告内容，是为了报告员工个人的工作结果在本部门的排名情况和在企业全体人员中的排名情况，方便员工个人进行自我对比。它的内容如图 20-37 所示。

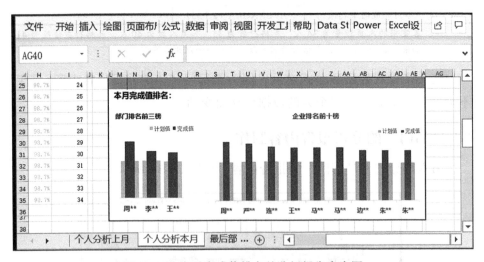

图 20-37 本月完成值排名的分析报告内容图

图 20-37 所示的图包括两部分内容：一个是"部门排名前三榜"，另一

个是"企业排名前十榜"。下面分别讲解具体的制作步骤。

1. "部门排名前三榜"的制作步骤

- 第一步，整理数据和求"部门排名前三榜"的数据值。在名称为"个人分析本月"的工作表界面的第【I】列，设置"完成值排名"求值数据存放位置。在【I2】单元格设置函数公式为【=RANK(F2, $F$2:$F$35,0)】，如图 20-38 所示。

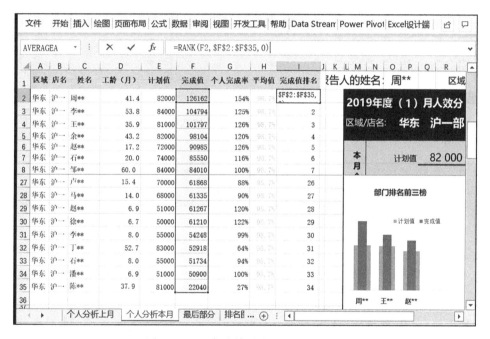

图 20-38 "完成值排名"函数公式图

- 第二步，鼠标放在【I2】单元格的右下方，双击鼠标左键，此时，【I】列的所有完成值排名都自动生成了。
- 第三步，选中数据区域【C1:G35】，点击【插入】，再点击【图表】的【柱状图】。调整数据，去掉"工龄""个人完成率"，如图 20-39 所示。
- 第四步，在图 20-39 的【选择数据源】界面，在【编辑】对话框中只勾选前三名人员的数据，如图 20-40 所示。

310　第三部分　如何构建"人效管理体系"

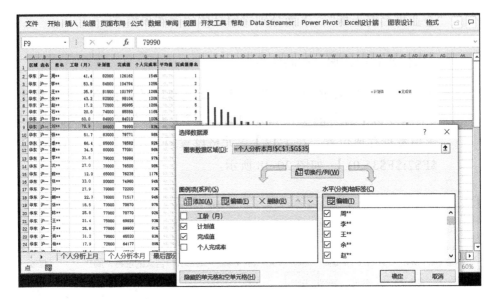

图 20-39　柱状图数据区域选择图

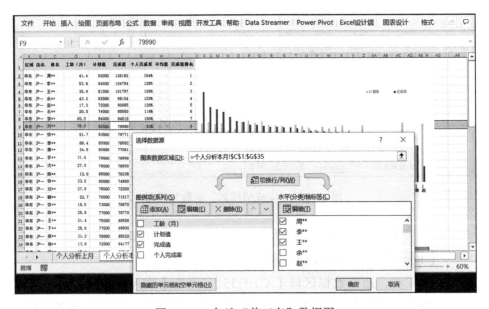

图 20-40　勾选"前三名"数据图

- 第五步，在图 20-40 所示界面选择【确定】之后，就看到了部门排名前三榜的原始图表，如图 20-41 所示。

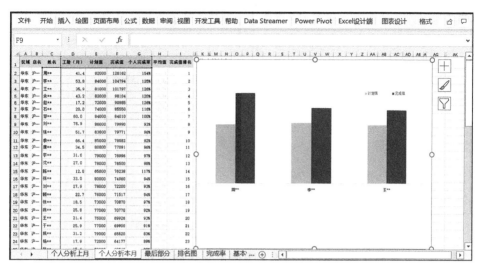

图 20-41　部门排名前三榜原始图表

- 第六步，进行图表的美化。
  ○ 选中柱状图的柱子，调整【间隙宽度】为 20%，如图 20-42 所示。

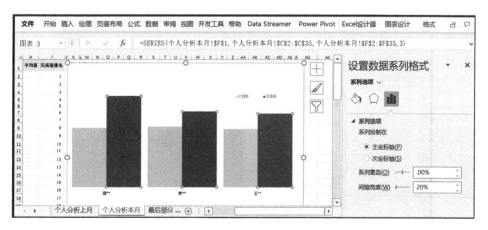

图 20-42　调整柱子"间隙宽度"图

○ 选中"完成值"的柱子，调整【系列选项】为【次坐标轴】，并设置【间隙宽度】为 80%，如图 20-43 所示。
○ 再进行以下几步的操作：
　◇ 调整柱状图的颜色；

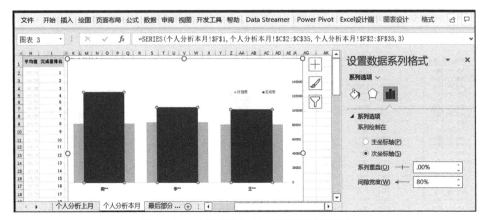

图 20-43 "完成值"柱子的系列设置图

- 调整【横坐标轴】及【图例】字体格式和字体大小；
- 去掉纵坐标轴；
- 添加图标题为【部门排名前三榜】；
- 将图表拖至分析报告第六部分的下方，并调整至合适的图表大小。

上述步骤操作之后，就基本上制作完成了，如图 20-44 所示。

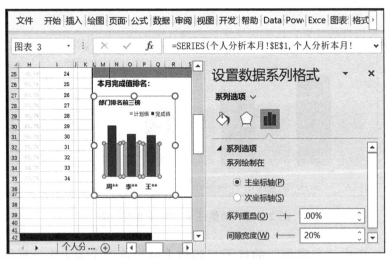

图 20-44 "部门排名前三榜"最终结果图

2."企业排名前十榜"的制作步骤

"企业排名前十榜"的制作步骤与"部门排名前三榜"的制作步骤一样。所不同的是制作图表使用的数据区域，是用"合并"工作表的文件名称,如图 20-45 所示。

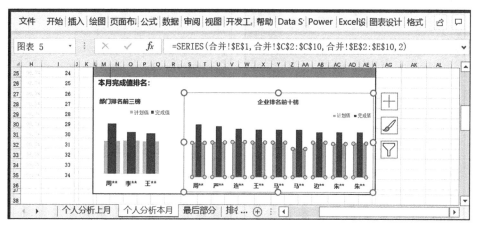

图 20-45 "企业排名前十榜"图表的数据取值图

同理,"企业排名前十榜"的全体数据中,只取前十名的数据。其他步骤与"部门排名前三榜"的一样,就不赘述了。

上述七个部分的分析报告内容制作完毕后,就能查看到所有部门所有人员的个人分析报告内容。图 20-46 列举了四位员工的人效分析报告,从图中能直观地看出哪个员工更优秀。

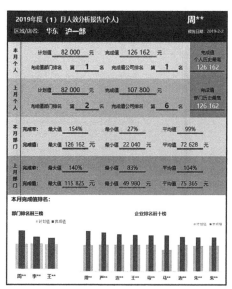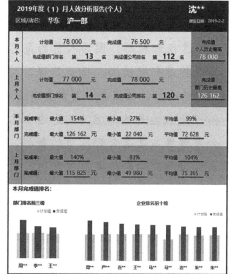

图 20-46 个人分析报告对比图

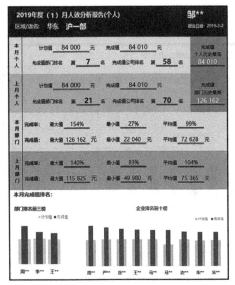
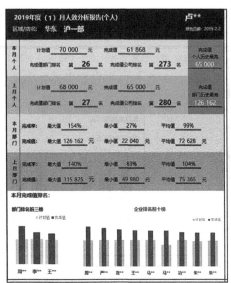

图 20-46 （续）

实战经验分享 20-2

第一，在制图时，为什么"部门排名前三榜"的数据取值区域不是只选前三名的数据，而是选部门全部人员的数据呢？同样，"企业排名前十榜"为什么不是只选前十名的数据，而是选企业全部人员的数据呢？

这很好理解，因为人员的每月排名数据是会变动的。也就是说，前三名和前十名的数据每个月都会有变动，不可能永远是这三名（或是这十名）。如果数据不是选全部人员的数据，则当数据有变动和排名有变动时，就不能自动地准确显示更新后的数据。

第二，同样，员工终端的结果分析报告内容也可以开发成 App，与员工的手机终端相连，直观和客观地分享给员工，如图 20-47 所示。

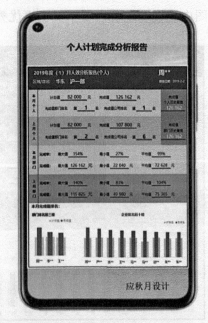

图 20-47

20.3 新人导示 | 基于明示方向和消除陌生

新员工进入企业都有两个迷茫点：一个是对企业完全陌生的迷茫点，另一个是工作方向感不清晰的迷茫点。所以，新员工的工作结果分析报告的分享，侧重点就是解决这两个迷茫点。

此外，新员工终端的分享也分“过程分析报告”和“结果分析报告”两种形式。个人分析部分内容与企业全体员工的一样，部门排名位置也可以对比，最重要的是与企业全体新员工的数据进行对比分析。

结合上述两点，新员工终端的分析报告分享包括两个部分内容。下面分别讲解具体的制作步骤。

新员工终端的过程分析报告分享

- 第一步，先准备二份数据资料。第一份资料是，取案例 18-1 中企业的“华东皖一部”的数据，导入 Excel 表，进行【工龄】单元格排序，如图 20-48 所示。

区域	店名	姓名	工龄（月）	计划值	完成值	完成率
华东	皖一	王**	2.0	12000	12098	101%
华东	皖一	刚**	3.0	24000	29399	122%
华东	皖一	陈**	3.0	24000	26194	109%
华东	皖一	史**	3.0	24000	25195	105%
华东	皖一	刘**	3.0	24000	23300	97%
华东	皖一	张**	3.0	24000	17796	74%
华东	皖一	李**	3.0	24000	17596	73%
华东	皖一	邵**	4.0	34000	36896	109%
华东	皖一	代**	4.0	34000	30294	89%

图 20-48 “华东皖一部”的新员工数据图

第二份资料是，企业 13 个部门全体人员中全部新员工数据，如图 20-49 所示。

- 第二步，借用前面已经制作好的员工终端过程分析报告的模板（见图 20-1），在【姓名】查找栏内输入新员工的姓名即可。制图步骤不需要重复，只是有几个地方需要调整：
  - 新员工的【计划值】比较小，需要调整【坐标轴】的最大值。
  - 新员工的薪资标准与老员工的不同，需要调整。

	A	B	C	D	E	F	G	H	I	J	K	L	M
1	区域	店名	姓名	工龄	计划值	完成值	个人完成率	完成值排名	完成率排名		时间	新员工人数	新员工占总比
2	华南	粤一	石**	1.8	10000	11880	118.8%	461	45		≤3个月	51	11%
3	华南	粤一	贾**	1.9	11000	10550	95.9%	471	300				
4	华东	闽二	李**	2.0	12000	13090	109.1%	454	77		≤1个月	0	
5	华中	湘一	黄**	2.0	12000	12480	104.0%	457	124		≤2个月&>1个月	17	
6	华南	粤一	黄**	2.0	12000	12480	104.0%	457	124		≤3个月&>2个月	34	
7	华东	皖一	王**	2.0	12000	12098	100.8%	459	195				
8	华东	浙一	李**	2.0	12000	12075	100.6%	460	198				
9	华东	闽一	薛**	2.0	12000	11462	95.5%	463	307				
10	华南	粤二	郭**	2.0	12000	11398	95.0%	464	313				
11	华南	粤二	唐**	2.0	12000	11390	94.9%	465	314				
12	华南	粤二	张**	2.0	12000	11390	94.9%	465	314				
13	华东	浙一	杨**	2.0	12000	11300	94.2%	467	329				

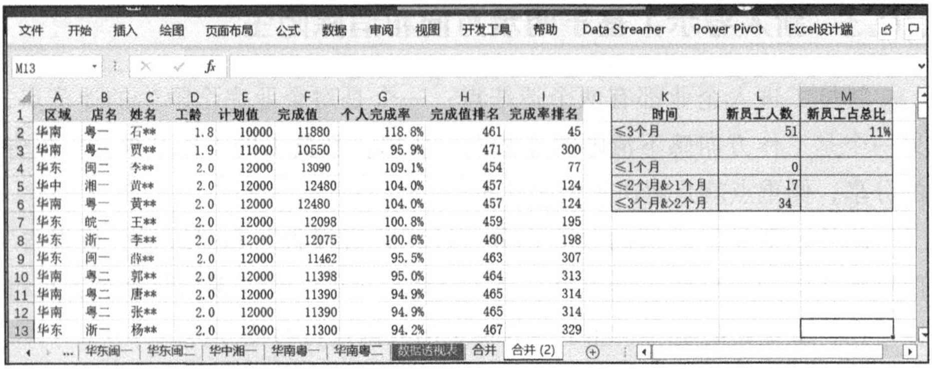

图 20-49 企业全体新员工数据表图

做好上述数据调整后，就可以得到新员工人终端的过程分析报告分享的内容，如图 20-50 所示。

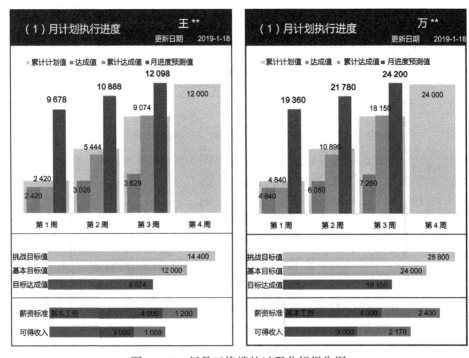

图 20-50 新员工终端的过程分析报告图

新员工终端的结果分析报告分享

新员工终端的结果分析报告分享，也可以借用员工终端的结果分析报告模板,但不能直接套用,因为新员工的对比分析,是与新员工相同层级人员的对比分析。新员工终端的结果分析报告分享模板的设计内容,如图 20-51 所示。

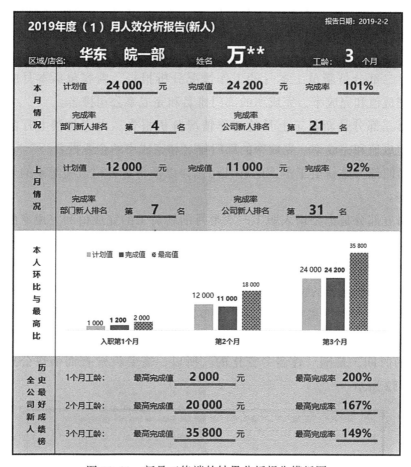

图 20-51　新员工终端的结果分析报告模板图

由图 20-51 可知,新员工终端的结果分析报告的模板,设计了三个分析报告主题。

(1)新员工的工作结果如何,是与目标计划进行对比分析。

(2)新员工的进步程度如何,是与自己每个月的进步程度进行环比分析。

(3)新员工的能力提升如何,是与企业全体新员工已经完成的最优秀的纪录进行对比分析。

这三个分析主题，很好地提示新员工自己是优秀、一般，还是比较差，也非常直观和客观地告诉新员工工作努力的方向和目标。那种陌生、那种因"不知情"而莫名的"忐忑"情绪，也会降低。同时，也给新员工营造了一种公平竞争环境，是凭借自己的努力而成就自己的公平环境。

整个分析报告包括五个部分：

第一部分是分析报告的标题部分。不同的是它增列了新员工的工龄。

第二部分是新员工本月的工作情况分析报告。内容包括本月的计划值、完成值和完成率、完成率的部门排名和完成率公司排名。

第三部分是新员工上月的工作情况分析报告。内容包括上月的计划值、完成值和完成率、完成率的部门排名和完成率的企业排名。

第四部分是新员工本人的各月环比，以及与全公司最高纪录的对比分析报告。

第五部分是全公司入职 1～3 个月的新员工的完成值和完成率的最高纪录报告。

下面分别讲解这五个部分的制作步骤。

（1）分析报告的标题部分。

新员工工作结果分析报告标题部分的制作，与上面其他分析报告的标题部分制作的方法基本上是一样的。需要注意的一个地方，就是【工龄】的时间，是随"姓名"变化的。所以，需要设置查询函数公式，如图 20-52 所示。

图 20-52　标题制作的函数公式图

（2）新员工本月的工作情况分析报告。

- 第一步，先整理两份数据资料。一份是本月本部门的新员工数据，另一份是本月全公司的新员工数据，如图 20-53 和图 20-54 所示。

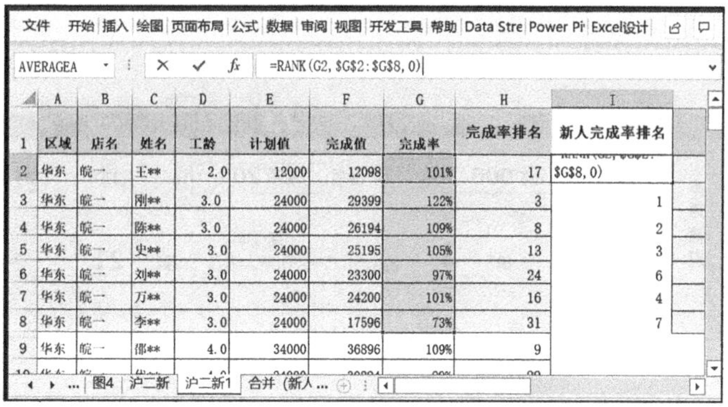

图 20-53　本月本部门新员工数据表

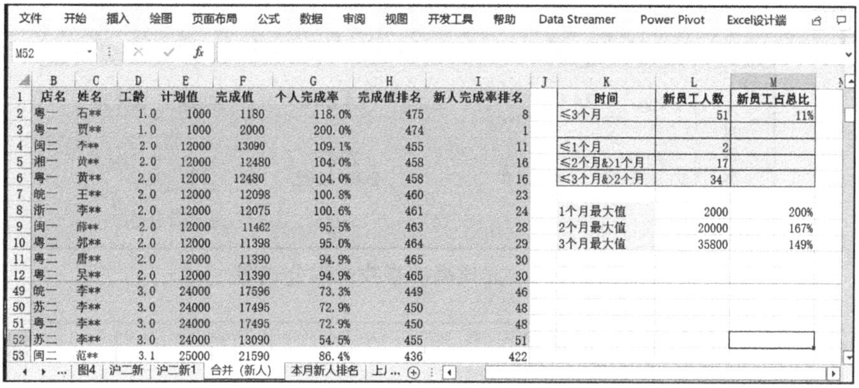

图 20-54　本月全公司新员工数据表

- 第二步，设置分析报告的内容区域布局，这一步与上面讲过的一样，就不赘述了。
- 第三步，设置根据姓名查找数据的函数公式。函数公式的设置还是比较简单的，需要注意查找的文件名称和查找位置即可。五个函数公式的设置，如图 20-55 ～图 20-59 所示。

图 20-55　计划值的查找函数公式图

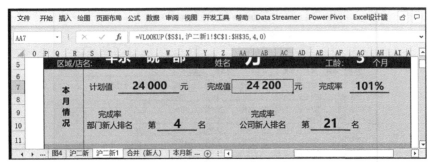

图 20-56　完成值的查找函数公式图

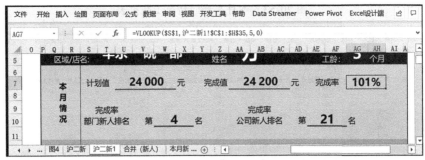

图 20-57　完成率的查找函数公式图

图 20-58　完成率本部门新员工排名的查找函数公式图

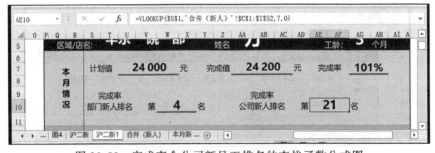

图 20-59　完成率全公司新员工排名的查找函数公式图

（3）新员工上月的工作情况分析报告。

第三部分的内容制作与第二部分的步骤一样。需要注意的是函数公式设置的文件名称不同。为了截图方便，把上月的新员工数据部分放在同一个文件的右侧，如图20-60所示。

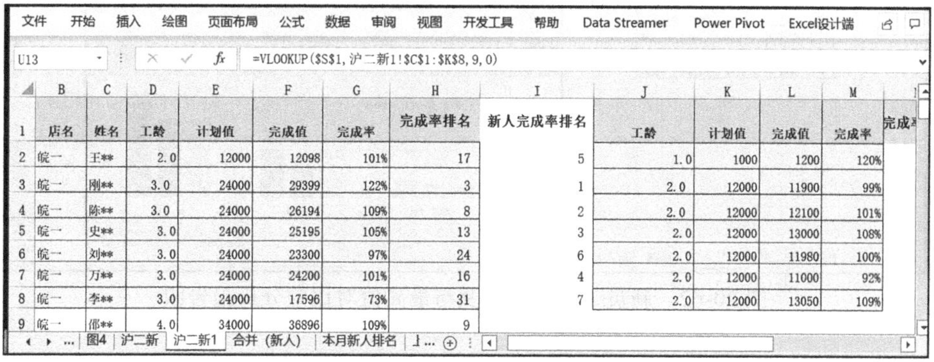

图20-60 上月新员工数据表

同理，还需要整理一份上月企业所有新员工的数据表。上月的两份数据整理好之后，则【上月情况】分析报告内容的函数公式设置就方便了，如图20-61所示。

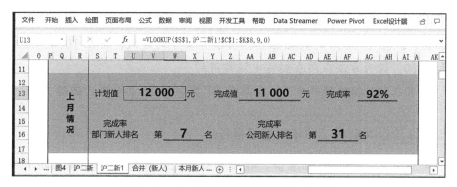

图20-61 上月计划值的查找函数公式图

（4）新员工本人的各月环比及与最高值对比。

- 第一步，整理新员工从入职月到本月的各月数据，然后收集整理企业所有新员工的完成值和完成率的最高纪录值。
- 第二步，选中数据区域，点击【插入】，再点击【图表】，然后点击

【柱状图】，就得到了原始图表。然后，进行图表的美化，如图 20-62 所示。

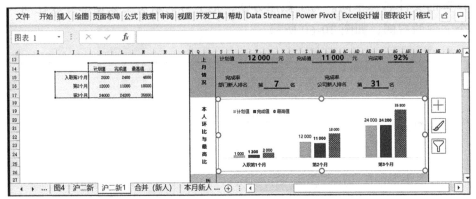

图 20-62　新员工各月环比及与最高值对比的分析报告图

┃实战经验分享 20-3┃

在图 20-62 中，不知读者是否发现了一个问题，即【入职第 1 个月】的"计划值""完成值"和"最高值"都同步扩大了一倍（2000、2400 和 4000），而图中柱子显示的还是实际值（1000、1200 和 2000）。这是一个作图技巧，因为相对于 40 000 数值而言，1000～2000 数值的柱子只有"一条线"，肉眼不容易看到，所以做了"放大"处理。去掉原图 2000、2400 和 4000 的数据标签，用添加文字的方式，标上 1000、1200 和 2000。这种方法在图表制作中经常用到。

还有一种数据替换的方法，将在第 21 章和第 22 章中进行讲解。

（5）全公司新员工的最高纪录报告。

- 第一步，平时就要准备、收集和整理公司所有新员工在入职 1～3 个月不同阶段的最高纪录值，如图 20-54 的右侧数据所示。
- 第二步，与前面方法一样，设置数据报告的区域。然后，设置数据自动生成公式，如图 20-63 所示。

图 20-63 所示的"最高纪录数据设置"方法很简单，直接【=】就可以了。在平时需要关注这些纪录是否被打破，若没有被打破，则继续显示原纪录值。

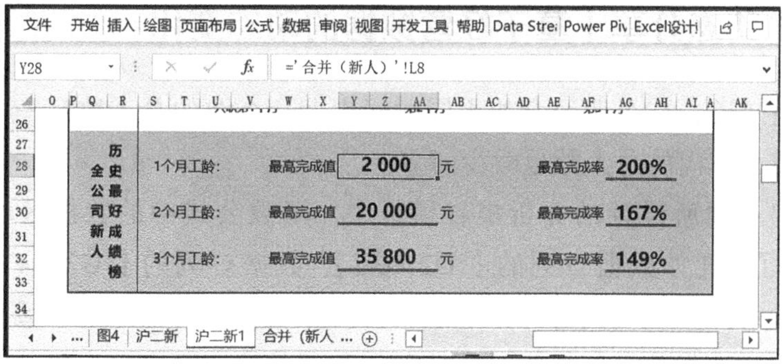

图 20-63 最高纪录值设置图

到此为止，新员工的工作结果分析报告内容的制作步骤讲解完毕。

┃实战经验分享 20-4┃

新员工终端分享与员工终端分享的方式一样，也可以将结果分析报告内容开发成 App，与新员工的手机终端相连，直观和客观地分享给新员工，如图 20-64 和图 20-65 所示。

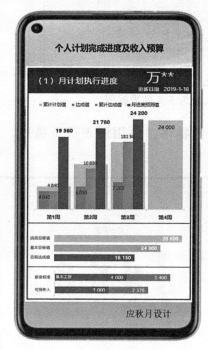

图 20-64

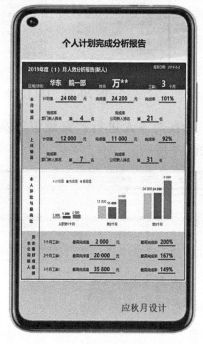

图 20-65

20.4 动态分享丨基于经营数据的动态变化

我们知道，在企业经营的不同时间周期，企业的总人数是一个经常变动的数值，部门的总人数也时少时多。

我们上面所设计的分析报告模板中，函数公式中的数据区域已经被“固定”了（比如数据 D 列的【D2:D35】、数据 G 列的【G2:G476】等）。如果企业总人数和部门总人数超过了分析报告模板所设定的区域范围，则采用上述方法做的分析报告是不能随着数据的改变而自动生成的，或者说分析报告的结果会出现“不正确”的数据。所以说，上述方法是一种静态数据分析方法和图表描述方法。

有一种方法可以弥补上述静态数据分析的缺陷，那就是动态数据分析方法和图表描述方法。下面简单举例说明动态方法的应用。

假设某部门原来总人数为 5 人，如图 20-66 所示。

区域	店名	姓名	工龄	计划值	完成值	完成率	完成率排名
华东	沪一	李**	53.8	84000	104794	125%	4
华东	沪一	王**	35.9	81000	101797	126%	3
华东	沪一	周**	41.4	82000	126162	154%	1
华东	沪一	赵**	17.2	72000	90985	126%	2
华东	沪一	余**	43.2	82000	98104	120%	5

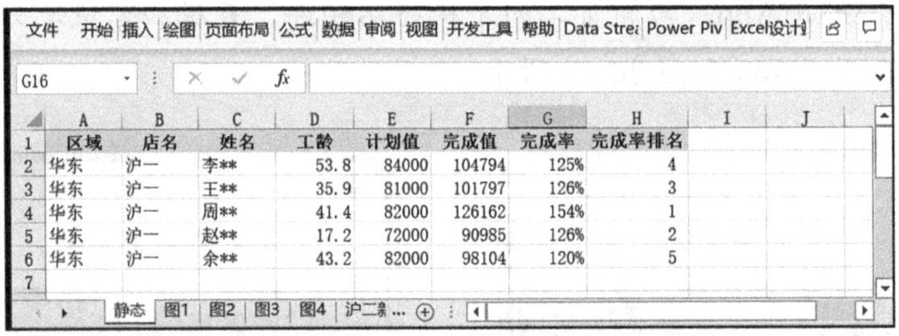

图 20-66 部门原来总人数为 5 人的数据图

现在对 5 人进行“完成值”高低的排序，并用图表进行描述，如图 20-67 所示。

区域	店名	姓名	工龄	计划值	完成值	完成率	完成值排名
华东	沪一	周**	41.4	82000	126162	154%	1
华东	沪一	李**	53.8	84000	104794	125%	2
华东	沪一	王**	35.9	81000	101797	126%	3
华东	沪一	余**	43.2	82000	98104	120%	4
华东	沪一	赵**	17.2	72000	90985	126%	5

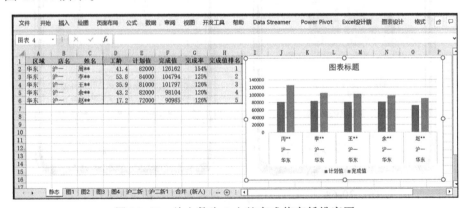

图 20-67 总人数为 5 人的完成值高低排序图

假设该部门新调入了 2 人，他们的工作结果数据如图 20-68 所示。

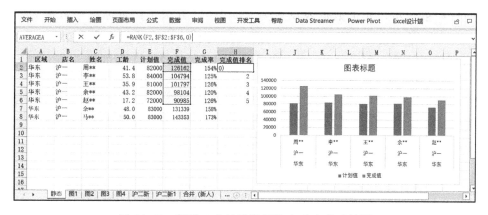

图 20-68　新增 2 人的数据补充图

如图 20-68 所示，右侧的图由于原来设置的数据区域不含新增 2 人的数据区域，又由于原函数公式设置的数据区域是【F2:F6】，所以新增 2 人的排序结果也无法自动生成，如图 20-69 所示。

图 20-69　新增 2 人的排序无法自动生成时的图

针对图 20-69 的排序问题，需要修改函数公式，把【F6】修改为【F8】。再看，当排序的函数公式修改好了之后，图表还是原来的图表，并没有因为数据的变动而自动生成变动后的正确结果，出现了不正确的图表描述。此时，需要重新对"完成值"进行排序，图表描述才能正确，如图 20-70 所示。

326　第三部分　如何构建"人效管理体系"

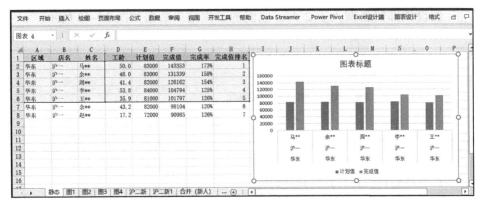

图 20-70　重新排序后的图

老问题暂时解决了，但并不是根本性解决，因为人员是流动的，每月人数都有可能出现增加或减少，是不是每次人数变动都要修改函数公式并重新排序呢？回答是肯定的。这就麻烦了，每次人数有变动，就要修改函数公式和重新排序。这种方法是不是特别笨？所以，要用动态的方法来制作模板，步骤如下。

- 第一步，先把数据表设置为"动态"。方法是：鼠标点中数据表任一单元格（如图 20-71 中的箭头标识 1），点击【插入】（如图 20-71 中的箭头标记 2），再点击【表格】（如图 20-71 中的箭头标记 3），如图 20-71 所示。

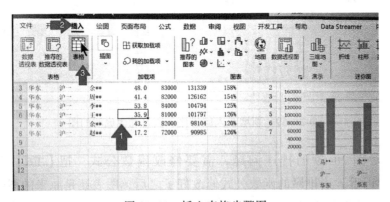

图 20-71　插入表格步骤图

- 第二步，点击【表格】之后会弹出对话框，勾选【表包含标题】，然后点击【确定】，如图 20-72 所示。

区域	店名	姓名	工龄	计划值	完成值	完成率	完成值排名
华东	沪一	马**	50.0	83000	143353	173%	1
华东	沪一	余**	48.0	83000	131339	158%	2
华东	沪一	周**	41.4	82000	126162	154%	3
华东	沪一	李**	53.8	84000	104794	125%	4
华东	沪一	王**	35.9	81000	101797	126%	5
华东	沪一	余**	43.2	82000	98104	120%	6
华东	沪一	赵**	17.2	72000	90985	126%	7

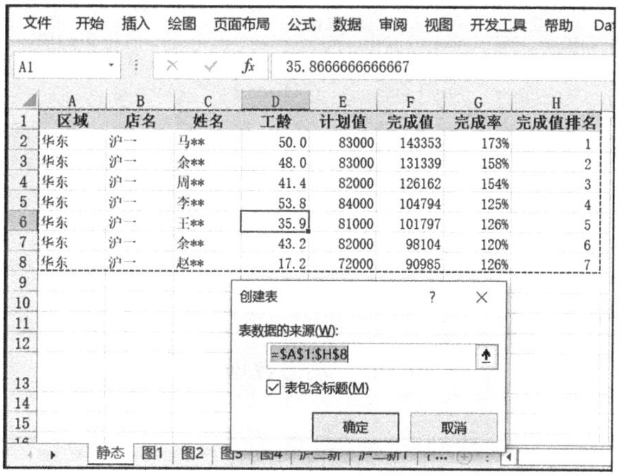

图 20-72 “创建表”选项图

- 第三步，点击【确定】后，就可获得一份可做数据变动的动态的数据表格，如图 20-73 所示。

区域	店名	姓名	工龄	计划值	完成值	完成率	完成值排名
华东	沪一	马**	50.0	83000	143353	173%	1
华东	沪一	余**	48.0	83000	131339	158%	2
华东	沪一	周**	41.4	82000	126162	154%	3
华东	沪一	李**	53.8	84000	104794	125%	4
华东	沪一	王**	35.9	81000	101797	126%	5
华东	沪一	余**	43.2	82000	98104	120%	6
华东	沪一	赵**	17.2	72000	90985	126%	7

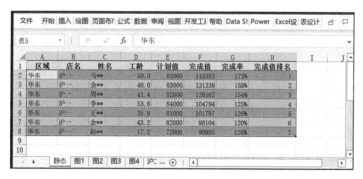

图 20-73 动态数据表

- 第四步，选择“动态数据表”的数据区域，点击【插入】，点击【图表】的【柱状图】。出现“动态数据表”格式的图表。Office365 版本的，会自动保存数据表文件，文件名称为同名的【(version1).xlsb】。与原来的数据表不冲突也没有更改，如图 20-74 所示。
- 第五步，在“动态数据表”中编辑增加 3 名人员的数据。此时，图表自动增加数据和显示结果，如图 20-75 所示。

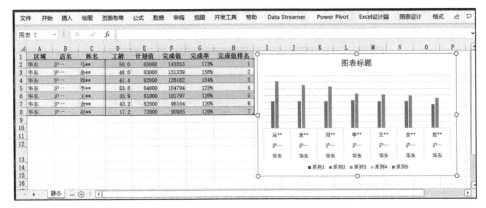

图 20-74 "动态数据表"图

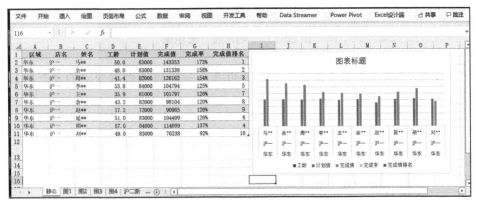

图 20-75 新增人员数据的自动生成图

- 第六步，对"完成值"的新数据进行排序，不需要调整图表数据区域就能得到正确的排序图表，如图 20-76 所示。

这几步"动态数据表"的操作，比"静态数据表"的操作简单多了。这种方法用在"员工终端的结果分析报告"的"部门排名前三榜"和"企业排名前十榜"就非常方便了。

"动态数据表"还有很多用途，比如求最大值、最小值、平均值、中位数、四分位数等，也需要在"动态数据表"的状态中设置模板函数公式，这样就不怕出现数据已变动而新分析结果没有变的错误。

员工终端分享的人效分析导示的内容，可以根据企业的人效管理要求，参照本章内容进行构建，不一定完全按照本章的模板进行。比如，做出来的图表，与模板展示的不一样也没关系，只要把人效管理的要求以及人效分析的内容表达清楚，员工能明白、没有异议和有激励作用就是可行的。

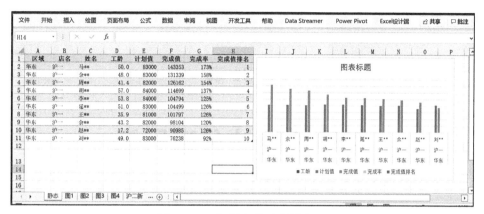

图 20-76　新增人员后的排序图

第 21 章

管理终端的分享导示

在企业经营管理中,采用任何一种组织结构,各级管理者都承担着承上启下的职责。两条主线始终贯穿于他们的工作:一条是,企业经营的总目标计划需要通过他们传达给部门(或团队)并带领大家去完成;另一条是,对本部门的执行过程和结果数据进行及时汇总,并上报给相关职能部门和企业决策者。在以上两种一下一上的过程中,各级管理者关注的内容有以下几个关键点:

(1)部门总目标计划的执行情况。
(2)部门每周与全月累计计划的执行情况。
(3)部门中所有人的个人计划的执行情况。
(4)部门人员的结构情况。
(5)人力成本的基本情况。

围绕着这五个关键点,各级管理者要做好三件事:

第一件,要清楚目标计划并有必胜的决心。

第二件,要知道需多少人参与计划的执行,稳住员工队伍,保持团队士气。

第三件,要学会算账,清楚本部门的人力成本。

这三件事都与企业经营管理所下达的经营指标相关。本章就是从企业经营管理的角度来讲解人效导示系统的管理者终端分享的内容的制作方法和步骤。

21.1　商务理念｜基于分析和展示的动态化

随着高科技的高速发展，"商务智能"也日益普及。但是，企业在真正构建和运行商务智能时，还需要具备相关的软件和硬件条件。管理者终端分享的人效分析报告模板的设计思路，就是借鉴商务智能模式，或者说，在企业还不具备条件的情况下，尽可能向商务智能模式靠拢。

当企业还不具备这方面的条件时，为了让人效管理体系正常运行，可以用平时的经营管理原始数据源，用 Excel 表和图表，对人效分析报告的内容进行可视化和动态化的呈现与共享。

第一，这里所讲的动态，是指尽可能随着企业的每月经营管理的数据变动，分析报告内容的格式不变，而数据也能够自动生成。

第二，我们可以借助局域网共享文件的方式，来解决 Excel 文件不能同时多人操作的问题，进行半自动化的人效导示系统的构建。

第三，管理者终端分享的是把过程分析和结果分析融合在一个模板中。每周一次的分析报告，为过程分析；每月一次的分析报告，为结果分析。

图 18-7 展示了管理者终端分享的人效分析报告模板的框架内容。怎样才能让人效分析报告的界面比较符合商务理念，既具有科技感又比较人性化呢？具体的制作经验分享如下：

（1）人效分析报告界面的底色以深色为宜，如深蓝色（颜色 RGB 数值为：红 5、绿 13、蓝 56）。

（2）中文字体统一为"微软雅黑"。

（3）数值字体统一为"Arial"。

（4）各区域的小标题文字，字号统一为 10 磅。颜色 RGB 数值为：红 189、绿 215、蓝 238。

（5）做减法，舍弃原始图表的颜色和不必要的显示项。

（6）为了让图表能够更直观地表达分析报告的结论，需要做一些辅助数据的设计（下面具体制作中有讲解）。

（7）图表的颜色也必须统一，可以一个是主色系，另一个是对比色系（或同色系），但尽量避免使用三种以上的色系，更不能五颜六色。

（8）图表的种类和数量以能够表达清楚为最佳，避免一个问题用多种类型的图表重复表达，要简约。

（9）最后需要对整个模板界面进行美化调整。

以上这些内容在下面的具体制作中有详细讲解。

21.2 标题内容｜基于自动生成和简约表达

"管理者终端分享的人效分析报告模板"的第一个区域是标题部分，如图 21-1 所示。

图 21-1　管理看板第一个区域的内容

下面是具体的制作步骤。

- 第一步，在"分析报告模板区域"外右侧的 Excel 表的某几个单元格内输入"标题"的文字和数值，如图 21-2 所示。

图 21-2　"标题"的文字和数值内容

图 21-2 中输入的文字和数值的意义是：

○ 在【BD2】单元格输入【沪一部】。它有两层意义：第一层是，本分析报告的对象是"沪一部"，在标题的固定位置上可以引用和自动显示；第二层是，本报告所用数据都以【BD2】为"寻找对象"进行"沪一部"数据的查找。

○ 在【BD3】单元格输入数字【5】。它也有两层意义：第一层是，本分析报告的时间是"5月"，在标题的固定位置上可以引用和自动显示；第二层是，本报告所用数据都以【BD3】为"寻找对象"进行"5月"数据的查找。
○ 在【BD4】单元格输入【2019-5-24】。这只是在标题中显示"截面数据"的更新日期提示。

上述三种文字和数值的输入，为后面的自动生成创造了条件。之后，修改部门名称，比如"浙一部""粤二部"等，数据就是关于"浙一部""粤二部"的，分析报告的对象也就是"浙一部""粤二部"。

同理，修改月份的数值，可以是 1 ~ 12 月的任意数值，就可得到 1 ~ 12 月任意月份的数据和分析报告。

┆实战经验分享 21-1┆

　　类似在"分析报告模板"外部（如【BC2:BD4】单元格内）输入文字、数字或符号等，我们称这个数据区域为"图表数据源"，它是专门制作图表用的数据信息。

　　这些数据信息，有的直接等于企业经营的数据报表中的数据，有的是需要通过设置计算公式求得的数据，有的是需要通过转化方式得到的数据。方法有很多种，总之，是为了制作图表使用。这是用 Excel 制作图表，动态地自动生成的最好方法。

- 第二步，制作"企业标识"。在 Excel 界面，点击【插入】，再点击【图片】，将企业标识的图片导入，并放置于左上角合适的位置上即可。
- 第三步，输入部门名称。点击【绘图】，再点击【形状】的【方形图】，在模板的界面上画一个矩形文本框，再设置公式为【=$BD$2】，并去掉填充和边框，设置字体大小和颜色，如图 21-3 所示。

图 21-3　第三步调整后的结果图

我们在图 21-3 的【BD2】单元格中输入其他部门的名称，比如"浙二部"，标题栏的部门名称将自动生成为"浙二部"，包括管理看板中的所有图表及数据均变为"浙二部"的，如图 21-4 所示。

图 21-4　第三步的测试结果图

- 第四步，输入分析周期的月份。点击【绘图】，再点击【形状】的【方形图】，在模板的界面上画一个矩形文本框，设置公式为【=$BD$3】，并去掉填充和边框，设置字体大小和颜色，如图 21-5 所示。

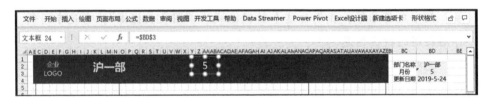

图 21-5　第四步调整后的结果图

- 第五步，输入分析报告文件名称。点击【绘图】，再点击【形状】的【方形图】，在模板的界面上画两个矩形文本框，直接编辑文字，并去掉填充和边框，设置字体大小和颜色，调整好布局位置，如图 21-6 所示。

图 21-6　第五步调整后的结果图

- 第六步，合并三个文本框。操作步骤是：
  ○ 按住【Ctrl】键，点中三个分析报告文件名称的文本框，如图 21-7 所示。

图 21-7　第六步调整后的结果图

○ 在图 21-7 的基础上，点击【形状格式】，点击【组合】，得到一个包含完整的文件名的文本框，这样就可以很方便地随意"拖动"这个文本框来改变它的位置，如图 21-8 所示。

图 21-8　第六步的合并调整结果图

也许你会问，画一个文本框，直接编辑完整的文件名，不就简单了吗？其实，这就是我们为能够自动生成修改后的月份而做的设计。比如，下个月是"6 月"，只需要修改【BD3】的值，而整个文件名称不需要修改就能让模板自动生成，如图 21-9 所示。

图 21-9　第六步的测试结果图

● 第七步，按照同样的操作方法，画一个文本框编辑"更新日期"文字，再画一个文本框，设置公式为【=$BD$5】。去掉填充和边框，设置字体大小和颜色，调整好布局位置，如图 21-10 所示。

图 21-10　第七步调整后的结果图

很好理解，日期"2019-5-24"需要手动输入，而不是采用"固定日期"，或者设置为"当前日期"。这是因为，这份分析报告模板是每周一次和每月一次共用的，并且数据的采集是"周截面数据"和"月截面数据"。也就是说，"2019-5-24"代表报告中的数据统计时间为截至 2019 年 5 月 24 日。

- 第八步，插入一个标题背景图片，并进行美化。背景图片是什么，没有特别的规定，以简单和美观为好。本书用"亿图图示"的一张图片，调整【设置图片格式】的【透明度】为"80%"，置于标题文字的"底部"，如图 21-11 所示。

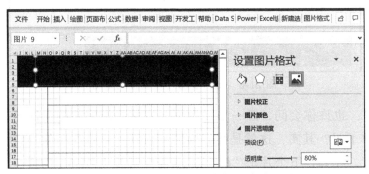

图 21-11 第八步的标题背景图片设置图

图 21-11 做好之后，还需要在整个模板全部制作完成之前进行位置布局的调整，结果就如图 21-1 所示的那样了。

21.3 计划指标 | 基于目标和指标的清晰化

目标计划和指标部分的内容在第二个区域。具体制作步骤如下。

- 第一步，在"计划指标的图表数据源区"设置需要的数据。这一步，有许多步骤，结果如图 21-12 所示。

  图 21-12 的数据来自企业经营目标计划和设置函数公式求值，具体步骤如下。

  ○ 在单元格【BD6】中设置查找函数公式为【=VLOOKUP($BD$2,年度计划指标!$A$2:$C$20,2,0)】，让它自动根据【BD2】的部门名称查找数据值。

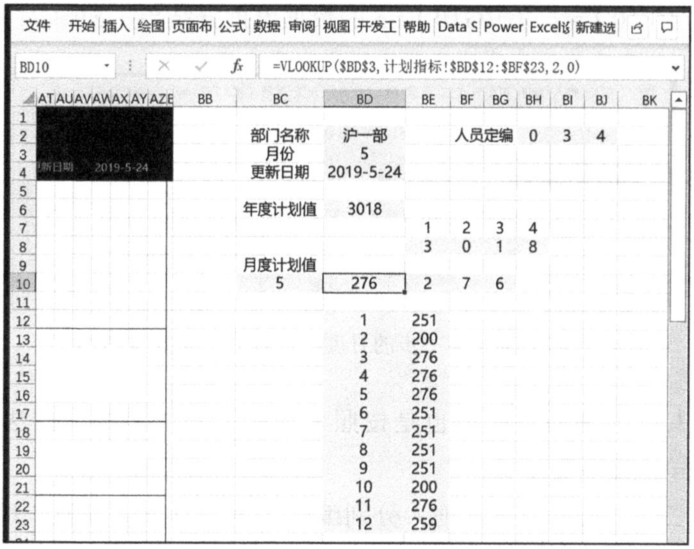

图 21-12　第一步数据源的调整结果图

- 对【BD6】数据值进行"拆分"：设置函数公式为【=MID($BD$6, BE7,1)】，分别得到【BE8】=3、【BF8】=0、【BG8】=1、【BH8】=8 的数据值拆分结果，如图 21-13 所示。

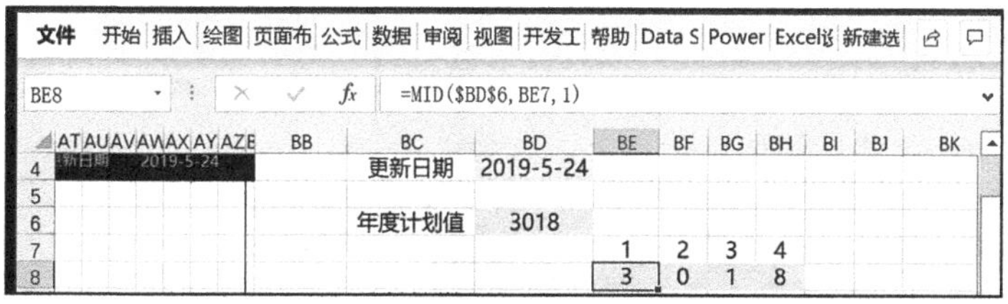

图 21-13　第一步的年度数据拆分公式设置图

- 使用同样的方法，让【BD12:BE23】区域的数据，自动生成与【BD2】部门名称一致的按月份对应的目标计划数据值。
- 在【BC10】单元格中设置【=BD3】，得到数据值为"5"。
- 在【BD10】单元格中设置查找函数公式为【=VLOOKUP($BD$3,计划指标!$BD$12:$BF$23，2，0)】(如图 21-12 所示)，自动生成，不过月份对应的目标计划数据值为"276"。
- 同理，对【BD10】数据值进行拆分，分别得到【BE10】=2、

【BF10】=7、【BG10】=6 的数据值拆分结果，如图 21-14 所示。

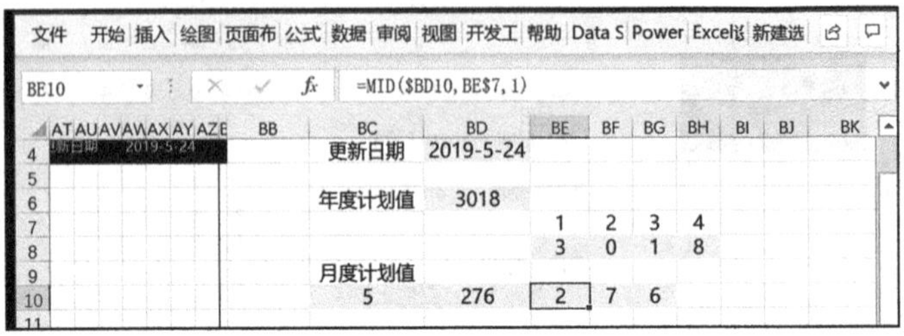

图 21-14　第一步的月度数据拆分公式设置图

○ 人员定编的数据值也是按照上面的方法获得的，方法和步骤一样，就不赘述了。
- 第二步，画三个文本框，分别编辑文字"月度计划值（万元）""年度计划值（万元）""人员定编（人）"。
- 第三步，画一个文本框，设置公式为【=$BE$10】，让这个文本框的数据值等于"2"，其他八个文本框以同样的方法设置公式和等于对应的数据值"7、6、3、0、1、8、3、4"。填充颜色并去掉边框，设置字体大小和颜色，调整好布局位置（布局还需要整体调整），如图 21-15 所示。

图 21-15　第三步调整后的结果图

- 第四步，填充颜色，去掉边框，设置字体大小和颜色，调整好布局位置，目标计划数据值的区域就制作好了，如图 21-16 所示。

图 21-16 所示的目标计划数据模板，能够实现数据变动后的自动生成。比如，分析报告的月份是"4月"。在【BD3】输入"4"，则标题文件名能自动生成，报告更新日期，月度计划值也都是自动生成的，如图 21-17 所示。

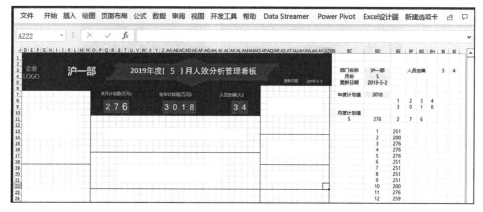

图 21-16　第四步调整后的结果图

图 21-17　第四步的测试自动生成图

┊实战经验分享 21-2┊

年度经营目标一般在半年度和全年度两个时间窗口有调整变动，平时每月不会有变动。有变动时，需要注意检查一下"年度计划值"是否正确。

21.4　全年导示 | 基于年度和月度的关联性

管理者终端分享的人效分析报告模板的第三个区域，位于模板界面的左侧，是关于部门全年计划完成情况和 12 个月各月计划完成情况对比的分析报告，如图 21-18 所示。

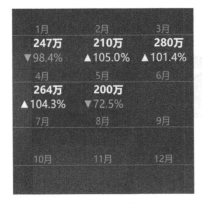

图 21-18　管理看板第三个区域的内容

由图 21-18 可知，全年与 12 个月各月的完成率分析报告的内容，是用了一个数据表和一个图来表达的。下面分别讲解这两种表达方式的制作步骤。

"部门每月计划完成率"的数据表制作方法

- 第一步，在"图表数据源区域"，先整理数据（还是用前面讲过的设置 VLOOKUP 函数公式求值的方法），如图 21-19 所示。

图 21-19　第一步的数据源结果图

- 第二步，在 Excel 表的空白区域，编辑底纹与"分析报告模板"颜色一样的一个数据表，如图 21-20 所示。

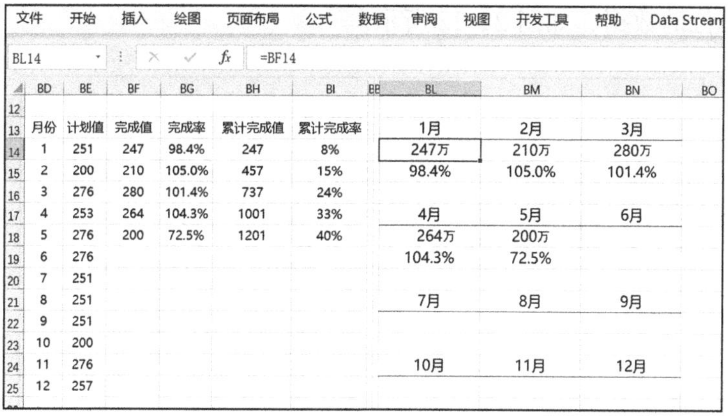

图 21-20　第二步的结果图

图 21-20 右侧数据表的数据来自左侧的原始数据表，单元格数值的公式设置也很简单，如图 21-20 所示，"1 月"的完成值【BL14】可以设置为【=BF14】，其他以此类推。

- 第三步，将"完成值"单元格的格式设置为【自定义】的【类型】为"#万"，如图 21-21 所示。

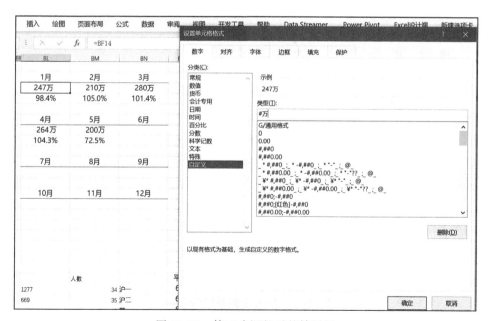

图 21-21　第三步调整后的结果图

- 第四步，用"格式刷"将所有完成值的数据格式统一为以"万"为单位的数据，如图 21-22 所示。

BD	BE	BF	BG	BH	BI		BL	BM	BN
	月份	计划值	完成值	完成率	累计完成值	累计完成率	1月	2月	3月
	1	251	247	98.4%	247	8%	247万	210万	280万
	2	200	210	105.0%	457	15%	98.4%	105.0%	101.4%
	3	276	280	101.4%	737	24%			
	4	253	264	104.3%	1001	33%	4月	5月	6月
	5	276	200	72.5%	1201	40%	264万	200万	
	6	276					104.3%	72.5%	
	7	251							
	8	251					7月	8月	9月
	9	251							
	10	200							
	11	276					10月	11月	12月
	12	257							

图 21-22　第四步调整后的结果图

- 第五步，设置"完成率"的显示格式，要求："完成率"≥100% 的显示为"白色"字体，并带有白色"▲"符号；"完成率"<100% 的显示为"红色"字体，并带有红色"▼"符号，如图 21-23 所示。

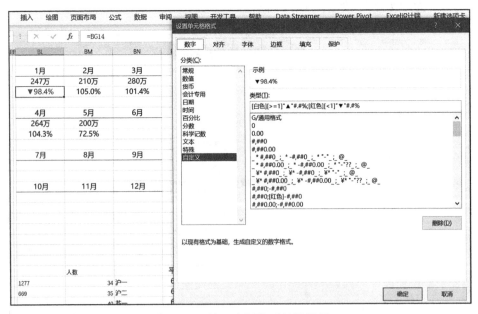

图 21-23　第五步调整后的结果图

- 第六步，将所有"完成率"的数据格式，用"格式刷"复制一致。再设置数据表的底纹颜色与"分析报告模板"的底纹颜色一致，字体为蓝色，如图 21-24 所示。

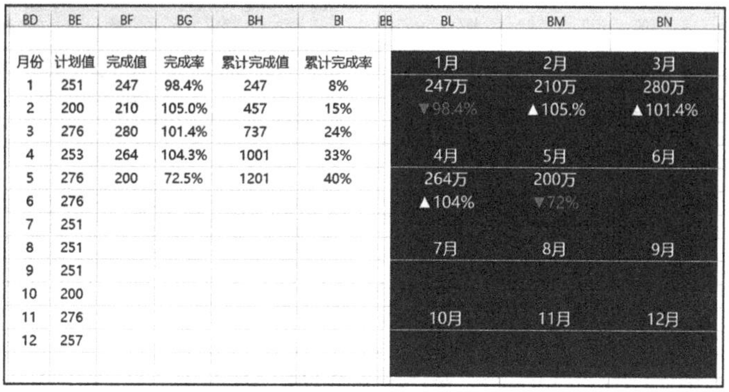

图 21-24　第六步调整后的结果图

- 第七步，调整"完成值"的数据颜色为白色并加粗，结果如图 21-25 所示。

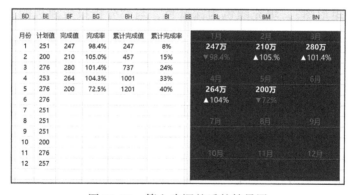

图 21-25　第七步调整后的结果图

- 第八步，测试第七步调整制作后的"数据表"。假设"5 月的完成值和完成率"分别为"261 和 94.6%"，"12 月的完成值和完成率"分别为"278 和 108.2%"，看"数据表"能否自动生成。结果是可以自动生成的，如图 21-26 所示。
- 第九步，对制作好的"数据表"进行"拍照"，并将拍好的图片复制粘贴在"分析报告模板的界面"位置上，再调整图表的大小、字体大小和颜色，就做好了这份"部门每月计划完成率"分析报告图，结果就与图 21-18 一模一样。

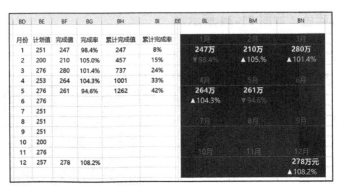

图 21-26　第八步调整后的结果图

"部门全年度计划完成率"的图表制作方法

这张图表的制作，需要先借助 Office 软件的 PPT 制作一张构思好的图片，然后才能利用 Excel 的柱状图作图，具体步骤如下。

- 第一步，在 PPT 上先做三个图形，具体要求是：
  - "矩形图"，填充颜色为深蓝色，与"分析报告模板的界面"颜色一致。
  - "箭头矩形图"，填充颜色有要求，希望是"分析报告模板的界面"的主色系。
  - "箭头矩形图"，比前面一个箭头图形略微小一点，填充颜色没有要求，能区分即可（方便作图用）。

    三个图画好的结果，如图 21-27 所示。

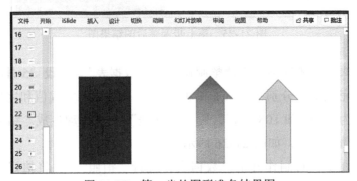

图 21-27　第一步的图形准备结果图

- 第二步，复制左侧箭头图形到矩形上，并且完全重叠，如图 21-28 所示（图中最左侧的两个图形已经完全重叠）。

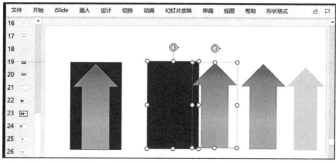

图 21-28　第二步调整后的结果图

- 第三步，先选中重叠的两个图中的矩形图，再按下【Ctrl】键，然后选中重叠的两个图中的箭头图，再点击【形状格式】的【合并形状】的【剪除】，就得到了一个内部为箭头、外部为矩形的"空心"图，如图 21-29 的左侧图所示。

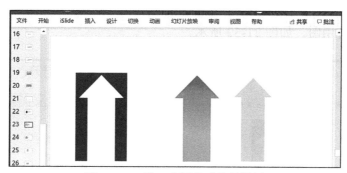

图 21-29　第三步调整后的结果图

- 第四步，与第三步的方法一样，把两个箭头图形重叠，再做一次【剪除】，得到一个箭头的"空心"图，如图 21-30 的右侧图所示。

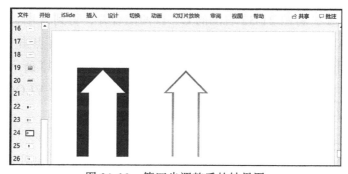

图 21-30　第四步调整后的结果图

- 第五步，把右侧的箭头空心图形，重叠至左侧的矩形空心图形上，组合成为一个设计稿图形，如图 21-31 所示。

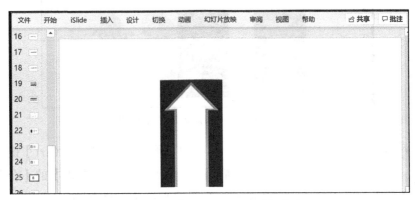

图 21-31　第五步调整后的结果图

- 第六步，把设计稿图形复制到 Excel 的"图表数据源区域"，做图表的备用图，如图 21-32 所示。

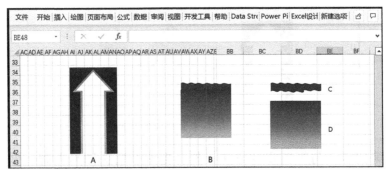

图 21-32　第六步调整后的结果图

- 第七步，将图 21-32 右侧的 C、D 两图合并，得到 B 图，备用。
- 第八步，选中【完成率】数据，点击【插入】，再点击【图表】的【柱状图】，就可以得到柱状图原始图表，如图 21-33 所示。

　　提示：图 21-33 的完成比率的数据，先设置为 VLOOKUP 查找函数公式，可以动态地自动生成。

- 第九步，在图 21-33 的图表上，点击【选择数据】，再点击【添加】，在【编辑数据系列】栏内输入"1"，点击【确定】，如图 21-34 所示。

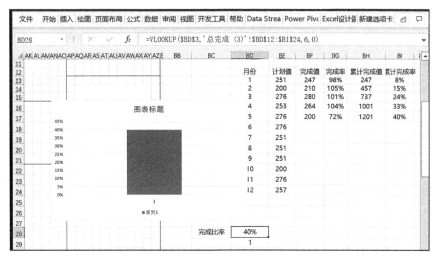

图 21-33　第八步调整后的结果图

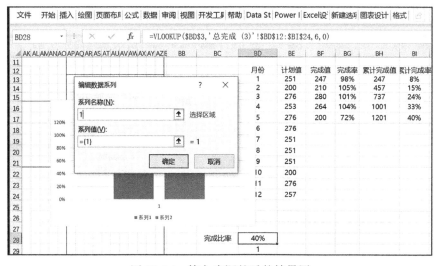

图 21-34　第九步调整后的结果图

- 第十步，在图 21-34 所示界面选择【确定】之后，得到柱状图的原始图，如图 21-35 所示。
- 第十一步，在原始柱状图中，去掉"图表标题、图例、网格线、横坐标、纵坐标"。选择调整【设置数据系列格式】的【间隙宽度】为 20%，如图 21-36 所示。

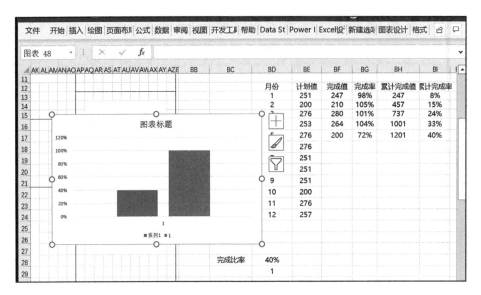

图 21-35　第十步调整后的结果图

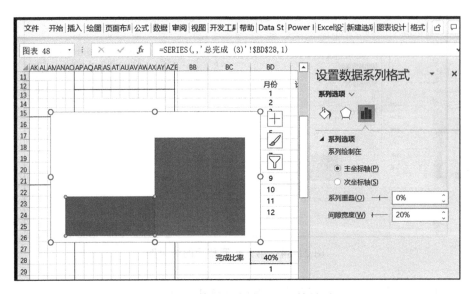

图 21-36　第十一步调整后的结果图

- 第十二步，将图 21-32 的 A 图复制到柱状图的"计划值为 1"的柱子上，将图 21-32 的 B 图复制到柱状图的"完成率"的柱子上。然后，选择显示"完成率"柱子的"数据标签"，"计划值为 1"的柱子不需要显示"数据标签"，如图 21-37 所示。

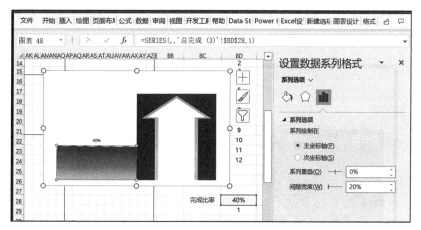

图 21-37　第十二步调整后的结果图

- 第十三步，在图 21-37 的基础上，将【设置数据系列格式】的【系列重叠】参数设置为"100%"，则两个柱状图形就重叠在一起了，如图 21-38 所示。

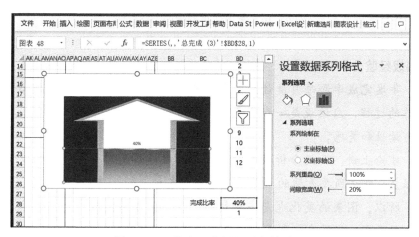

图 21-38　第十三步调整后的结果图

- 第十四步，对得到的重叠图进行美化：设置【填充】为"无"，【边框】为"无"，并复制到"分析报告模板的界面"，调整图形大小、字体大小和整体颜色，就制作完成了如图 21-18 所示的图表。此时，可以测试图表的自动生成功能，将【BD3】单元格数值修改为"4"，即做截至 4 月的年度完成率分析报告。该图表能够自动生成修改后的"4月"的分析报告数据，如图 21-39 所示（图中显示了

"完成比率"的函数公式，两处黄色标出的数据值一致，也就实现了动态表达的意图）。

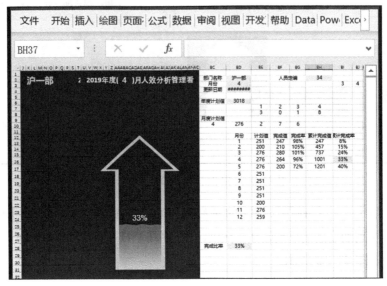

图 21-39　第十四步调整后的结果图

| 实战经验分享 21-3 |

年度完成率和每月度计划完成比率的分析报告所用的图表模型，其制作的过程，应该说是一种图表美化的过程，为的是增加人效分析报告的可读性和美感。

理论上讲，人效分析报告的图表都可以直接用原始图表，但是可读性很差，报告所要表达的主题也不容易引起读者的共鸣。

所以，图表的美化也是一种技能，这方面没有捷径可走，只有多练习。对于每一张图表，都要耐心地将一点点调整到理想的状态。

一旦模板设计成功，至少可以用上一年，新年度再做新的调整，也很方便。

21.5　对比导示 | 基于过程和结果的实时化

管理者终端分享的人效分析报告模板的第四个区域，是本月本部门计划完成的过程分析、预测分析和结果分析的报告内容，它由四个部分组成：

第一，本月本部门全体人员计划完成进度对比的"周报和月报"分析报告。

第二，本月本部门计划完成进度的"周报和月报"分析报告。

第三，本月本部门人力成本费用比的"周报和月报"分析报告。

第四，本月本部门计划完成率的预测分析报告。

四部分内容，用四张图来表达，如图21-40所示。

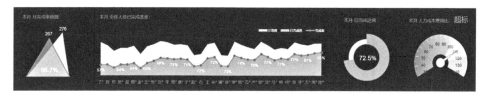

图21-40　管理看板的第四个区域内容

下面分别讲解具体制作的步骤和方法。

本月本部门全体人员计划完成进度对比的"周报和月报"分析报告的制作

把图21-40中"本月全体人员已完成进度"图放大，如图21-41所示。

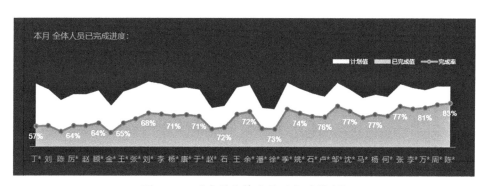

图21-41　"本月全体人员已完成进度"

实际完成值与计划值之间的对比，通常用柱状图来描述，这是非常常见的表达方式。看到图21-41，我们很容易想到它是用"堆积面积图"来呈现的，它比柱状图更容易传递"谁距离计划值更近，在剩余一周的时间内谁能完成本月计划任务，谁的完成率难达到100%"的报告信息。

一般而言，有计划值和完成值两类数据，就能制作对比分析的"堆积面积图"了。那么，各人员的完成率又是怎么整合在一起的呢？当然，不是靠"手动"一个个复制上去的，而是自动生成的，具体步骤如下。

- 第一步，整理数据至"图表数据源区"，如图21-42所示。

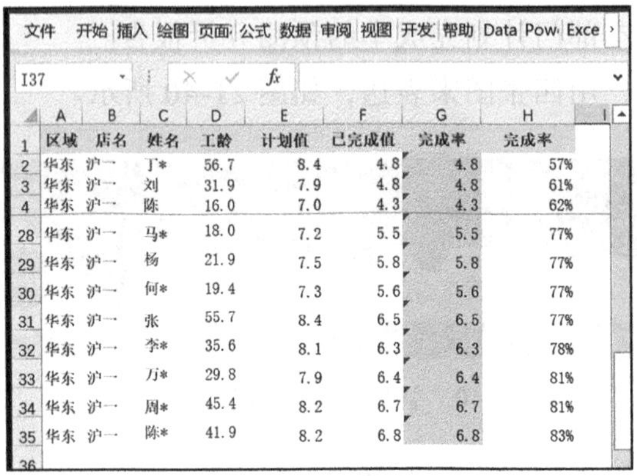

图21-42　第一步数据源整理图

从图21-42中可以看到，有两列"完成率"数据值，标为浅灰色的"完成率"数据值，它的数据值等于"已完成值"的数据值，其实它是一个"作图用的辅助列"。另一列没有标颜色的"完成率"数据值，是真正的完成率。

- 第二步，选中数据区域，点击【插入】，再点击【图表】的【面积图】，得到原始图表，如图21-43所示。

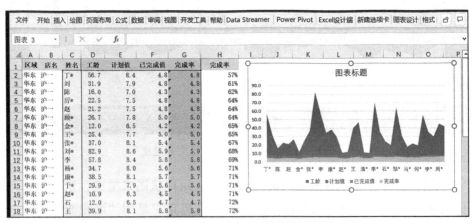

图21-43　第二步作原始图的结果图

- 第三步，在【选择数据】一栏中，将"工龄"的数值去掉。再去掉"图表标题""网格线"，并设置纵坐标的最大值为"9"，最小值为"4"，结果如图21-44所示。

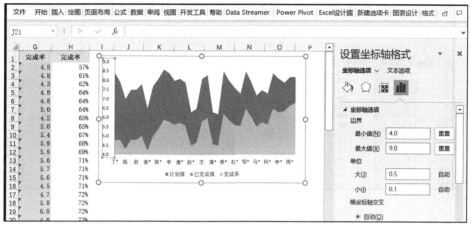

图 21-44　第三步调整后的结果图

- 第四步，点击图表的【修改图表类型】，在弹出的对话框中点击【组合图】，将【完成率】修改为"带数据标记的折线图"，其他两个选项设置为"面积图"，如图 21-45 所示。

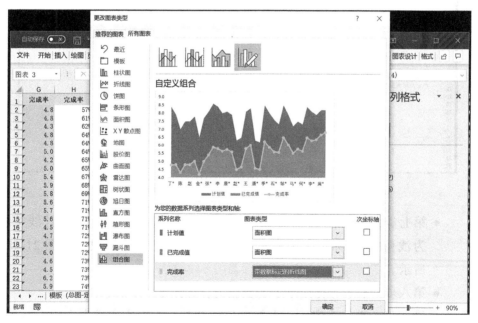

图 21-45　第四步调整后的结果图

- 第五步，在第四步点击【确定】之后的图上去掉纵坐标轴，将【图例】显示在上方，就得到设计稿底图，如图 21-46 所示。

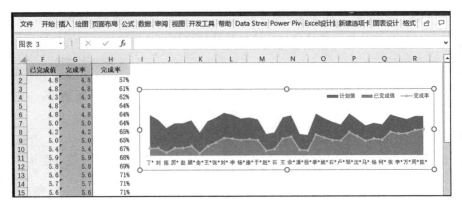

图 21-46　第五步调整后的结果图

- 第六步，进行设计稿底图的美化。【计划值】填充为【图案填充】的湖蓝色，【完成值】填充为蓝色，如图 21-47 所示。

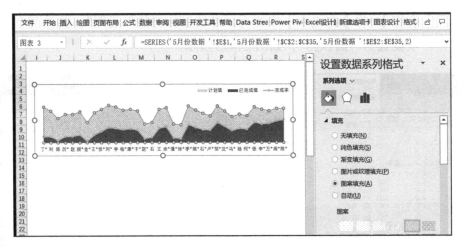

图 21-47　第六步调整后的结果图

- 第七步，调整【完成率】折线图【线条】和【标记】的颜色，【线条】为浅蓝色，【标记】为湖蓝色，设置【标记】的参数，如图 21-48 所示。
- 第八步，显示【完成率】的数据值，如图 21-49 所示。
- 第九步，进行【完成率】数据值的调整。点中【完成率】的【数据标签】，在【设置数据标签格式】的【标签选项】中勾选【单元格中的值】。在【数据标签区域】对话框内，将"真正的完成率数据值"选中，如图 21-50 所示。

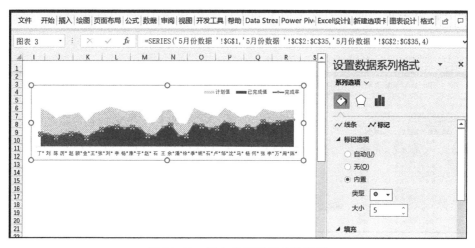

图 21-48　第七步调整后的结果图

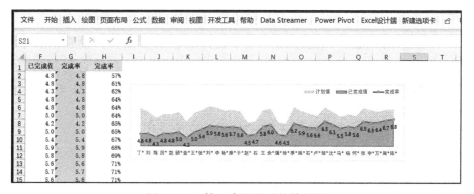

图 21-49　第八步调整后的结果图

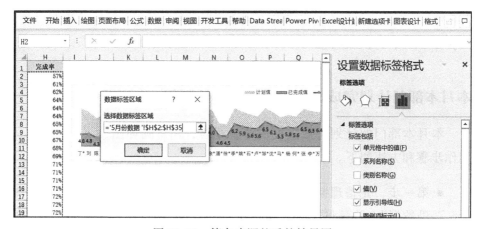

图 21-50　第九步调整后的结果图

- 第十步，取消勾选【值】和【显示引导线】，就得到正确的"完成率"数值，如图 21-51 所示。

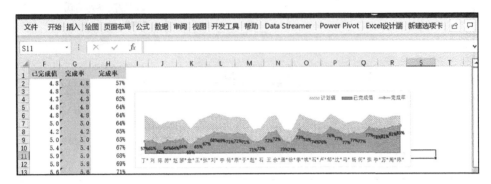

图 21-51　第十步调整后的结果图

- 第十一步，由于人员多，完成率数据比较密集，所以要进行间隔显示的调整。只能采用一个个去掉的修改方法，再设置图表【填充】为"无"，【边框】为"无"，就制作完成了。把它复制到"分析报告模板的界面"进行整体调整，就得到了如图 21-40 所示的图像。

┊实战经验分享 21-4┊

　　制作图表时，经常用"辅助列"的"假数据"方法。如果我们在数据表中直接用"辅助列"，则在图表的【图例】中也会直接显示为"辅助列"。所以，我们希望显示什么"文字"，就在单元格中输入什么"文字"，然后，修改数据值就可以了。

本月本部门计划完成进度的分析报告的制作

　　本月本部门的计划完成进度的分析报告，用"圆环图"来描述，具体制作步骤和方法如下。

- 第一步，先整理制图用的数据源。这个圆环图形，也需要用到"辅助数据"，并且将 360 度圆周设定为 100% 以计算未完成的数值，如图 21-52 所示。

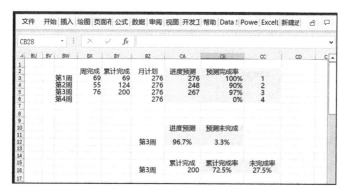

图 21-52　第一步的数据源整理

图 21-52 中的"辅助数据"的求值公式，如表 21-1 所示。

表 21-1　"辅助数据"的求值公式表

单元格	数值含义	求值公式
【BY3】	第 1 周的累计完成值	=BX3
【BY4】	第 2 周的累计完成值	=BX4+BY3
【BY5】	第 3 周的累计完成值	=BX5+BY4
【CA3】	用第 1 周的累计完成值预测全月计划完成值	=BY3/CC3*$CC$6
【CA4】	用第 2 周的累计完成值预测全月计划完成值	=BY4/CC4*$CC$6
【CA5】	用第 3 周的累计完成值预测全月计划完成值	=BY5/CC5*$CC$6
【CB3】	用第 1 周的完成值预测全月计划完成率	=CA3/$BY$3
【CB4】	用第 2 周的完成值预测全月计划完成率	=CA4/$BY$3
【CB5】	用第 3 周的完成值预测全月计划完成率	=CA5/$BY$3
【CB12】	求预测完成率与 100% 完成率的差值	=1 − CA12
【CC16】	求前 3 周累计完成率与 100% 完成率的差值	=1 − CB16

- 第二步，选中第 3 周"累计完成率"和"未完成率"的数据，点击【插入】，点击【图表】的【圆环图】，就得到只有一个圆环图的图表，如图 21-53 所示。
- 第三步，再点击第 3 周"累计完成率"和"未完成率"的数据，按【Ctrl+C】，点中圆环图并按【Ctrl+V】，即可得到有两个圆环图的图表，如图 21-54 所示。
- 第四步，对两个圆环图的图表进行美化。去掉"图表标题""图例"。将【设置数据系列格式】的【圆环图圆环大小】调整为 57%，如图 21-55 所示。

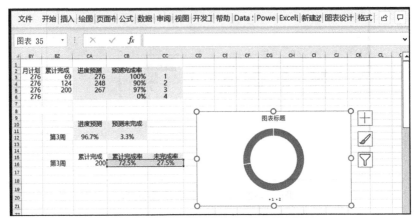

图 21-53　第二步做原始图表的结果图

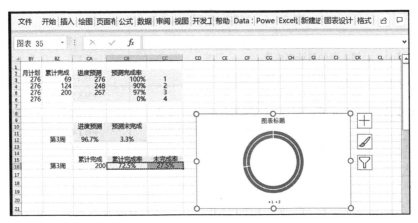

图 21-54　第三步调整后的结果图

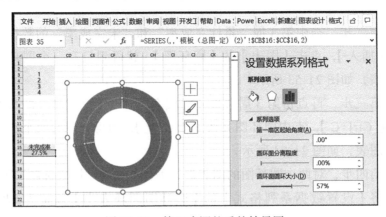

图 21-55　第四步调整后的结果图

- 第五步，将"完成率"的【填充】和【边框】的颜色都修改为深蓝色，如图 21-56 所示。

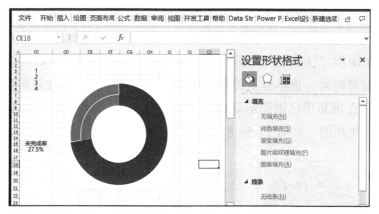

图 21-56　第五步调整后的结果图

- 第六步，将"未完成率"的内环形的【填充】颜色修改为湖蓝色，将【边框】颜色修改为"无"。将"未完成率"的外环形的【填充】和【边框】的颜色修改为"无"。也就是说，"未完成率"部分只保留"一个内环图"。再将整个图表的【填充】和【边框】设置为"无"，如图 21-57 所示。

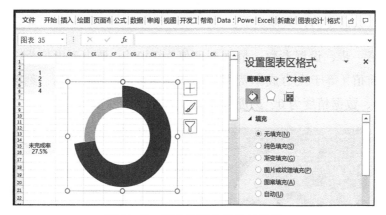

图 21-57　第六步调整后的结果图

- 第七步，将图表复制到"分析报告模板界面"上，调整图形大小。用"文本框"格式，设置完成率的数据标签值。调整字体大小和颜色。这样就做好了第 3 周的累计完成率图表，最终结果就与图 21-40 所示的一模一样。

人力成本费用比的"周报和月报"分析报告

人力成本费用比与计划完成率有关。计划完成率越低,则人力成本费用比越高。也就是说,人力成本费用比的超标,往往是计划完成率低导致的。所以,这个值的"周报"预警是比较重要的一项指标。

这张图用"仪表盘"来显示更直观。以前我们使用 Excel 制作"仪表盘"比较费时间,也不是很美观;现在可用软件作图,非常简单且省时间例如,可直接套用亿图图示软件的"仪表盘模板"。当然,它的初始原图是不能直接用的,如图 21-58 所示。

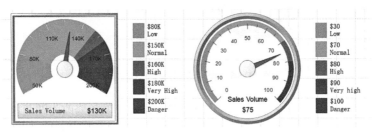

图 21-58　用亿图图示软件制作的初始图

非常明显,图 21-58 所示"仪表盘"的风格与我们设计的"分析报告模板"的风格基本上不相符,所以需要对原始图表进行调整修改。操作步骤还是比较简单的,具体如下。

- 第一步,设置参数:最大刻度值为 140%、最小刻度值为 30%、当前值(等于人力成本费用比的实际发生数)为 110%、刻度精度为 0、数据精度为 0、刻度数为 22,如图 21-59 所示。

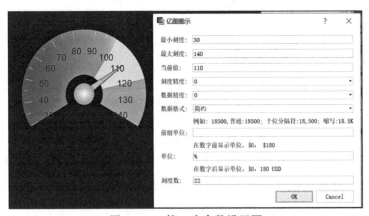

图 21-59　第一步参数设置图

- 第二步，设置数值区域为"3"（即正常区、轻度超标区、严重超标区），如图 21-60 所示（已经设置好三个区域）。

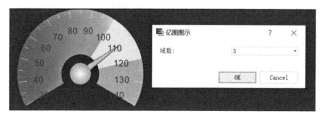

图 21-60　第二步设置参数图

- 第三步，设置数值区域的范围（正常区的最大值为 100%、轻度超标区的最大值为 120%），如图 21-61 所示（已经设置好数值区域的范围）。

图 21-61　第三步设置参数图

- 第四步，调整图形的各区域颜色与"分析报告模板"设计的颜色相同（注：软件原有图表设置的颜色不能直接使用）。
- 第五步，去掉所有不需要显示的内容，比如图例、数据标签和其他图框等。
- 第六步，将截图复制到"分析报告模板界面"上，调整图形大小，并画一个文本框，输入分析报告的"提示或预警"观点内容。

上述六步就是人力成本费用比"仪表盘"的制作步骤。当每周（或每月）的实际结果值发生变化时，只需要在【当前】一栏中修改数据和再次截图即可，其他都不需要再做调整。

计划完成率的预测分析报告的制作

本月本部门的计划完成率的预测分析报告，不适合用"圆环图"来描述。因为根据已经完成的实际情况来预测全月完成值与完成率的大小，有两种可能：一种是完成值小于计划值，即完成率低于 100%；另一种是完成值大于计划值，即完成率高于 100%。当低于 100% 时，我们可以用"圆环图"来描述。但是，当高于 100% 时，"圆环图"的描述就不准确了。所以，这部分的图表用柱状图或条形图来制作。图 21-40 所示的图表是用柱状图来描述的。具体制作步骤和方法如下。

- 第一步，选中第 3 周的"月计划"和"进度预测"数据，点击【插入】，再点击【图表】的【柱状图】，就可以得到柱状图的原始图表，如图 21-62 所示。

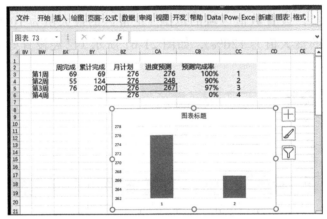

图 21-62　第一步作柱状原始图的结果图

- 第二步，选中【图表】，右击选择【选择数据】，在弹出的【选择数据源】对话框中，点击【切换行/列】，使得【图例项】为两个系列，如图 21-63 所示。点击【确定】后，原始柱状图就改变了【系列】，如图 21-64 所示。

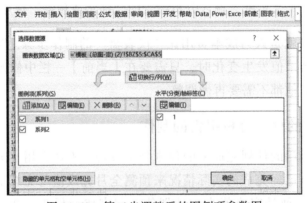

图 21-63　第二步调整后的图例项参数图

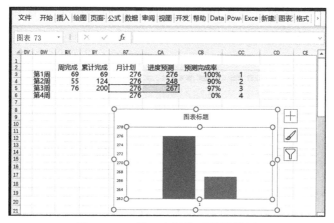

图 21-64　第二步调整后的结果图

- 第三步，制作两个备用的"辅助三角形图"。

  一个三角形图的设置为：
  - 填充颜色为湖蓝色的"图案填充"。
  - 选择【透明度】为"0"。
  - 三角形的顶角向右偏移。

  另一个三角形图的设置为：
  - 填充颜色为深蓝色的"纯色填充"。
  - 选择【透明度】为"30%"。
  - 三角形为正三角形，即顶角不做偏移调整。

  两个三角形图设置好的结果，如图 21-65 所示。

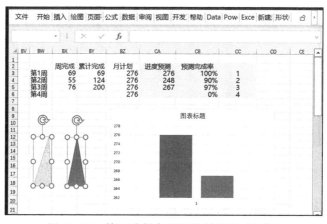

图 21-65　第三步做备用图的结果图（左侧）

- 第四步，分别复制备用三角形至柱状原始图上，复制后的结果如图 21-66 所示。

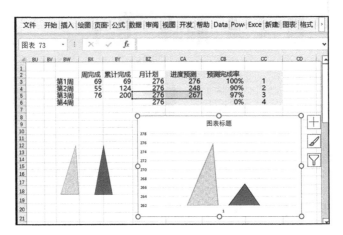

图 21-66　第四步调整后的结果图

- 第五步，进行三步操作：
  - 修改纵坐标值，最大为 300、最小为 240。
  - 去掉图表的标题、横坐标、网格线。
  - 选择【数据标签】在【上方】，调整后的结果如图 21-67 所示。

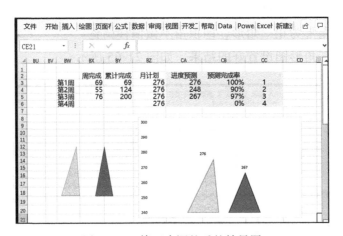

图 21-67　第五步调整后的结果图

- 第六步，选择【设置数据系列格式】的【间隙宽度】为"20%"，如图 21-68 所示。

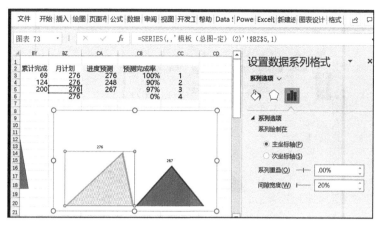

图 21-68　第六步调整后的结果图

- 第七步，进行三步操作：
  ○ 选择设置【进度预测值】为【次坐标轴】。
  ○ 将【次坐标轴】的数据调整与【主坐标轴】的一样（最大为 300，最小为 240）。
  ○ 将【间隙宽度】设置为"30%"，调整后的结果如图 21-69 所示。

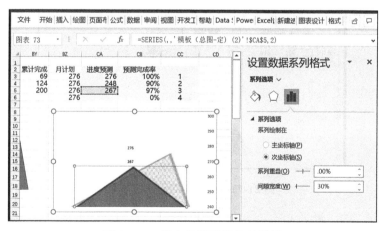

图 21-69　第七步调整后的结果图

- 第八步，进行三步操作：
  ○ 去掉【次坐标轴】数据的显示。
  ○ 设置整体图表的【填充】为"无"和【边框】为"无"。
  ○ 调整数据标签在三角形的顶端，调整后的结果如图 21-70 所示。

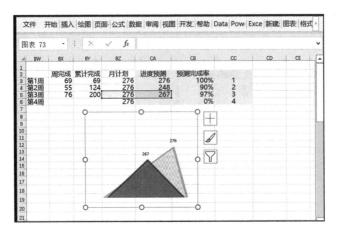

图 21-70　第八步调整后的结果图

- 第九步，测试图表的自动生成效果，假设第 3 周的完成值为"90"，观察图表能否自动生成数据修改后的结果。测试结果是能够实现自动生成的，如图 21-71 所示。

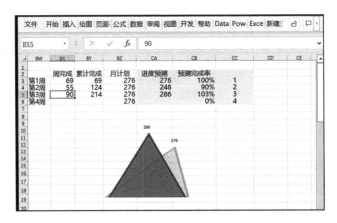

图 21-71　第九步的测试结果图

- 第十步，经过测试，说明图表已经成功制作完成。再进行三步操作：
  ○ 将图表复制至"分析报告模板"的界面合适的位置。
  ○ 插入一个文本框，设置参数为【=CB5】。
  ○ 调整图表大小、字体大小和字体颜色。最终的调整结果，就是图 21-40 所示的右侧第一个图。
- 第十一步，再进行一个数据修改后的测试，假设第 3 周的完成值为

"90",测试两个预测图表的自动生成的结果能否实现。经测试是能够实现的,如图 21-72 所示。

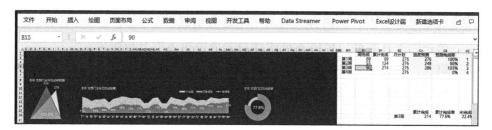

图 21-72　第十一步的测试结果图

实战经验分享 21-5

前面"管理者终端分享的分析报告"三个区域的内容,已经非常准确地描述了分析报告结果的提示、预警的导示作用。

第一,对标计划值并进行分析。按照本月本部门前三周实际完成值的预测,提醒管理者在第 4 周需要关注落后的那部分人员的完成值。

第二,环比分析。根据左侧的"前几个月本部门"的计划完成比率的图表的导示,4 月的完成率超过了 100%。因此,本月预测值只有"96.7%"是因为"前三周"的累计"完成值"的"周计划"没有 100%完成造成的。在月底前的最后一段时间里,鼓舞士气,组织对准目标计划进行冲刺,达到和超过 100% 完成率是很有希望的。

第三,由于"三周"过后的"计划完成率"没有达到预测值(三周的计划完成率的值应该是大于等于 75%)。因此,"人力成本费用比"出现了"轻度超标"的预警信号,直观地帮助管理者引起重视。

这三个方面的"提示和预警"是每个企业经营者都要求各部门管理者重视的关键经营指标。用人效导示系统事前和事先的设计直观地进行提示和预警,也就非常有意义。

这三个区域仅是本月本部门的数据分析报告内容,再加上下面章节所讲的两个区域的分析报告内容,则能更全面地进行提示和预警,有效地协助管理者做出相应的决策。

21.6 环比导示 | 基于提示预警的参照驱动

管理者终端分享的人效分析报告模板的第五个区域,是上月本部门计划完成结果分析报告的内容,它由三个部分组成:

第一,上月本部门全体人员的计划完成值排名的分析报告。

第二,累计至上月本部门人员流动率的分析报告中。

第三,上月本部门的人力成本费用比的分析报告。

这三部分内容分别用柱状图、半饼图和"仪表盘"来表达,如图 21-73 所示。

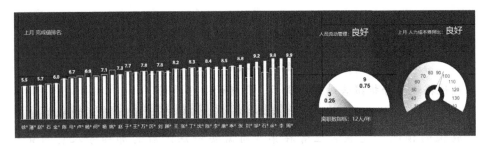

图 21-73　管理看板第五区域的内容

下面分别讲解这个区域三部分内容的图表制作的步骤和方法。

计划完成值的贡献大小排名的分析报告

- 第一步,整理数据。直接使用上月本部门全体人员的计划完成值的原始数据即可。
- 第二步,选中"完成值的数据区域",点击【插入】,点击【图表】的【柱状图】,就得到原始图表,如图 21-74 所示。
- 第三步,修改原始图表,去掉工龄数据、图表标题、纵坐标,如图 21-75 所示。
- 第四步,调整各【柱状图】的【设置数据系列格式】的【完成值】为【次坐标轴】,并调整【间隙宽度】为"240%"。调整后的结果如图 21-76 所示(该图中的【计划值】已经按第五步的方法调整了)。

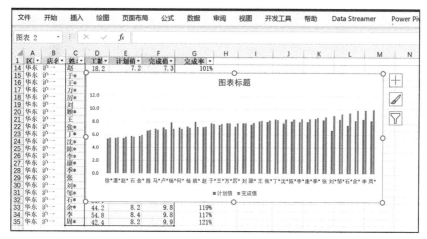

图 21-74　第二步的原始图表

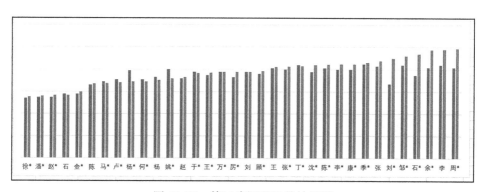

图 21-75　第三步调整后的结果图

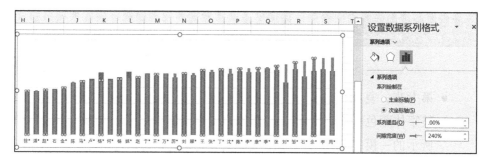

图 21-76　第四步调整后的结果图

- 第五步，调整各【柱状图】的【设置数据系列格式】的【计划值】为【主坐标轴】，并调整【间隙宽度】为"80%"，调整后的结果如图 21-77 所示。

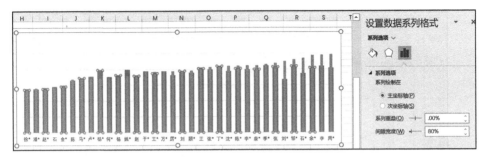

图 21-77　第五步调整后的结果图

- 第六步，需要做几步调整：
  - 调整【计划值】的【填充】为"无"，【边框】为湖蓝色。
  - 调整【完成值】的【填充】为蓝色的渐变色。
  - 显示【完成值】的数据标签。
  - 调整【柱状图】的底纹颜色与"分析报告模板"界面的底纹颜色一致。

  调整后的结果如图 21-78 所示。

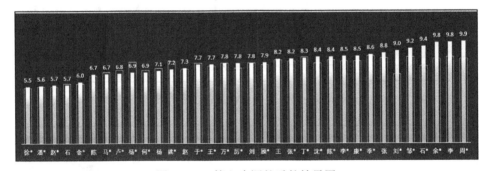

图 21-78　第六步调整后的结果图

- 第七步，复制图表到"分析报告模板"界面上，调整图形大小，调整字体颜色和字体大小。这部分的图表就制作好了，结果与图 21-72 所示的一模一样。

人员流动率的分析报告

"累计至上月本部门人员流动率"的分析报告，可以用半饼图来描述，制作的步骤和方法如下。

- 第一步,整理一份有"年度离职指标数""累计已离职人数"和"辅助数据"的数据表,如图21-79所示。

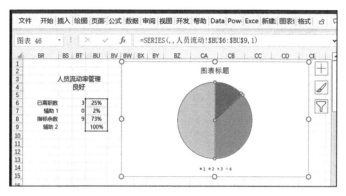

图21-79 人员流动数据表(左侧)

- 第二步,选中数据区域【BU6:BU9】,点击【插入】,再点击【图表】的【饼图】,得到原始饼图,如图21-79右侧图所示。
- 第三步,去掉图表标题、图例,并将图表旋转。旋转的方法是将【设置数据点格式】的【系列选项】的【第一扇区起始角度】调整为"270°",如图21-80所示(图表已经旋转好了)。

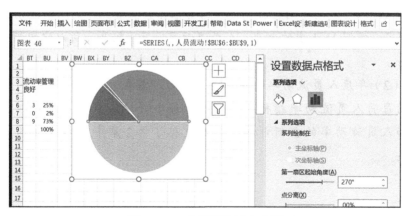

图21-80 半饼图旋转完成图

- 第四步,设置饼图下半部分的颜色和边框。选中饼图的下半部分,调整【填充】为"无",【边框】为"无",一个半饼图就制作出来了,如图21-81所示。

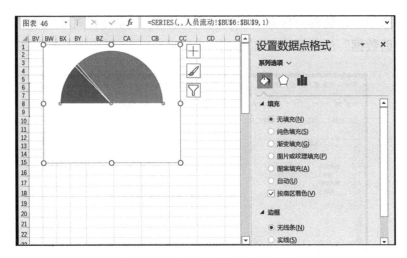

图 21-81　第四步调整后的半饼图

- 第五步，美化半饼图和显示数据的标签，其结果就与图 21-73 一模一样了。

|实战经验分享 21-6|

关于人员流动率的管理和控制，需要注意的是：

（1）人员流动率的指标制定，需要根据企业近三年的人员流动率情况而定。案例 16-1 中的企业，人员流动率一直比较高，所以它的指标也偏高。

（2）年度人员流动率的指标确定之后，需要分解细化到全年 12 个月的每月人员流动率指标，并且进行每个月过后累计离职人数的统计和人员流动率的重新计算，不然就犯了第 2 章中 WAI 企业同样的错误。

人力成本费用比的分析报告

"上月本部门的人力成本费用比的分析报告"内容，使用"亿图图示"软件的"仪表盘"制作，其方法与"本月本部门的人力成本费用比的分析报告"内容的制作只有一个"截面数据"的差异，即前者的截止时间为

"上月底",而后者的截止时间为"本月第几周或本月底"。

除了时间截止日的不同,其他步骤和方法全都一样,在此就不再赘述了。

| 实战经验分享 21-7 |

其一,与管理者终端分享的第五区域的分析报告内容的目的,是做提示和预警的导示,方便管理者自行做对比分析,而无须再用文字描述对比分析的结论。业务部门与职能部门之间的这种信息交流和沟通方式,其管理效率是非常高的。

其二,用人效分析报告模板的内容(加上第六区域的分析报告内容),进行各部门管理者的横向对比,也比较容易区分优劣和差异。这就解决了企业内部无法进行横向对比的管理问题。

21.7 全局导示 | 基于标杆激励的自我驱动

"管理者终端分享的人效分析报告模板"的第六个区域,是公司各部门计划完成的结果分析报告内容,它由三个部分组成:

第一,上月各部门累计完成值的分析报告。

第二,上月各部门人效排名和全公司平均人效的分析报告。

第三个是,截至上月,全公司人效最高纪录前十榜的分析报告。

这三部分内容可以用三个小图来描述,如图 21-82 所示。

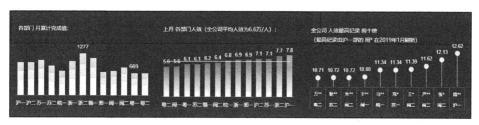

图 21-82 管理看板的第六区域内容

可以说,第六区域内容分享的最终目的是树立"标杆",起到激励部门和员工"自我驱动"的作用,具体步骤和方法如下。

上月各部门累计完成值的分析报告的制作

上月各部门累计完成值的分析报告，采用"柱状图"的"堆积柱状图"来表达，具体步骤和方法如下。

- 第一步，整理制图"数据源"。时间到了5月，"累计完成值"是指把前四个月每个月月末的"完成值"都采集在一张工作表上。整理这份工作表数据源，是制图比较关键的第一步。
- 第二步，点击选中"数据源"，点击【插入】，再点击【图表】的【堆积柱状图】，得到原始图表，如图21-83所示。

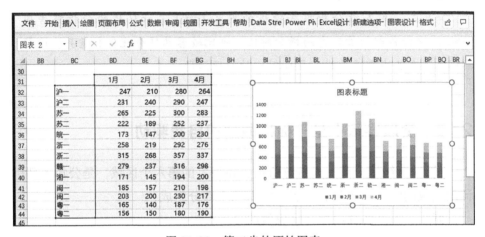

图21-83　第二步的原始图表

- 后面几步的调整和修改，与前面讲过的步骤和方法一样，在此就不再赘述了。制图的最后结果与图21-82一样。

时间已过四个月，各部门累计完成值是多少？用堆积柱状图来表达是非常贴合的，不需要文字说明，图中柱子最高的那个部门，就是完成值的最大的部门，也就是说，这个部门完成值的贡献最大。

但是，单一用这一项数据来进行各部门的横向比较还不够，还需要增加一项数据，即人均销售收入。

上月各部门人均销售收入和全公司人均销售收入的分析报告制作

- 第一步，整理制图"数据源"，有两步操作：
  ○ 先需要整理一份上月各部门的数据汇总表，再用数据透视表方法求得各部门的人均销售收入值、全公司人均销售收入值。
○ 做一个"辅助列",数值等于"全公司人均销售收入值"。
整理好的制图"数据源"表,如图 21-84 所示。

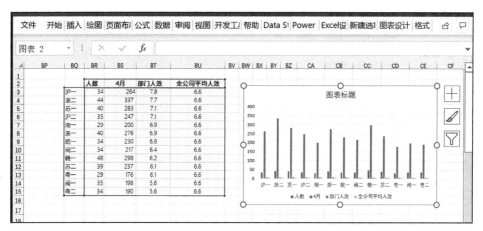

图 21-84　第一步的数据源整理图(左侧数据表)

- 第二步,选中数据源区数据,点击【插入】,点击【柱状图】,得到原始图(如图 21-84 所示的右侧图)。去掉"人数"和"4 月"的数据值,只保留两列数据值(部门人效、全公司平均人效)。调整后的结果,如图 21-85 所示。

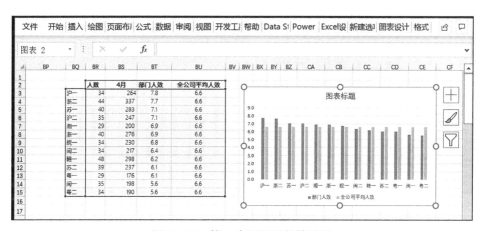

图 21-85　第二步调整后的结果图

- 第三步,调整图表的类型。右击图表,在弹出的【更改图表类型】

的对话框里，点击【组合图】，然后点击【全公司平均人效】，选择"折线图"，如图 21-86 所示。

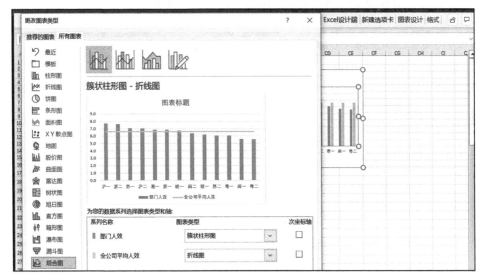

图 21-86　第三步调整后的结果图

- 第四步，点击【确定】，就得到了与最终结果相似的图表，如图 21-87 所示。

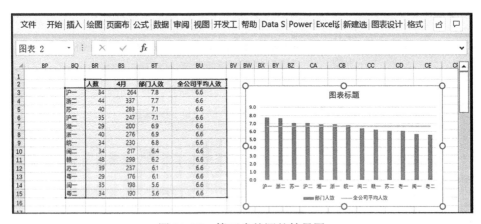

图 21-87　第四步的调整结果图

接下来的步骤就是美化图表，调整和修改的步骤和方法与前面柱状图的制作步骤和方法一样，在此就不再赘述了，最终结果与图 21-82 一样。

有了部门"人均销售收入"图表，再结合部门"累计完成值"图表，综合两个图表的信息，就能比较客观准确地横向比较各自的优劣和差异了。

全公司最高销售收入纪录前十名的分析报告的制作

全公司最高销售收入纪录榜，是起"树立优秀员工的标杆"作用的，宣传的同时，也间接地表达和传递给员工一个激励的信号，即"别人能做到的，自己也能做到"。

这个图表的制作，也是用柱状图稍微做了一点"数据源"方面的处理，步骤和方法如下。

- 第一步，整理制图用的"数据源"数据。在全公司最高销售收入纪录数据列的右侧，添加一个辅助列，数据值等于纪录值，如图 21-88 所示（图中左侧的数据表）。
- 第二步，选中"数据源"表的全部数据，点击【插入】，再点击【图表】的【柱状图】，得到原始图表，如图 21-88 所示（图中右侧的图）。

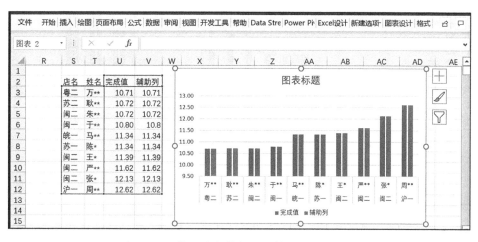

图 21-88　第一步的数据源和第二步的原始图

- 第三步，去掉图表标题、网格线、纵坐标和图例，调整后的结果如图 21-89 所示。

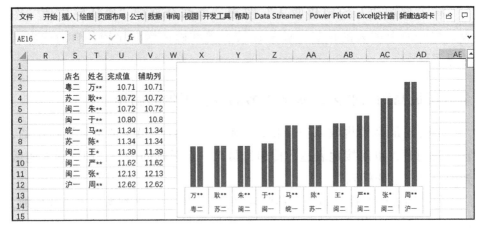

图 21-89　第三步调整后的结果图

- 第四步，调整图表类型。右击图表，在【更改图表类型】的对话框里点击【组合图】，更改"辅助列"为"折线图"，如图 21-90 所示。

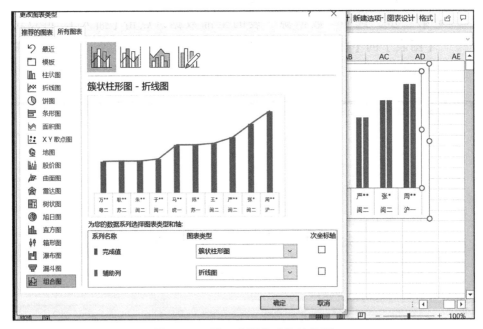

图 21-90　第四步调整后的结果图

- 第五步，在点击【确定】之后，制作一个备用图。步骤是：
  ○ 画两个图，一个是矩形图（图 A），一个是线形图（图 B）。
  ○ 将两个图（A、B 重叠）合并为一个图，这个图就是备用图（图 C）。

○ 设置【填充】为"无",【边框】为"无"。
做好的备用图（图 C）如图 21-91 所示。

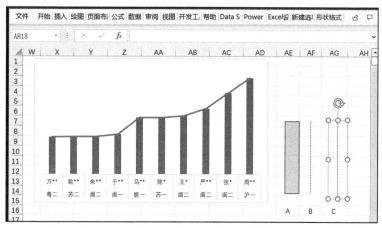

图 21-91　第五步制作的结果图

- 第六步，将备用图复制到柱状图的柱子上，结果如图 21-92 所示。

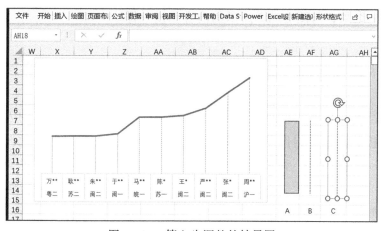

图 21-92　第六步调整的结果图

- 第七步，接着调整【折线图】。步骤是：
  ○ 设置【折线图】的【线条】为"无"。
  ○ 调整【折线图】的【标记】的【填充】为蓝色。
  ○ 调整【折线图】的【标记】的【边框】为橙色。
  ○ 调整【折线图】的【标记】大小为"6"。
  调整后的结果如图 21-93 所示。

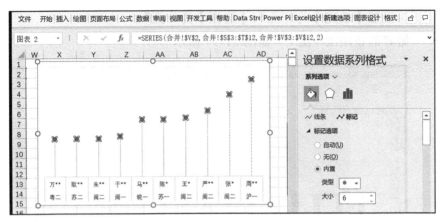

图 21-93　第七步调整后的结果图

- 第八步，显示"完成值纪录"的"数据标签"，设置图表的【填充】为"无"，【边框】为"无"。复制图表到"分析报告模板"的界面，调整图形大小，统一字体颜色，设置字体为"微软雅黑"，插入一个文本框，编辑报告内容主题文字。这些都调整好后，就得到最终的结果，与图 21-82 所示的内容一模一样。

21.8　管理看板｜基于全局展示和预警分析

经过上述几个图表的步骤和方法的讲解，管理者终端分享的人效分析报告模板的内容就制作完了。最后要做一些管理看板的整体美化调整，比如，统一字体的大小和颜色，各图之间的距离、高低更整齐更协调（包括"趋势"统一调整为"左低右高"），等等。最终形成的人效分析管理看板的结果如图 I-4 所示。

21.9　项目管理看板｜基于任务完成进度的跟踪

企业经营业务活动还有一种类型，是以项目管理形式进行的。因此，其管理看板就与上面所讲的模板有所不同，可以采用项目管理的指导思想，重点抓项目任务完成的"质量、进度和时间周期"三要素。"项目质量"的管控由项目经理单独列出并亲自管理，"项目进度和时间周期"可以用项目管理看板来导示。项目管理看板的导示图如图 I-5 所示。下面分别讲解制作的步骤和方法。

看板的整体布局

项目管理看板的制作还是比较简单的。由图 I-5 可知,项目管理看板的整体布局有四个方面的内容:

(1)时间提示,包括当天时间和项目完成倒计时的时间。

(2)项目整体计划的甘特图,包括项目大纲、项目时间计划安排和当天时间"节点"显示的项目是否完成的提示。

(3)正在进行项目的进度明细甘特图,包括项目计划时间和项目执行时间。

(4)项目成员的项目完成累计积分榜,包括内部考评的"时间进度、项目品质、返修率"等的积分统计分析内容。

时间提示的制作

项目管理看板的第一个区域是时间提示,如图 21-94 所示。

图 21-94　时间提示

图 21-94 的时间提示内容有两个:一个是"当天时间";另一个是"倒计时"时间。

(1)"当天时间"的制作。

- "当天时间"可以在 Excel 中设置函数公式,即设置为【=TODAY()】,就能每天显示"当天时间",如图 21-95 所示。

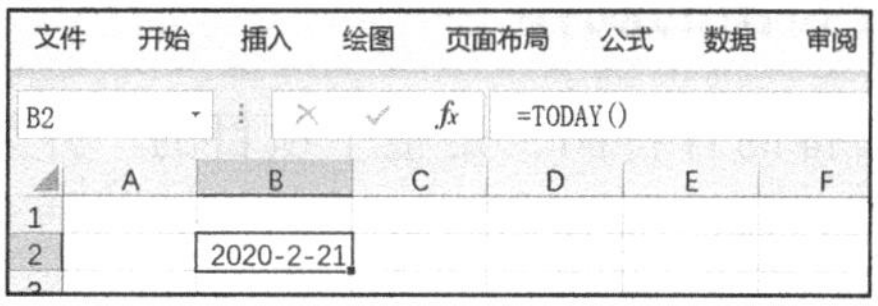

图 21-95　"当天时间"函数公式设置

- "小时时间"的函数公式设置为【=TEXT(NOW()," HH:MM")】,

如图 21-96 所示。

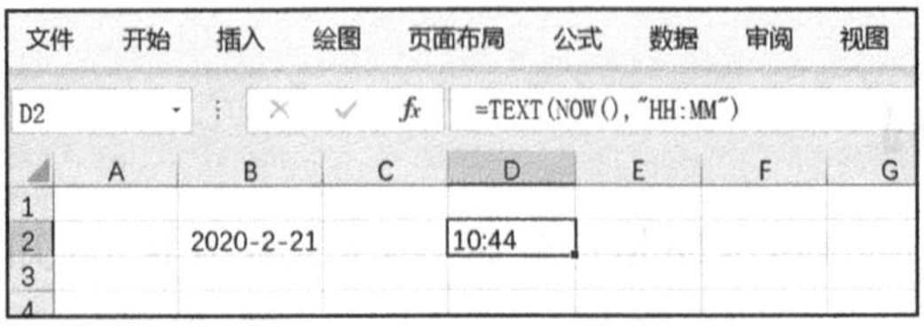

图 21-96 "小时时间"函数公式设置

"当天时间"函数公式设置之后，每天打开 Excel 表显示的永远是当天时间。

（2）"倒计时"的制作。
- "倒计时"的函数公式设置比较简单，直接用项目计划的"结束时间"减去"当天时间"，就是项目计划剩余时间，即"倒计时"，如图 21-97 所示。

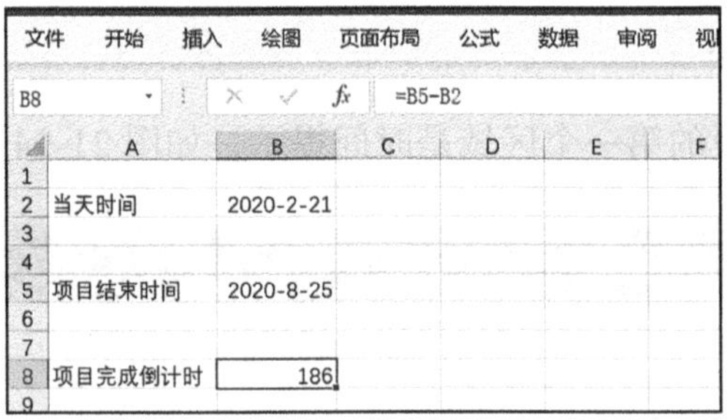

图 21-97 "倒计时"函数公式设置

"当天时间"与项目管理看板的两个甘特图的时间有直接关联。所以，图 I-5 所显示的"当天时间"是为了两个甘特图的制作而调整的。在实际应用中，不需要做类似的调整，直接用"当天时间"即可。

项目整体计划的甘特图的制作

项目整体计划安排的甘特图，是整个项目的"开始时间"和"结束时间"之间的每一个项目具体内容的计划安排，它与"当天时间"有关。通过甘特图能够直观看清楚"当天时间"之前的项目完成内容和"当天时间"之后的项目计划内容，如图 21-98 所示。

图 21-98 的制作步骤及方法如下。

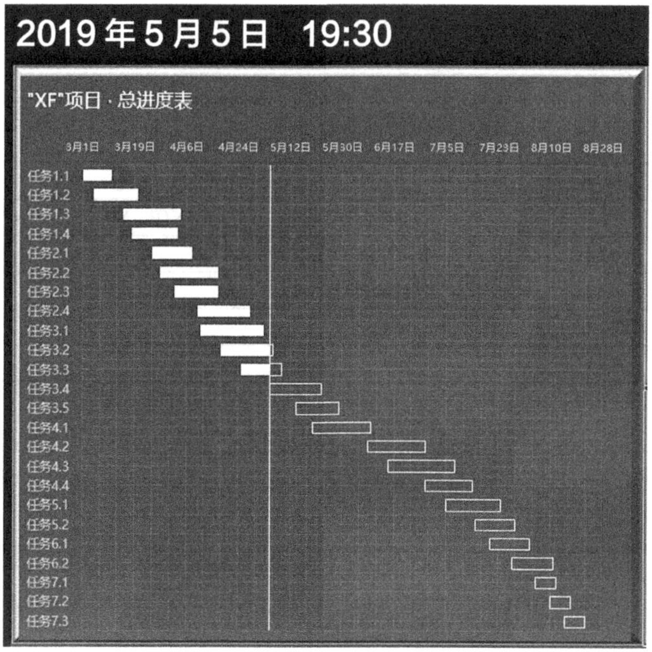

图 21-98 项目整体计划甘特图

- 第一步，整理项目计划"数据源表"。需要增加几个辅助数据，如图 21-99 所示。

	A	B	C	D	E	F	G	H
2		开始时间	已完成天数	未完成天数	计划完成天数		"当天时间"	辅助
3	任务1.1	3月1日	10	0	10		5月5日	1
4	任务1.2	3月5日	15	0	15		5月5日	2
5	任务1.3	3月15日	20	0	20		5月5日	3
6	任务1.4	3月18日	16	0	16		5月5日	4
7	任务2.1	3月25日	14	0	14		5月5日	5
8	任务2.2	3月28日	20	0	20		5月5日	6
9	任务2.3	4月2日	15	0	15		5月5日	7
10	任务2.4	4月10日	18	0	18		5月5日	8
11	任务3.1	4月11日	22	0	22		5月5日	9
12	任务3.2	4月18日	17	1	18		5月5日	10
13	任务3.3	4月25日	10	4	14		5月5日	11
14	任务3.4	5月5日	0	18	18		5月5日	12
15	任务3.5	5月14日	0	15	15		5月5日	13
16	任务4.1	5月20日	0	20	20		5月5日	14
17	任务4.2	6月8日	0	20	20		5月5日	15
18	任务4.3	6月15日	0	23	23		5月5日	16
19	任务4.4	6月28日	0	16	16		5月5日	17
20	任务5.1	7月5日	0	19	19		5月5日	18
21	任务5.2	7月15日	0	14	14		5月5日	19
22	任务6.1	7月20日	0	14	14		5月5日	20
23	任务6.2	7月28日	0	14	14		5月5日	21
24	任务7.1	8月5日	0	7	7		5月5日	22
25	任务7.2	8月10日	0	7	7		5月5日	23
26	任务7.3	8月15日	0	7	7		5月5日	24

图 21-99 第一步的数据源表图

图 21-99 的数据源表中的数据，每一列数据的计算公式的设置，如表 21-2 所示。

表 21-2 "数据源表"的计算公式设置

序号	单元格/列	计算公式设置
1	【C3】	【=IF($G$3-B3>E3,E3,MIN(E3,MAX($G$3-B3,0)))】
2	【D3】	【=E3-C3】
3	【G3】	【=TODAY()】
4	【G4:G26】	【=$G$3】
5	【H3:H26】	填充"序列数"

- 第二步，选中"数据源表"的数据区域，点击【插入】，然后点击【图表】的【二维条形图】，就得到原始的条形图，如图 21-100 所示。

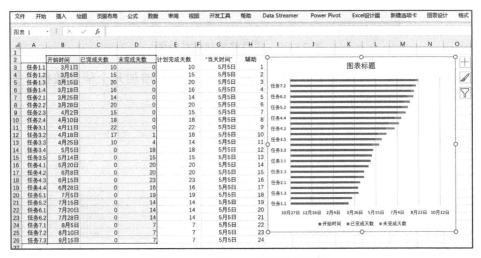

图 21-100 第二步的原始条形图

- 第三步，选中原始条形图左侧的【纵坐标轴】，在【设置坐标轴格式】中勾选【逆序类别】，就看到【纵坐标轴】的"任务"按照我们习惯的顺序排列了，如图 21-101 所示。
- 第四步，选中【条形图】的"开始时间"条形，在【设置数据列格式】中选择【填充】为【无填充】，【边框】为【无线条】，即"开始时间"的条形不显示，并去掉图例，结果如图 21-102 所示。

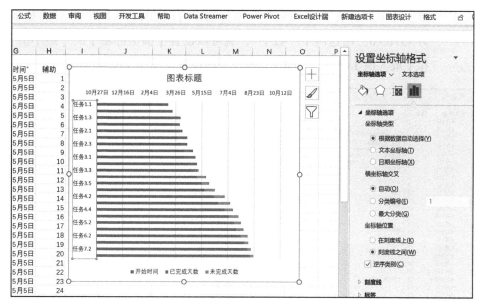

图 21-101　第三步调整后的结果图

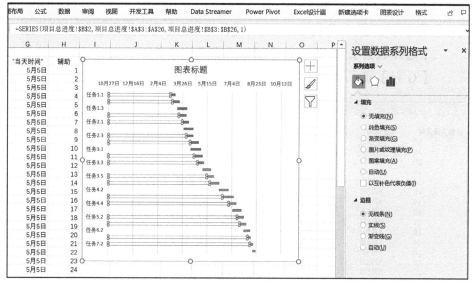

图 21-102　第四步调整后的结果图

- 第五步，调整【横坐标轴】的起止时间。这里需要注意的是，Excel 的时间数据是从"1900 年 1 月 0 日"开始起算。所以，我们可以直接用 Excel 表的"数字"来自动求得日期天数。比如，项目开始时间 2019

年 3 月 1 日的数字为 435250，项目结束时间 2019 年 8 月 23 日的数字为 43705.0。用这两个"数字"，就可以设置【横坐标轴】的【最小值】和【最大值】，包括时间的【单位】的设置，如图 21-103 所示。

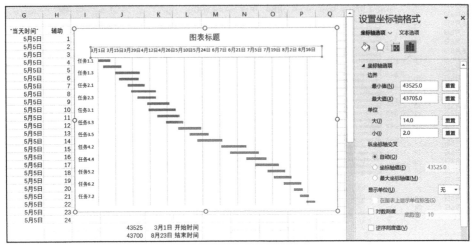

图 21-103　第五步调整后的结果图

- 第六步，做一条表示"当天时间"的垂直线。先点击条形图，选择【选择数据】，在弹出的【编辑数据系列】中，设置【系列名称】为【G 列】或【H 列】的任意一个单元格数据，如图 21-104 所示。

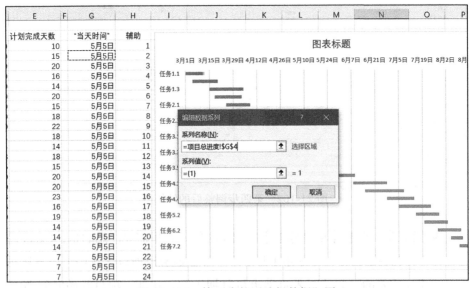

图 21-104　第六步的"选择数据"图

- 第七步，选择【确定】之后，选中【条形图】的"开始时间"的条形，点击选择【更改图表类型】，在弹出的对话框中进行选择："5月5日"设置为散点图，其余保持为堆积条形图，如图 21-105 所示。

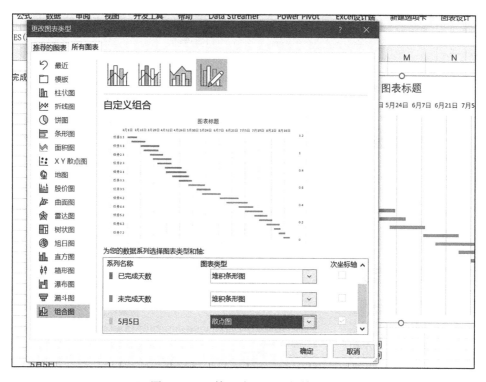

图 21-105　第七步调整后的结果图

- 第八步，选择【确定】后，再选中【条形图】的【选择数据】，在弹出的对话框中，选中【图例项】的"5月5日"，如图 21-106 所示。
- 第九步，再点击【添加】，在弹出的【编辑数据系列】中，设置【X轴系列值】为【G3:G26】，【Y轴系列值】为【H3:H26】，如图 21-107 所示。
- 第十步，点击【确定】，就看到条形图上有一条纵向排列的散点，调整【次纵坐标轴】的数值，如图 21-108 所示。

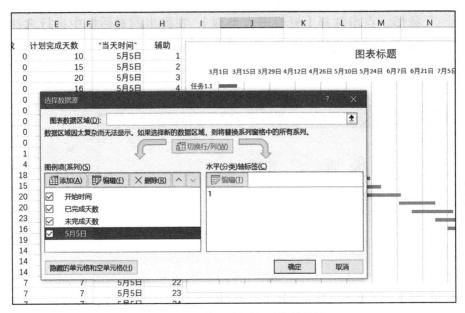

图 21-106　第八步调整后的结果图

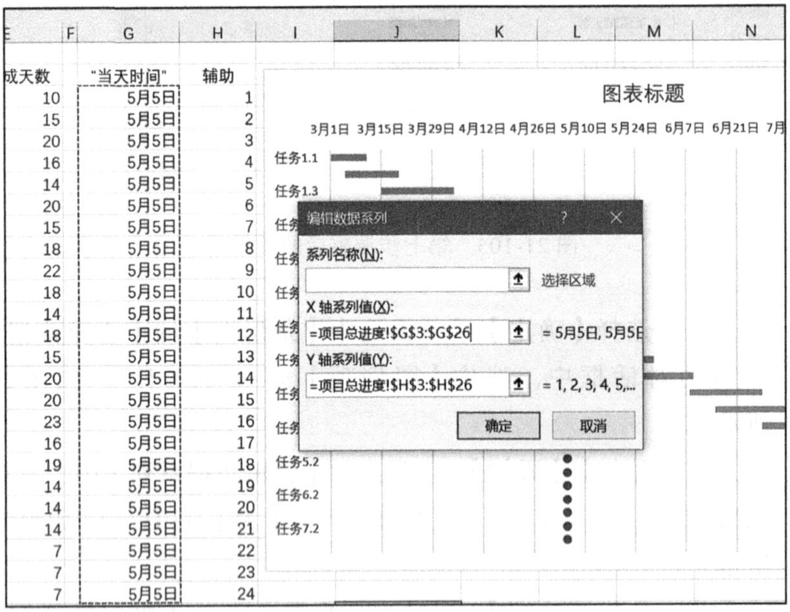

图 21-107　第九步调整后的结果图

第七篇　导示篇　389

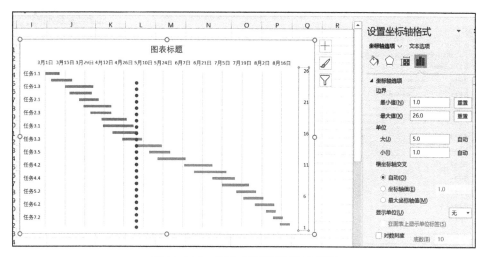

图 21-108　第十步调整后的结果图

- 第十一步，选中【散点】，点击显示【误差线】，在【设置误差线格式】中，选择【垂直误差线】为【正负偏差】，【末端样式】为【无线端】，结果如图 21-109 所示。

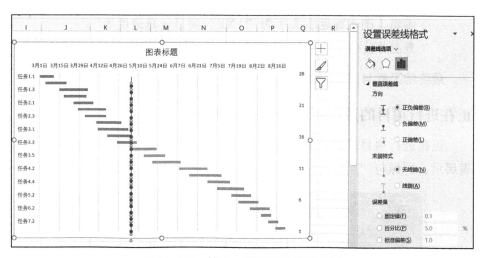

图 21-109　第十一步调整后的结果图

- 第十二步，点击【确定】，调整【误差线】颜色为"红色"，去掉【散点】（即散点不显示），结果如图 21-110 所示。

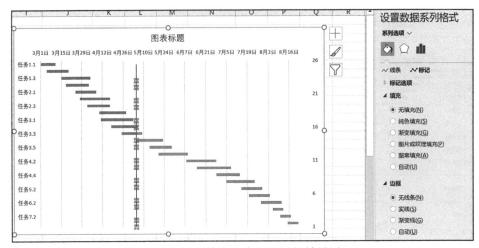

图 21-110　第十二步调整后的结果图

- 第十三步，进行图表美化：
  - 去掉【次坐标轴】。
  - 设置图表的【填充】为【无填充】,【边框】为【无线条】。
  - 显示【网格线】，并设置【网格线】颜色。
  - 编辑【图表标题】文字为"'XF'项目·总进度表"。
  - 复制并粘贴到项目管理看板模板上，调整图形大小、统一字体颜色。

最终结果就与图 21-98 所示的一模一样了。

正在进行项目的进度明细甘特图的制作

正在进行项目的进度明细甘特图，是对项目的每天进度进行跟踪的图表展示，同样与"当天时间"关联，结果如图 21-111 所示。

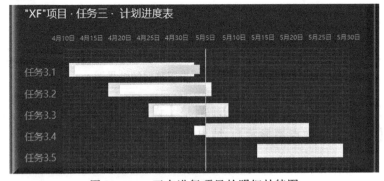

图 21-111　正在进行项目的明细甘特图

图 21-111 所示的甘特图的制作方法，与上面甘特图的制作方法有所不同，具体有四点：

（1）要展示原定计划的“起止时间”。

（2）要展示执行计划的“起止时间”。

（3）展示“当天时间”的位置。

（4）展示执行计划的实际时间与计划时间的差异性。

根据这四点要求，具体的制作步骤如下。

- 第一步，整理“数据源表”，也需要增加几列辅助数据，如图 21-112 所示。

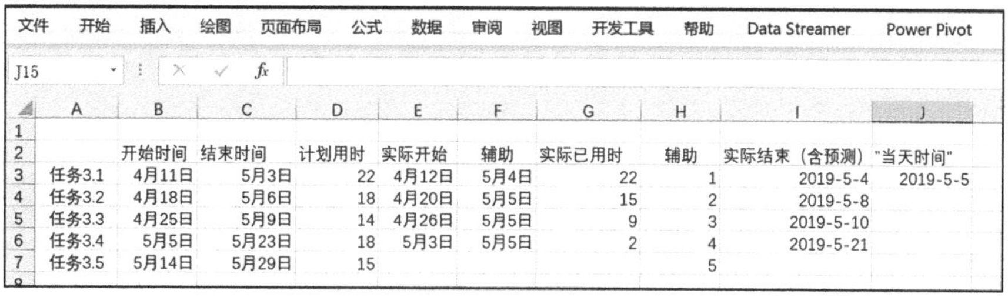

	A	B	C	D	E	F	G	H	I	J
1										
2		开始时间	结束时间	计划用时	实际开始	辅助	实际已用时	辅助	实际结束（含预测）	"当天时间"
3	任务3.1	4月11日	5月3日	22	4月12日	5月4日	22	1	2019-5-4	2019-5-5
4	任务3.2	4月18日	5月6日	18	4月20日	5月5日	15	2	2019-5-8	
5	任务3.3	4月25日	5月9日	14	4月26日	5月5日	9	3	2019-5-10	
6	任务3.4	5月5日	5月23日	18	5月3日	5月5日	2	4	2019-5-21	
7	任务3.5	5月14日	5月29日	15				5		

图 21-112　第一步的“数据源表”

图 21-112 的数据源表中，每一列数据的计算公式的设置如表 21-3 所示。

表 21-3 “数据源表”的计算公式设置

序号	单元格 / 列	计算公式设置
1	【F3:F7】	【=IF(I3<$J$3,I3,$J$3)】
2	【G3】	【=F3-E3】
3	【H3:H7】	填充“序列”值
4	【I3:I7】	时间小于“当天时间”的填入“实际执行的完成时间”。时间大于“当天时间”的，则预测值的计算公式为【=E 列 +D 列】。
5	【J3】	【=TODAY()】

- 第二步，选中“数据源表”的【B 列】和【H 列】，点击【插入】，再点击【图表】的【散点图】，得到原始散点图，如图 21-113 所示。
- 第三步，点击【纵坐标轴】的【设置坐标轴格式】，勾选【逆序类型】，就看到散点图“颠倒”过来了，如图 21-114 所示。

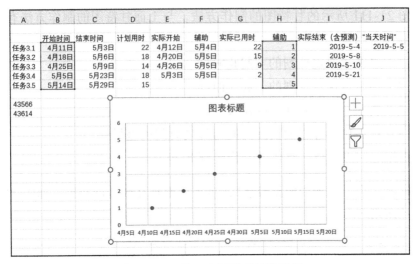

图 21-113　第二步调整后的结果图

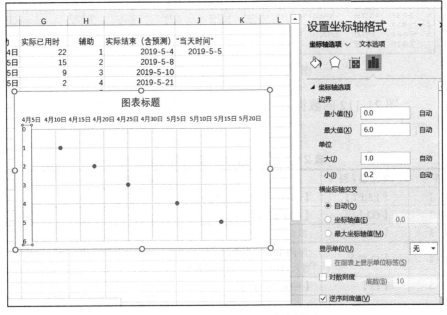

图 21-114　第三步调整后的结果图

- 第四步，设置【横坐标】的值。在【设置坐标轴格式】中，设置【最大值】为"43 614.0"，【最小值】为"43 565.0"，并设置【单位】，结果如图 21-115 所示。

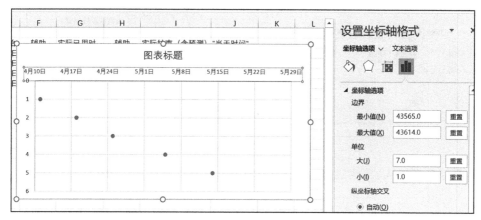

图 21-115　第四步调整后的结果图

- 第五步，选中【散点】，选择显示【误差线】，如图 21-116 所示。

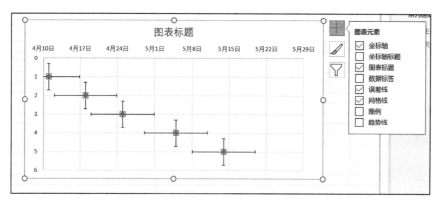

图 21-116　第五步调整后的结果图

- 第六步，去掉纵向的误差线，调整【水平误差线】为【正偏差】，【末端样式】为【无线端】。在【误差量】中选择【自定义】，在弹出的对话框中，【正错误值】选择【D3:D7】的数值，如图 21-117 所示。
- 第七步，点击【确定】，在【设置误差线格式】中，设置【线条】的【宽度】为"12 磅"，【透明度】为"40%"，如图 21-118 所示。
- 第八步，点击【选择数据】，在对话框中选择【添加】。如图 21-119 所示，设置【X 轴系列值】和【Y 轴系列值】。这一步就是做"实际开始时间"的散点图。

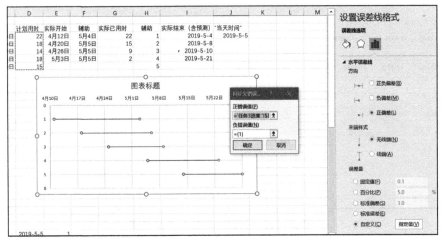

图 21-117　第六步调整后的结果图

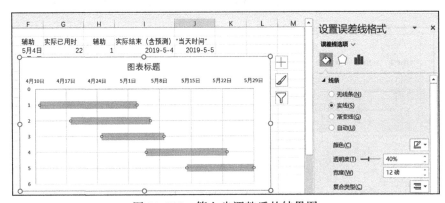

图 21-118　第七步调整后的结果图

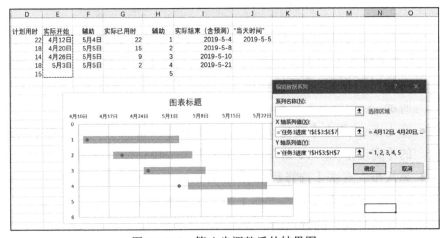

图 21-119　第八步调整后的结果图

- 第九步，按照第五至第七步操作，只是【正误差值】的数据设置如图 21-120 所示。

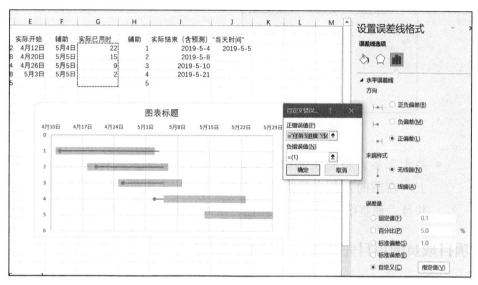

图 21-120　第九步调整后的结果图

- 第十步，点击【确定】，在【设置误差线格式】中，设置【线条】的【宽度】为"8 磅"，如图 21-121 所示。

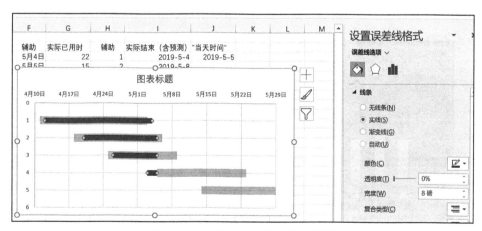

图 21-121　第十步调整后的结果图

- 第十一步，添加制作"当天时间"线，制作步骤与"项目整体计划图表"一样，就不再赘述了，结果如图 21-122 所示。

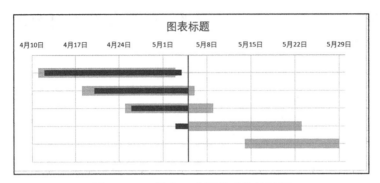

图 21-122　第十一步调整后的结果图

- 第十二步，将制作完的图复制并粘贴到项目管理看板模板的界面上。在图的左侧，添加五个文本框，分别等于"任务 3.1 ～ 3.5"。并且，调整统一的字体和颜色，最终结果就与图 21-111 一样。

项目成员的项目完成综合积分榜的制作

项目成员的项目完成综合积分榜的内容，是由项目经理根据项目管理的要求和意图，对每个项目团队成员的"项目时间执行的情况、项目完成的品质情况和项目交付反馈的情况"等进行"积分"式的管理。图表中的数据，就是项目经理在管理中所记录的原始数据，制作结果如图 21-123 所示。

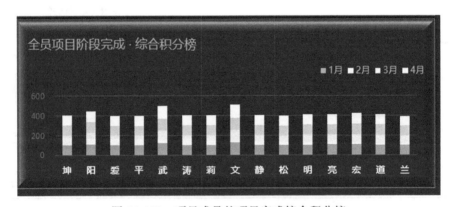

图 21-123　项目成员的项目完成综合积分榜

图 21-123 的图表制作方法，是采用【柱状图】的【堆积柱状图】制作的。具体步骤与图 21-81 左侧第一个图的制作步骤一样，在此就不再赘

述了。

上述五个部分制作完毕之后，需要再做字体颜色和大小及图表布局方面的协调性调整。最终项目管理看板的结果就与图I-5一样了。

有条件的企业可以请IT研发人员将上述结果研发和链接在部门墙面的大屏上，每天用它来导示和激励项目团队的全体成员。项目经理也能因此少开会而腾出更多的时间，用于项目技术的研发。

实战经验分享21-8

与管理者终端分享的人效分析的导示内容，无论是销售类业务的管理者，还是项目类业务的管理者，都需注意以下几个关键点。

（1）整个分析报告的界面主题要明确，以反映人效为核心。也就是说，数据呈现的内容，背后都是在讲人效的高低。

（2）要知道，所使用的各类图表，其本质是数据空间到图形空间的映射，是抽象数据的具象和"情感"的表达，因此，不适合的图表应该舍弃。

（3）选择的图表要能够准确描述人效分析报告的意图，尽可能多用图表，少用文字，基本上不宜采用大篇幅的文字说明。

（4）模板内容制作完之后，需要得到管理者（最终用户）的"确认"，即我们所做的图表他们应该一看就懂，不需要思考和过度解读。

（5）管理者终端分享的所有图表和数据，都能够实现动态化、实时化，随着企业经营管理的实际数据的变动而自动生成。

第 22 章

决策终端的分享导示

企业经营决策者（或 CEO、企业老板）最关注的，就是如何做到"收入最大化，成本最小化"。因此，人效导示系统与决策者终端分享的内容，也是基于"收入最大化，成本最小化"而构建。

22.1 动态交互｜基于经营决策的自行查询

决策者的决策是否有效，通常取决于它是否具有前瞻性，而前瞻性思维需要依赖已经发生的经营数据做分析和预判。因此，在这个过程中，决策者对过去的经营数据有一种依赖需求。那么，人效导示系统的内容就不能是静态的，而应该是动态的，并且能够满足决策者可交流和可互动的需求，这就是人效导示系统的决策者终端分享的"定位"。

图 18-8 已经展示了决策者终端分享的人效导示系统的模型框架，其中第二、第三和第四区域的分析报告内容就是动态的。下面详细讲解这三个区域内容的制作步骤和方法。

辅助数据源的准备工作

要使分析报告具有动态性,就离不开"辅助数据源"的准备,因为我们得到的"原始数据表",是无法直接用于制作动态图表的。

制作动态图表的方法有很多,下面就用到的几种方法进行讲解。没有讲解到的不代表不能用,只是太多了,不便于全部拿来讲解。

1. "控件"的准备

用插入图表"控件"来让图表动态化,便于决策者查询不同周期的经营数据,在企业还没有自动化信息系统的条件下,是一种比较可行的方法,如图 22-1 所示。

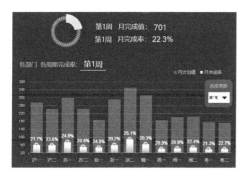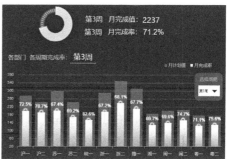

图 22-1 各周期数据动态查询结果图

在图 22-1 所示的两个图中,决策者需要查看的数据切换(比如第 1 周和第 3 周),是由"选择周期"这个控件实现的。该控件的制作步骤和方法如下。

- 第一步,先在 Excel 表中输入"周期值"(一般为每月的四周和全月,共五个值),如图 22-2 中左侧的"第 1～5 周和全月"。
- 第二步,点击 Excel 表的【开发工具】(如图中的箭头标记 1),点击【插入】的【表单控件】(如图中的箭头标记 2),选择点击组合框(窗体控件)(如图中的箭头标记 3),如图 22-2 所示。
- 第三步,点击组合框(窗体控件)后,在 Excel 表中画一个"框",如图 22-3 所示。

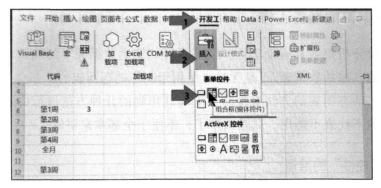

图 22-2 插入"控件"步骤图

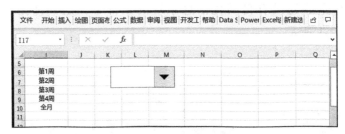

图 22-3 第三步调整的结果图

- 第四步,右击组合框(窗体控件),选择点击【设置对象格式】,在【数据源区域】输入【=$I$6:$I$10】(即之前设置好的五个周期值),在【单元格链接】输入【=$J$6】,在【下拉显示项数】中输入"5",如图 22-4 所示。

图 22-4 第四步调整的结果图

- 第五步,点击【确定】之后,再点击组合框(窗体控件)的倒黑三角（▼），就看到显示的"五个周期数"，如图22-5所示。

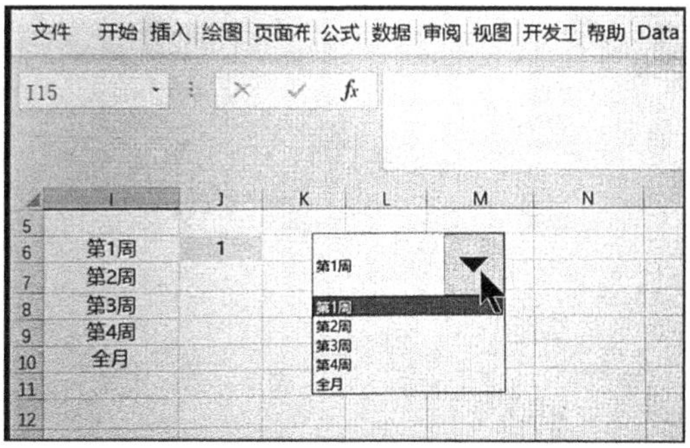

图22-5 第五步调整的结果图

- 第六步，在"五个周期数"的下方任意单元格位置（图中位置是【I12】）设置函数公式，如图22-6所示。当点击组合框（窗体控件）的周期值时，【J6】单元格和【I12】单元格都会显示选择的周期数和周期名称。能显示出来，说明控件的制作已完成；不能显示，则需要按照上述步骤重新设置和调整。

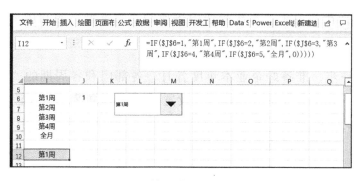

图22-6 第六步调整的结果图

用同样的方法再制作一个控件，以便于决策者查询各部门的各周期数据，如图22-7所示。

图22-7中下面一个控件的制作步骤和方法与上面相同，只是将"周期名称"更换为"部门名称"即可。检验时，当选择"苏一"时，【J34】单元格出现"苏一"（在图22-7中设置函数公式），说明控件制作正确，否则还需要调整。具体的制作步骤和方法就不再赘述了。

图 22-7　用于部门查询的控件制作结果图

2."制图数据源"的准备

制图所使用的"数据源"的准备，需根据图表的形状而定，并没有固定或是强制的要求。本次制作图表所需"数据源"的制作步骤和方法如下。

- 第一步，准备好企业本年度各月、各部门和各周期的"数据源"。为了方便大家看到函数公式设置单元格的位置，本书把"数据源"表的内容展示了出来。因数据表太长，所以截成两张图，以看清数据，如图 22-8 所示。

部门名称	日期	计划值	完成值	完成率	日期	计划值	完成值	完成率	日期	计划值	完成值	完成率	日期	计划值	完成值	完成率
沪一	第1周	69	60	87.0%	第2周	69	67	96.6%	第3周	69	73	106.3%	第4周	69	76	110.1%
沪二	第1周	61	58	94.4%	第2周	61	64	104.9%	第3周	61	70	115.4%	第4周	61	60	98.4%
苏一	第1周	74	74	99.4%	第2周	74	67	89.8%	第3周	74	60	80.2%	第4周	74	75	100.7%
苏二	第1周	61	50	83.0%	第2周	61	56	92.3%	第3周	61	62	101.5%	第4周	61	62	101.5%
皖一	第1周	46	46	99.1%	第2周	46	51	110.1%	第3周	46	56	121.1%	第4周	46	56	121.1%
浙一	第1周	73	59	80.6%	第2周	73	65	89.6%	第3周	73	72	98.5%	第4周	73	72	98.5%
浙二	第1周	88	88	100.4%	第2周	88	79	90.7%	第3周	88	71	81.0%	第4周	88	90	102.7%
赣一	第1周	78	63	81.3%	第2周	78	70	90.3%	第3周	78	77	99.3%	第4周	78	77	99.3%
湘一	第1周	46	39	83.6%	第2周	46	43	92.9%	第3周	46	47	102.2%	第4周	46	47	102.2%
闽一	第1周	50	42	83.5%	第2周	50	47	92.8%	第3周	50	51	102.1%	第4周	50	51	102.1%
闽二	第1周	51	46	89.6%	第2周	51	51	99.6%	第3周	51	56	109.6%	第4周	51	56	109.6%
粤一	第1周	44	37	85.4%	第2周	44	42	94.8%	第3周	44	46	104.3%	第4周	44	46	104.3%
粤二	第1周	43	39	90.7%	第2周	43	43	100.8%	第3周	43	48	110.9%	第4周	43	44	102.3%

图 22-8　第一步的"数据源"准备图（1）

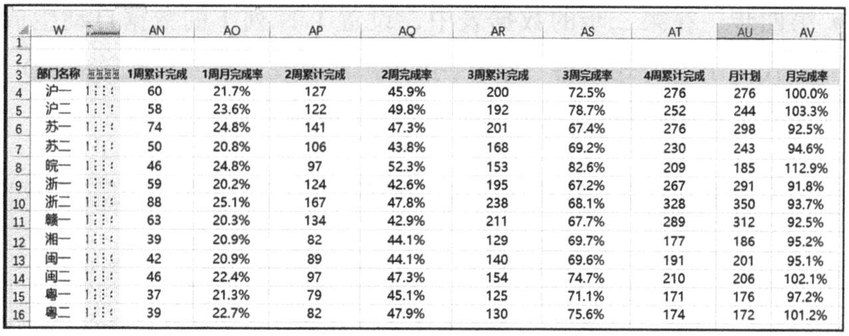

部门名称		1周累计完成	1周月完成率	2周累计完成	2周完成率	3周累计完成	3周完成率	4周累计完成	月计划	月完成率
沪一		60	21.7%	127	45.9%	200	72.5%	276	276	100.0%
沪二		58	23.6%	122	49.8%	192	78.7%	252	244	103.3%
苏一		74	24.8%	141	47.3%	201	67.4%	276	298	92.5%
苏二		50	20.8%	106	43.8%	168	69.2%	230	243	94.6%
皖一		46	24.8%	97	52.3%	153	82.6%	209	185	112.9%
浙一		59	20.2%	124	42.6%	195	67.2%	267	291	91.8%
浙二		88	25.1%	167	47.8%	238	68.1%	328	350	93.7%
赣一		63	20.3%	134	42.9%	211	67.7%	289	312	92.5%
湘一		39	20.9%	82	44.1%	129	69.7%	177	186	95.2%
闽一		42	20.9%	89	44.1%	140	69.6%	191	201	95.1%
闽二		46	22.4%	97	47.3%	154	74.7%	210	206	102.1%
粤一		37	21.3%	79	45.1%	125	71.1%	171	176	97.2%
粤二		39	22.7%	82	47.9%	130	75.6%	174	172	101.2%

图 22-8 第一步的"数据源"准备图（2）

- 第二步，建立一个制图用的"数据源"表，如图 22-9 所示。

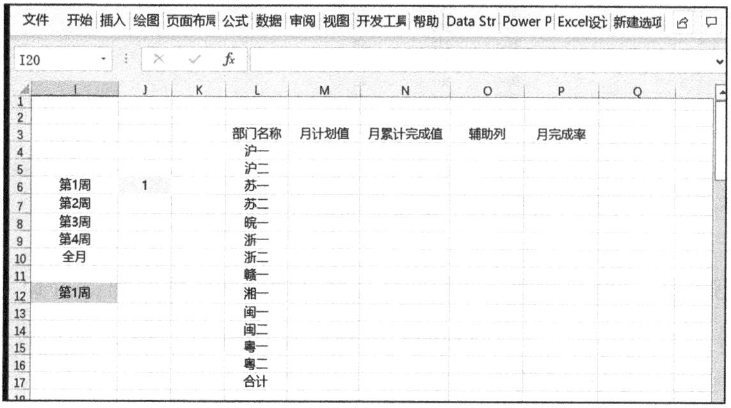

图 22-9 第二步的"数据源"准备图

- 第三步，在第二步的数据表中，设置【M 列】的数据自动生成函数公式，如图 22-10 所示。

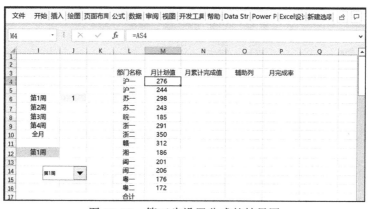

图 22-10 第三步设置公式的结果图

- 第四步，在第二步的数据表中，设置【N列】的数据自动生成函数公式。函数公式是将"条件判断的IF函数"与"查找的VLOOKUP函数"相结合后设置的，如图22-11所示。

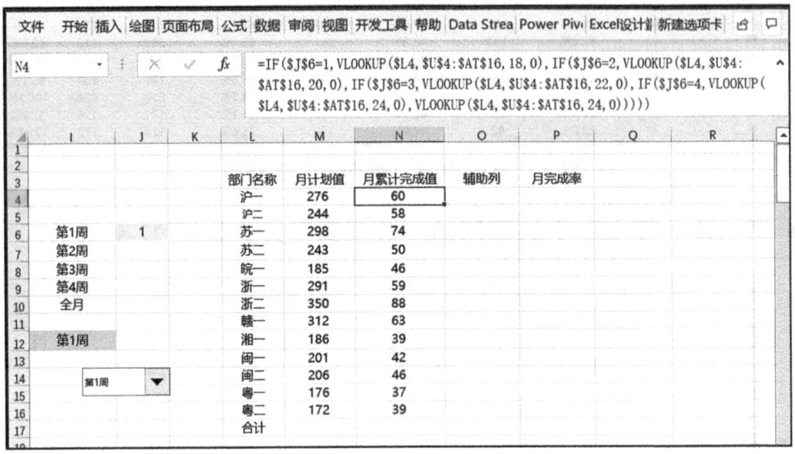

图 22-11　第四步设置公式的结果图

- 第五步，检查第四步的函数公式设置得是否正确，可以通过【控件】点击其他周期的数据来检查，比如查看"第2周"的数据，结果如图22-12所示。

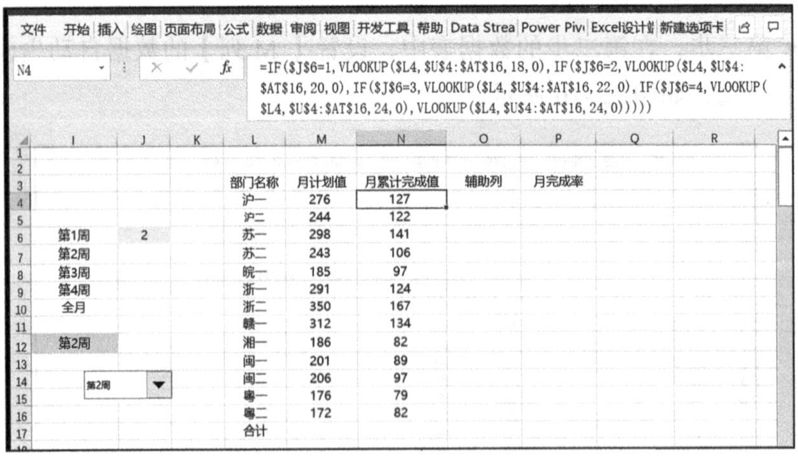

图 22-12　第五步检查公式设置的结果图

- 第六步，设置【辅助列（O列）】的公式，这列数值是制图用的辅助列，数值等于【M列】，如图22-13所示。

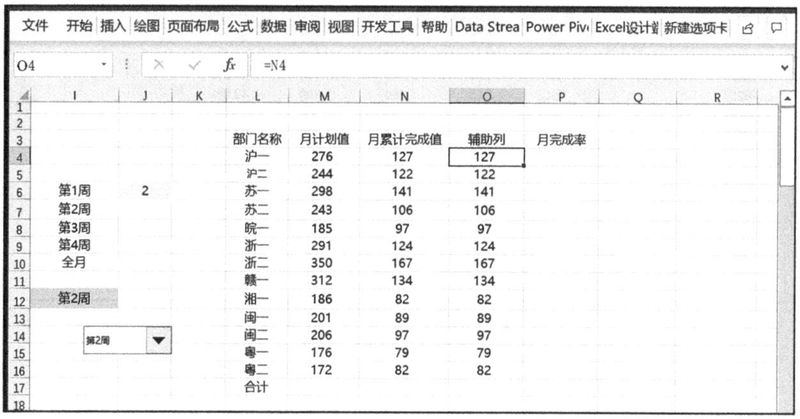

图 22-13　第六步设置公式的结果图

- 第七步，设置【P列】的公式，如图22-14所示。

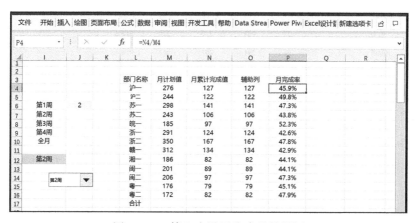

图 22-14　第七步设置公式的结果图

- 第八步，求出【M列】【N列】【P列】的合计值，公式如图22-15所示。
- 第九步，利用控件检查所设置的五个周期的所有数据是否与"数据源"一致。比如，检查"全月"，核对结果并确认是正确的，那么这份制图用的"数据源表"就制作好了，如图22-16所示。

部门名称	月计划值	月累计完成值	辅助列	月完成率
沪一	276	127	127	45.9%
沪二	244	122	122	49.8%
苏一	298	141	141	47.3%
苏二	243	106	106	43.8%
皖一	185	97	97	52.3%
浙一	291	124	124	42.6%
浙二	350	167	167	47.8%
赣一	312	134	134	42.9%
湘一	186	82	82	44.1%
闽一	201	89	89	44.1%
闽二	206	97	97	47.3%
粤一	176	79	79	45.1%
粤二	172	82	82	47.9%
合计	3140	1447		46.1%

图 22-15　第八步设置公式的结果图

部门名称	月计划值	月累计完成值	辅助列	月完成率
沪一	276	276	276	100.0%
沪二	244	252	252	103.3%
苏一	298	276	276	92.5%
苏二	243	230	230	94.6%
皖一	185	209	209	112.9%
浙一	291	267	267	91.8%
浙二	350	328	328	93.7%
赣一	312	289	289	92.5%
湘一	186	177	177	95.2%
闽一	201	191	191	95.1%
闽二	206	210	210	102.1%
粤一	176	171	171	97.2%
粤二	172	174	174	101.2%
合计	3140	3050		97.1%

图 22-16　第九步数据检查确认的结果图

┃实战经验分享 22-1┃

制图所用的"数据源"的内容,是由图表所要表达的意图决定的。上述九个步骤的"数据源表",要表达的就是每周过后"累计月完成率"与计划相比的分析报告,并根据这个意图来设置函数公式和求值公式。

如果要表达的是每周过后"本周完成率",即是否100%完成了本周计划,则【N列】的函数公式就不一样了,如图22-17所示。

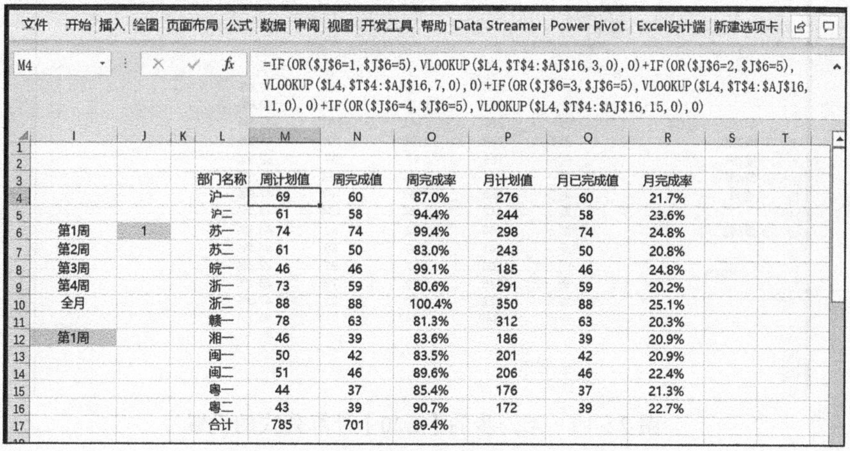

	I	J	L	M	N	O	P	Q	R
3			部门名称	周计划值	周完成值	周完成率	月计划值	月已完成值	月完成率
4			沪一	69	60	87.0%	276	60	21.7%
5			沪二	61	58	94.4%	244	58	23.6%
6	第1周	1	苏一	74	74	99.4%	298	74	24.8%
7	第2周		苏二	61	50	83.0%	243	50	20.8%
8	第3周		皖一	46	46	99.1%	185	46	24.8%
9	第4周		浙一	73	59	80.6%	291	59	20.2%
10	全月		浙二	88	88	100.4%	350	88	25.1%
11			赣一	78	63	81.3%	312	63	20.3%
12	第1周		湘一	46	39	83.6%	186	39	20.9%
13			闽一	50	42	83.5%	201	42	20.9%
14			闽二	51	46	89.6%	206	46	22.4%
15			粤一	44	37	85.4%	176	37	21.3%
16			粤二	43	39	90.7%	172	39	22.7%
17			合计	785	701	89.4%			

图 22-17 不同制图意图的“数据源表”

总之，制图之前，要做好“数据源”的准备工作。

全年计划与各周期的动态分析报告

全年计划与各周期（周、月、季度、年度）的动态分析报告，包括两个“圆环图”和一组“文本框”，如图 22-18 所示。

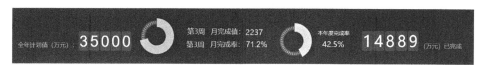

图 22-18 全年计划与各周期的动态分析报告

图 22-18 的“全年计划值”“完成值”文本框的制作步骤和方法，与管理者终端分享的分析报告模板的制作步骤和方法相同，在此就不赘述了。下面讲解图 22-18 中圆环图的制作步骤和方法。

- 第一步，先计算出两个“圆环图”作图所用的“数据源”的值。需要注意的是，该图一定是随控件选择结果的变化而变化。所以，一个在【L20】单元格内设置计算公式，如图 22-19 所示；另一个在【L21】单元格内设置计算公式，如图 22-20 所示。
- 第二步，检查这两个数值是否正确，方法是点击控件，选择其他周期查看数值是否一致。比如，查看“全月”，结果确认是正确的，如图 22-21 所示。

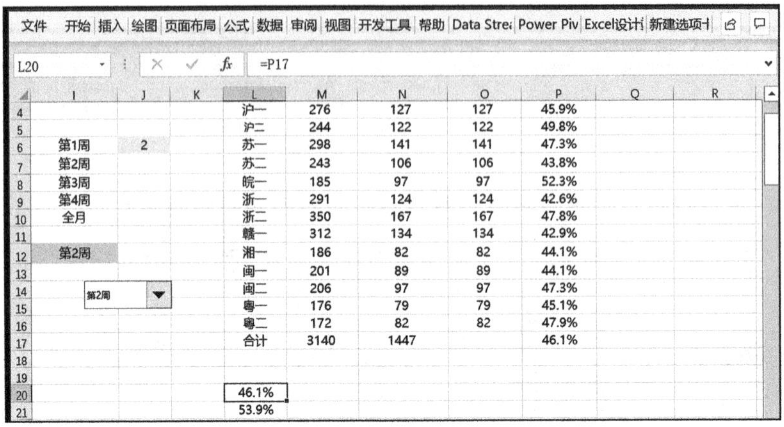

	I	J	K	L	M	N	O	P	Q	R
4				沪一	276	127	127	45.9%		
5				沪二	244	122	122	49.8%		
6	第1周	2		苏一	298	141	141	47.3%		
7	第2周			苏二	243	106	106	43.8%		
8	第3周			皖一	185	97	97	52.3%		
9	第4周			浙一	291	124	124	42.6%		
10	全月			浙二	350	167	167	47.8%		
11				赣一	312	134	134	42.9%		
12	第2周			湘一	186	82	82	44.1%		
13				闽一	201	89	89	44.1%		
14		第2周		闽二	206	97	97	47.3%		
15				粤一	176	79	79	45.1%		
16				粤二	172	82	82	47.9%		
17				合计	3140	1447		46.1%		
18										
19										
20				46.1%						
21				53.9%						

图 22-19　第一步的【L20】计算公式的设置

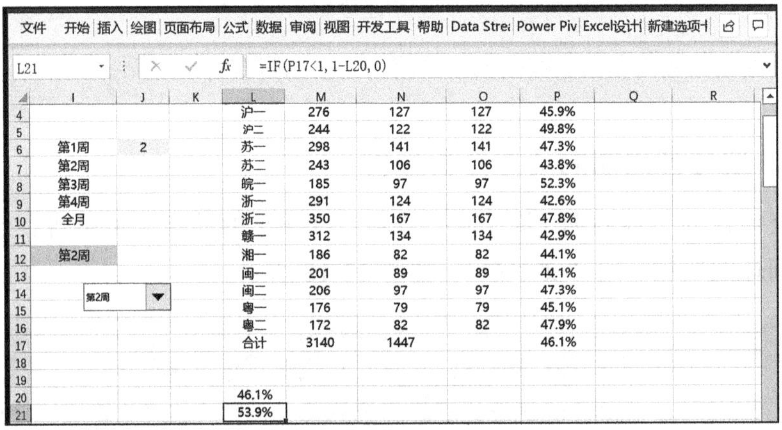

	I	J	K	L	M	N	O	P	Q	R
4				沪一	276	127	127	45.9%		
5				沪二	244	122	122	49.8%		
6	第1周	2		苏一	298	141	141	47.3%		
7	第2周			苏二	243	106	106	43.8%		
8	第3周			皖一	185	97	97	52.3%		
9	第4周			浙一	291	124	124	42.6%		
10	全月			浙二	350	167	167	47.8%		
11				赣一	312	134	134	42.9%		
12	第2周			湘一	186	82	82	44.1%		
13				闽一	201	89	89	44.1%		
14		第2周		闽二	206	97	97	47.3%		
15				粤一	176	79	79	45.1%		
16				粤二	172	82	82	47.9%		
17				合计	3140	1447		46.1%		
18										
19										
20				46.1%						
21				53.9%						

图 22-20　第一步的【L21】计算公式的设置

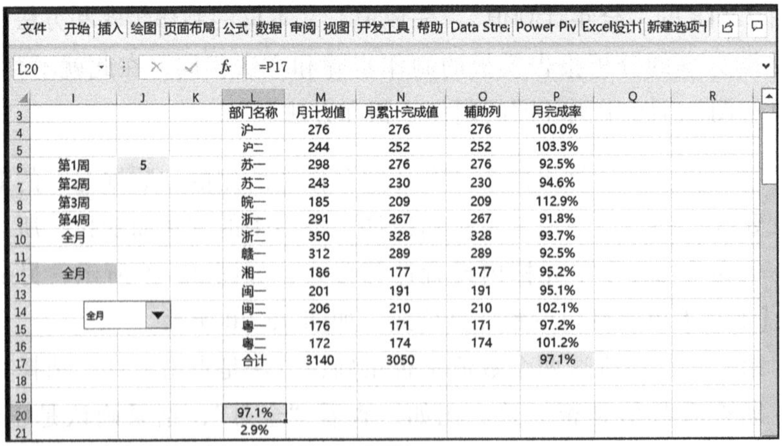

	I	J	K	L	M	N	O	P	Q	R
3				部门名称	月计划值	月累计完成值	辅助列	月完成率		
4				沪一	276	276	276	100.0%		
5				沪二	244	252	252	103.3%		
6	第1周	5		苏一	298	276	276	92.5%		
7	第2周			苏二	243	230	230	94.6%		
8	第3周			皖一	185	209	209	112.9%		
9	第4周			浙一	291	267	267	91.8%		
10	全月			浙二	350	328	328	93.7%		
11				赣一	312	289	289	92.5%		
12	全月			湘一	186	177	177	95.2%		
13				闽一	201	191	191	95.1%		
14		全月		闽二	206	210	210	102.1%		
15				粤一	176	171	171	97.2%		
16				粤二	172	174	174	101.2%		
17				合计	3140	3050		97.1%		
18										
19										
20				97.1%						
21				2.9%						

图 22-21　第二步的检查确认结果图

|实战经验分享22-2|

还有一种检查方法,就是看【L20】与【L21】的和是否为"1"。如果不为"1",则制图的结果所表达的意图是错误的。

- 第三步,先做一个"圆环图"。数据是360的60份,每份为6。点击【插入】,再点击【图表】的【圆环图】,得到"原始图表",如图22-22所示。

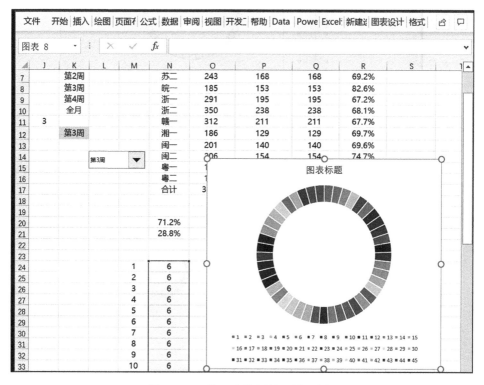

图 22-22 第三步的原始"圆环图"

- 第四步,对图22-22所示的原始"圆环图"进行美化,结果如图22-23所示。
- 第五步,选中【L20】和【L21】中的两个数据,点击【插入】,再点击【图表】的【圆环图】,得到"原始图表",如图22-24所示。

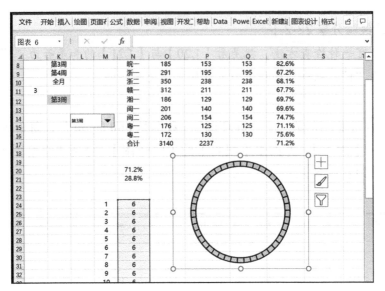

图 22-23 第四步调整后的结果图

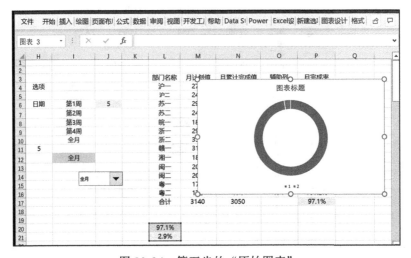

图 22-24 第五步的"原始图表"

- 第六步，去掉"图表标题"和"图例"后，进行图表的美化：
  ○ 设置"圆环图"的颜色，设置原则是用同一色系的颜色。
  ○ "未完成值"部分（即数据值为 2.9% 的环形）的颜色为"无"，设置【边框】为"无"。
  ○ "完成值"部分为（即数据值为 97.1% 的环形）的颜色为蓝色，设置【边框】为"无",如图 22-25 所示。

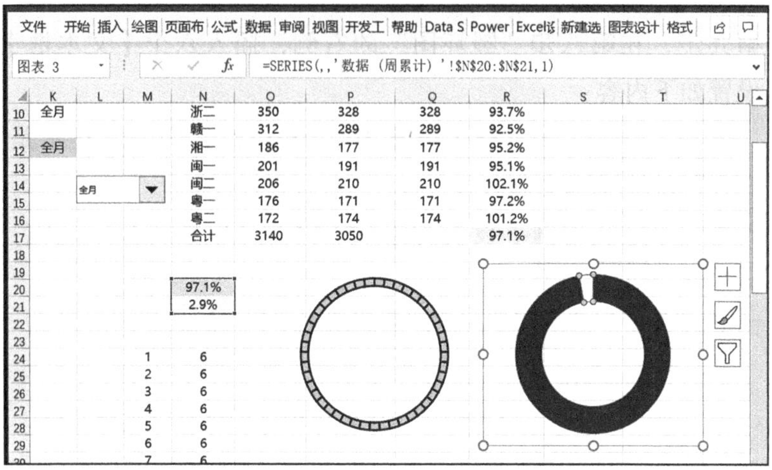

图 22-25 第六步调整参数后的结果图

- 第七步,将两个"圆环图"合并到一起。步骤如下:
  - 同时点中两个图,点击【格式】的【对齐】,选择点击【水平对齐】和【垂直对齐】。
  - 再选择点击【格式】的【组合】,就得到两个"圆环图"合并到一起的图(为了看得更清楚一些,周期选择为"第 2 周"),如图 22-26 所示。

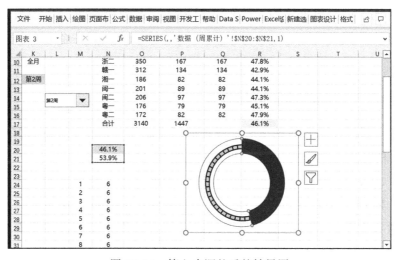

图 22-26 第七步调整后的结果图

- 第八步，把合并后的"圆环图"复制粘贴到"分析报告目标的界面"。调整图表的大小和位置至适合，就完成了图表的制作。
- 第九步，在第八步"圆环图"的右侧，插入六个【文本框】，分别设置如下内容：
  - 第一、二个【文本框】设置为"=$I$12"，即文字显示是随"控件"的选择而变化。
  - 第三个【文本框】设置为【=$N$17】，即数值显示是随"控件"的选择而变化。
  - 第四个【文本框】设置为【=$N$17】，即数值显示是随"控件"的选择而变化。
  - 第五个【文本框】设置为【月完成值】，为固定文字显示。
  - 第六个【文本框】设置为【月完成率】，为固定文字显示。

    调整六个【文本框】的颜色和字体大小，并调整与图表之间的间距和平行位置。
- 第十步，用控件周期选择的变化，检查上述十步所制作的"圆环图"的结果是否正确，通过检查，说明"圆环图"制作完毕。比如，选择周期为"第3周"，其结果就与图22-18所示的一样。

同理，图22-18中右侧圆环图的制作步骤和方法，与上述左侧圆环图相同，只是数据用"年度数据"，修改调整即可。需要说明的是，此处没有把"年度数据"与"控件"相关联，因为所采集的原始数据还不是全年的数据。所以，这个年度圆环图是静态的，而在企业实战中是动态的。

所有部门各周期的动态分析报告

所有部门各周期的动态分析报告的图表制作，是在上述准备好的"数据源"的基础上制作的，呈现的结果如图22-27所示。

图22-27的控件是上面制作的控件完成之后复制过来的。它的选择结果，既控制了左侧的"柱状图"，又控制了上方的"圆环图"也做同步显示和变动。控件的制作前面已经讲解过，柱状图的具体步骤和方法如下：

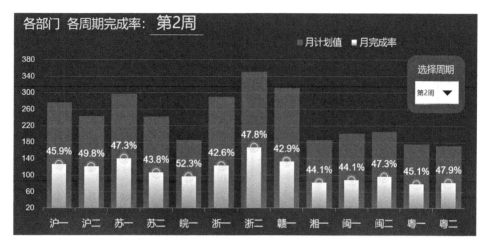

图 22-27　所有部门各周期的动态分析报告

- 第一步，点击数据源，点击【插入】，再点击【图表】的【柱状图】，得到原始图表，如图 22-28 所示。

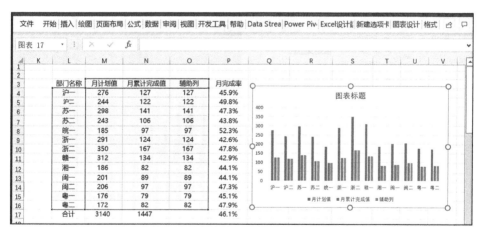

图 22-28　第一步制图的原始图表

- 第二步，去掉图表标题、图例、网格线，设置【纵坐标轴】值。在【设置坐标轴格式】中，设置【最大值】为"400.0"，【最小值】为"0.0"，如图 22-29 所示。
- 第三步，点击图表，点击【更改图表类型】，在对话框中点击【组合图】，调整图形的内容，如图 22-30 所示。

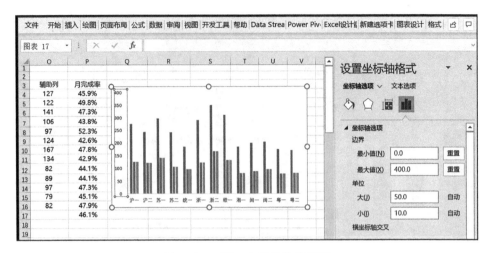

图 22-29　第二步调整的结果图

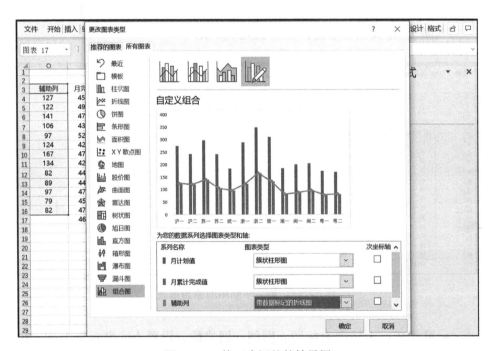

图 22-30　第三步调整的结果图

- 第四步，点击【确定】，修改柱状图的【间隙宽度】和柱子的【填充】颜色，如图 22-31 所示。

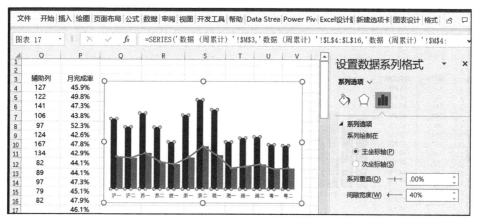

图 22-31　第四步调整的结果图

- 第五步，设置柱状图的"完成值"为【次坐标轴】后，"完成值"就重叠在"计划值"的上面，再调整"完成值"柱子的【间隙宽度】比"计划值"大一些，【填充】的颜色为"渐变色"，如图22-32所示。

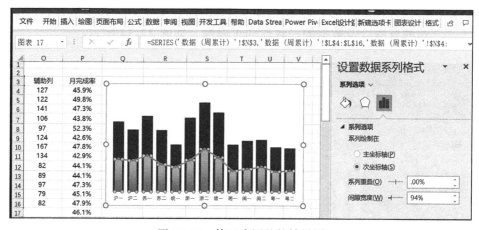

图 22-32　第五步调整的结果图

- 第六步，调整【辅助列】的【线型】为"无"，再调整【标记】的【边框】颜色为"淡蓝色"、【填充】颜色为"深蓝色"、【内置】大小为"8"。然后，在【设置数据系列格式】中选择【形状效果】中的【发光变体】为"5"，如图22-33所示。

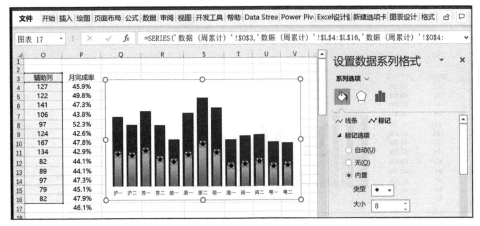

图 22-33　第六步调整的结果图

- 第七步，选择图表整体的【填充】为"无"，【边框】为"无"。将图表复制并粘贴到"分析报告模板"界面上，调整图表大小、字体大小和颜色，其结果与图 22-27 一样。
- 第八步，选择控件的周期，检查测试两个图表是否同步和数据是否正确。比如，选择"第 3 周"，检查结果为两个图表完全符合所表达的意图以及数据的一致性和正确性，如图 22-34 所示。

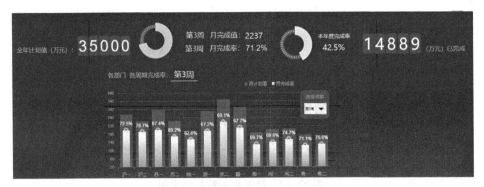

图 22-34　第八步检查测试的结果图

各部门独立的各周期的动态分析报告

图 22-34 表达的是企业整体（包括各部门）的经营情况。企业决策者在做决策时，有时还需要查看各部门各周期的情况。如果将 13 个部门的全月数据排列在一起，则图表所表达的意图就不清晰了。所以，可以用

"饼图"或"圆环图"的方式来表达，如图22-35所示。

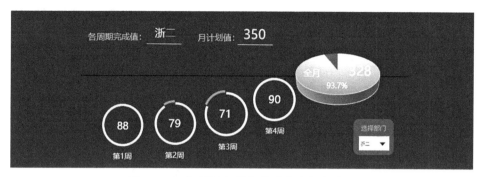

图 22-35　各部门各周期的动态分析报告图

图22-35制作的关键点，是希望在"选择部门"之后，文字、数字和图表都可以随之自动生成，具体的制作步骤和方法如下。

- 第一步，准备好制图用的"数据源"，其结果如图22-36所示。

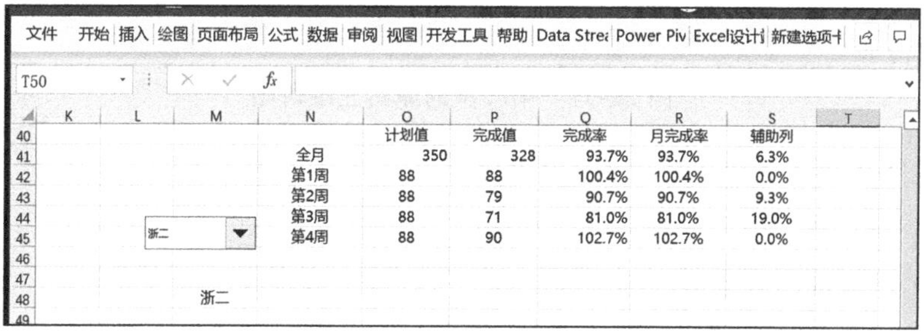

图 22-36　第一步的"数据源"准备图

图22-36所示的"数据源"的制作方法与前面所讲的一样，简单地说明如下：

○ "计划值"和"完成值"，是用"IF"和"VLOOKUP"的函数公式，在图22-8的"数据源表"中寻找求值所得。

○ "完成率"的求值公式为Q41=P41/O41，设置好Q41后，双击单元格的右下角，则【Q列】的完成率自动生成。

○【R列】的【R41:R45】的"月完成率"为制图所用，数值等于【Q41:Q45】的数值。

○【S列】的【S41:S45】的"辅助列"也为制图所用，求值公式为【S41=1-R41】。

- 第二步，选中数据源的"全月"的"月完成率"和"辅助列"两个数据，点击【插入】，再点击【图表】的【三维饼图】，就得到原始饼图，如图22-37所示。

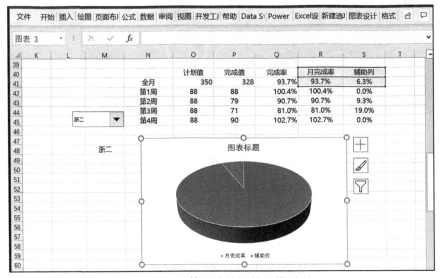

图22-37　第二步的原始三维饼图

- 第三步，对原始饼图进行美化：
  - 去掉"图表标题"和"图例"。
  - 调整图表整体的【填充】为"无"，【边框】为"无"。
  - 调整饼图的各颜色为同一色系。
  - 复制并粘贴到"分析报告模板界面"上。
- 第四步，插入三个文本框，一个编辑文字为【全月】，一个赋值为【=P41】，一个赋值为【=R41】。并且，调整字体的颜色和大小，并协调与"三维饼图"的位置，其结果如图22-35中最右侧的饼图。
- 第五步，制作四个"圆环图"。点中"数据源"的两个数据，点击【插入】，再点击【图表】的【圆环图】，就得到原始圆环图，如图22-38所示。
- 第六步，图表美化，与第三步一样。
- 第七步，插入两个文本框，一个编辑文字为【第1周】，一个赋值为【=P42】。并且，调整字体的颜色和大小，并协调与"圆环图"的位置，其结果与图22-35一样。

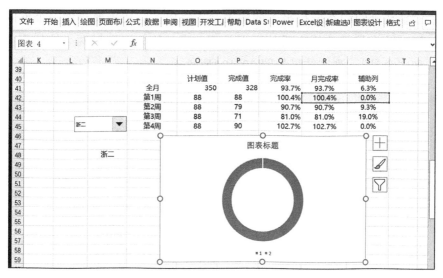

图 22-38　第五步的原始圆环图表

- 第八步，用"第五至第七步"同样的方法，另外画三个圆环图，数据取值为与第 2～4 周对应的数据。
- 第九步，在分析报告模板的界面上插入四个文本框：
  - 一个填写标题文字为【各周期完成值】。
  - 一个填写标题文字为【月计划值】。
  - 一个赋值为【 =M48 】。
  - 一个赋值为【 =Q41 】。
- 第十步，对五个图进行整体调整，并且在选择部门之后进行数值测试，看是否正确。比如，选择部门为"赣一"，测试结果为正确，如图 22-39 所示。

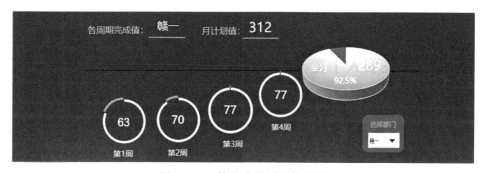

图 22-39　第十步的测试结果图

三个部分的动态分析报告的图表制作完成后,还需要再做一个整体测试,测试两个控件选择之后的数据是否一致。比如,选择两个控件为"赣一"和"全月",测试结果如图22-40所示。

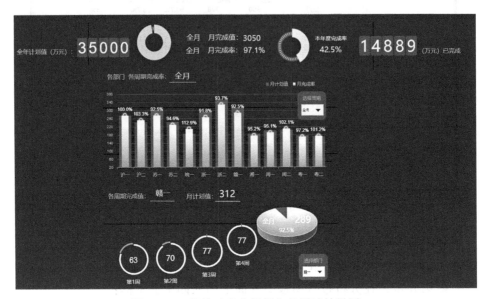

图22-40　整体动态分析报告的测试结果图

如图22-40所示,柱状图中"赣一"的"全月完成率"为92.5%,下面三维饼图中"赣一"的"全月完成率"也为92.5%,说明两个控件选择的结果是同一组数据,多图表之间的数据一致,是正确的。另外,看到"赣一"的"四个星期"完成值之和等于"全月"的完成值,也说明控件选择之后的图表数据是正确的。

同理,可以多测试几个周期和几个的部门,如果都一致,说明图表的数据是正确的。

22.2　关注收入｜基于现状数据的决策需求

决策者关注"销售收入最大化",这可以从两个视角去看:一个是企业整体每月的计划值是不是100%完成,最好是超过100%;另一个是各部门的"人均销售收入"是不是达到了企业的计划值。所以,决策者这两个视角内容,就是分析报告的图表所要表达的内容,如图22-41所示。

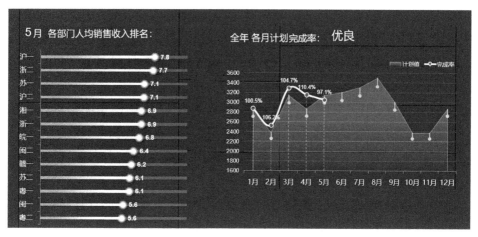

图 22-41　销售收入的分析报告图

图 22-41 所示的两个图都是静态的，若要使用动态图，则需要通过计算机软件来实现。静态图所使用的数据，是在每月经营周期结束之后，对月底的数据分析而得。下面分别讲解两个图的制作。

各部门人均销售收入排名图的制作

这个图的制作，比其他图的制作要略微复杂一些，最好的办法是面对面地用 Excel 表的实际演示讲解会更清楚一些。现在，只能用截图的方式，可能会“断片”，在此尽量讲详细一些。

- 第一步，先准备好制图用的“数据源”，如图 22-42 所示。

	设置最大值	原始数据	制图标记点	制图辅助列
沪一	10	7.8	7.8	12.5
浙二	10	7.7	7.7	11.5
苏一	10	7.1	7.1	10.5
沪二	10	7.1	7.1	9.5
湘一	10	6.9	6.9	8.5
浙一	10	6.9	6.9	7.5
皖一	10	6.8	6.8	6.5
闽二	10	6.4	6.4	5.5
赣一	10	6.2	6.2	4.5
苏二	10	6.1	6.1	3.5
粤一	10	6.1	6.1	2.5
闽一	10	5.6	5.6	1.5
粤二	10	5.6	5.6	0.5

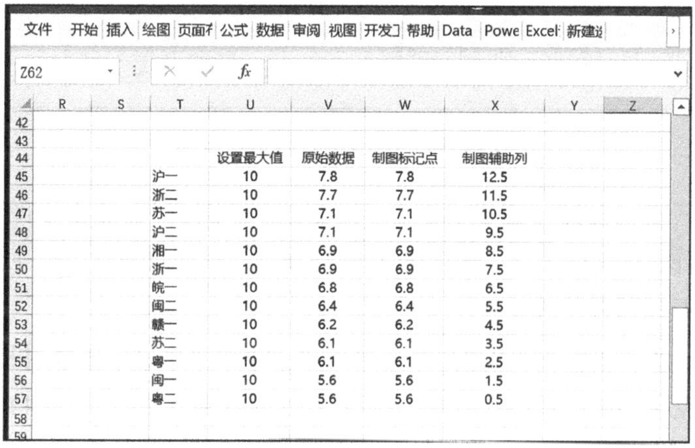

图 22-42　第一步的“数据源”准备

图 22-42 所示的"数据源",每个单元格的数值在制图中都有用途。先说说它们的求值函数公式的设置:

- 数据列【V44:V57】的"原始数据",是取各部门的"每月总销售收入除以总人数"的值。
- 数据列【U44:U57】的"设置最大值",是制图用的数据,其值是根据"原始数据"的最大值为"7.8"而放大为"10"。
- 数据列【W44:W57】的"制图标记点",也是制图用的数据,其值等于"原始数据"。
- 数据列【X44:X57】的"制图辅助列",也是制图用的数据,其值从【X45】单元格的"12.5"开始,往下逐一"减1"求得。

● 第二步,选中"数据源"的【T44:W57】,点击【插入】,再点击【图表】的【条形图】,就得到原始条形图,如图 22-43 所示。

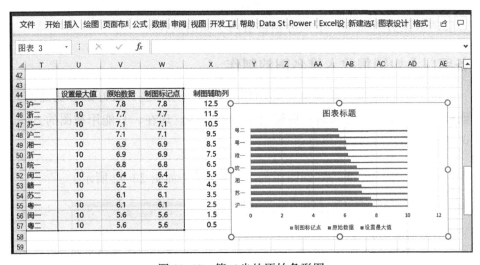

图 22-43　第二步的原始条形图

● 第三步,去掉"图表标题""网格线""图例",点击【图表】,选择【更改图表类型】,再点击【组合图】,按照如图 22-44 所示的内容来更改图表类型。
● 第四步,选择【确定】后,再点击"制图标记点"【线性图】的【标记点】,按下【Ctrl】键,拖住【数据区域】移至【W44:X57】,如图 22-45 所示。

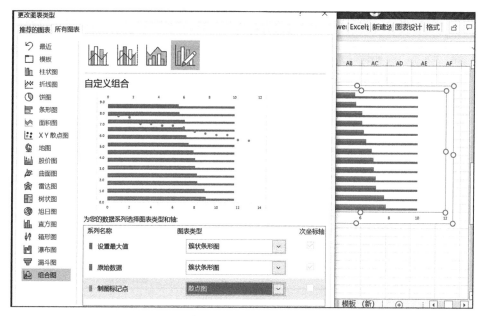

图 22-44　第三步的更改图标类型选择图

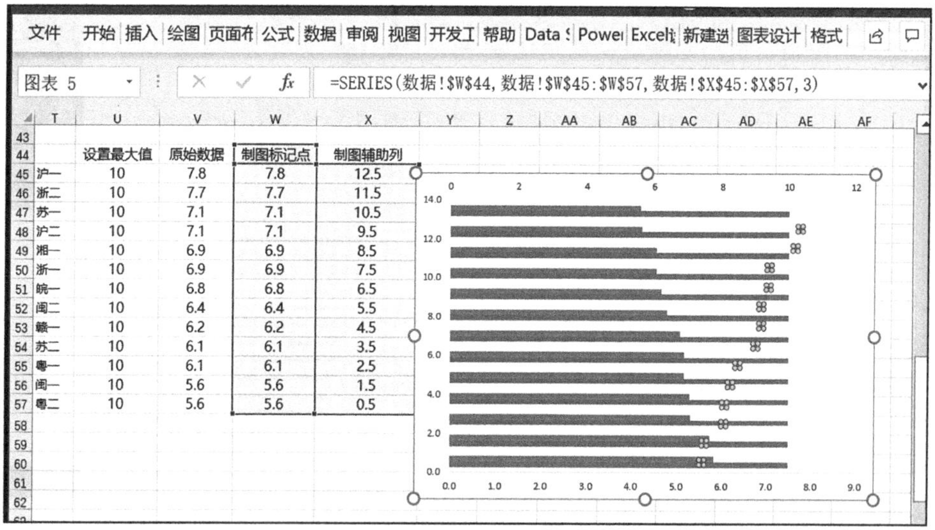

图 22-45　第四步的选择数据结果图

- 第五步，调出主纵坐标轴、主横坐标轴和次横坐标轴。在【设置坐标轴格式】中调整【主横坐标轴】和【次横坐标轴】的"最大值"为"10"，"最小值"为"0"。调整【主纵坐标轴】的"最大值"为

"13.0","最小值"为"0.0",如图 22-46 所示。

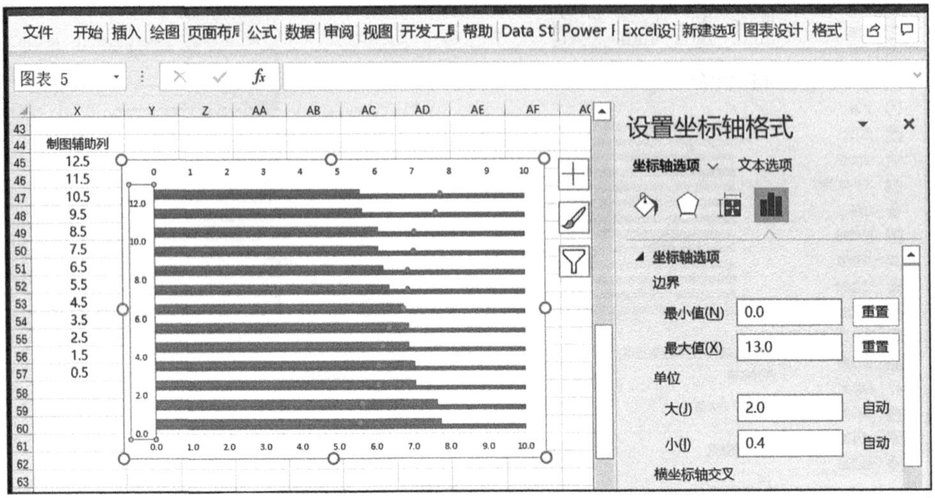

图 22-46　第五步调整的结果图

- 第六步,调出【次纵坐标轴】,该图的条形图变形了,如图 22-47 所示。

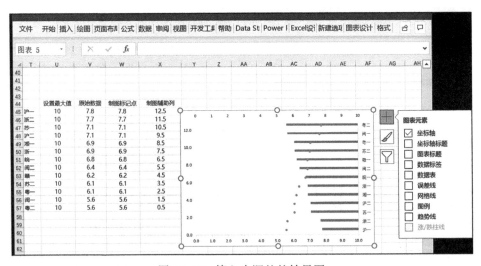

图 22-47　第六步调整的结果图

- 第七步,点击条形图上边的【次横坐标轴】,将【设置坐标轴格式】中的【纵坐标轴交叉】选择调整为"自动"。这时,就看到原来处于"右侧"的【次纵坐标轴】的"部门名称",出现在"左侧",如图 22-48 所示。

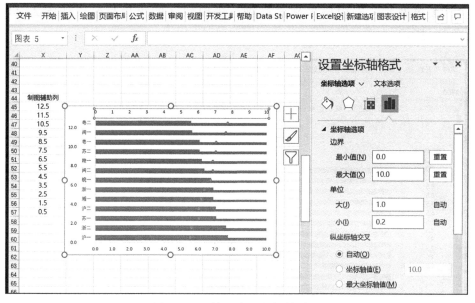

图 22-48　第七步调整的结果图

- 第八步，点中左侧"部门名称"的纵坐标轴，在【逆序类别】前"打钩"，就能看到条形图纵坐标轴的"部门名称"的排序已经颠倒过来了，如图 22-49 所示。

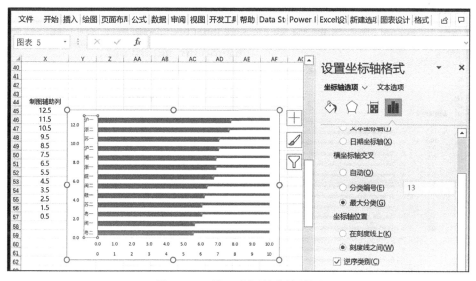

图 22-49　第八步调整的结果图

- 第九步，去掉两个横坐标轴，去掉数字的纵坐标轴，如图22-50所示。

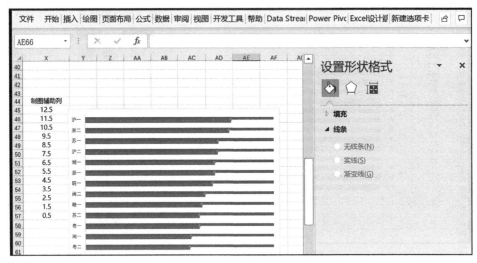

图22-50　第九步调整的结果图

- 第十步，点击"最大值"的直条，在【设置数据系列格式】中选择【系列重叠】的值为"100%"，即让条形图的两个直条完全重叠，选择【间隙宽度】的值大于300%（如"344%"），即让条形图的直条比较细，如图22-51所示。

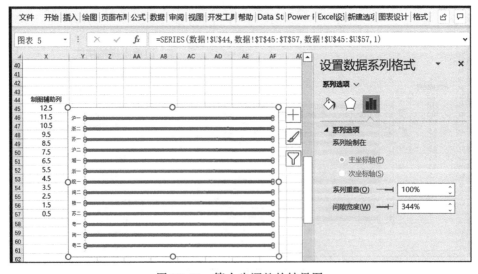

图22-51　第十步调整的结果图

- 第十一步，选择调整"最大值"的直条【填充】颜色为"深蓝色"，如图 22-52 所示。

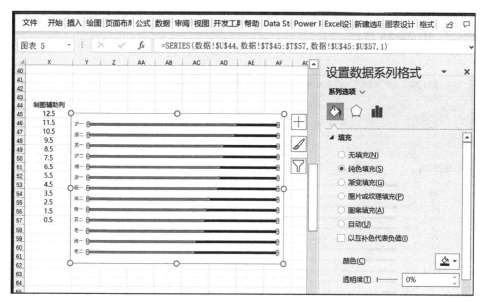

图 22-52　第十一步调整的结果图

- 第十二步，选择调整"原始数据"的直条【填充】颜色为"渐变色"，如图 22-53 所示。

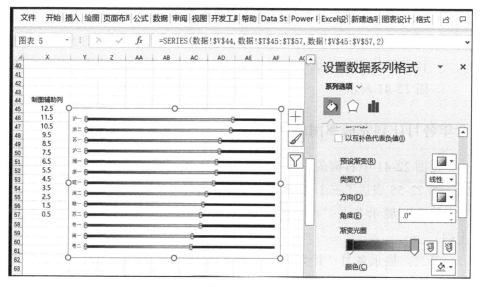

图 22-53　第十二步调整的结果图

- 第十三步，点击【制图标记点】的【标记点】,【填充】颜色为"湖蓝色"，选择【内置】的【类型】为"圆形",【大小】为"8"，再选择【格式】的【形状格式】，选择【发光变体】为绿色，如图 22-54 所示。

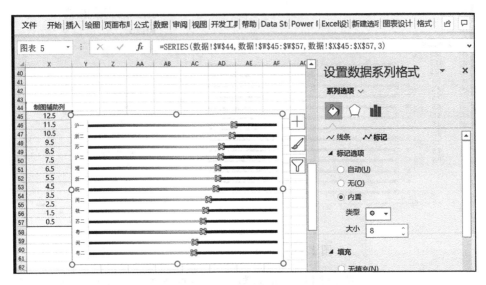

图 22-54　第十三步调整的结果图

- 第十四步，调整整个条形图的【填充】为"无",【边框】为"无"。再复制并粘贴到"分析报告模板界面"上，调整图形的大小、位置和字体的颜色，这个图的全部内容就基本制作完成了，其结果如图 22-41 所示。

全年各月计划完成率图的制作

把图 22-41 中右侧的"全年各月计划完成率图"放大，如图 22-55 所示。图 22-55 表达了三个意图：

第一，展示各月"计划值"的位置（图 22-55 中的"蓝色"面积图上端）。

第二，展示各月"计划值"完成下限 5% 的位置（图 22-55 中的"橙红色"圆点）。

第三，展示各月“实际完成值”的位置（图 22-55 中的“湖蓝色”圆圈点）。

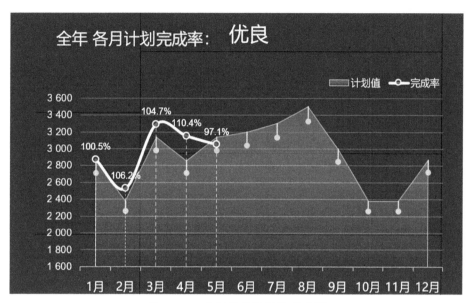

图 22-55　全年各月计划完成率图

通过这三个“数据位置”的展示，清楚地表达了“全年各月计划完成率”的结论为“优良”的依据，也很好地支持了决策者的决策。

该图的制作比较简单，具体步骤和方法如下。

- 第一步，准备好制图用的“数据源”，如图 22-56 所示。

	计划值	完成率	辅助列1	完成率
1月	2855	2870	2870	100.5%
2月	2380	2528	2528	106.2%
3月	3140	3289	3289	104.7%
4月	2857	3153	3153	110.4%
5月	3140	3050	3050	97.1%
6月	3200			
7月	3300			
8月	3500			
9月	3000			
10月	2380			
11月	2380			
12月	2868			

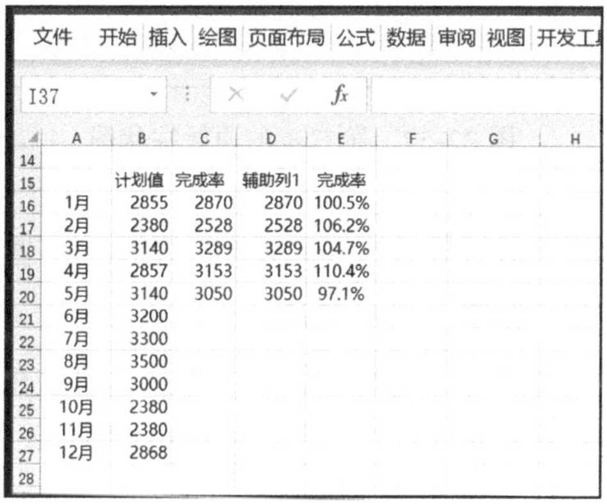

图 22-56　第一步的“数据源表”

"数据源表"的各单元格的公式设置如下:
- 【B16:B27】为年度各月"计划值"的原始数据。
- 【C16:C20】为1～5月"实际完成值"的原始数据("数据源表"的表头显示为"完成率",这是为了图表的"图例"文字能够自动生成而有意修改为"完成率")。
- 【D16:D20】为制图用的数据,其值等于【C16:C20】的数值。
- 【E16:E20】为设置计算公式的求值数,计算公式为【=C16/B16】。

- 第二步,点中"数据源表"的【A15:D27】数据区域,点击【插入】,再点击【图表】的【柱状图】,得到柱状图的原始图,如图22-57所示。

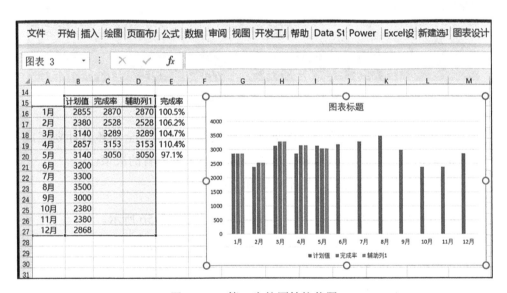

图22-57 第二步的原始柱状图

- 第三步,去掉"图表标题""网格线""图例",调整【设置坐标轴格式】的参数值,如图22-58所示。
- 第四步,点击图表,选择【更改图表类型】,在弹出的对话框里,按照图22-59所示的内容进行图表类型的更改。

第七篇　导示篇　431

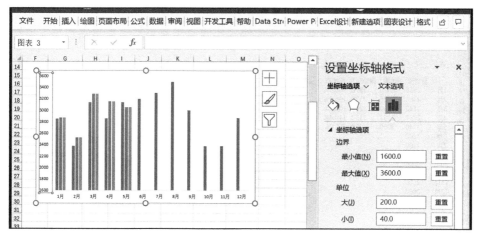

图 22-58　第三步调整的结果图

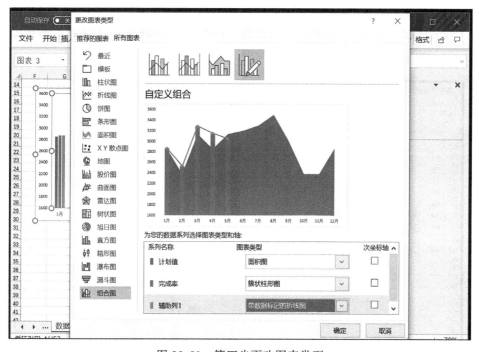

图 22-59　第四步更改图表类型

- 第五步，点击【确定】后，看到图表基本已经成型，如图 22-60 所示。

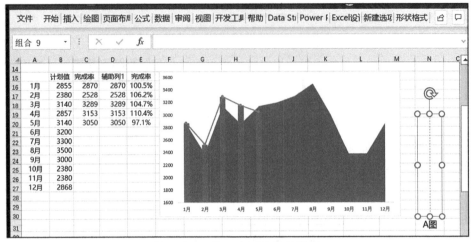

图 22-60 第五步调整的结果图

- 第六步，制作一个"替换图形"，如图 22-60 中的"A 图"。复制并粘贴"A 图"到图的"完成值"图形上，再调整"计划值"面积图的【填充】为"渐变色"，如图 22-61 所示。

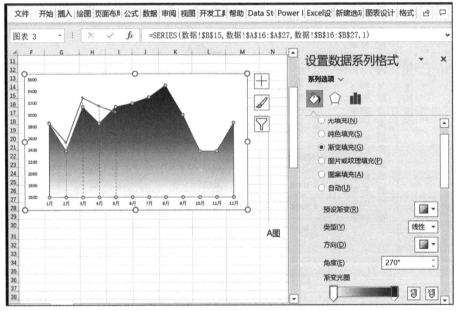

图 22-61 第六步调整的结果图

- 第七步，点击图表，显示【误差线】为【标准误差】，调整【线条】颜色为"橙红色"，在图 22-62 所示的【设置误差线格式】对话框里进行参数设置。

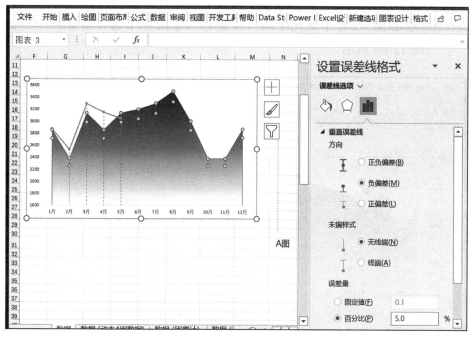

图 22-62　第七步调整的结果图

- 第八步，在第七步的同一个对话框里，设置【线条】的【结尾箭头类型】为"圆点"，【结尾箭头粗细】为"中档"，结果如图 22-63 所示。

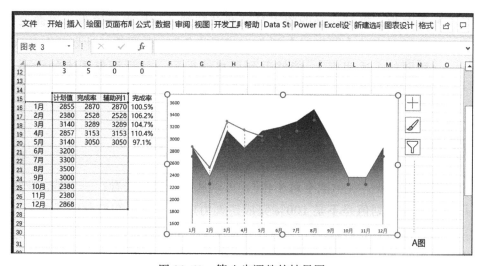

图 22-63　第八步调整的结果图

- 第九步，调整"完成值"的【带标记条形图】，将【线条】颜色的【填充】修改为"湖蓝色",【线条】为"平滑线"。调整【标记】为"空心圈"（即【填充】为"深蓝色",【边框】为"湖蓝色"），如图 22-64 所示。

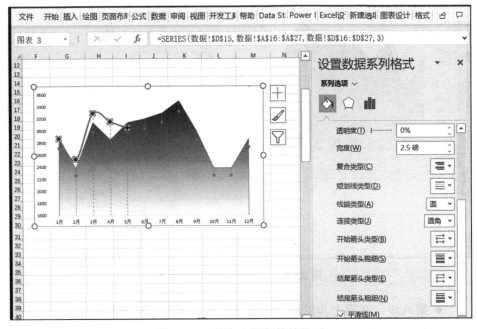

图 22-64　第九步调整的结果图

- 第十步，将制作好的图表复制并粘贴到"分析报告模板"界面上，选择图表的【网格线】颜色为"深蓝色"。再调整"计划值"的面积图的【透明度】，能够看到网格线即可，然后调整图表的大小、文字的字体和颜色等，结果如图 22-41 所示。

22.3　关注成本｜基于发生数据的决策需求

决策者关注"经营成本最小化"，可以从两个视角去看：一个是企业每月的毛利率计划值是不是 100% 完成，人力成本是不是在控制区域内；另一个是各部门独立核算的毛利率计划值是不是达到了企业的计划值。决策者这两个视角内容，可用分析报告的图表来表达，如图 22-65 所示。

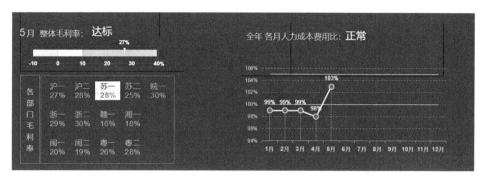

图 22-65　经营成本的分析报告图

下面分别讲解图 22-65 的三个图表的制作步骤和方法。

月毛利率数据展示图表的制作

毛利率计划值完成结果的分析报告，是在不同经营周期结束时进行的，比如上月月底之后的本月初，基本上是静态的。但是，它也能与动态分析报告的查询进行关联，可以同步查询各部门毛利率计划值的执行结果，如图 22-66 所示。

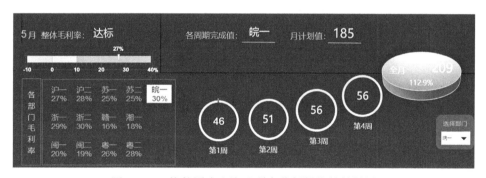

图 22-66　控件同步查询毛利率分析报告的结果图

从图 22-66 中可知，当控件选择部门为"皖一"时，左边的表和右边的图同步展示"皖一"分析报告的数据。具体制作的步骤和方法如下。

1. 整体毛利率图表的制作

由于毛利率的实际完成值是每月一次的静态分析，所以整体毛利率图表可以采用"亿图图示"软件的"仪表盘"来制作。

- 第一步，打开"亿图图示"软件，选择和画出"仪表盘"原始图表，点击【设置仪表数据】，在弹出的对话框里，按照图 22-67 所示的数据进行设置，并点击【OK】。

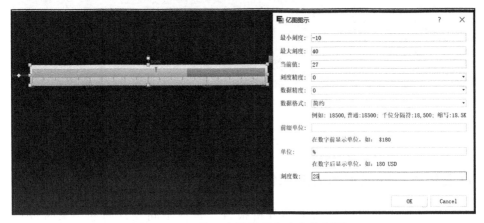

图 22-67　第一步的设置仪表盘数据图

- 第二步，点击【OK】之后，再点击【数据范围】，在所弹出对话框的【域数】里输入"3"，如图 22-68 所示。

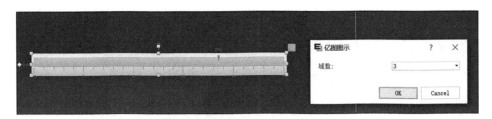

图 22-68　第二步的设置数据区域图

- 第三步，点击【OK】之后，再在数据区域点击，在弹出的对话框里，输入两个区域的"最大值"，一个为"0"，另一个为"10"，如图 22-69 所示。

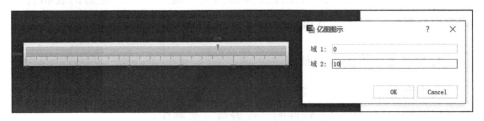

图 22-69　第三步的设置数据区域值图

- 第四步，点击【OK】之后，会看到有三个区域的"仪表盘"图表。在对三个区域的颜色进行调整，并调整字体的大小和颜色。将制作好的"仪表盘"图表复制并粘贴到"分析报告模板"界面上，并调整至合适的位置，这样就制作完成了。以后，只需要根据月底毛利率的实际值，在图 22-67 所示的对话框里修改【当前值】，就可以完成每月一次的分析报告结果的调整。

2. 各部门毛利率图表的制作

- 第一步，先制作一个毛利率"数据源表"：把某月各部门毛利率的实际值，通过【VLOOKUP 函数公式】自动生成数据表，如图 22-70 所示。

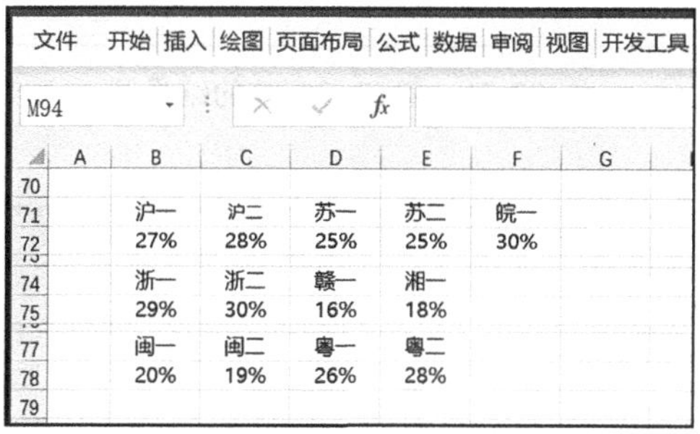

图 22-70　创建毛利率"数据源表"

- 第二步，选中"数据源表"的数据区域，点击【开始】的【条件格式】，再点击【管理规则】，就会弹出对话框，如图 22-71 所示。
- 第三步，在【条件格式规则管理器】中点击【新建规则】，完成以下操作：
  ○ 在弹出的对话框中，选择点击【只为包含以下内容的单元格设置格式】。
  ○【单元格值】为【=$O$48】，这个单元格的值就是"选择部门的控件"的结果值。
  ○ 在【格式】中，选择【字体】颜色为"深蓝色"，字体粗细为"加粗"，底纹【填充】为"浅蓝色"。点击【确定】后就能看到【预览】的结果，如图 22-72 所示。

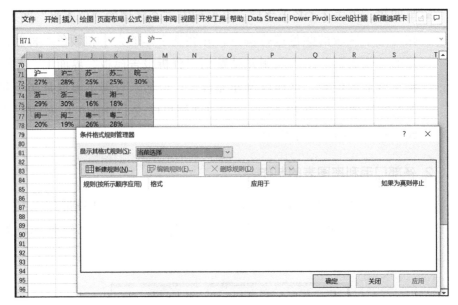

图 22-71　第二步调整的结果图

图 22-72　第三步调整的结果图

- 第四步，点击【确定】后，就回到了【条件格式规则管理器】对话框，如图 22-73 所示。

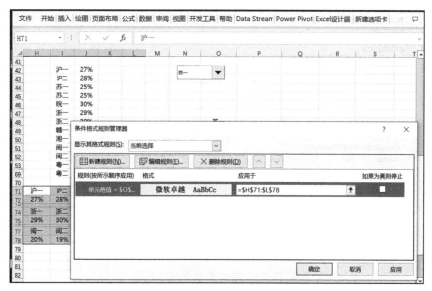

图 22-73　第四步调整的结果图

- 第五步，对第四步的对话框进行设置后，点击【确定】，就看到选择部门"控件"的结果，如图 22-74 所示。

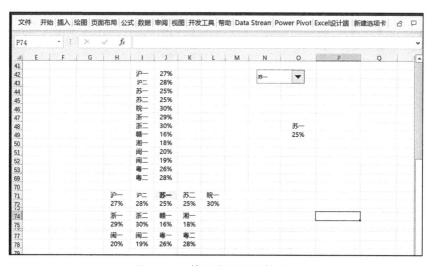

图 22-74　第五步调整的结果图

- 第六步，用同样的方法，让毛利率的数值也与"控件"结果相关联。规则管理设置结果如图 22-75 所示。

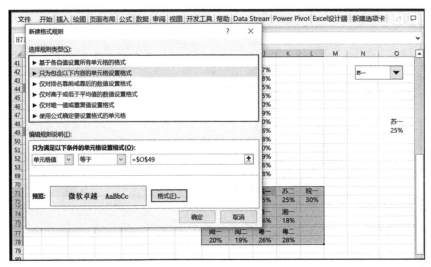

图 22-75　第六步调整的结果图

- 第七步，点击【确定】，就看到两个规则都设置好了，如图 22-76 所示。

图 22-76　第七步调整的结果图

- 第八步，在第七步的两个规则格式设置后，点击【确定】，就看到选择部门为"苏一"的结果，如图 22-77 所示。
- 第九步，点中毛利率数据区域，设置底纹【填充】为"深蓝色"，字体为"深灰色"，如图 22-78 所示。

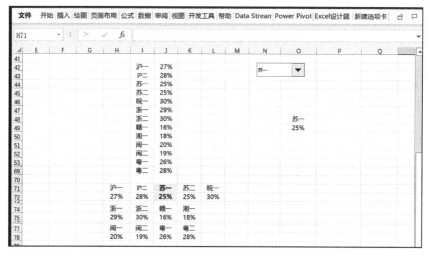

图 22-77　第八步调整后的结果图

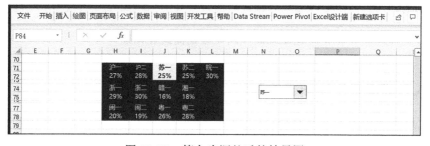

图 22-78　第九步调整后的结果图

- 第十步，点中毛利率数据区域，点击【开发工具】的【照相机】，即可得到复制的表，如图 22-79 中右表所示。

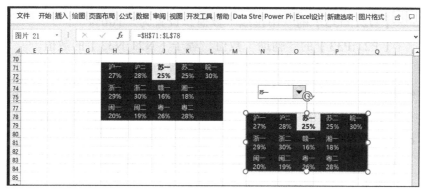

图 22-79　第十步调整后的结果图

- 第十一步，将图22-79所得的毛利率数据表复制并粘贴到"分析报告模板"界面上，调整位置、图形大小，设置文本框中字体的颜色和大小，结果就与图22-66中的左图一样了。
- 第十二步，测试控件，检测选择部门之后的整体毛利率数据表与右侧的图是否同步自动生成。比如，"选择部门"为"浙一"，检查结果若能够实现同步自动生成，则是正确的，如图22-80所示。

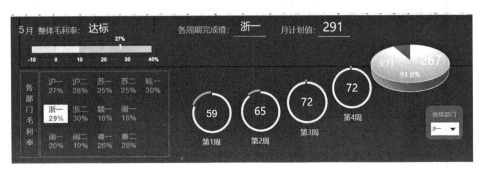

图22-80　第十二步的测试结果图

月人力成本费用比图表的制作

月人力成本费用比图表制作还是比较简单的，具体的制作步骤和方法如下。

- 第一步，整理制图用的"数据源"，如图22-81中的右图所示。图中的数据设置方法如下：
  - 【N21:N33】的"人力成本费用比"数值，等于企业实际发生值。
  - 【O21:O33】的"中位线"数值，设置为"100%"。
  - 【P21:P33】的"辅助"数值，等于【N21:N33】的数值。
  - 【Q21:Q33】的"上限"数值，设置为"105%"。
- 第二步，点中"数据源"的数据区域，点击【插入】，再点击【图表】的【柱状图】，就得到原始柱状图，如图22-81所示的左图。
- 第三步，将原始柱状图做减法，去掉"图表标题""图例"，右击图表，在【更改图表类型】的对话框里，按照图22-82所示的内容进行图表类型的更改。

第七篇　导示篇

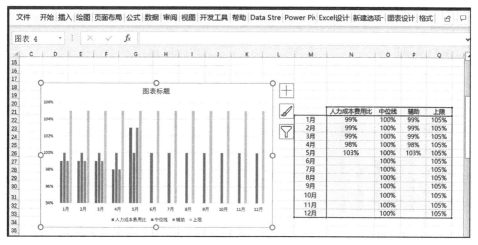

图 22-81　第一步的整理"数据源"图表

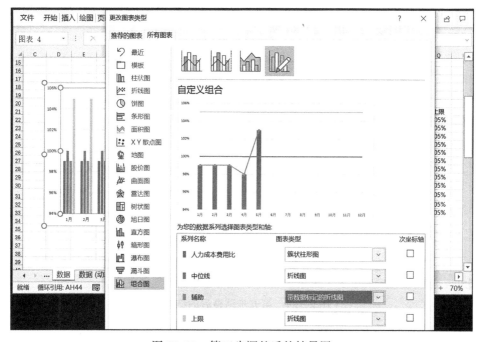

图 22-82　第三步调整后的结果图

- 第四步，在第三步的调整之后，点击【确定】，就得到了与最终图表接近的图表，如图 22-83 所示。

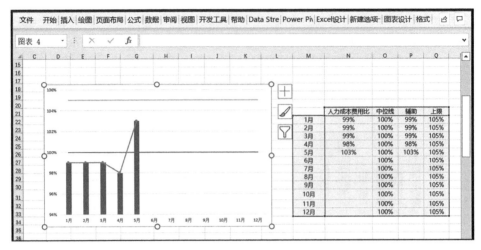

图 22-83　第四步调整后的结果图

- 第五步，用前面讲过的方法，将人力成本费用比柱状图的柱子更改为"虚线"，如图 22-84 所示。

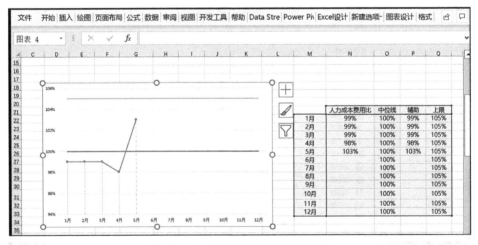

图 22-84　第五步调整后的结果图

- 第六步，在【设置数据系列格式】的对话框里进行如下操作：
  ○ 设置"中位线"（即 100%）图形的【线条】颜色为"湖蓝色"。
  ○ 设置"上限"（即 105%）图形的【线条】颜色为"橙红色"。
  ○ 设置"辅助"折线图的【线条】为"蓝色"。
  ○ 设置"辅助"折线图的【标记】的【填充】颜色为"深蓝色"。

○ 设置"辅助"折线图的【标记】的【边框】为"蓝色"。
○ 设置"辅助"折线图的【标记】的大小值为"9"。

调整后的结果，如图 22-85 所示。

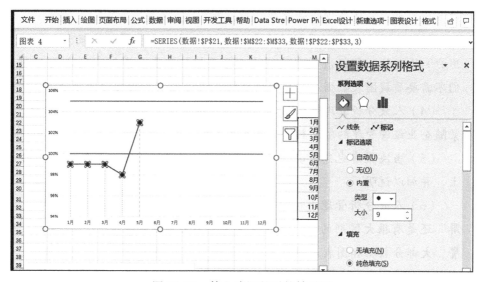

图 22-85　第六步调整后的结果图

- 第七步，调整整体图表的【填充】为"无"，【边框】为"无"，复制并粘贴到"分析报告模板"界面上，调整位置、图形大小，设置文本框中字体的颜色和大小，结果与图 22-65 所示的左图一样。

22.4　决策看板 | 基于分析展示和前瞻决策

制作完上述几个图表之后，对整体分析报告模板的界面进行布局调整，包括各图表的位置和大小、各图表标题文字的字体颜色和大小等。决策者终端分享的人效分析管理看板的结果，如图 I-6 所示。

│实战经验分享 22-3│

与决策者终端分享的人效分析报告的导示内容，有几个关键点需要注意：

（1）整个人效分析报告界面的主题要围绕决策者关注的两个关键点

来展示。所以，决策者的看板比管理者的看板更为直观地"关注经营目标的对比"。

（2）所使用的各类图表，尽可能表达人效管理体系的核心思想，即用多少人员，实现多少经营效益。

（3）人效分析管理看板的内容制作完之后，需要得到决策者（最终用户）的确认，包括决策者希望"一目了然"就能看懂的表达方式，他们不需要质疑图表数据和过度解读数据，因为他们不想把时间花在这里。

（4）人效分析管理看板的各类图表，要尽可能实现动态化、实时化，紧随企业经营管理的实际数据自动生成。

（5）当决策者也想看具体某一组的原始数据时，可以随图表一起附上，并加以说明。

（6）人效分析管理看板的内容，与企业经营大数据分析的"决策大屏"还是有很大区别的。前者的重点是人效分析数据的展示、分析和预警，大部分数据和图表是静态的；后者的重点是整体经营数据实时展示、分析和预警，可以做到动态调整。当然，动态调整的实现需要企业投入必要的硬件和软件，这方面就不在此赘述了。

第八篇

改善篇

人曰：改正过失，回心向善。
我说：缩小差距，持续精进。

本篇位置：

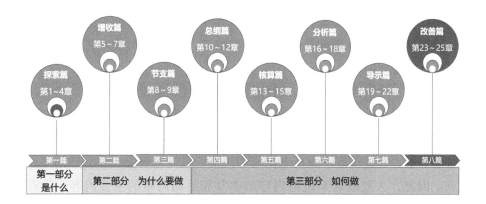

第 23 章

改善系统模型的构建

构建完人效核算系统、人效分析系统和人效导示系统，紧接着要做的就是对发现的人效管理问题进行改善和改进，以提升人效，这就是人效改善系统的内容。

笔者从实战中体会到，人效管理没有规律性，也没有周期性，并且，企业不同，所反映出来的人效管理问题也不同。基本上，企业在制订人效改善方案时，都是为每个人效管理问题制订一个（或一套）解决方案，并且都是从头开始，经过排查、分析、聚焦和决策，最终将解决人效管理问题作为终点。因此，人效改善系统的内容是本章和后面两章的主要内容，重点讲解基本的构建方法和思路。企业在真正应用时，还需要做加减法，并且要符合本企业的经营特点，顺着"人效提升、提升、再提升"的路径去改善人效。

23.1 基本模型｜基于经营改善和改进需求

在不同企业，人效管理问题产生的原因也是不同的。即便是同一家企业，在不同时期，人效管理问题的产生原因也是不同的。所以，人效改善没有一种规律性的或者说是普遍适用、固化的工具，让我们可以直接"套用"。人效改善系统有自己的基本模型，包括"改善决策""改善执行"和"提升跟踪"三个部分，如图 23-1 所示。

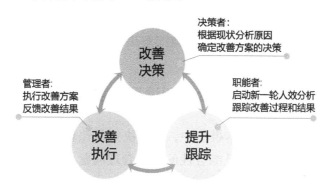

图 23-1　人效改善系统的基本模型

由图 23-1 所示的内容可知，人效改善系统的基本模型是顺着一条通过人效分析系统使人效管理问题得以解决的主线来构建的。下面简单介绍这三个方面的内容。

1. 改善决策

改善决策方面包含两个层次的改善决策：一个层次是，各级管理者在自己的管理职责和管辖权限范围内能够解决的，包括可以解决和应该解决的，由管理者自行决策和解决；另一个层次是，企业决策者对于企业整体经营层面，如产业链、供应链、经营地点、产品结构、品牌和客户细分等，包括组织结构、业务流程、职能服务、自动化应用等方面，所形成的人效管理问题的改善决策。

2. 改善执行

人效管理问题的改善方案确定之后，需要立即部署和执行。并且，将自行反馈改善的结果是"好"或"不好"，用于自我管理或者上报职能部门及决策者使其知晓。

3. 提升跟踪

提升跟踪方面，需要各级管理者根据改善方案的目标和要求，对执行结果再一次进行对比分析和跟踪，将得到的"提升"或"没提升"的分析报告再次与员工、管理者和决策者进行分享。

人效改善系统的构建难度不在于系统本身，而是在于企业决策者的重视程度、各级管理者的参与程度以及全员执行的到位程度。特别是，人效管理问题发生的原因，是诸多因素交织在一起所引发的共振，这就需要决策者牵头，立项研究、配置资源并落实解决。

23.2 追溯治本 | 基于盘点和诊断的全局观

在人效改善系统的基本模型中，改善决策是比较重要的一个环节。应该说，人效管理问题往往是综合性的经营管理问题，并且还会因企业外部环境的变化而引发企业经营的人效降低问题。因此，人效管理问题的改善，不是某区域、某部门、某些人的事，而是与企业经营管理的很多方面相关。这在第 12 章已经从七个方面进行了详细讲解。在这七个方面，不同企业，人效管理问题产生的原因有所不同；同一家企业在不同时期，人效管理问题产生的原因也有所不同。某些方面比较突出，只能由决策者来解决。比如，第 9 章中图 9-2 所示的组织结构图，这样的组织结构与扁平化组织结构相比，企业的人效管理问题已不是局部问题，也不是管理者所能解决的问题。再如，在第 2 章所述的 WAI 企业的人效管理问题，比较突出的是四个方面：

第一，各级管理者对于自己管辖范围内的业务运营缺乏经营思路。只强调销售收入目标计划的达成，而不考虑耗费了多少成本，所以出现企业经营毛利率下滑的情况。

第二，人均销售收入出现下滑趋势，大多是因企业人员没有人效管理的概念。

第三，人员流动率上升，接近 100%，企业默认所属行业本来就是一个高流动性行业，而不去做任何管控的努力。

第四，企业组织结构层级过多，业务流程也纵横交错，中间增加了层层手工操作的数据信息传递人员。

这四个主要原因导致了 WAI 企业经营效益因"人效低下"而下降。

这些例子既说明了企业人效管理问题的产生有多种原因，也提示了解决企业人效管理问题要有全局观，看企业是否存在"顶层设计"问题。

所以，在构建人效改善系统的环节，非常有必要从业务流程、组织结构、人员管理模式等方面以全局视角寻找改善方案，因为这是治本的关键所在。建立全面盘点和诊断的全局观，具体可按照第 12 章 "现状问题的盘点诊断"讲解的方法进行。

在此，笔者认为构建人效改善系统还需要建立两个"画布图"（管理工具）：

第一，建立业务流程和价值链的画布图。

第二，建立人效改善方案的画布图。

在全局观的指引下，在全面排查人效管理问题的同时，利用两个"画布图"，可以帮助和提示我们找到改善方案的思路、依据和路径。

下面讲解两个"画布图"工具的框架内容。

业务流程和价值链的画布总图

企业经营管理的业务流程和价值链，是影响人效管理问题改善的内部因素。行业不同、规模不同，企业的经营管理模式也有所不同，其业务流程和价值链的内容就会存在很大的差异。但是，总的来说，基本上都涵盖 20 项内容，把它们组合在一起就构成了一个业务流程和价值链的画布总图，如图 23-2 所示。

图 23-2　业务流程和价值链的画布总图

图 23-2 所示的是一个通用型画布，我们所在企业的经营管理模式与图 23-2 所示的内容相比，可能不是全部都有，或者有的还没有被列入，比如电子商务、专业技术项目供应商等。没有关系，有了这个画布图，就可以提示和提醒我们，不至于遗漏要改善的一些内容。

一般而言，图 23-2 的第 1、2 和 15 项，是企业总经理（或老板）需要面对的决策性问题。这 3 项确定之后，其他 17 项内容会直接或间接地随其变动。首先变动的是业务流程。业务流程变动了，各部门的工作内容会随着变动，之后岗位的工作内容会发生增减，最后岗位上的总人数会发生变动。这个变动过程，也因企业的不同而不同。

利用图 23-2 所示的 20 项内容，我们可以有针对性地改善人效管理。再结合前面所讲的人效分析系统和人效导示系统，就能找出改善人效管理的突破口，从而有针对性地进行改善决策和制订改善方案，并要求相关部门落实执行到位。

这方面的实战应用，会在后面的第 24 章详细讲解。

人效改善方案的画布总图

如果说图 23-2 是在寻找解决人效管理问题的方案，那么人效改善方案的画布图就是一种改善方案落地的工具。由于产生人效管理问题的原因多种多样，所以解决方案通常也是采取"一事一议"的方式。若把人效管理问题的所有原因都一一罗列也不现实，所以下面把普遍适用的人效改善方案的画布总图的框架内容展示给大家，如图 23-3 所示。

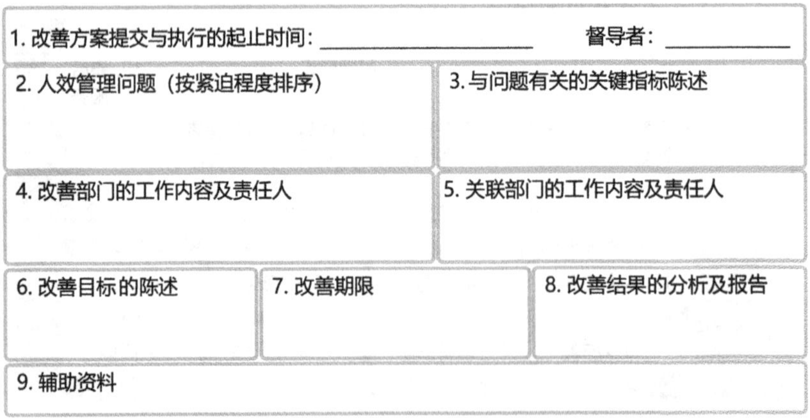

1. 改善方案提交与执行的起止时间：_____	督导者：_____
2. 人效管理问题（按紧迫程度排序）	3. 与问题有关的关键指标陈述
4. 改善部门的工作内容及责任人	5. 关联部门的工作内容及责任人
6. 改善目标的陈述 / 7. 改善期限	8. 改善结果的分析及报告
9. 辅助资料	

图 23-3 人效改善方案的画布总图

图 23-3 所示的人效改善方案由九项内容组合而成。具体如何使用，将在后面的第 25 章用实战案例进行详细的讲解。

23.3 着眼未来｜基于外部和未来的世界观

有一个四象限工具可以帮助我们思考和分析人效管理问题的解决的视角更具全局性和谋略性，如图 23-4 所示。

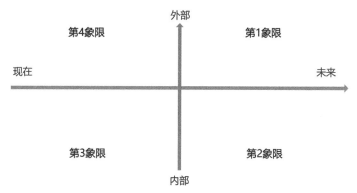

图 23-4 四象限工具思考图

可以说，前面所有的内容，我们都是在第 3 象限（现在＋内部）思考、分析和改善人效问题。我们可以从以下五个问题的解决入手。

- 组织结构扁平化了吗？对于中小企业而言，组织结构要扁平化，在薪资和能力层级上可以分 5～10 级，但是在业务流程和组织结构层级上最多设 3 级，即总经理、管理者和员工，如果层级数达到七八级甚至十几级，则人效一定是低下的。
- 无效益的管理废除了吗？对于中小企业而言，没有效益产出的管理方法尽可能少用，最好不用。在用什么样的管理方法方面，千万不要"跟风"。
- 经营信息数据自动化了吗？对于中小企业而言，这方面的投入是比较低的，而在简单和重复性的操作层面使用了大量人力，其速度和精度很难与自动化系统相提并论。如果只是"短、平、快"思维，而不是做长期打算，就很容易陷入其中，即想不到用自动化系统去替代人力。

- 授权、获得信任和进行合作了吗？对于中小企业而言，各部门的管理者是一支非常重要的合作者队伍，如何授权，如何获得信任，是企业总经理（或老板）必须直面的问题。能做好的，则老板当得很轻松；反之，没人帮衬，老板当得非常辛苦。
- 员工流失率降低了吗？对于中小企业而言，员工流失是一个大问题，可以试着用人效管理体系综合解决人员流失问题。

如果上述五个问题解决了，那么"人力成本"可减少50%。人效提升了，企业效益就提升了。中小企业可以这么去做，大中型企业同样也可以从这五个方面去改善。

企业未来以什么模式经营人效才是最优的？内部如何准备？这是在第2象限（内部+未来）思考的问题。比如，未来企业的用工模式，以及与不同人才或项目团队的合作，是不是也朝着多元化的趋势精进？如果是，那么企业做了什么准备，是信息自动化系统的准备，还是"区块链"技术的准备，或是全面数字化的准备？

在第4象限（现在+外部），则需要看清楚社会环境对企业经营模式的冲击，以及不确定性带来的不可抗力的影响。企业外部经济的、地区的、行业的环境以及其他企业的经营模式是不是已经在发生变化？若已经在发生变化，那么企业现在的经营模式在被淘汰前还能运转多久？当企业的抗风险能力还是比较弱时，如何保存实力，规避风险，来日再战，是一种未雨绸缪的思考。

在第1象限（外部+未来），我们需要有更多未雨绸缪的思考。假如我们已经习惯了跟随和模仿别人，一直处于被动地位，那么是不是也可以尝试着从现在起花时间和精力用在敢于打破传统、先知先觉地做行业的领头羊上，让别人跟着自己跑。这是两种世界观，也是企业的两种经营理念。在这两种不同的经营理念下管理企业，前者管理成本很大，而后者管理起来很轻松，成本也就很低。

从成功企业的案例分析可知，从社会发展的规律可知，从人类进步的趋势可知，每一次变革、每一次精进，都是源于第1象限（外部+未来）发生新的变革和创新所产生的"蝴蝶效应"，而这个蝴蝶效应恰恰是被某一先知先觉的"蝴蝶"占据了市场的"优势"。

因此，企业的人效管理问题在第 1 象限具有更多视角，值得我们去探索，人效管理体系也是基于这些视角去实践并获得成功的。

从某种角度而言，假如思考问题和解决问题只停留在第 3 象限，则基本属于按部就班型和跟随型，人效管理问题就容易被堆积和忽视。真正创新型的和不墨守成规的思维、分析和行动，则发生在第 1 象限，去思考别人没有的和目前鲜为人知的。这是企业经营管理中改善人效管理的深层的世界观，值得每一位管理者和企业老板在这方面进行探索和实践。

第 24 章

人效管理改善之对策

　　人效管理问题的解决方法和对策,没有恒定或固化的模式可以套用。第 23 章给出了改善人效管理的两个画布总图,它们是一种建设性的提示。因为社会经济环境和经济发展趋势在变化,这决定了企业经营战略的调整,也决定了企业内部业务流程的设计和组织结构的调整,最终决定了企业用人方式和用人模式的改革,它们都与人效管理问题的改善过程和结果有关。这些是影响企业人效管理改善的外部因素。

　　就企业内部而言,企业用多少人,用哪类人,以什么方式用人,这是由企业战略决定的,也是由企业的业务流程设计决定的。组织结构,会在业务流程确定之后随之调整。这些是影响人效管理改善的内部因素。

　　结合企业内外影响因素,人效管理问题的解决可以从以下四个方面去思考和构建改善方案:

　　第一,企业战略是否需要再调整?什么业务是主打,什么业务需要舍弃,什么业务可以扩张?这些问题都会影响人效管理问题改善方案的制订。

　　第二,业务流程是否需要再精简?毫无疑问,企业内部的业务流程节点越少，经营管理的运转速度就越快，用人数量也越少。

第三，组织结构是否还能再扁平化一些？组织结构能少设一层就少设。组织结构的层级越多，人效就越低，这已经是毋庸置疑的事实。

第四，企业经营管理所需的高科技和计算机软件是否应用得不够，是否还需加大？目的是达到节省人力，或者彻底取代基础的、简单的、重复性作业的人力。

从这四个方面的思考和构建改善方案的设计，是企业老板和高管解决人效管理问题的顶层设计，而非中层管理者和职能部门管理者所能及的。

24.1 战略改善｜经济大趋势决定企业战略

一家企业好比是一个浓缩的社会经济体。社会经济关系着人们的"衣、食、住、行"，还关系着人们的健康、娱乐、人际交往和心理健康等。

我们经历了工业化时代的社会化大生产的组织形态，在"边际成本趋于零"的意识指导下，大而全的企业经营模式大大地发挥了"低成本、高效率"的规模化优势，整个社会经济的发展得到快速提升。同时，也吸引着社会人员流向大型企业和集团化企业，也带动和推进了城镇化建设。

随着互联网的高速发展，社会化大生产的组织形态也发生了改变。电商模式占比逐渐增大，一些适合分散经营的、关系人们"衣、食、住、行"的新兴经营模式也应运而生。此时，城乡接合部的社会经济，就凸显了人口聚集和消费经济增长的新趋势。

在计算机技术的高速发展的时代，大型企业、集团化企业和国际化企业，充分应用机器人、无人驾驶等人工智能产品来替代人工，以及利用信息数据化系统来进行组织运营。

随着互联网、物联网和人工智能的应用，企业产品深入"衣、食、住、行"多领域，还包括深入民生的健康、娱乐、人际交往和心理健康等，已经成为一种企业经营的新形态。

这些经济转型的大趋势带给企业战略上的改变，最终落到企业用人上的改变，带来的人效提升也是非常可观的：

第一，企业用人模式发生了改变。过去用工只有一种劳动关系，现在有多种合作关系，比如合伙经营关系、合伙投资关系、联产承包关系、技术项目合作关系、供应链关系、企业内部员工创业合作关系和知识产权共享关系等。

第二，企业用工成本降低。高科技的应用，使得用人总量降低、人员管理成本降低，致使企业用人成本降低。

第三，人效比之前提升了几倍甚至几十倍。过去是多层级组织结构，现在是去掉中间层的扁平化组织结构，两者相比人效提升是不言而喻的。

上述改变都是在社会经济发展的大趋势发生变化的情况下产生的，企业带动社会经济发展，社会趋势也决定了企业的发展。那么，企业如何在这个过程中经营得好、发展得顺和立得稳呢？这是笔者经常与企业老板讨论的话题——我们的企业与同行企业有什么不同？如果我们企业没有"压舱石一样的稳定收入"，那么当社会经济发展大趋势发生变化时，则很容易"翻船"。这是企业战略方面的定位问题，并且它决定了企业的盈利能力和企业生命力的强弱。

这要求管理者站在企业经营者的角度去思考、改善和解决企业的人效管理问题。

24.2 流程改善｜以盈利能力主导业务流程

前面讲企业经营的目的和生存的条件是盈利，人效核算系统也给出了企业经营目标计划的制订方法，其中之一是由财务核算公式推导而出的。因此，企业的业务流程可以围绕企业的盈利能力来设计和调整，这是一种反向思维。

那么，业务流程又是怎样根据盈利能力来设计和调整的？

早在2003年，笔者遇到一位酒店行业的企业老板，当时笔者从未做过酒店行业的人员管理工作，是他的信任，让笔者在酒店行业一干就是好几年。那些年，除了发挥自身专业特长之外，笔者把大部分时间都花在了前厅和后厨的业务之中。

印象特别深的是，笔者经常向总经理和财务人员询问：菜肴的定价原则是什么？客房的定价原则又是什么？酒店的毛利率最低可以是多少？采购渠道怎么建设和维护？渐渐地笔者知道，要使得酒店盈利，并且能够很好地生存和发展，需要努力满足以下条件：

- 菜肴的定价至少是原料成本的两倍以上。要不断推出顾客喜欢的新品，最好是其他酒店没有的，那么定价可以高出成本价三四倍。
- 酒店属于服务行业，要用到大量的服务人员，毛利率必须大于55%，才有足够的成本空间支付服务人员的工资。
- 如果毛利率较低，就要想办法发展连锁经营模式，形成规模，以集中采购和集中供应的方式，降低原料成本。
- 与终端联营，直接到农田里、池塘边和渔船上去谈原料，形成全产业链合作。

这些都是企业在盈利最大化上做的努力。从那时开始，每次出席酒店的经营例会，笔者都能听懂财务人员讲述的财务数据分析报告背后的故事，用企业经营的盈利能力来作为人员管理的前提条件。也是在那个时候，财务核算公式"毛利 = 收入 - 成本"深深地刻在了笔者的脑海里，并用它"反推和指导"企业人员的薪资定位，原则是，在保证实现企业毛利率目标的前提下，员工的工资水平高于市场平均线的5%～10%，关键人员要高出市场价位的20%～30%。

在这个过程中，企业的业务流程在发生变化和调整，但是，酒店的组织结构并没有发生很大的变化。前厅还是那个前厅，后厨还是那个后厨，有变化的是员工的工作内容。只要推出菜肴新品，无论是后厨员工还是前厅员工，都被要求掌握菜肴的适合人群的口味定位、健康定位和功能定位。

非常有意思的是，员工不断被要求掌握新的工作内容，他们不但没有反感，反而乐此不疲地开展各种技能比赛，如后厨的、前厅的、客房的、前台的、设备维修的和保洁的等。现在回想起来，当时笔者并不知道用人效管理的概念去指导人员管理，只知道不断地寻找同等条件下完成经营目标计划的人力成本最低的用人方案。

为什么能稳住员工队伍，还吸引了周围其他酒店员工的加入？这不得不说是薪资定位和工作技能培训这两项人员管理工作起了作用。因为在笔者与员工聊天的时候，员工很直白地说，"在这里挣钱多，也能学到东西，很开心"。

现在想想，当时老板的想法非常对，自己也很庆幸遇到了好老板，是他教会了笔者很多企业经营方面的经验。道理非常简单：没有企业的高毛利率，哪来的员工高收入？所以，企业的盈利能力是关键，并且这只能由企业老板去决策，或者有高层智囊团协助老板共同做决策：企业做什么？不做什么？回答了这两个问题，就把企业的战略管理和定位问题解决了。

酒店行业如此，后来遇到的高科技企业更是如此。一方面，企业老板自己是 IT 人员，组织研发团队不断地开发高科技产品，以满足不同的 IT 产品采购商，业务流程随着项目不断地调整和变化。组织结构沿用"矩阵式"两层级模式，职能部门人员进行了精简，基本上很少集中开大会，沟通是随时随地的。几年来，这种组织结构模式几乎没有什么大的改变。另一方面，员工队伍相对稳定，企业以高于市场的薪资吸引人才，搭建能力阶梯并整合团队资源。回想起来，那个时候还是创造了一定的管理成果的：连续三年，销售收入翻倍，员工总人数却保持不变，最终就是人均销售收入翻倍。

也正是那些年的经历，即用企业财务管理指标来指导人员管理工作，慢慢地让笔者锻炼成为略懂企业经营的管理者。所以，就总结出了用企业的盈利能力来指导企业业务流程的设计和组织结构的调整的方法，并保持组织结构的相对简单和稳定。组织结构相对稳定的好处就是，员工工作的人文环境相对稳定，从而带来指挥系统和汇报反馈系统的稳定，也就不会由于组织结构的变动而新增"人耗"。

24.3 组织改善｜创造条件实现组织扁平化

精简业务流程，可以省去业务活动的指挥系统和反馈系统的"重叠或多重"。因此，当人效管理问题比较严重时，我们可以反思企业的业务流程是不是需要精简了。

在前面第 2 章所讲的 WAI 企业的案例中，除了发现人均销售收入有下滑趋势以及人员流动率有上升迹象两个主要问题之外，还有一个比较严重的问题，就是业务流程线比较杂乱，业务流程的杂乱又造成了组织结构的层级过多。

流程精简可以减少"中间人员"的数量

有一个问题：职能部门的人数与业务部门的人数相比，多大比例才合适？在过去计算机技术还不发达时，企业的信息自动化系统还没有建立，大量的数据信息传递需要职能部门手工操作,所以,作为"中间人员"的职能部门的人员很难"精简"。比较突出的一种现象就是,在设计数据信息的流程时,各部门经理、各业务总监、各职能部门(计划部、市场部、采购部、质检部、仓储运输部、财务部、人资部等)等都配备了"文员或助理",总经理也配备了"总经理助理"。就这样,每一个业务流程的数据信息传输岗位,都有"文员或助理"负责收集和传递数据信息,这是典型的流程设计导致人员数量增加的问题。

现在,企业信息实现自动化之后,数据信息的自动化传递给精简流程创造了条件。因为基本上不需要手工传递数据,也就没有必要配备"文员或助理",原来组织结构中的"统计部门(或岗位)"也可以随之撤销了。

我们可以算一笔账,建立自动化系统的投入产出效益如何?如表24-1所示。

表24-1 自动化系统的投入产出比效益

项 目	投 入	产 出
人效管理自动化系统的构建	100万元 (请外部软件供应商构建)	撤销了13个部门的"总监助理"和总部4名核算专员,按平均每人"月薪5 000元/月+30%的社保费用"核算,当年就可节约人力成本约132.6万元
人效管理自动化系统的维护	2万元/年 (每年的软件维护费用)	每年可节约130万元人力成本

注:数据来自案例16-1的企业案例。

通过对"投入产出效益"的核算可以清楚地看到,这是一个可行的人效改善方案。这笔账算出的仅是人员数量上的减少给企业带来的经济回报,若再加上自动化系统运行之后业务流程速度提升带来的整体人效成果,则投入产出率还要高出很多。

构建信息自动化系统,支持组织结构的扁平化

现在,企业都在构建和应用信息自动化系统,当企业有了自动化系统之后,才能最大限度地使业务流程精简化。业务流程越精简,组织结构就越可以扁平化。

前面第16章所讲的案例,就是一个企业有了信息自动化系统之后组织结构实现扁平化的典型案例。之前企业的组织结构是直线职能型结构,

从总部最高层的总经理，到最底层业务部门的门店员工，有八层之多，中间设置了各区域总经理和业务总监，他们还都配备了"助理"，各类统计数据由"助理"负责统计和传递，并且每月月底的数据分析也由"助理"加班加点地制作出来，送达总部后，组织开经营例会的时间最快也要到5日之后了。

构建了企业自动化系统之后，数据信息的传递就能做到自动化、即时化和实时化，于是就可以撤销组织结构的中层设置，即撤销各区域总经理、业务总监及助理。总部直接在系统上与13个部门的经理进行数据信息的对接，并且每周、每旬和每月的数据分析报告自动生成，极大地方便了经营决策的制定。

自动化系统的构建，该企业用了半年时间，并聘请了外部计算机软件专家团队。通过半年的试运行，观察到整个业务流程都比较顺畅了，再做组织结构的扁平化调整。调整出来的各区域总经理和总监，或者去负责新兴市场的开发，或者转向其他业务岗位。之后，当有新的业务增加时，组织结构也不会在纵向上增加层级，只是在横向上平级增加部门和岗位。因为信息自动化系统能够支持企业业务扩张，也能使企业组织结构扁平化。

企业在销售毛利率非常低的情况下，业务流程优化、组织结构扁平化，是提高人效的最佳途径。

24.4 用人改善｜不拘泥格式和常翻新方法

从企业战略的改变，到业务流程的改变，再到组织结构的改变，到最终导致了用人方面的改变：从单一用人的劳动关系，到多元化的合作关系。企业都在进行各种用人用工方式的新尝试，以提高人效。

只要企业规模化经营的模式还存在，企业用人的需求还存在，那么人员管理的问题就存在，人效提升的问题也存在。

人效改善方案应该说是不受限的，以下三个方面的改善效果还是比较显著的，可作为参考。

培养业务部门终端的"老板式管理者"

企业组织结构扁平化有两个前提条件：一个是企业有信息自动化系

统，另一个是业务部门管理者有较强的经营管理能力。如果用硬件和软件来比喻的话，前者属于企业经营的硬件，后者则属于企业经营的软件。企业经营成功的关键恰恰是软件是否强大，即各部门管理者是不是懂经营、懂管理，遇到突发事件敢于决策和应战的"老板式管理者"。所有业务部门管理者，若都能够独立经营和管理本部门，那么企业组织结构才能彻底扁平化，否则很难撤销中间层，从而导致企业组织结构不能扁平化。

业务部门管理者独立经营和管理本部门的能力，是一种"老板式"能力。在这方面，企业应多培养并给予业务部门管理者锻炼的机会，因为这方面的能力不是他们从书本中可以学到的，也不是学校可以传授经验给他们的。

这方面的案例在社会上很容易找到。一些迅速壮大的企业，它们的业务部门管理者都具有"老板式"能力，因为企业老板给予了他们充分的信任并大胆授权。企业集团的组织结构是扁平化的，再加上企业的信息自动化系统，企业经营活动就被支撑起来了。特别是连锁经营的集团型企业，更重视给予业务部门管理者各种各样的培训和锻炼的机会。于是，使之成为"老板式管理者"的案例比比皆是。

用经济手段吸引和稳住人员队伍

员工队伍稳定有一个好处，那就是减少或消除"无效人力成本"。如果员工队伍不稳定，就会造成很大的人力成本浪费。例如，第2章所讲的WAI企业，仅人员流失这一项，全年就浪费了366万元。按照企业老板的话说，这么一算，还真算清楚了原来有这么多用人成本的浪费。

稳定员工队伍，手段和方法是多元化的，是综合调节的结果。归根结底，有两种手段和方法可用：一种是物质的，即薪酬福利的吸引；另一种是精神的，即对个人发展欲望的满足。

企业这方面成功的案例非常多。员工队伍稳定的企业，员工的工资一般都不低。高毛利的企业，员工的工资比低毛利的企业要高。员工能力强，给企业带来的总销售收入和毛利率也高，企业经营就能够实现良性循环。相反，员工能力低，虽然工资是低了，但是企业的毛利率不高，总销售收入不高，给予员工的归属感也不高，慢慢地企业就失去了吸引力和竞争力，企业经营也就陷入了恶性循环，从而导致员工队伍不稳定，人效下降，最终企业的毛利率一路下滑。

那么，怎么知道自己企业的人均工资与市场价格相比是高还是低呢？企业基本上是没有购买或者自行组织做薪资市场调查的。下面讲解一个比较简单的带有一点点经验之谈的方法。尽管不是很科学（按照统计学而言，数据收集比较少，所以从科学性上讲就不够严谨），但是指导实践工作还是有一定的参考意义的。

□ 案例

一家企业业务部门的员工月薪总额，以及通过招聘面试获得部分岗位的薪资数据（市场价格）如表 24-2 所示。

表 24-2 薪资数据

序号	岗位名称	月薪总额	市场价格（月薪，元）
1	框架	2 700	3 000
2	总装	2 750	
3	灯广	2 770	
4	仓管	2 800	3 500
5	采购员	3 000	
6	机加工	3 050	4 000
7	总装	3 500	
8	小部件	3 500	
9	铣工	4 000	4 500
10	检验员	4 500	
11	仓管员	5 000	5 000
12	电子	5 050	
13	铣工	5 100	5 500
14	全检员	5 500	
15	车工	5 600	
16	计划员	5 800	
17	线长	6 000	6 500

请分析：本企业的员工月薪与市场价格相比的差异。

要分析以上案例的薪资数据，可以按照下面的步骤和方法进行。

- 第一步，打开 SPSS 软件，导入表 24-2 中的数据，如图 24-1 所示。

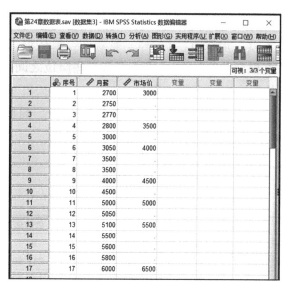

图 24-1　数据导入图

- 第二步，先做一个月薪的"相关性"分析，方法可参阅第 14 章"目标计划制订的方法"，已经详细讲解过，在此不再赘述。得到 SPSS 软件【查看器】的内容，如图 24-2 所示。

模型摘要和参数估算值									
因变量：月薪									
		模型摘要				参数估算值			
方程	R 方	F	自由度 1	自由度 2	显著性	常量	b1	b2	b3
线性	0.961	368.754	1	15	0.000	2 022.574	236.838		
对数	0.762	47.998	1	15	0.000	1 516.513	1 338.283		
逆	0.396	9.835	1	15	0.007	4 812.070	−3 251.931		
二次	0.967	206.701	2	14	0.000	2 273.971	157.450	4.410	
三次	0.989	391.182	3	13	0.000	2 933.676	−228.343	56.493	−1.929
复合	0.963	391.226	1	15	0.000	2 356.091	1.060		
幂	0.805	61.956	1	15	0.000	2 043.960	0.339		
S	0.442	11.881	1	15	0.004	8.461	−0.846		
增长	0.963	391.226	1	15	0.000	7.765	0.058		
指数	0.963	391.226	1	15	0.000	2 356.091	0.058		
回归	0.963	391.226	1	15	0.000	0.000	0.943		

注：自变量为序号。

图 24-2　第二步的 SPSS 软件【查看器】的内容图

- 第三步，在图 24-2 所示的"模型摘要和参数估算值"内容中，按照满足"R方"最接近"1"和"显著性"最接近"0"的原则，寻找相关性方程。分析结果若是月薪与这些岗位之间存在"三次方程式"的相关性，则拟合度为最优。
- 第四步，再进行市场价格的"相关性"分析。同样的方法，得到 SPSS 软件【查看器】的内容，如图 24-3 所示。

模型摘要和参数估算值

因变量：市场价

方程	R方	模型摘要				参数估算值			
		F	自由度1	自由度2	显著性	常量	b1	b2	b3
线性	0.994	830.256	1	5	0.000	2 667.323	218.504		
对数	0.799	19.900	1	5	0.007	2 460.306	1 121.971		
逆	0.498	4.961	2	5	0.076	5 204.369	-2 525.363		
二次	0.999	1 684.017	3	4	0.000	2 832.125	163.691	3.072	
三次	0.999	845.612	1	3	0.000	2 825.366	168.251	2.441	0.023
复合	0.996	1 270.390	1	5	0.000	2 909.432	1.050		
幂	0.878	35.967	1	5	0.002	2 718.611	0.260		
S	0.596	7.381	1	5	0.042	8.551	-0.611		
增长	0.996	1 270.390	1	5	0.000	7.976	0.048		
指数	0.996	1 270.390	1	5	0.000	2 909.432	0.048		
回归	0.996	1 270.390	1	5	0.000	0.000	0.953		

注：自变量为序号。

图 24-3　第四步的 SPSS 软件【查看器】的内容图

- 第五步，在图 24-3 所示的"模型摘要和参数估算值"内容中，按照满足"R方"最接近"1"值和"显著性"最接近"0"值的原则，寻找相关性方程。分析结果若是市场价格与所调查的岗位之间存在"二次方程式或三次方程式"相关性，则拟合度为最优。
- 第六步，得到"二次方程式或三次方程式"的结论之后，就可以利用 Excel 制作图表。回到 Excel 数据表中，选中数据区域，点击【插入】，再点击【图表】的【散点图】，得到月薪与岗位关系的原始散点图，如图 24-4 所示。

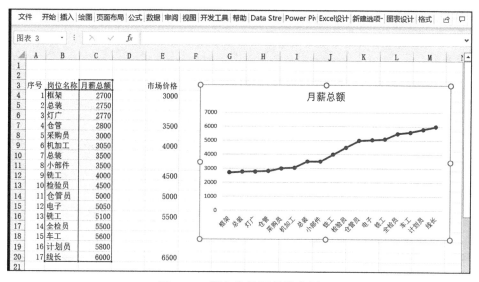

图 24-4　第六步的原始散点图

- 第七步，在图 24-4 所示的散点图上，点击【设置趋势线格式】为【多项式】的【阶数】为"3"，并且点击显示【公式】和【R方】值，结果如图 24-5 所示。

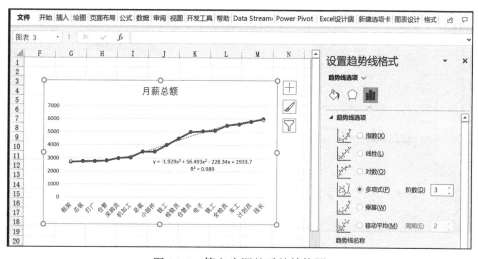

图 24-5　第七步调整后的结构图

- 第八步，复制【市场价格】的数据，粘贴到月薪总额的"散点图"中，就看到"市场价格"的七个散点图，如图 24-6 所示。

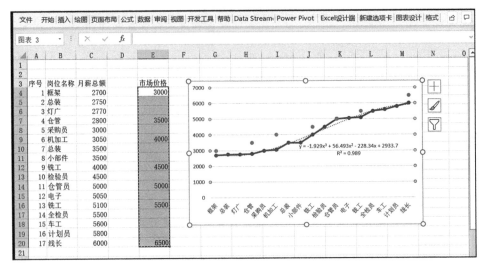

图 24-6　第八步调整后的结果图

- 第九步，在图 24-6 所示的"散点图"（橙色圆点）上，选择点击【设置趋势线格式】为【多项式】的【阶数】为"3"，并且点击显示【公式】和【R方】值，结果如图 24-7 所示。

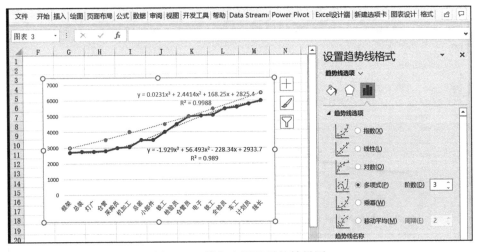

图 24-7　第九步调整后的结果图

- 第十步，在得到两个方程式之后，在原始数据表旁边（如【列】），设置求差值函数公式，计算现有岗位【月薪总额】与【市场价格】的【差值】，如图 24-8 所示。

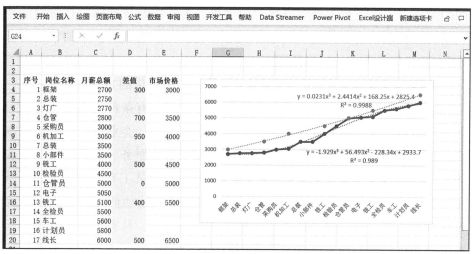

图 24-8　第十步调整后的结果图

- 第十一步，根据【差值】以及两条薪资曲线图可以初步判断，"仓管员"这个岗位可以暂时不加薪，其他岗位普遍上调5%～10%。这是纯数据分析得到的初步结论。
- 第十二步，再根据员工上年度的个人人效、个人技能和企业薪资管理的总体要求，上报薪资调整方案。

包含了上述 12 步的总体方法，强调薪资政策应向人效和技能水平高的员工倾斜。也就是说，让"人效高"的员工的薪资略微高于市场价格，并且逐步淘汰"人效低"的员工。这就是利用薪资调节的方法"稳定员工队伍，减少人员流动"，从而改善人效管理。

新员工管理方法的改善

企业可以组织一支专业团队，专门从事新员工的培养工作，大型企业由专门的培训部负责，小企业由"人资部＋业务部门"抽调人员负责。

新员工的培养问题，就是查找企业人效管理问题时发现的问题，所要做的工作可查阅《老 HR 手把手教你搞定 HR 管理》的初级版、中级版和高级版三本书，在此强调以下几点：

第一，需要制订一套完整的培养新员工的方案。

第二，从新员工报到开始，到试用期结束前一周，每天都有专人教练新员工，并且把他们的进步数据记录在案。

第三，关注新员工处于具有"陌生感、参与感和成就感"三阶段的变化情况，分别给予不同的实习锻炼机会，特别是在有人看护下的"在岗训练"，并且记录他们的工作数据。

第四，用第20章"员工终端的分享导示"中提供的方法激励新员工。

第五，以达成"人效标准"为目标进行考核。有条件的企业，可以采取培训合格后才允许正式上岗的方式。对于这一点，企业可能会认为成本比较高，但是，一个不知道工作怎么做，对于客户服务、企业产品知识和企业业务流程都不熟悉的新员工，要想让他们与老员工有一样的人效，是不太现实的。所以，与其让他们"充数"，还不如让他们扎扎实实地练好基本功再上岗工作，这是降低用人成本最好的办法。从对客户关系管理的数据分析中发现，在影响客户满意度的诸多方面中，其中一个方面是由新员工工作时间不长、不熟悉业务和工作经验不足所导致。

上述三个方面，是企业规模化经营中进行人员管理时比较重要的三个方面。这三个方面解决了企业的三个问题：

第一，规模化经营的企业，要有业务终端的"领头羊"（老板式管理者）。他们在企业经营的最前沿，能以最快的速度做出决策，是企业经营目标达成的保障。

第二，规模化经营的企业，业务部门的员工队伍要保持相对稳定。企业中大部分人员流动都集中在业务部门，职能部门的人员流动相对比较低，但是，企业经营效益却产生于业务部门。因此，薪资政策向业务部门倾斜，将会起到很好的稳定员工队伍的作用。用"高薪"换"高技能"员工队伍的稳定，整个管理成本反而能降低。

第三，规模化经营的企业，对新员工的培养是不可或缺的。

用于企业改善人效管理问题的方法还有很多，我们要不断地去思考、行动和总结，不拘泥于形式。

24.5 转型改善 | 运营模式和管理条件优化

运营模式和管理条件的优化来提升人效，成果是非常可观的。

比如，运营模式转型。原来，企业的运营只有线下运营一种模式，无论是对合作的供应商企业、大客户组织，还是对客户个体；现在，企业逐步转型，增加了线上运营模式，并且充分利用互联网和计算机技术，将线下运营的部分尽可能搬到线上。这一转型，人效提升的成果是有目共睹的。

又如，管理条件优化。一个非常典型的例子，就是第 2 章所讲的 WAI 企业管理条件的优化。它将原来的手工作业条件进行优化，通过改善办公软件使用条件和开发信息自动化系统，精简职能部门的人员和业务部门的操作人员。这一改善，减少了大量从事简单和重复性劳动的人员，降低了人力成本，企业整体经营效益得到提升。

相对而言，运营模式转型和管理条件优化，是企业老板（或总经理）能够实施的人效管理问题的解决方案。其他各级管理者也应该了解这一点，最好利用本书所讲的人效导示系统，将与员工终端、管理者终端和决策者终端分享的内容进行"半自动化"模板的构建，用于企业在还没有实现全自动化管理条件下提升人效，这是非常可行的。

总之，一方面，我们希望企业决策者能够与时俱进，紧随社会发展，让企业运营模式能够得以改善和进步；另一方面，企业没有条件也要创造条件进行人效管理问题的改善，这也是让我们在改善人效管理问题过程中学会成长。

第 25 章

改善方案画布的应用

应该说,本章所讲的内容只是一种"抛砖引玉"性的宽泛性内容,真正符合企业实际情况的人效管理问题的改善方案远不止这些。笔者去企业寻找人效管理问题的改善方案,发现每家企业的情况都不相同。能找到企业人效管理问题是一种"本事",能找到企业人效管理问题的解决方案,并且实施后有效(就像第 2 章的 WAI 企业案例那样,让毛利率下滑的问题得以解决),则是另一种"本事",企业希望获得有这种"本事"的人。

人效改善方案画布是一个实用性"应用模板",它可以提示我们既要重视已经发生的人效管理问题,又要有具体的改善措施。人效改善方案画布告诉我们改善工作的具体内容。在第 23 章已经展示了人效改善方案画布包括九项内容,下面以员工终端和管理者终端为主要改善对象来讲解。

25.1 员工个人 | 引导其做自我修复的改善

我们根据表 18-7 的数据,制订"员工个人自我修复的改善方案"。

1. 改善方案提交与实施的起止时间和督导者

在每周进行"员工终端的分享导示"时,每位员工都要对自己未能100%完成计划予以重视。特别是距离100%完成目标还有很大差距的员工,部门经理要采取"一对一"的方式,直接督导他们进行改善。

2. 人效管理问题的陈述

对于员工个人的人效管理问题,可以从"员工终端的分享导示"的三个视角对其进行提示。

(1)关注月计划完成率低于100%的员工。比如,表18-7中的完成率低于100%的员工的数据,如表25-1所示。

表 25-1 完成率低于 100% 的员工的数据

序号	姓名	工龄(月)	计划值(元)	完成值(元)	完成率(%)
8	李**	5.6	45 000	30 089	67
9	韩**	4.9	40 000	28 286	71
6	张**	7.7	54 000	38 720	72
14	李**	3.0	24 000	17 596	73
24	王**	3.0	24 000	17 796	74
7	孟**	5.6	45 000	33 528	75
18	代**	4.0	34 000	30 294	89
32	李**	8.0	55 000	49 398	90
5	张**	12.8	66 000	61 267	93
12	王**	5.0	41 000	38 720	94
11	苗**	36.0	81 000	76 238	94
21	刘**	3.0	24 000	23 300	97
3	位**	7.6	54 000	53 353	99
26	王**	10.9	63 000	62 298	99

注:表中的序号与表18-7同步。

(2)关注完成率落后的老员工。表25-1中完成率低于100%的"苗**",他是有着36个月(3年)工龄的老员工,完成率为94%,需要改善。还有"张**",工龄12.8个月(已有1年),完成率为93%,也是需要改善的。特别要关注的是"李**",工龄5.6个月,完成率只有67%,为全体员工的最低排名,需要进行"一对一"的辅导。

（3）关注没有达成预定成长计划的新员工。比如，表18-7的数据中，新员工的完成率数据如表25-2所示。

表25-2 新员工完成率数据表

序号	姓名	工龄（月）	计划值（元）	完成值（元）	完成率（%）
15	季**	2	12 000	12 098	101
14	李**	3	24 000	17 596	73
24	王**	3	24 000	17 796	74
21	刘**	3	24 000	23 300	97
16	史**	3	24 000	25 195	105
29	万**	3	24 000	26 194	109
31	刚**	3	24 000	29 399	122

注：表中的序号与表18-7同步。

从表25-2中看到，"李**"和"王**"两名新员工，工龄已满3个月，完成率却低于80%，需要改善。

3. 与问题有关的关键指标的陈述

与人效改善问题有关的关键指标的陈述，就是对上述有问题的员工的数据进行陈述，直接使用"员工终端的分享导示"的数据即可。

4. 员工自己改善的工作内容

员工自己改善的工作内容，可以参照业务流程标准、工作标准、产品标准、客户服务标准、每日工作日志标准等逐个进行排查，没有按照标准做的，或者员工自己掌握和理解有偏差的，都是需要改善的内容。

5. 督导者的工作内容

部门经理是督导者，对于完成率远低于100%的六名老员工，需要加强培训，每日跟踪其改善计划的执行情况。并且，也要分析他们存在什么困难导致其完成率那么低。

对于没有达成成长计划的新员工，重点要提升他们对于产品标准、客户服务标准以及企业经营管理要求的熟悉程度。

6. 改善目标的陈述

改善目标的陈述，需要针对不同的改善对象，设立不同的改善目标。

比如：

（1）对于完成率低于100%的14名员工，改善目标设立为完成率≥100%。

（2）对于没有达成成长计划的新员工，改善目标依然是成长计划，保持不变。

7. 改善期限

对于员工个人的改善而言，改善期限尽量在本月，不拖到下月。

8. 改善结果的分析报告

改善结果的分析报告的制作，最好在人效分析系统中进行并予以共享。

9. 辅助资料

辅助资料，除了人效导示系统共享的内容之外，还包括提供给员工能够支持他们改善的各种"工作标准文件"，比如业务流程标准、工作标准、产品标准、客户服务标准、每日工作日志标准等。

依次确认上述九项内容，以形成一份完整的"员工个人改善方案"。主要依据有两个：一个是"人效导示系统"的数据；另一个是"工作标准文件"的内容。

在企业实战中，得到的结果是，绝大部分员工经过一两次改善，基本上都能够达到"人效标准"。极少数不能达到"人效标准"的，企业可以另行处理，因为此时的投入已经没有产出。

25.2 管理团队｜周期性地提前防御为主导

各级管理者可以借助人效导示系统的数据，做周期性的以提前防御为主导的改善方案，其具体内容也是人效改善方案画布的九项内容。

1. 改善方案提交与执行的起止时间和督导者

（1）改善方案提交与执行的起止时间，一般由各级管理者自行制定，以"周"为单位，循序渐进地更新。

（2）督导者可以是部门经理，也可以是企业某一职能部门的经理，还可以是企业总经理，这要视人效管理问题的严重程度而定。

2. 人效管理问题的陈述

人效管理问题的陈述，可以根据第 21 章中"人效分析管理看板"的内容进行排查和陈述，有问题的进行改善。

（1）本部门周计划的完成情况如何？会有多少人完不成？
（2）本月完成率低于 100% 的将会有多少人？
（3）本部门月度计划的完成情况如何？月度计划的完成率能否大于 100%？
（4）各月和全年的计划完成率是否已经达到指标？
（5）本部门累计完成值在企业整体排名中是否靠前？
（6）本部门人均完成值在企业整体排名中是否靠前？
（7）本部门的人员流动率是否控制在计划指标内？
（8）本部门的人力成本占比是否控制在计划指标内？
（9）在企业员工人效前十排名中，本部门有几位？

3. 与人效管理问题有关的关键指标的陈述

与人效管理问题有关的关键指标的陈述，有以下几个内容。

（1）周、月和年度的计划值、完成值、计划完成率和预测完成率。
（2）直方图（帕累托图）分析结果。
（3）人员流动率计划指标。
（4）人力成本占比计划指标。
（5）本部门人均完成值排名。

4. 改善部门的工作内容及责任人

改善部门的责任人一般由部门经理担任，人效管理问题特别严重的，由企业派"专人"担任。改善部门的工作内容主要集中在"对照标准找差距"。所以，需要整理以下几个方面的资料和文件。

（1）企业经营年度计划指标、月度计划指标。
（2）本部门月度经营计划书。
（3）本部门经营修改的业务流程标准、客户服务标准、产品标准、门店标准、物流标准、组织结构、安全标准、消防标准、卫生标准等。

（4）本部门人员编制、人员基本信息、人员流动计划标准和人员管理标准。

（5）管理者的能力要求标准。

5. 关联部门的工作内容及责任人

与各部门人效管理的改善相关联的部门一般有两个，一个是财务部，另一个是人资部。当然，也有其他关联部门，比如市场部、客户中心等。

关联部门的工作内容，主要是以"本部门的本职工作内容"为主，责任人为部门经理。

6. 改善目标的陈述

改善目标的陈述，一般是以"计划完成率100%、控制性指标在计划指标内"为主，也有的要求将前几个月落后的部分追补上来。比如，原定5月和6月的计划值为1000万元/月，结果5月完成率为95%，完成值为950万元。那么，6月的计划值应该改为1050万元/月，而不再是1000万元/月。到了6月计算计划完成率时，应该以1050万元/月为计划值来计算。只有这样，企业全年的经营计划才能够得以100%完成。

我们可以算一算：假设企业全年总销售收入的计划值为1.2亿元，每月计划值均为1000万元。假如有的月完成率是95%，有的月是100%（有6个月），而计划值每月都不做"修正"。那么，到年底销售收入就少完成300万元。最终，全年实际完成率为97.5%。但是，完成率为100%那6个月，企业是需要按照原定的完成率为100%时的薪资标准支付薪资的，这一点容易被忽视，需要引起注意并得到改善。

7. 改善期限

改善期限一般采用"月清"的方式，本月的问题尽可能不拖到下月去改善。不然，若问题"滚雪球"式越积越多，则更难解决。

8. 改善结果的分析报告

改善结果的分析报告，最好纳入人效分析系统和人效导示系统共享，不用单独制作。

9. 辅助资料

辅助资料基本上就是与"改善部门的工作内容"有关的文件资料，再加上管理者终端共享的"人效分析管理看板"的内容。

依次确认上述九项内容，可以形成一份完整的"管理团队的改善方案"。其主要依据有两个，一个是人效导示系统的数据，另一个是工作标准文件的内容。

在企业实战中，绝大部分管理者都处理过改善人效的问题，基本上能达到"人效标准"，很少有管理者达不到。如果确实有管理者的管理能力不足，企业应另行处理。企业在培养管理干部时，需要实行"能上能下"和"优胜劣汰"的竞争制度。

第三部分 小结

第三部分的第 10～25 章,是本书主题"人效管理体系"的核心内容,主要讲解了构建人效管理体系的四个系统的思想、步骤和方法,还有笔者在企业实践中的一些经验分享,包括如下内容:

(1)知识体系和行动体系的内容。
(2)人效管理体系整体构建的方法论。
(3)人效管理问题的调研和盘点。
(4)人效核算系统构建的方法。
(5)人效管理目标计划的制订方法。
(6)人效管理核算的方法。
(7)统计分析方法的应用。
(8)人效分析系统的构建方法。
(9)人效现状原因分析的方法。
(10)人效导示系统的构建方法。
(11)员工终端的分享导示看板的制作步骤及方法。
(12)管理者终端的分享导示看板的制作步骤及方法。
(13)决策者终端的分享导示看板的制作步骤及方法。
(14)人效改善系统的构建方法。
(15)业务流程决定组织结构的改善方法。
(16)人效管理改善方案画布的应用方法。

由于每个企业的人效管理问题各不相同,在实战中还需根据企业的实际情况做灵活调整。

号外篇

我2000年离开国有企业，在完全不懂什么是人力资源管理理论体系的情况下，带着自己的做事方法论，带着师傅传授给我的企业人员管理方法，一头扎进了企业人员管理领域。我去高校进修，上培训课，去图书馆查资料，买书自学，就这样边学、边干、边总结，一路曲折地走到了今天。

从2011年开始，我计划写书，把自己对企业人员管理的理解、实施的方法和成功的经验写出来。用了8年的时间，终于在2020年2月，我画出了一张"企业人员管理方式的演变和发展方向图"（见彩色插页中的图2），可以说，我是用四本书来演绎这张图的。

前三本书《老HR手把手教你搞定HR管理》的初级版、中级版和高级版，分别阐述了"企业人力资源管理成熟度模型"三个层次的内容：评价企业人力资源管理体系是否成熟；指导企业管理者在人力资源管理实践中抓住关键点；提升管理效率。第四本书《人效管理体系》则直接从企业经营效益的角度来论述人效管理体系的四个系统，以更直观地指导企业各级管理者用"人效管理"的理念"用人"和"用好人"。

应该说，第三本书《老HR手把手教你搞定HR管理（高级版）：从能管理到善辅佐》，把人力资源总监定位为偏向企业经营方向、辅佐企业家经营成功的管理者，但是各级管理者还没有担负起人员管理的责任，人效管理问题还没有得到解决。本书第一次阐述了企业所有的管理者都要担负起企业经营效益目标计划下的人员管理的责任。相信在这一理念的指导下，企业的人员管理问题可以得到比较好的解决，企业也能在微利时代得以生存和发展。

未来，社会发展有一定的不确定性，经济发展也有一定的不确定性。企业要发展，更有它的不确定性。对于企业人员管理的未来发展方向而言，也存在很多不确定性。

在这种充满不确定性的大背景下，在我国这样的人口大国，企业依靠大量使用劳动力来实现经营的目的还将持续一段时期。企业经营一方面是追求经营收入最大化，另一方面是控制运营成本最小化，这两方面都需要通过人员管理来实现。

在企业人员管理上，最早的做法是设立人事部，之后是设立人资部，使用职能管理的方法，从人事管理到人力资源管理，确实有了很大的进步。随着社会的发展、企业的发展，企业人员管理的方法也在不断改革和创新。

也许读者此时不是一位专业的人力资源管理者，这并不重要，但你需要对此有所准备。本书所讲的人效管理体系可供各级管理者使用，它使你即使完全不懂人力资源管理，也能准确地抓住人员管理的实质。本书像一个进入园区的"通行证"，可以带你走进园区，而要真正走进自家的家门（解决本企业的人员管理问题），则需要有自家的"钥匙"（符合本企业实际情况的解决方案）。

我们在用人效管理体系进行企业的人效管理的过程中，有时可能会走一段弯路，但这不影响我们继续反思和总结，毕竟与时俱进的管理理论需要在实践中不断打磨，我们还要继续进行企业人员管理的创新。

企业人员管理的职业道路，我走了"一辈子"，但应该说还有很多情形我没有经历过。目前，我还没有停止脚步的打算，我会和企业一起继续探索人员管理方法的创新，为了企业能获得更好的经营效益，与企业老板和管理者共进退。

我希望，这四本书就像是"接力棒"，依次传递给企业管理者，让其带领着大家的企业在行业中继续领跑！

我更希望，有人能进一步深入地研究、实践、总结和传播人效管理体系，探索出属于自己的企业经营管理理论体系和方法论。

应秋月

后 记

2019年的中秋，我做了一个决定：把自己封闭在家里，暂停管理顾问的工作，整理工作笔记，对自己经过企业实战验证成功的东西进行总结，写一本关于"人效管理体系"的书。

有了前面《老HR手把手教你搞定HR管理》的初级版、中级版和高级版三本书的写作经验，我原以为能很轻松地写完第四本书（即本书）。但是，在写作的过程中我遇到很多问题，尤其是各类专业知识和相关理论知识，有些知识忘记了，有些概念模糊了，所以担心自己的描述不够准确。为了求证，我去图书馆查阅资料，图书馆查不到，我就上网购买相关图书。我先后看了差不多20本书，仅在求证相关知识点和逻辑关系上，就花了两个多月的时间。原本计划在2019年年底写完本书，但自己本着"宁可晚出书，也不出错书"的原则，一直延后到2020年2月才完成第一稿。

写作进度缓慢还有一个原因，就是我想把本书写成一部人效管理体系的"作业指导书"，所以书中插入了大量图片。我把电脑屏幕当成读者，反复问自己：这个表达读者能看懂吗？就这样，人效管理体系中的每一个系统的每一个步骤和方法，都是我重新梳理和重新制作而成的。

我还记得，在企业中进行实战验证时，为了求证人效管理目标计划的一个求解公式，前后用了近一个月的时间，反复推演，一直到理论与实际相吻合的结论成立，然后再手把手地教给企业管理者。

在此，我要特别感谢一位企业老板，在那段难忘的日子里，他与我们项目组一起分析和研究，我们经常就一个问题讨论到半夜。没有他丰富的企业经营实战经验（他经常会反问和质疑我的研究成果，现在看来，这是做研究必须经历的过程），我就不可能接触到企业经营的核心和关键。可以说，没有他的信任，我就没有进行企业实践验证的平台。如果理论不经过实践验证，没有得到经证明是有效的、可行的和正确的结论，那么理论终归是理论。

如今，人效管理体系已经过企业实战被证明是有效且可行的，书也就写出来了，我感到很开心也很放心。在以后的日子里，我还会继续帮助企业通过提升人效管理水平来提高企业的经营效益。我也非常清楚，人效管理体系仅是企业经营管理方法之一，企业面临的经营问题还有很多，还需要我们共同去解决。

现在回想起来，从2012年开始，我用了8年时间写成了四本书（见彩色插页中的"学习进阶图"）。这四本书的顺利出版，先后得到了出版社多位老师的支持，他们锲而不舍地推动了这四本书的整体出版，在此表示万分感谢！

我还要感谢广大读者朋友，你们像马拉松长跑路上的服务者一样，让我一路上有我无穷的动力。正是你们的一个提问、一个电话咨询、一次委屈诉说，坚定了我的信念——一定要把我走通的路告诉你们。

这8年来，我感触颇深。一个人想要做成一件事，或者想在某一领域有所建树，可以依靠"三宝"：第一，使用方法论；第二，不墨守成规；第三，持之以恒地坚持行动，直到目标达成。

"心若有志，何愁不及！"真心希望我们都能把企业的经营管理做成功！

应秋月